논어정의論語正義

Lun Yu Zheng Yi —The Corrected Meaning of the LUN YU—

【七】

(권14 · 권15)

논어정의論語正義【七】
Lun Yu Zheng Yi —The Corrected Meaning of the LUN YU—

—

1판 1쇄 인쇄 2024년 2월 1일
1판 1쇄 발행 2024년 2월 13일

—

저 자 ㅣ 유보남劉寶楠
역 자 ㅣ 함현찬
발행인 ㅣ 이방원
발행처 ㅣ 세창출판사
　　　　신고번호 제1990-000013호
　　　　주소 03736 서울시 서대문구 경기대로 58 경기빌딩 602호
　　　　전화 02-723-8660 팩스 02-720-4579
　　　　이메일 edit@sechangpub.co.kr 홈페이지 www.sechangpub.co.kr
　　　　블로그 blog.naver.com/scpc1992 페이스북 fb.me/Sechangofficial 인스타그램 @sechang_official

—

ISBN 979-11-6684-304-4 94140
　　　979-11-6684-221-4 (세트)

—

이 역주서는 2017년 대한민국 교육부와 한국연구재단의 지원을 받아 수행된 연구임.
(NRF-2017S1A5A7020726)

—

이 책은 한국연구재단의 지원으로 세창출판사가 출판, 유통합니다.
잘못 만들어진 책은 구입하신 서점에서 바꾸어 드립니다.

논어정의

論語正義

Lun Yu Zheng Yi —The Corrected Meaning of the LUN YU—

【七】

(권14 · 권15)

유 보 남劉寶楠 저

함 현 찬 역주

세창출판사

차 례

논어정의
論語正義
【七】

전체 차례

✹

논어정의
論語正義

해 제

1. 『논어정의』 번역의 가치

유학(儒學) 관련 경학 자료에는 동일한 원전 자료에 대해 오랜 기간 동안 수많은 학자들이 남긴 기록이 축적되어 있으며, 그것을 통해 이들의 형상이 어떻게 형성되는가를 살필 수 있다. 중국의 경우 『논어(論語)』 관련 주석서는 총 1,100여 종에 이르는데, 현전하는 가장 오래된 주석은 위(魏)나라 하안(何晏) 등이 쓴 『논어집해(論語集解)』이다. 이 책은 후한(後漢)의 포함(包咸)·주씨(周氏)·마융(馬融)·정현(鄭玄)과 위나라 진군(陳羣)·왕숙(王肅)·주생렬(周生烈) 등 7인의 주석과 『고논어(古論語)』의 공안국(孔安國) 주(注)를 모두 종합하여 집대성한 것이다. 이 『논어집해』는 양(梁)나라의 황간(皇侃)이 쓴 『논어의소(論語義疏)』를 통하여 후세에 전해졌다. 그런데 이 하안의 『논어집해』를 근거로 한 『논어』의 판본은 남북조시대(南北朝時代)에서 시작하여 수(隋)·당(唐)·오대(五代)를 거쳐 북송(北宋)에 이르기까지, 특히 황간의 『논어의소』본에 기대어 세상에 유행하였으나, 그 뒤에는 한동안 유행하지 않았다. 그 이유는 주희(朱熹)의 『논어집주(論語集註)』가 크게 유행함에 따라 자취를 감추게 되었기 때문인 것으로 생각된다. 다만 송(宋) 진종(眞宗) 3년(1000)에 칙명으로 형병(邢昺) 등이 하안의 『논어집해』를 다시 풀이하여 『논어주소(論語注疏)』

를 썼는데, 이것이 『십삼경주소(十三經注疏)』에 끼여 있는 논어의 전통적인 주해서(注解書)이다. 이것은 황간의 『논어의소』에서 집해(集解)를 따로 떼어 지은 것이라고 하는데, 그 내용은 원칙적으로 황간의 『논어의소』를 따랐으나 장구(章句)의 훈고(訓詁)가 더욱 상세하였으므로, 황간의 『논어의소』를 밀어내는 까닭이 되었다. 그런데 이 황간의 『논어의소』는 당대에 일본에 전해졌다가 청대(淸代)에 청나라로 다시 전해짐으로써, 남송 때 없어진 이후 5백 년 뒤에 다시 유행하게 되었다.

한편, 주희의 『논어집주』는 형병의 『논어주소』의 경문을 바탕으로 고인(古人)들의 여러 해설을 참고하여 지은 것인데, 이로부터 논어의 해설은 이 『논어집주』가 단연 권위를 지니게 되었고, 오경(五經)을 중심으로 하던 유학이 사서(四書)를 더 중시하게 되었다. 또한, 『사서집주(四書集註)』가 나온 뒤로 『논어』는 더욱 존중되고 널리 읽혔다. 『사고전서총목(四庫全書總目)』을 통해 보면 『논어집주』를 이어 송대에 나온 『논어』의 주해서가 10여 종이며, 원대(元代)에도 다시 10여 종이 나왔고 명대(明代)에는 30여 종이 넘고 있다. 청대에는 더욱 많아 백여 종이 넘는다고 알려져 있다. 이것은 주희 이후로 유가의 경전이 오경에서 사서 중심으로 옮겨 갔으며, 그중에서도 『논어』가 가장 존중되었음을 뜻하는 것이다. 따라서 주희 이후로는 유가의 경전 중에서도 『논어』가 가장 중시되어 모든 공부하는 사람의 필독서가 되었다. 원대 이후로는 과거(科擧)에 있어서도 필수과목으로 채택되어 『논어』의 권위는 더욱 높아졌다. 특히 청대에는 고증학(考證學)이 발달함에 따라 진전(陳鱣)의 『논어고훈(論語古訓)』, 반유성(潘維城)의 『논어고주집전(論語古注集箋)』, 유보남의 『논어정의(論語正義)』 등 많은 연구서가 나왔다.

한국은 고려시대 말에 들어온 성리학을 그대로 계승・발전시켰으므로 『논어』가 더욱 중시되었다. 태조 원년(1392)에 확정된 과거법 이후 계속 과거에서 시험 과목으로 중시되었으며, 성균관에서의 교육 과목에서도 사서삼경은 가장 중요한 교과 과목으로 채택되었다. 역대 임금들도 사서오경에 대해 깊은 관심을 가졌으며, 여러 기록으로 미루어 사서오경은 임금과 태자로부터 모든 지식인에 이르기까지 꼭 읽어야 할 필독서로 자리를 잡고 있었음을 알 수 있다. 이에 따라 예로부터 있어 오던 구결(口訣) 또는 토(吐)를 달아 원문을 읽는 법에서 한 걸음 나아가 경서의 언해(諺解)가 시도되었다. 언해는, 유숭조(柳崇祖)가 칙명을 받아 『칠서언해구두(七書諺解口讀)』를 지은 것이 처음이라고 하나[유희춘(柳希春)의 『미암일기(眉巖日記)』, 안종화(安種和)의 『국조인물지(國祖人物志)』] 전하지 않는다. 이황(李滉)도 선조 3년(1570) 『삼경사서석의(三經四書釋義)』를 지었으나, 이보다도 본격적으로 우리나라에서 읽힌 언해본으로는 선조의 칙명으로 이루어진 『논어언해(論語諺解)』 4권과 이이(李珥)가 지은 『논어율곡언해(論語栗谷諺解)』 4권이 있다. 이 밖에 작자 미상의 『논어정음(論語正音)』 4권도 있다. 송시열(宋時烈)의 『논맹문의통고(論孟問義通攷)』도 있는데, 이것들을 통해 볼 때, 조선시대의 학자들은 무엇보다도 경문 자체를 올바로 읽고 정확하게 해석하려는 노력을 크게 기울였음을 엿볼 수 있다. 특히 정약용(丁若鏞)의 『논어고금주(論語古今注)』 등은 경학 연구 면에서 독특한 업적이었다고 할 수 있다.

그런데 한국에서의 『논어』 관련 경학 자료는 거의가 주희의 집주에 근거한 것이 대부분이다. 이는 고려시대 말의 성리학 도입 이래, 관리 등용에 있어 과거제도를 도입하여 관리를 선출했는데, 경전학 관련 과거는 오직 주희의 집주에 근거해 치러졌기 때문이라고 할 수 있다. 따라서 중국의 경우 『논어』 관련 주석서가 총 1,100여 종에 이르지만 우리나라의 경우는 조선시대에 성리학이 국교였던 관계로 중국에 비해 양적·질적으로 부족한 실정이며, 번역 및 해석서도 주희의 집주와 관련된 자료가 대부분이다. 뿐만 아니라 지금까지의 『논어』 관련 고전 자료의 대부분이 현대적으로 가공되지 않고 집성(集成) 형식으로 단순 정리됨으로써 자료적 가치에 비해 학문적 활용도를 담보하지 못하고 있다.

이제 완역된 본 『논어정의』는 하안의 『논어집해』, 황간의 『논어의소』, 주희의 『논어집주』와 더불어 『논어』 주소(注疏)의 사거서(四巨書)로 손꼽히는 유보남의 『논어정의』를 번역한 것으로 논어학의 체계적 정립에 기여하고, 한편으로는 『논어』가 담고 있는 광범위한 영역과 주제를 총체적으로 조망할 수 있는 기회를 제시할 것이다. 또한 현대적인 문맥에서 접근 가능한 표준적인 번역 작업을 수행하는 동시에 표점과 주해를 더하여 한국 유학에 있어 『논어』에 대한 새로운 이해와 해석의 지평을 넓혀 줄 수 있을 것이다.

2. 원저자 소개

유보남은 중국 청나라 때의 고증학자이다. 자는 초정(楚楨), 호는 염루(念樓)이다. 강소성(江蘇省) 보응(寶應) 출신으로, 문안(文安)·삼하(三河)의 지현(知縣)을 지내기도 하였다. 유보남은 처음에 모씨(毛氏)의 『시경(詩經)』과 정씨(鄭氏)의 『예(禮)』를 연구하였는데, 뒤에 유문기(劉門淇)·매식지(梅植之)·포신언(包愼言)·유흥은(柳興恩)·진립(陳立) 등과 함께 경전을 공부하면서 각각 하나의 경전을 연구하기로 약속하여, 자신은 『논어』를 맡았다.

유보남은 『논어』 관련 주석서 중 황간과 형병의 소(疏)에 오류가 많고, 청담과 현학에 관련되었다고 탄식하였으며, 거친 곳이 있는 것을 병통으로 여겼다. 이에 한나라 이래 여러 학자의 학설을 두루 모으고, 송유(宋儒)의 의리론과 청유(淸儒)의 고증(考證)·훈석(訓釋)을 참고해서 초순(焦循)이 『맹자정의(孟子正義)』를 저술한 체재에 따라 먼저 장편을 만들고 그런 뒤에 모으고 비교와 절충을 진행하였다.

유보남은 『논어정의』를 도광(道光) 8년(1828)에 처음 쓰기 시작하였는데, 함풍(咸豊) 5년(1855)에 장차 완성되려 할 때 병으로 사망하였다. 이에 그의 아들 유공면(劉恭冕)이 저술을 계속하였으며, 동치 4년(1865)에 전서가 완성되었다. 『논어정의』의 완성은 전후 38년이 소요되었으며, 동치 5년에 간행되었다.

그런데 유보남의 『논어』 연구는 가학(家學)에 기초한 것이지만, 그의 『논어정의』는 그가 38세에 뜻을 두고 착수하여 평생을 바친 저작으로, 청대 『논어』 연구의 결정판으로 널리 알려져 있다. 그리하여 유보남의『논어정의』는 흔히 한유(漢儒)의 구주를 망라한 하안의『논어집해』, 위(魏)·양(梁) 제가(諸家)의 관점을 광범하게 수집하고 있는 황간의『논어의소』, 주희의『논어집주』와 더불어『논어』주소의 사거서로 손꼽힌다.

사실 청대의 고증학 중심의『논어』연구는 청나라 중기를 거치면서 유태공(劉台拱)의『논어병지(論語騈枝)』, 초순의『논어하씨집해보소(論語何氏集解補疏)』, 송상봉(宋翔鳳)의『논어정주(論語程注)』에 오게 되면 한위경사(漢魏經師)의『논어』연구와 구주의 분석에 이르게 된다. 이러한 연구 성과와 초순의『논어통석(論語通釋)』의 실사구시(實事求是) 제창은 경서에 대한 신주소(新注疏)가 생겨날 수 있는 토양이 되었는데, 그 위에서 성립된 것이 바로 유보남의『논어정의』였다.

유보남은『논어』를 연구함에 있어 정현의 주석을 높이 받아들였으며,『논어집해』에 대해 "버리고 취함에 어긋남이 많고 의리가 조략하다."라고 하였고,『논어의소』와『논어주소』에 대해서는 "의리를 발명(發明)하지 못하고 뜻이 천박하여 미언대의에 대해서는 알지 못하고 전장훈고와 명물상수도 빠진 것이 많다."라고 하였다. 더욱이 송유의 논어학에 깊은 이해를 가지고 있었던 유보남은 자신의 이해를 시대적인 토양과 결합시킴으로써 한송겸채(漢宋兼采)의 논어학을 완성할 수 있었는데, 이것은『논어정의』가 가지고 있는 최대의 특징이자 장점이다.

유보남의 저서로는『논어정의』이외에도『석곡(釋穀)』,『한석례(漢石例)』,『염루집(念樓集)』등이 있다.

3.『논어정의』소개

『논어』의 주석은 많으나 대표적인 것은 삼국시대 위나라의 하안이 몇 사람의 설을 편집한『논어집해』와 남송의 주희가 새로운 철학 이론으로 해석한『논어집주』

이다. 일반적으로『논어집해』를 고주(古註),『논어집주』를 신주(新註)라 한다. 고주를 부연·해석한 것이 송나라 형병의 소인데, 이는『십삼경주소』에 수록되었다. 위·양 제가의 관점을 광범하게 수집하고 있는 황간의『논어의소』는 앞에서 언급한 바와 같이『논어』주소의 사거서로 손꼽히기는 하지만, 본국에서 일찍 없어지고, 후한 정현의『논어』주석은 당나라 말기에 없어졌으나, 20세기 초 둔황[敦煌]에서 발견된 고사본(古寫本)과 1969년 투루판[吐魯蕃]에서 발견된 사본에 의해서 7편 정도가 판명되었다. 그리고 청나라의 유보남이 지은『논어정의』는 훈고·고증이 가장 자세하다. 따라서 중국에서『논어』의 제 주석(注釋) 가운데 가장 대표적인 것이 하안의『논어집해』와 주희의『논어집주』, 유보남의『논어정의』인데, 세 가지는 각기 그 시대를 대표하는 저작으로서 각각의 특징을 최고(最古:『논어집해』), 최정(最精:『논어집주』), 최박(最博:『논어정의』)으로 정의할 수 있다.

『논어정의』는 기본적으로『논어』를 20편으로 분류하되,「팔일(八佾)」·「향당(鄉黨)」이 예악제도를 많이 말하였으므로 자세하게 주석하여,「팔일」을 2권(권3, 4)으로 나누고「향당」을 25절 3권(권11, 12, 13)으로 나누었으며, 권24에는 하안의「논어서(論語序)」를 수록하였고, 부록으로「정현논어서일문(鄭玄論語序逸文)」을 붙이고 유공면의「후서(後序)」를 더하여 모두 24권으로 구성되어 있다.

유보남은 도광 8년(1828)에 처음『논어정의』를 쓰기 시작하였으나, 만년에 벼슬을 하게 되자 그 정리를 아들 공면에게 맡겼다.『논어정의』의 편찬이 완성된 것은 함풍 5년 겨울인데, 유보남은 그해 가을에 완성을 보지 못하고 죽고 말았다.『논어정의』는 권1에서 권17까지는 권의 제목 아래 "보응유보남학(寶應劉寶楠學)"이라고 되어 있고, 권18에서부터 권24까지는 "공면술(恭冕述)"이라고 되어 있어, 앞의 17권은 유보남이 저술한 것이고, 그 뒤로는 아들 유공면이 완성시킨 것임을 알 수 있다. 『논어정의』는 동치 4년(1865)에 전서가 완성되었으니, 책 편찬의 시작부터 전서의 완성까지, 전후 38년이 소요되었으며, 동치 5년에 간행되었다.

『논어정의』의 편찬 종지는 아들 유공면이 "자기의 견해를 주로 하지 않고 또한 한·송의 문호의 견해를 나누고자 하지 않았다. 성인의 도를 발휘하고 전례를 증명하여 실사구시하기를 기약했을 뿐이다."라고 한 것을 보면, 한학과 송학의 장점을 아울러 취하여 『논어정의』를 완성한 것이라고 할 수 있다.

『논어정의』는 범례상에 있어서 경문(經文)과 주석의 글은 모두 송 형병의 소본(疏本)을 따랐고, 한과 당의 석경(石經), 『논어의소』 및 『경전석문(經傳釋文)』의 각 본의 이문(異文)을 소 가운데 열거하였다.

『논어정의』의 경문은 『십삼경주소』의 형병의 소본을 저본으로 하고, 주문(注文)은 하안의 『논어집해』를 사용하고 있다. 그리고 유보남이 경문의 문자 교감(校勘)에서 중시하고 있는 것은 당송 이래의 판본이다. 한·당·송의 석경은 물론이고, 황간의 소, 육덕명의 『경전석문』에 실려 있는 명본(名本)을 형병의 소본 문자와 비교하여 자신의 새로운 소 안에 반영하고 있지만, 명·청 시기에 새로 출현한 문자의 차이에 대해서는 생략하고 논하지 않는다. 이 또한 『논어정의』의 특징 중 하나이다. 유보남은 황간의 소에 실려 있는 하안의 주석이 비록 상세하기는 하지만 대부분 전적의 근거가 없는 것이라고 보고 대신 형병의 소에 실려 있는 하안의 주석을 사용한다.

청나라 때의 관료이자 학자인 장백행(張伯行, 1652~1725)의 『청사열전(淸史列傳)』에서는 『논어정의』의 장점을 다음과 같이 요약하고 있다.

"『논어정의』가 경문의 해석에서 뛰어난 것이 있는데, 예를 들면 『논어』「학이」의 제 12장인 '유자언체지용(有子言體之用)' 장을 『중용』의 설이라고 밝힌 것과, '50세에 천명을 알았다.'라는 것을 '하늘이 나에게 덕을 주셨음을 알았다.'라는 의미로 해석한 것, 자유·자하가 효를 물은 것에 대한 해석에서 '사(士)의 효'라고 말한 것, '뗏목을 타고 바다로 떠나겠다.'라고 한 것을 지금의 고려(한국)를 가리킨다고 해석한 것, '시에서 흥기시키며, 예에 서며, 음악에서 완성한다. 백성은 따르게 할 수는 있어도 알게 할 수는 없다.'를 공자의 교육 방법으로 본 점, '문왕이 이미 돌아가셨으니 문(文)이 이 몸에 있지 않겠는가?'를 간책(簡策)을 얻었음을 가리킨다고 한 것, '번지가 무우대에서 놀다가 덕을 높이며, 간특함을 닦으며, 의혹을 분별함에 대해 물은 것'에 대해 노나라가 기우제를 지낼 때, 번지가 기우제의 제사문을 가지고서 물었다는 것을 밝힌 것, '벗 사이에는 간절하고 자상하게 권면하며, 형제간에는 화락하여야 한다.'라는 것에 대해 벗 사이에는 책선(責善)하지만 형제간에는 책선해서는 안 된다고 해석한 것, 백어(伯魚)에게 '『주남』·『소남』을 배웠느냐?'라고 물은 것을 백어가 장가를 든 다음에 규문(閨門)의 훈계를 내린 것으로 해석한 것, '사해곤궁(四海困窮)'을 홍수의 재난으로 보아 요임금이 순임금에게 명령하자 순임금이 이를 받들어 다스린 것으로 해석한 것 등이다. 이 모두는 2천여 년 동안이나 드러나지 않았던 옛 성현의 뜻을 비로소 밝힌 것이다. 「팔일」·「향당」 두 편에서 밝힌 예제(禮制)는 상세하고도 정확하다."

이 외에도 『논어정의』의 특징을 정리해 보면, 유보남은 "옛사람들이 책을 인용할 때 원문을 검증하지 않았기 때문에 간혹 착오가 있을 수 있다."라고 보고, 이를 고려하여 한나라 이후 여러 서적이 인용하고 있는 『논어』의 어구에 대해 교감의 근거를 밝히지 않는다.

그리고 『논어정의』를 보면 문자훈고(文字訓詁)나 선진사사(先秦史事), 고대의 전적을 박람(博覽)하면서도 요령이 있다. 광범하게 인용하고 좋은 것을 골라서 따랐으며, 책 속에서 충분히 앞사람의 『논어』 연구 성과를 흡수하였다. 청인(淸人)이 집록한 정현의 남아 있는 주석을 모두 소 안에 수록하고 『논어집해』를 사용하여 한·위의 옛 모습을 간직했다. 경의 해석은 주를 근거로 하고 있으며, 또 경에 의거해 소를 보충하였고, 소에 잘못이 있으면 경의 뜻에 근거해 변론하였다. 또한 『논어정의』에서는 청대의 고증학을 드러내고 문자훈고와 사실의 고정(考訂)에 주의하였으며, 전장(典章), 명물(名物), 인명, 지명, 역사적 사건에 대해 모두 하나하나 주석하고 고증하여 자세하게 갖추었다. 그러나 책 속에 채택된 여러 사람의 학설에 구애되지 않았으므로 중류(衆流)를 절단(截斷)하였으나 대의가 남김없이 모두 개괄되었다. 또한 내용이 박흡(博洽)하고 고석(考釋)이 자세하게 갖추어져 있으며 정밀하다.

또한『논어정의』는 가장 최후에 나온 저술답게 이전의 여러 주석서의 장점을 고루 흡수하였다. 한·위의 고주를 보존하였을 뿐 아니라, 이런 고주에 대해 상세하게 소해(疏解)하였고, 그 결과『논어』의 주석 내용을 풍부하게 했으며, 고거(考據)와 의리를 아울러 중시하였고 간혹 송유의 학설을 채택하기도 하였다. 뿐만 아니라,『논어정의』는 금문학파에 대한 이해도 있으며 건륭(乾隆)·가경(嘉慶) 고증학 황금시대의 다음 시대 저술로서 제가의 설을 집대성한 것이 이 책의 제일 공적이라고 할 수 있다.

이 외에도『논어정의』의 또 다른 특징이라고 한다면 일본(日本) 오규 소라이[荻生徂徠]의『논어징(論語徵)』에서『논어』「술이(述而)」의 "子釣而不網" 구절과 "子貢曰, 有美玉於斯" 구절의 2조를 인용한 점이라고 할 수 있겠으며, 당시 시대상을 반영하는 문제들, 즉 동서문화우세론(東西文化優勢論)이나 민본사상(民本思想)에 관한 내용도 함께 담고 있는 점을 그 특징으로 꼽을 수 있다.

4.『논어정의』번역의 필요성

한국에『논어』가 전해진 것이 언제인지는 분명하지 않지만, 일본『고사기(古事記)』응신왕 대(應神王代, 270~310)의 기록에 의하면 백제의 조고왕(근초고왕)이 보낸 화이길사[和邇吉師: 왕인(王仁)]가『논어』10권과『천자문(千字文)』1권을 가지고 왔다고 한 것을 보면 늦어도 3세기 중엽 이전에 전래된 것으로 볼 수 있다. 이렇게『논어』가 한국에 전해진 이후로 이에 대한 많은 연구가 진행되었다. 통일신라시대인 682년(신문왕 2) 국학이 체계를 갖추었을 때『논어』를 가르쳤으며, 그 뒤 독서삼품과(讀書三品科)로 인재를 선발할 때도『논어』는 필수과목이었다. 조선시대에는 오경보다 사서를 중요시하는 주자학이 등장하여 사서의 중심인『논어』는 벽촌의 학동들까지 배우게 되었다. 이황의『논어석의(論語釋義)』와 그의 문인 이덕홍(李德弘)의『사서질의(四書質疑)』가 그 면모를 짐작하게 해 준다. 또한 정약용의『논어고금주』는 한·당의 훈고와 송·명의 의리에 매이지 않고 문헌 비판적·해석학적 방법론에 따라『논어』를 해석하였다.

그런데, 국내에『논어』를 연구하고 이해할 수 있는 원전이 번역되어 있기는 하지만, 그것이 거의 성리학 중심의 원전이라는 것은 주지의 사실이다. 중국의 경우『논어』관련 주석서는 총 1,100여 종에 이르는데, 한국의 경우 나름의 특색과 독특한『논어』관련 연구 성과가 간혹 눈에 띄기는 한다지만, 조선이 성리학을 토대로 성립한 국가였던 관계로 대부분 성리학이나 정주(程朱) 계열의 학문 풍토를 벗어나지 못하고, 그에 따라 중국에 비해『논어』와 관련된 다양한 주석서에 대한 연구가 양적·질적으로 매우 부족한 실정이다. 뿐만 아니라『논어』나 그 밖의 연구·주석 역시 주로 주자 내지는 송유들의 전거에 의존하는 비율이 큼에 따라 한대 이후『논어』에 대한 다양한 연구·주석서를 접할 기회가 많지 않았으며, 오늘날에는 한글 전용의 분위기에 따라 한글로 번역된『논어집주』를 제외하면 거의 다른 주석서들에 대해서는 접근할 엄두조차 내지 못하게 되었다.

한대의 훈고학이나, 청대 고증학의 문장은 대단히 어렵다. 그들의 학문적인 깊이와 박식함에서 오는 어려움도 적지 않지만, 논리의 전개가 우리들의 허를 찌르는 부분이 많기 때문이기도 하다. 또 한국의 경학이 주자학 일변도로 걸어오면서 나름대로 형성된 주자학적 문리(文理)의 언어적인 전통이 다양한『논어』해석학의 글에 접근하기 힘들게 한다.

그렇지만 어렵다고 그냥 내버려 둘 수가 없는 것이 바로 유보남의『논어정의』이다. 앞서 소개하였듯이『논어정의』는 중국에서『논어』의 제 주석 가운데 가장 대표적인 것으로, 고증학자의 귀납적 추리법이 고도로 발휘된 책이기 때문이다. 더욱이 송유의 논어학에 깊은 이해를 가지고 있던 유보남은 자신의 이해를 시대적인 토양과 결합시킴으로써 한송겸채의 논어학을 완성할 수 있었는데, 이것은『논어정의』

가 가지고 있는 최대의 특징이자 장점이라고 할 수 있다. 따라서『논어정의』를 우리 말로 번역하고 주해한다는 것은 논어학에 대한 전체적인 계통을 확인할 수 있고, 또 한 성리학적 해석과의 차별성에 대해서도 알아볼 수 있는 훌륭한 학문적 기초를 마 련하는 작업이라고 할 수 있다. 아울러『논어』와 공자, 맹자의 사상, 그리고 선진시 대의 각종 제도나 사상에 대해서 이만큼 집요하게 관련 자료를 제시하고 있는 책도 많지 않다는 점에서『논어정의』에 대한 번역 작업은 한국의 논어학 관련 연구에 있 어 무엇보다 필요하다고 할 수 있다.

5. 선행 연구

유보남의『논어정의』는 논어학 연구에 있어서 해석이 가장 뛰어나면서도 이전에 있던 여러『논어』주석서의 장점을 고루 흡수한 해석서임에도 불구하고, 우리나라 에서는 이 책에 대해 천착하거나,『논어정의』만을 단독으로 다룬 전문 선행 연구 성 과가 거의 전무한 실정이다. 그나마 유보남의『논어정의』가 언급된 연구 성과물로 는 2010년 윤해정의『朱熹의 '論語集注'와 劉寶楠의 '論語正義'에 나타난 '仁'의 해석학적 비교』가 있고, 또 2003년 김영호의「중국 역대 《논어》 주석고」가 있지 만, 모두 단편적으로『논어정의』에 대해 언급하고 있을 뿐이며, 그 외에 유교 경전 학 관련 연구 논문에 언급되는 내용 역시 이 책이 갖고 있는 특징 내지는 서지적 정 보에 대한 언급만 있을 뿐, 이 책에 대한 전반적인 연구는 아직 이렇다 할 만한 성과 가 없는 실정이다.

따라서『논어정의』의 경전학적 가치의 입장에서 볼 때, 이 책에 대하여 현대적인 문맥에서 접근 가능한 표준적인 번역 작업을 수행하는 동시에 표점과 주해를 더하 여 한국 유학에 있어『논어』에 대한 새로운 이해와 해석의 지평을 넓히기 위한 번역 작업이 무엇보다 시급하다고 여겼다.

역자는 유교철학을 전공하여 박사학위를 받았으며 한문 전문 연수기관인 성균관 한림원에서 사서오경을 중심으로 한문을 공부하였다. 현재 성균관대학교 유학·동양학과 겸임교수로 재직하면서, 학부 및 대학원에서 강의하고 있으며, 성균관 한림원 교수로서 한문을 가르치고 있다.

그동안 역자는 기초 한문 교재를 대상으로『(교수용 지도서) 사자소학』·『(교수용 지도서) 추구·계몽편』·『(교수용 지도서) 격몽요결』을 집필하기도 하였다. 또한 역자는 한국연구재단의 명저번역지원사업을 통해 오규 소라이의『논어징』을 공동 번역한 연구 성과가 있으며, 또한 연구재단의 토대연구지원사업을 통해『성리논변』·『동유학안』(전 6권)·『주자대전』(전 13권)·『주자대전차의집보』(전 4권)를 공동 번역하여 출판한 연구 성과가 있다. 이 외에도 역자는 왕부지의『독사서대전설』을 공동 번역하여『왕부지 대학을 논하다』·『왕부지 중용을 논하다』라는 번역서를 출판하였고, 성균관대학교출판부를 통해『논어』·『맹자』를 공동 번역하기도 하였는데, 이『논어』는『교수신문』선정 최고의『논어』번역본으로 선정되기도 하였다.

일러두기

* 이 책은 1958년 중화민국(中華民國) 47년 4월에 중화총서위원회(中華叢書委員會)에서 간행한 유보남(劉寶楠)의『논어정의(論語正義)』를 저본으로 삼고, 1990년 3월 중화서국(中華書局)에서 출판한 고유수(高流水) 점교본(點校本)『논어정의(論語正義)』를 대교본으로 삼았다.

* 이 책의 표점은 기본적으로 1990년 3월 중화서국에서 출판한 고유수 점교본『논어정의』를 따르되, 기본 원칙은 성균관대학교 한국유경편찬센터(http://ygc.skku.edu)의 표점 기준을 따르기로 한다.

* 청(淸) 유보남(劉寶楠)의『논어정의』24권을 완역했다. 아울러 부록(附錄)한「정현논어서일문(鄭玄論語序逸文)」과 유공면(劉恭冕)의「후서(後敍)」, 그리고「청사고유보남전부유공면전(淸史稿劉寶楠傳附劉恭冕傳)」도 함께 완역했다.

* 주석은『논어정의』원문에서 원전의 내용을 인용한 경우는 출전만 밝히고,『논어정의』원문에서 출전만 밝힌 경우는 원전의 원문과 함께 번역을 싣는다.

* 주석의 내용이 같거나 중복될 경우 각주는 되도록 한 번만 제시했다.

* 한글과 한자를 한글(한자)로 병기하였다.

* 서명과 편명이 명확한 경우에는 책은 '『』'로, 편은 '「」'로 표시하고, 명확하지 않은 경우에는 모두 '『』'로 표시했다.

* 각주의 서명과 편명과 장 제목, 인명(人名)과 지명(地名)의 한글과 한자는 권마다 처음으로 제시할 때만 한글(한자)로 병기하였다.

* 인용부호는 " ", ' ', " ", ' '의 순서로 표시했다.

* 이해를 위해 역자가 추가로 삽입한 문장이나 낱말은 '()'로 표시했다.

* 인명과 지명에 한해서 원문에 밑줄을 표시했다.

* 유보남의『논어정의』에는 매우 많은 인명이 등장함에 따라 주요 인물의 인명사전을 부록으로 붙였다.

범 례

恭冕述

공면이 서술함

一. 經文「注」文, 從邢「疏」本. 惟「泰伯」篇: "予有亂臣十人", 以子臣母, 有干名義, 因據『唐石經』刪"臣"字, 其他文字異同, 如漢·唐·宋『石經』及皇侃「疏」·陸德明『釋文』所載各本, 咸列於「疏」. 至山井鼎『考文』所引古本, 與皇本多同. 高麗·足利本與古本亦相出入, 語涉增加, 殊爲非類, 旣詳見於『考文』及阮氏元『論語校勘記』·馮氏登府『論語異文疏證』, 故此「疏」所引甚少. 古本·高麗·足利本, 有與皇本·『釋文』本·『唐石經』證合者, 始備引之, 否則不引. 至「注」文訛錯處, 多從皇本及後人校改, 其皇本所載「注」文, 視邢本甚繁, 非關典要, 悉從略焉.

하나. 경문 「주」의 문장은 형병(邢昺)의 「소」본을 따른다. 다만 「태백(泰伯)」의 "나에게는 다스리는 신하 열 사람이 있다."라고 한 구절은 자식으로서 어머니를 신하로 삼아 명분과 의리를 구함이 있으니, 『당석경(唐石經)』을 근거로 해서 "신(臣)"

22

자를 삭제했을 뿐이고, 그 외의 글자의 다르고 같은 것들, 예를 들어 한(漢)과 당(唐)과 송(宋)의 『석경』 및 황간(皇侃)의 「소」와 육덕명(陸德明)의 『경전석문』에 실려 있는 각 판본과 같은 것은 모두 「소」에 나열해 놓았다. 야마노이 가나에[山井鼎: 야마노이 곤론[山井崑崙]]의 『칠경맹자고문(七經孟子考文)』에 인용한 고본(古本)과 같은 경우 황간본과 많은 부분이 같다. 고려본(高麗本)과 아시카가본[足利本]은 고본과는 역시 서로 차이가 있고 말이 증가된 것 같으니, 전혀 같은 종류가 아니고, 이미 자세한 것은 『칠경맹자고문』 및 완원(阮元)의 『논어교감기(論語校勘記)』와 풍등부(馮登府)의 『논어이문소증(論語異文疏證)』에 보이므로, 이 「소」에서 인용한 부분은 매우 적다. 고본과 고려본과 아시카가본에 황간본과 『경전석문』본, 그리고 『당석경』의 증거들과 일치하는 것이 있는 것들은 처음 보이는 것은 구체적으로 갖추어 인용하였고, 그렇지 않은 것은 인용하지 않았다. 「주」의 글 중 잘못되었거나 뒤섞인 것은, 대부분 황간본과 후대 사람들이 교정하고 바로잡은 것을 따랐는데, 황간본에 실려 있는 「주」의 문장은 형병본보다 매우 번거롭기 때문에 불변의 법칙[典要]과 관계된 것이 아닌 것은 생략하기로 한다.

一. 「注」用 『集解』者, 所以存魏 · 晉人著錄之舊, 而鄭君遺「注」, 悉載 「疏」內. 至引申經文, 實事求是, 不專一家, 故於「注」義之備者, 則據 「注」以釋經; 略者, 則依經以補 「疏」; 其有違失未可從者, 則先疏經文, 次及 「注」義. 若說義二三, 於義得合, 悉爲錄之, 以正向來注疏家墨守之失.

하나. 「주」에서 『논어집해』를 사용한 것은 위(魏)나라 사람들과 진(晉)나라 사람들이 저술하고 기록한 오래된 것들을 보존하기 위한 것이고, 정군[鄭君: 정현(鄭玄)]이 남긴 「주」는 모두 「소」 안에 기재했다. 경문(經文)을 인용해서 의미가 확대된 경우에는 실질에 힘써 진리를 구한 것이므로 한 학파에만 국한되지 않기 때문에 「주」에서 구체적으로 뜻이 잘 갖추어진 것은 「주」에 의거해서 경문을 해석하였고, 생략된 것은 경문에 의거해서 「소」를 보충하였으며, 어긋나거나 잘못된 부분이 있어 따를 수 없는 것은 먼저 경문을 소통시킨 다음에 「주」의 뜻에 미쳤다. 만약 말의 뜻이 두세 가지라도 의리에 부합할 수 있는 것이라면 모두 기록해서 그동안의 주석가들이 묵수하던 잘못을 바로잡았다.

一. 鄭「注」久佚, 近時惠氏棟・陳氏鱣・臧氏鏞・宋氏翔鳳成有『輯本』, 於『集解』外, 徵引頗多. 雖拾殘補闕, 聯綴之迹, 非其本眞, 而舍是則無可依據. 今悉詳載, 而原引某書某卷及字句小異, 均難備列, 閱者諒諸.

하나. 정현의 「주」가 일실된 지 오래되었으나, 근래에 혜동(惠棟)과 진전(陳鱣)과 장용(臧庸)과 송상봉(宋翔鳳)이 『집본(輯本)』을 완성했으니, 『논어집해(論語集解)』 외에도 증거로 인용할 만한 것들이 자못 많아졌다. 비록 해진 것들을 주워 빠진 부분을 보충해서 잇고 꿰맨 자취가 그 본래 진면목은 아니지만 이마저 버리면 의거할 만한 것이 없게 된다. 그러므로 이제 모두 상세히 실어 놓고 인용한 어떤 책이나 어떤 권 및 자구가 조금 차이 나는 것을 근원해 보았으나, 고루 다 갖추어서 나열하기는 어려웠으니, 이 책을 열어 보는 자들이 이를 혜량(惠諒)해 주기를 바란다.

一. 古人引書, 多有增減, 蓋未檢及原文故也. 翟氏灝『四書考異』, 馮氏登府『論語異文疏證』, 於諸史及漢・唐・宋人傳注, 各經說・文集, 凡引『論語』有不同者, 悉爲列入, 博稽同異, 辨證得失, 旣有專書, 此宜從略.

하나. 옛사람들은 책을 인용함에 더하거나 뺀 것이 많은데, 이는 아마도 점검이 원문에 미치지 못했기 때문인 듯싶다. 적호(翟灝)의 『사서고이(四書考異)』와 풍등부의 『논어이문소증』은 여러 역사서 및 한나라・당나라・송나라 사람들이 전한 주석과 각각의 경설(經說)과 문집(文集)에서 『논어』를 인용한 것이 같지 않은 점이 있는 것은 모두 나열해서 삽입하고, 널리 같고 다른 점을 고찰해서 잘잘못을 변별하고 증명해서 이미 전문적으로 다룬 저작이 있으니, 여기서는 마땅히 생략하기로 한다.

一. 漢・唐以來, 引孔子說, 多爲諸賢語・諸賢說. 或爲孔子語者, 皆由以意徵引, 未檢原文, 翟氏『考異』旣詳載之, 故此「疏」不之及.

하나. 한・당 이래로 공자의 학설을 인용한 것은 대부분은 제현들이 한 말이거나 제현들의 학설이다. 혹 공자가 한 말이라고 생각되는 것은 모두 의도적으로 증거를 인용함으로 말미암아 원문을 검토하지 않았는데, 적씨(翟氏)의 『사서고이』에 이미 상세히 실었기 때문에 여기의 「소」에서는 언급하지 않는다.

一. 漢人解義, 存者無幾, 必當詳載, 至皇氏「疏」・陸氏『音義』所載魏・晉人以後各說, 精駁互見, 不敢備引. 唐・宋後著述益多, 尤宜擇取.

하나. 한나라 사람들의 해의(解義)는 보존되어 있는 것이 거의 없으니, 반드시 상세하게 기재하는 것이 마땅하고, 황씨(皇氏)의 「소」와 육씨(陸氏)의 『음의』에 실려 있는 위나라와 진나라 사람들 이후의 각각의 설들은 정밀하고 잡박한 것들이 번갈아 보여서 감히 구체적으로 갖추어서 인용하지 않았다. 당나라와 송나라 이후에는 저술들이 더욱 많아졌으므로 더욱 가려서 취함이 마땅하다.

一. 諸儒經說, 有一義之中, 是非錯見. 但采其善而不著其名, 則嫌於掠美; 若備引其說而竝加駁難, 又嫌於葛藤. 故今所輯, 舍短從長, 同於節取, 或祇撮大要, 爲某某說.

하나. 여러 유학자의 경전에 대한 설명은 한 가지 뜻 안에서도 옳고 그른 것이 뒤섞여 보인다. 다만 그 잘된 것을 채록하되 그 이름을 밝히지 않으면 좋은 점만 훔친 것에 혐의가 있게 되고, 만약 그 말을 구비해서 인용하되 잡박하고 난해한 것까지 아울러 더해 놓으면 또 갈등을 일으킴에 혐의가 있게 된다. 따라서 이제 수집한 것을 단점은 버리고 장점을 좇아 똑같이 적절하게 취하되, 더러는 단지 큰 요지만을 취해서 아무개 아무개의 말이라고 하였다.

一. 引諸儒說, 皆擧所著書之名. 若習聞其語, 未知所出何書, 則但記其姓名而已. 又先祖考國子監典簿諱履恂著『秋槎雜記』, 先叔祖丹徒縣學訓導諱台拱著『論語騈枝』·『經傳小記』, 先伯父五河縣學訓導諱寶樹著『經義說略』, 「疏」中皆稱爵.

하나. 인용한 여러 유학자의 설은 모두 저서의 이름을 거론했으나, 그 말은 익히 들었지만 어느 책에서 나온 것인지 모르는 것과 같은 것은 단지 그 성명만 기록했을 뿐이다. 또 선조고(先祖考)이신 국자감 전부(國子監典簿) 휘(諱) 이순(履恂)이 저술한 『추사잡기(秋槎雜記)』와 선숙조(先叔祖)이신 단도현(丹徒縣) 현학(縣學)의 훈도(訓導) 휘 태공(台拱)이 저술한 『논어변지(論語騈枝)』와 『경전소기(經傳小記)』, 그리고 선백부(先伯父)이신 오하현(五河縣) 현학의 훈도 휘 보수(寶樹)가 저술한 『경의설략(經義說略)』은 「소」 안에 모두 작위를 칭하였다.

논어정의 권14

論語正義卷十四

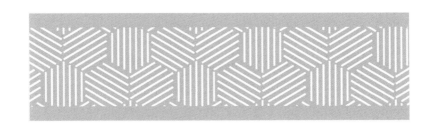

先進 第十一(선진 제11)

○ ● ○

集解(집해)

○ ● ○

凡二十三章(모두 23장이다)

원문 正義曰: <u>皇</u>·<u>邢</u>本皆二十四章. 『<u>釋文</u>』從<u>鄭氏</u>, 以「德行章」合上"從我於
<u>陳</u>·<u>蔡</u>"爲一章. 然『<u>集解</u>』本各自爲章, 故不引<u>鄭</u>說, 則此所云"二十三章"
三字, 當爲<u>陸</u>所改也. 又『<u>釋文</u>』於「回也章」云: "或別爲章, 今所不用." 亦
是依『<u>集解</u>』, 故不用或說. <u>朱子</u>『<u>集注</u>』則「德行章」·「回也章」·「論篤章」
皆別章, 凡二十六章.

역문 정의에서 말한다.

황간본과 형병본에는 모두 24장으로 되어 있다. 『경전석문』은 정씨
(鄭氏)를 따라「덕행장」을 앞의 "종아어진·채(從我於陳·蔡)"장과 합해서
1장으로 만들었다. 그러나『논어집해』본에는 각각을 1장으로 했기 때
문에 정현의 설을 인용하지 않았으니, 여기서 말한 "23장[二十三章]" 세
글자는 당연히 육덕명(陸德明)이 고친 것이다. 또『경전석문』에서는「회
야장(回也章)」[1]에 대해서 "혹자들은 별도로 1장으로 보기도 하지만 지금

---

1   "回也其庶乎"를 가리킨다.

은 적용하지 않는다."라고 했으니, 역시 『논어집해』를 따른 것이기 때문에, 혹자의 설을 적용하지 않은 것이다. 주자(朱子)의 『논어집주』는 「덕행장(德行章)」・「회야장(回也章)」・「논독장(論篤章)」을 모두 별도의 장으로 분류해서, 모두 26장이다.

11-1

子曰: "先進於禮樂, 野人也; 後進於禮樂, 君子也.'【注】包曰: "'先進'・'後進', 謂仕先後輩. 禮樂因世損益, 後進與禮樂, 俱得時之中, 斯君子矣; 先進有古風, 斯野人也." 如用之, 則吾從先進."【注】將移風易俗歸於純素, 先進猶近古風, 故從之.

공자(孔子)가 말했다. "'먼저 예악(禮樂)에 나아가 배운 제자들은 야인(野人)이고, 뒤에 예악에 나아가 배운 제자들은 군자(君子)이다.'라고 하니, 【주】포함(包咸)이 말했다. "'선진(先進)'과 '후진(後進)'은 벼슬에서의 선배와 후배를 말한다. 예악은 시대에 따라 덜거나 더하는 것이니, 후진은 예악에 있어서[2] 모두 때에 맞게 적중할 수 있으므로 이 때문에 군자라고 한 것이고, 선진은 순박한 옛 풍모[古風]가 있으므로 이에 야인이라고 한 것이다. 만일 인재를 등용한다면 나는 먼저 예악에 나아가 배운 자[先進]를 따르겠다."

【주】장차 풍속을 바꾸어 순수하고 소박한 풍속으로 되돌리려 한다면 선진은 여전히 순박한 옛 풍모[古風]에 가깝기 때문에 그들을 따르겠다고 한 것이다.

---

2   유보남(劉寶楠)은 "與禮樂"의 "與"를 "於"의 잘못이라고 하였다. 자세한 것은 아래에 보인다.

원문 正義曰: 鄭「注」云: "先進·後進, 謂學也. 野人, 粗略也." 鄭此「注」文
不備, 莫由知其義. 愚謂此篇皆說弟子言行, 先進·後進, 卽指弟子. 『大戴
禮』「衛將軍文子篇」, "吾聞夫子之施敎也, 先以詩." 盧辯「注」引此文, 則
"先進·後進", 皆謂弟子受夫子所施之敎, 進學於此也.

역문 정의에서 말한다.

정현의 「주」에 "선진과 후진은 배움을 말하는 것이다. 야인(野人)은
거칠고 소략하다[粗略]는 뜻이다."라고 했는데, 정현의 이 「주」는 글이
다 갖추어지지 못하였으니, 그 뜻을 알 길이 없다. 내 생각에는 이 편은
모두 제자들의 언행을 말하고 있으니, 선진과 후진은 바로 제자(弟子)를
가리키는 것이다. 『대대례』「위장군문자」에 "내가 듣자 하니, 공자가 가
르침을 베푸는 것은 먼저 시를 읊는다고 한다."라고 했는데, 노변(盧辯)
의 「주」에 이 글을 인용했으니, 그렇다면 "선진과 후진"은 모두 공자가
베푸는 가르침을 받고 여기에 나아가 학문을 했던 제자를 말한다.

원문 『禮』「王制」云: "樂正崇四術, 立四敎, 順先王『詩』·『書』·禮·樂以造
士, 春·秋敎以禮·樂, 冬·夏敎以『詩』·『書』. 王大子, 王子, 群后之大
子, 卿·大夫·元士之嫡子, 國之俊·選, 皆造焉. 凡入學以齒, 大樂正論
造士之秀者, 以告于王, 而升諸司馬, 曰進士. 司馬辨論官材, 論進士之賢者,
以告於王, 而定其論, 論定然後官之, 任官然後爵之, 位定然後祿之." 『尙書
大傳』, "古之帝王者, 必立大學·小學, 使王大子, 王子, 群后之子, 以至
公·卿·大夫·元士之嫡子, 十有三年使入小學, 見小節焉, 踐小義焉; 年
二十入大學, 見大節焉, 踐大義焉. 小師取小學之賢者, 登之大學; 大師取
大學之賢者, 登之天子, 天子以爲左右." 是古用人之法, 皆令先習禮樂而
後出仕, 子産所云"學而後入政"者也. 其國之俊選, 不嫌有卑賤, 故王大子
等入學皆以齒, 所謂"天子元子視士"者也.

역문 『예기』「왕제」에 "악정(樂正)이 네 가지 방도를 존중하여 네 가지 가르침을 세워서 선왕의 『시경』과 『서경』·예(禮)·악(樂)을 따라 선비를 양성하되, 봄과 가을에는 예와 음악을 가르치고 겨울과 여름에는 『시경』과 『서경』을 가르친다. 왕의 태자(太子)와 왕자, 여러 제후의 태자와 경(卿)과 대부(大夫)와 원사(元士)의 적자(嫡子), 나라의 준사(俊士)[3]와 선사(選士)[4]가 모두 국학에 취학한다. 모든 입학은 나이에 따라 하고, 대악정(大樂正)이 조사(造士)[5] 중에 우수한 자를 평가해서 왕에게 보고하고 사마(司馬)에게 올리는데, 이를 '진사(進士)'라 한다. 사마가 벼슬할 만한 인재를 구분해서 평가하여 진사 중에 현명한 자를 논해서 왕에게 보고하여 그 논의를 결정하고, 논의가 결정된 뒤에 관직에 임명한다. 관직에 임명된 뒤에 작위를 내리고, 작위가 결정된 뒤에 봉록을 지급한다."라고 했고, 『상서대전』에 "옛날의 제왕들은 반드시 대학(大學)과 소학(小學)을 세워, 왕의 태자와 왕자와 여러 제후의 자제에서부터 공(公)과 경과 대부와 원사의 적자에 이르기까지 12년간 소학에 들어가 작은 예절을 보고 배우며 작은 예의를 실천하게 했고, 20세에 비로소 대학에 들어가 큰 예절을 보고 배우며 큰 예절을 실천하게 했다. 소사(小師)가 소학에서의 현명한 자를 선발해서 대학으로 올리고, 태사(大師)가 대학에서의 현명한 자를 선발해서 천자에게 올리면 천자가 좌우의 신하로 삼았다."라고 했는데, 이는 옛날의 인재를 등용하는 법으로, 모두 먼저 예악을 익힌 뒤에 벼슬

3　준사(俊士): 주(周)나라 때의 학제(學制)에서 서인의 자제로 학덕이 뛰어나 향학(鄕學)에서 사도(司徒)에게 천거된 뒤에 다시 국학(國學)으로 천거되어 태학(太學) 입학을 허가받은 사람.

4　선사(選士): 주나라 때 지방에서 우수한 자를 관리 후보로 중앙에 뽑아 올리던 제도로, 향(鄕)에서 수사(秀士)를 논하여 사도에게 올리는 자.

5　조사(造士): 국학으로 천거되어 오른 준사 중에서 학업이 뛰어나 사마에게 천거된 뒤에 장차 등용될 자.

에 나아가게 했으니, 자산(子産)의 이른바 "배운 뒤에 정치에 입문한다"[6] 라는 것이다. 나라의 준사와 선사는 비천(卑賤)을 꺼리지 않기 때문에 왕의 태자 등의 입학은 모두 나이에 따라서 하는 것이니, 이른바 "천자의 원자(元子)는 사(士)에 견준다"[7]라는 것이다.

원문 夫子以先進於禮樂爲野人, 野人者, 凡民未有爵祿之稱也. 春秋時, 選擧之法廢, 卿·大夫皆世爵祿, 皆未嘗學問. 及服官之後, 其賢者則思爲禮樂之事, 故其時後進於禮樂者爲君子.

역문 공자는 먼저 예악에 나아가 배운 제자를 야인이라고 했는데, 야인이란 아직 작위와 봉록이 없는 모든 백성을 일컫는 말이다. 춘추시대에는 인재를 선발해서 등용하는 법이 폐지되고 경과 대부들은 모두 대대로 작위와 봉록을 받았으므로 아무도 일찍이 학문을 익히지 않았다. 관직에 복무하기에 미친 뒤에 현명한 자들은 예악의 일을 행할 것을 생각했기 때문에 그제야 뒤에 예악에 나아가 배운 제자들이 군자가 되었다는 것이다.

원문 "君子"者, 卿·大夫之稱也. 觀子路問成人, 夫子答以藏武仲·孟公綽·

---

6   『춘추좌씨전(春秋左氏傳)』「양공(襄公)」 31년: 나는 배운 뒤에 정치에 입문했다는 말은 들었지만 정치를 학습의 대상으로 삼았다는 말은 듣지 못했습니다.[僑聞學而後入政, 未聞以政學者.]

7   원(元)의 학경(郝經)이 찬(撰)한 『속후한서(續後漢書)』 권87 중하(中下), 「녹제5중하(錄第五中下)·예악(禮樂)·관(冠)」에 "관(冠)은 사내에게 관을 가하는 예이다. 주나라의 제도에 천자의 원자는 사에 견주기 때문에, 여러 제후의 적자와 함께 관례를 거행할 때는 모두 사의 예를 적용한다.[冠, 男加冠之禮也. 周制天子之元子視士, 故與諸侯之適冠, 皆用士禮.]"라는 표현이 보인다.

卞莊子 · 冉求諸人, 又云: "文之以禮樂, 可爲成人." 此四人皆已仕, 若文以禮樂, 則亦後進於禮樂之君子也. 夫子弟子, 多是未學, 故亟亟以禮樂敎之敎之. 所云"興於『詩』, 立於禮, 成於樂", 卽是從先進. 而冉求則以"禮樂以俟君子", 子路且以"有民人社稷, 何必讀書乃爲學?" 讀書者, 讀禮樂之書也. 當時子路 · 冉有皆已仕, 未遑禮樂, 而夫子以禮樂爲重, 故欲從先進, 變當時世爵祿之法, 從古選擧正制也. "用之"謂用其人也. 後進於禮樂, 雖亦賢者, 然朝廷用人, 當依正制, 且慮有不肯濫入仕途也.

역문 "군자(君子)"란 경과 대부를 일컫는다. 자로(子路)가 성인(成人)에 대해 질문했을 때, 공자가 장무중(臧武仲)과 맹공작(孟公綽)과 변장자(卞莊子)와 염구(冉求) 등의 인물로 대답한 것과, 또 "예악으로 문채를 이루면 완성된 사람[成人]이라 할 수 있다."[8]라고 한 것을 살펴보면, 이 네 사람은 모두 이미 벼슬을 했으니, 만약 예악을 가지고 문채를 이루었다면 역시 뒤에 예악에 나아가 배운 군자인 것이다. 공자의 제자 중에는 아직 학문이 완성되지 않은 이들이 많았기 때문에 자주자주 예악을 가르쳤던 것이다. 이른바 "『시』에서 흥기하여, 예에서 확립하며, 음악에서 완성해야 한다."[9]라는 것이 바로 먼저 예악에 나아간 자를 따른다는 것이다. 그런데 염구는 "예와 악에 대해서는 군자를 기다리겠다"[10]라고 했고, 자로도 "인민과 사직이 있는데, 어찌 반드시 글을 읽은 뒤라야 학문을 하는 것

---

8 『논어(論語)』「헌문(憲問)」: 자로가 완성된 사람[成人]에 대해서 묻자, 공자가 말했다. "장무중의 지혜와 공작(公綽)의 탐욕하지 않음과 변장자의 용맹과 염구의 재주에 예악으로 문채를 이루면 또한 완성된 사람이라 할 수 있다."[子路問成人, 子曰, "若臧武仲之知, 公綽之不欲, 卞莊子之勇, 冉求之藝, 文之以禮樂, 亦可以爲成人矣."]

9 『논어』「태백(泰伯)」.

10 『논어』「선진(先進)」. 『논어정의(論語正義)』에는 "願俟君子"로 되어 있는데, 『논어』「선진」의 글에 따라 "願"을 "以"로 고쳤다.

이겠는가?"[11]라고 했는데, 글을 읽는다는 것은 예와 악에 대한 글을 읽는다는 것이다. 당시 자로와 염유(冉有)는 모두 이미 벼슬을 했으나, 예악에 대해서는 아직 겨를이 없었고, 공자는 예악을 중히 여겼으므로 먼저 예악에 나아가 배운 제자[先進]를 따르고자 한 것이니, 당시 대대로 작위와 봉록을 받는 법도를 바꿔서 옛날의 인재를 선발해서 등용하던 바른 제도를 따르려 했던 것이다.

"용지(用之)"란 그 인재를 등용한다는 말이다. 뒤에 예악에 나아가 배운 제자들이 비록 또한 현명한 자들이라 할지라도 조정에서 인재를 등용해야 할 경우라면 마땅히 올바른 제도를 따라야 하고, 또 불초한 자가 함부로 벼슬길에 발을 들이는 것을 염려해야 하는 것이다.

원문 此章之義, 沈薶千載, 自盧辯『戴記』「注」發之, 而後人莫之能省. 至邢「疏」但知"先進‧後進"指弟子, 而以"進"爲仕途, 以"從先進"爲歸淳素, 猶依「注」說爲之.

역문 이 장의 뜻은 깊이 감추어진 것이 수천 가지인데 노변이『대대례기』「주」에서 발명한 뒤로부터는 사람들이 아무도 그것을 제대로 살피지 못하고 있다. 형병의 「소」에 이르러서는 단지 "선진과 후진"이 제자를 가리킨다는 것을 알았을 뿐이고, 진(進)을 벼슬길[仕途]이라 하고, "종선진(從先進)"을 순수하고 소박한 곳으로 되돌리는 것이라고 한 것에 이르러서는 오히려 「주」의 말을 근거로 한 것일 뿐이다.

원문 宋氏翔鳳『發微』謂"先進, 爲士民有德者; 登進, 爲卿‧大夫自野升朝之

---

11 『논어』「선진」.

人; 後進, 謂諸侯·卿·大夫世爵祿, 生而富貴, 以爲民上, 是謂君子." 說
皆得之. 但以"進"爲仕途, "先進"爲<u>殷</u>法, 先進·後進俱不兼弟子, 尚未爲
是. 故略本諸義, 別爲釋之.

역문 송상봉(宋翔鳳)의 『논어발미』에 "선진은 사민(士民) 가운데 덕이 있는
자이고, 등진(登進)은 경이나 대부 중에 재야에서 조정으로 오른 사람이
며, 후진은 제후와 경과 대부 등 대대로 녹을 받으면서 태어나면서부터
부귀하여 백성들의 윗사람이 된 자를 이르니, 이들을 군자라고 한다."라
고 했는데 모두 설득력이 있는 말이다. 그러나 "진(進)"을 벼슬길이라 하
고, "선진을 은(殷)나라의 법이라고 해서 선진과 후진 모두 제자를 아우
르지 않은 것은 도리어 옳지 못하다. 그러므로 여러 뜻을 간략하게 근거
해서 별도로 해석을 하였다.

- 「注」, "先進"至"人也".
- 正義曰: 以"先進·後進爲仕先後輩"者, 「王制」言"大樂正論造士之秀者, 以告於王, 曰進士",
  『孟子』言"治則進", 是進有仕義. 『管子』「宙合」云: "是故聖人著之簡筴, 傳以告後進." 又云:
  "故傳之簡筴, 傳以告後世人." 是先進·後進謂人之先後仕者也. 言"輩"者, 非一之辭.
- 「주」의 "선진(先進)"부터 "인야(人也)"까지.
- 정의에서 말한다.
  "선진과 후진은 벼슬에서의 선배와 후배"
  『예기』「왕제」에 "대악정이 조사 중에 우수한 자를 평가해서 왕에게 보고하고 이를 '진사'라
  한다."라고 했고, 『맹자』에 "다스려지면 나아간다[治則進]"[12]라고 했는데, 이때의 진(進)에는
  벼슬한다는 뜻이 있다. 『관자』「주합」에 "이런 까닭에 성인은 책을 써서[13] 후진에게 전하여

---

12 「공손추상(公孫丑上)」과 「만장하(萬章下)」에 보인다.
13 『논어정의』에 "傳"으로 되어 있으나, 『관자(管子)』「주합(宙合)」을 근거로 "著"로 고쳤다.

알린다."라고 했고, 또 "그러므로 책을 써서 후대의 사람에게 전하여 알렸다."라고 했는데, 이때의 선진과 후진은 사람 중에 먼저 벼슬한 자와 뒤에 벼슬한 자를 말한다. "배(輩)"라고 말한 것은 1명이 아니라는 말이다.

"禮樂因世損益"者, 禮樂隨風俗爲盛衰. 故質勝當救之以文, 文勝當救之以質. 是於文·質二者之中, 或損或益也. "後進與禮樂俱得時之中"者, "與"卽"於"字之誤, 言夫子稱後進爲君子, 是其禮樂俱能因世損益, 得時之中也. 邢「疏」申此「注」, 謂"先進當襄·昭之世, 後進當定·哀之世." 皆謂夫子同時人.

"예악은 시대에 따라 덜거나 더하는 것[禮樂因世損益]"

예악은 풍속에 따라 성하기도 하고 쇠하기도 한다. 그러므로 당연히 질(質)이 이기면 문(文)으로 구제하고 문이 이기면 당연히 질로 구제하는 것이다. 이것이 문과 질 두 가지 중에서 혹은 덜기도 하고 혹은 더하기도 하는 것이다.

"후진은 예악에 있어서 모두 때에 맞게 적중할 수 있다[後進與禮樂俱得時之中]"

"여(與)"는 바로 "어(於)" 자의 잘못이니, 공자가 후진을 일컬어 군자라고 한 것은 그들의 예악이 모두 시대에 따라 덜거나 더해서 때에 맞게 적중할 수 있었기 때문이라는 말이다. 형병의 「소」에서는 이 「주」를 되풀이하면서 "선진은 양공(襄公)과 소공(昭公)의 시대에 해당되고, 후진은 정공(定公)과 애공(哀公)의 시대에 해당된다."라고 했는데, 모두 공자와 동시대의 인물을 말한 것이다.

案, 夫子論文質甚貴時中. 故曰: "質勝文則野, 文勝質則史. 文質彬彬, 然後君子." 又言"周監於二代, 鬱鬱乎文哉, 吾從周." 此文亦是得中之文, 其有爲尙質之論, 皆是救時之法. 如奢儉·易戚, 俱爲失禮, 夫子則寧從儉從戚, 亦以二者俱不得中, 故寧從質勝, 不從文勝也. 若顯然擧一中道, 稱爲君子, 而不欲從之, 則與平時所稱爲"彬彬", 所稱爲"從周"者不合. 下篇棘子成欲棄文從質, 子貢卽深斥之, 若如此「注」所云, 則夫子正與棘子成同見, 而奚其可哉?

살펴보니, 공자는 문채[文]와 바탕[質]을 논할 때 시중(時中)을 매우 귀하게 여긴다. 그러므

아래도 같다.

로 "바탕[質]이 문채[文]를 이기면 촌스럽고, 문채가 바탕을 이기면 화려하다. 문채와 바탕이 잘 갖추어진 후에야 군자이다."[14]라고 했고, 또 "주나라는 2대(二代)의 예를 본보기로 삼았으니 찬란하구나, 문채남이여! 나는 주나라를 따르겠다."[15]라고 했는데, 이때의 문채는 역시 중(中)을 얻은 문채이니, 바탕[質]을 숭상함이 있는 논의는 모두 시대를 구제하기 위한 법이다. 예를 들면 사치와 검소[奢儉]·지나치게 예를 차리는 것과 슬퍼함[易戚]은 모두 예를 잃은 것이지만, 공자가 차라리 검소함을 따르고 슬퍼함을 따른 것은 역시 두 가지 모두 중(中)을 얻지 못한 것이기 때문에 차라리 바탕[質]이 이김을 따른 것이고, 문채[文]가 이김을 따르지 않은 것이다. 만약 분명하게 하나의 중도(中道)를 들어 군자라고 칭하면서도 따르려 하지 않는다면 평상시 "잘 갖추어졌다[彬彬]"라고 일컫는 것이나 "주나라를 따르겠다"라고 말한 것과는 일치하지 않는다. 뒤의 「안연」에서 극자성(棘子成)이 문채를 버리고 바탕을 따르려 했을 때, 자공(子貢)은 그 즉시 깊이 배척했는데, 만약 이 「주」에서 말한 것과 같다면 공자는 바로 극자성과 견해를 같이하는 것이 되니 어찌 그것이 가당키나 하겠는가?

11-2

子曰: "從我於陳·蔡者, 皆不及門也."【注】鄭曰: "言弟子之從我而厄於陳·蔡者, 皆不及仕進之門, 而失其所."

공자가 말했다. "진(陳)나라와 채(蔡)나라에서 나를 따르던 자들이 다 문에 미치지 못했다."【주】정현이 말했다. "제자 중 나를 따르면서 진나라와 채나라에서 곤액을 겪었던 자들이 모두 벼슬길에 진출하는 문에 미치지 못해서 제자리를 잃었다는 말이다."

---

14 『논어』「옹야(雍也)」.
15 『논어』「팔일(八佾)」.

원문 正義曰: 陳·蔡之厄,『史記』「孔子世家」敍於吳伐陳, 楚救陳, 軍於城
父後, 在魯哀六年. 朱子據『論語』, 以爲自衛如陳, 在魯哀二年. 江氏永『鄕
黨圖考』以爲在魯哀四年, 其言曰: "孟子云'君子之厄於陳·蔡之間', 言
'間'者, 兩地相接之處. 陳卽今陳州府. 蔡始封在今汝寧之上蔡縣, 其後平
侯徙汝寧之新蔡縣, 皆與陳相近. 新蔡在陳南, 夫子哀二年至陳, 若非適
蔡, 則不得至陳·蔡之間. 哀二年十二月, 蔡昭侯畏楚, 遷於吳之州來, 州
來之蔡城在今鳳陽府壽州北三十里, 與陳相距, 中間隔絶, 亦不得言'陳·
蔡之間'也. 然則絶糧陳·蔡之間, 當在哀四年, 自陳適蔡時, 指故地上蔡言
之耳. 蔡旣遷, 則故蔡地皆屬於楚. 是時楚昭王賢, 葉公又賢, 夫子欲用楚,
故如蔡如葉. 按, 四年「傳」云: '楚左司馬販·申公壽餘·葉公諸梁致蔡於
負函.' 十六年「傳」云: '葉公在蔡.' 蓋故蔡邑, 葉公兼治之. 夫子自陳如蔡,
就葉公耳, 與蔡國無涉也."

역문 정의에서 말한다.

진나라와 채나라에서 겪은 곤액이, 『사기』「공자세가」에는 오(吳)나
라가 진나라를 토벌하자 초(楚)나라가 진나라를 구원하러 나서 성보(城
父)에 군대를 주둔시킨 뒤에 서술되어 있으니, 이는 노(魯)나라 애공 6년
에 있었던 일이다. 주자는 『논어』를 근거로 위(衛)나라에서 진나라로 간
것이 노나라 애공 2년에 있었다고 했다.[16] 강영(江永)의 『향당도고』에는
노나라 애공 4년에 있었다고 하는데, 그의 말에 따르면 "맹자가 이르길
'공자가 진나라와 채나라의 사이에서 곤액을 겪었다.'"[17]라고 했는데, '사
이[間]'라고 말한 것은 두 나라의 땅이 서로 접해 있는 곳이기 때문이다.
진(陳)은 바로 지금의 진주부(陳州府)이다. 채(蔡)가 처음 봉해졌을 때는

---

16 『논어집주(論語集註)』「논어서설(論語序說)」에 보인다.

17 『맹자(孟子)』「진심하(盡心下)」.

지금의 여녕(汝寧)의 상채현(上蔡縣)에 있었다가 그 뒤에 평후(平侯)가 여녕의 신채현(新蔡縣)으로 옮겼는데 모두 진나라와 서로 근접해 있다. 신채현은 진나라 남쪽에 있는데, 공자는 애공 2년에 진나라에 당도했으니, 만약 채나라로 가지 않았다면 진나라와 채나라의 사이에 이르지 못했을 것이다. 애공 2년 12월에 채나라 소후(昭侯)가 초나라를 두려워하여 오나라의 주래(州來)로 천도했는데, 주래의 채성(蔡城)이 지금의 봉양부(鳳陽府) 수주(壽州) 북쪽 30리에 있고, 진나라와는 서로 떨어져 중간이 막혀 있으니 역시 '진나라와 채나라의 사이'라고 말할 수는 없다. 그렇다면 진나라와 채나라 사이에서 양식이 떨어진 것은 당연히 애공 4년에 있었던 일이니, 진나라로부터 채나라로 갈 때는 옛 지역인 상채현을 가리켜 말한 것일 뿐이다. 채나라가 이미 천도했다면 옛 채나라 지역은 모두 초나라에 속한다. 이때는 초나라의 소왕(昭王)도 어질었고, 섭공(葉公)도 어질었으므로 공자가 초나라에 등용되기를 원했기 때문에 채나라에 가기도 하고 섭(葉)나라에 가기도 했던 것이다. 살펴보니, 『춘추좌씨전』「애공」 4년의 「전」에 '초나라의 좌사마(左司馬) 판(販)과 신공(申公) 수여(壽餘)와 섭공 제량(諸梁)이 채나라 사람들을 불러 부함(負函)에 모이게 했다.'라고 하였고, 16년의 「전」에 '섭공이 채나라에 있었다.'라고 했으니, 아마도 옛 채읍(蔡邑)은 섭공이 겸하여 다스렸던 듯싶다. 공자가 진나라와 채나라로 간 것은 섭공에게 나아간 것일 뿐이지, 채나라와는 아무런 관계가 없다."라고 했다.

원문 今案, 江說甚核, 然『史記』亦自可從. 先從叔丹徒君『經傳小記』, "『爾雅』·『淮南』有州黎丘.' 「注」, '今在壽春縣.' 案『鹽鐵論』, '孔子能方不能圜, 故饑於黎丘.' 哀公二年蔡遷於州來, 四年, 孔子自陳適蔡, 三歲, 吳伐陳, 楚救陳, 軍於城父, 使人聘孔子, 於是絶糧陳·蔡之間. 『鹽鐵論』所謂

'黎丘', 蓋卽州黎之丘也. 此直從『史記』在六年. 而陳·蔡之間, 據新遷之
蔡言, 蓋其地距陳雖遠, 然中間無他國相隔, 則亦爲'陳·蔡之間'矣." 當時
從遊弟子, 據「世家」有顔淵·子貢·子路, 「弟子列傳」有子張, 『呂氏春
秋』「愼人篇」有宰予, 此外皆無考.

역문 이제 살펴보니, 강영의 설이 매우 자세하기는 하지만,『사기』도 본래
따를 만하다. 돌아가신 종숙 단도군(丹徒君)의 『경전소기』에 "『이아』에
'『회남자』에 주여구(州黎丘)가 있다.'라고 했는데,「주」에 '지금의 수춘현
(壽春縣)에 있다.'라고 했다. 『염철론』을 살펴보니 '공자는 방정하기만
했지 원만하지 못했기 때문에 여구(黎丘)에서 굶주렸던 것이다.'라고 했
는데, 애공 2년에 채나라는 주래로 천도했고, 4년에 공자가 진나라와 채
나라로 갔으며, 채나라로 옮긴 지 3년 뒤(애공 6년)에 오나라가 진나라를
토벌하자 초나라가 진나라를 구원하러 나서 성보에 군대를 주둔시키고
사람을 시켜 공자를 초빙했는데, 이때 진나라와 채나라 사이에서 양식
이 떨어졌던 것이다. 『염철론』의 이른바 '여구(黎丘)'는 아마도 주여(州
黎)의 언덕인 듯싶다. 이는 곧장『사기』를 따른 것으로 애공 6년에 있었
던 일이다. 그런데 진나라와 채나라의 사이는 새로 천도한 채나라를 근
거로 말한 것이고, 대체로 그 지역은 진나라까지의 거리가 비록 멀지만
그 중간에 가로막고 있는 다른 나라가 없으니, 그렇다면 역시 '진나라와
채나라의 사이'가 되는 것이다."라고 했다. 당시에 따르던[從遊] 제자들
은 「공자세가」에 의거해 보면 안연(顔淵)과 자공과 자로가 있었고,「중
니제자열전」에는 자장(子張)이 있었으며,『여씨춘추』「신인」에는 재여
(宰予)가 있었는데, 이 외에는 모두 상고할 곳이 없다.

원문 鄭氏以下章"德行"云云, 合此爲一章. 然冉有於魯哀三年爲季康子所召,
不應於此年復有一冉有從夫子也. 尤氏侗『艮齊雜說』引陳善「辨」曰: "陳·

蔡從者, 豈止十人, 患難之時, 何必分列四科乎? 斯知鄭說未敢從也." "皆不及門也", 皇本"門"下有"者"字.

역문 정씨(鄭氏)는 아래 장의 "덕행(德行)" 운운한 것을 이 장에 합쳐서 1장으로 만들었다. 그러나 염유는 노나라 애공 3년에 계강자(季康子)에게 부름을 받았으니, 응당 이해에 다시 또 다른 염유가 있어서 공자를 따르지는 않았을 것이다. 우동(尤侗)[18]의 『간제잡설』에 진선(陳善)[19]의 「변」을 인용해서 "진나라와 채나라에서 따르던 자들이 어찌 10인에 그쳤겠으며, 환난의 때에 어찌 굳이 사과(四科)[20]를 나누어 열거했겠는가? 이에 정현의 설을 감히 따를 수 없다는 것을 알 수 있다."라고 했다. "다 문에 미치지 못했다[皆不及門也]"라는 황간본에는 "문(門)" 아래 "자(者)" 자가 있다.

---

18 우동(尤侗, 1618~1704): 장주[長州: 지금의 강소성(江蘇省) 소주(蘇州)] 사람. 호는 회암(悔庵) 또는 간재(艮齋)이고 자는 동인(同人) 또는 전성(展成)이며, 만년의 자호는 서당노인(西堂老人)이다. 1679년 박학홍사과(博學鴻詞科)에 뽑혀 한림원(翰林院) 검토(檢討)가 되었고 『명사(明史)』 편찬에 참여하였다. 시문에 능하였고 사(詞)·변문(騈文)·희곡에도 뛰어났다. 시는 생활의 작은 일들을 쓴 것이 많고, 시풍은 밝고 자연스러워 백거이(白居易)와 비슷하다. 저서에 시문집 『우서당문집(尤書堂文集)』(22종 65권), 『간재권고유문집(艮齋倦稿遺文集)』 등이 있고, 전기(傳奇) 『균천락(鈞天樂)』과 잡극 『독이소(讀離騷)』, 『조비파(弔琵琶)』, 『도화원(桃花源)』, 『흑백위(黑白衛)』, 『청평조(淸平調)』 등이 있는데, 이 6종의 희곡을 합하여 『서당곡액(西堂曲腋)』이라 한다. 대부분의 작품은 『서당전집』에 수록되어 있으며, 잡극의 내용은 애국시인 굴원(屈原)을 칭송한 것, 민중을 위하여 해악을 없애는 여류협객을 송덕한 것 등이다.

19 진선(陳善, ?~?): 송(宋)나라 때의 학자. 자는 자겸(子兼)이며 또 다른 자는 경보(敬甫)이고, 호는 추당(秋塘)이다. 나원(羅源) 사람으로 저서에 『문슬신화(捫蝨新話)』 15권이 있고, 『사고총목(四庫總目)』이 세상에 전한다.

20 사과(四科): 공자의 문하(門下)에서 개별적으로 성명(成名)된 네 가지 학덕(學德), 즉 덕행(德行)·언어(言語)·정사(政事)·문학(文學)을 말한다.

- 「注」, "言弟"至"其所".
- 正義曰: 孔門弟子無仕陳·蔡者, 故「注」以爲"不及仕進之門".『孟子』云: "君子之厄於陳·蔡之間, 無上下之交也." "無上下之交", 即此所云"不及門"也.「孔子世家」言"匡人拘孔子, 孔子使從者爲甯武子臣於衛, 然後得去." 雖甯武子非孔子同時人, 然必有從者臣衛之事, 誤以屬之甯武子耳. 及陳·蔡之厄, 孔子亦使子貢如楚, 楚昭王興師迎孔子, 然後免. 又「檀弓」言"夫子將之荆, 先之以子夏, 申之以冉有." 可知夫子周遊, 亦賴群弟子仕進, 得以維護之. 今未有弟子仕陳·蔡, 故致此困厄也.
○「주」의 "언제(言弟)"부터 "기소(其所)"까지.
○ 정의에서 말한다.

공자 문하의 제자 중 진나라와 채나라에서 벼슬한 사람이 없었기 때문에「주」에서 "벼슬길에 진출하는 문에 미치지 못했다"라고 한 것이다.『맹자』「진심하」에 "공자가 진나라와 채나라의 사이에서 곤액을 겪은 것은 두 나라의 군신(君臣)과 교분이 없었기 때문이다."라고 했는데, "두 나라의 군신과 교분이 없었다"라는 것이 바로 여기에서 말하는 "문에 미치지 못했다[不及門]"라는 것이다.「공자세가」에 "광읍(匡邑)의 사람들이 공자를 압박하자 공자는 따르던 사람을 위나라로 보내 영무자(甯武子)의 신하 노릇을 하게 한 다음에야 벗어나 떠날 수 있었다."라고 했는데, 비록 영무자가 공자와 동시대의 사람이 아니었지만, 반드시 따르던 자가 위나라에서 신하 노릇을 한 일이 있다 보니, 영무자에게 잘못 갖다 붙인 것일 뿐이다. 진나라와 채나라에서 곤액을 겪게 되자 공자가 또 자공을 초나라로 보내니, 초나라의 왕소왕이 군대를 일으켜 공자를 맞이한 뒤에야 벗어날 수 있었다.『예기』「단궁상」에 "공자가 장차 형(荆)으로 가려 하면서 먼저 그곳으로 자하(子夏)를 보내고 재차 염유를 보냈다."라고 했으니, 공자가 주유(周遊)하면서도 벼슬에 나아간 여러 제자에게 힘입어 보호받을 수 있었다는 것을 알 수 있다. 그런데 지금은 진나라와 채나라에서 벼슬하는 제자가 없었기 때문에 이러한 곤액을 겪게 된 것이다.

德行: <u>顏淵</u>·<u>閔子騫</u>·<u>冉伯牛</u>·<u>仲弓</u>, 言語: <u>宰我</u>·<u>子貢</u>, 政事:<u>冉有</u>·<u>季路</u>, 文學:<u>子游</u>·<u>子夏</u>.

덕행(德行)에는 안연·민자건(閔子騫)·염백우(冉伯牛)·중궁(仲弓)이고, 언어(言語)에는 재아(宰我)·자공이며, 정사(政事)에는 염유·계로(季路: 자로)이고, 문학(文學)에는 자유(子游)·자하이다.

원문 正義曰:『釋文』云: "鄭云'以合前章'." 盧氏文弨『考證』曰: "'鄭云'當作鄭氏." 案, 鄭氏非辨見前疏. 皇「疏」云: "此章初無'子曰'者, 是記者所書, 竝從<u>孔子</u>印可而錄在『論』中也."『史記』「仲尼弟子列傳」, "<u>孔子</u>曰: '受業身通者, 七十有七人, 皆異能之士也. 德行: <u>顏淵</u>·<u>閔子騫</u>·<u>冉伯牛</u>·<u>仲弓</u>, 政事: <u>冉有</u>·<u>季路</u>, 言語: <u>宰我</u>·<u>子貢</u>, 文學: <u>子游</u>·<u>子夏</u>.'"是此四科爲夫子平時所論列, 不必在從<u>陳</u>·<u>蔡</u>時.「弟子傳」先"政事"於"言語", 當出『古論』.

역문 정의에서 말한다.

『경전석문』에 "정현이 이르길 '이 대목을 앞 장과 한 장으로 합해야 한다.'라고 했다."라고 되어 있고, 노문초(盧文弨)의 『경전석문고증』에 "'정운(鄭云)'이라고 한 것은 마땅히 정씨(鄭氏)라고 해야 한다."라고 했는데, 살펴보니, 정씨는 앞 대목의 설명[疏]을 보고 변별한 것이 아니다. 황간(皇侃)의 「소」에 "이 장은 애초에 '자왈(子曰)'이 없는데, 이는 기록하는 자가 쓴 것으로 공자가 인가(印可)[21]한 것을 아울러 따라 기록해서 『논어』

---

21 인가(印可): ① 대상이 옳음을 소상하게 밝혀 인정함. ② 스승이 제자의 득법(得法) 또는 설

가운데 있게 된 것이다."라고 했다.

　『사기』「중니제자열전」에 "공자가 말했다. '내게 수업하여 몸소 육예를 통한 자가 72인이니 모두 남다른 재능을 지닌 선비들이다. 덕행에는 안연·민자건·염백우·중궁이고, 정사에는 염유·계로이며, 언어에는 재아·자공이고, 문학에는 자유·자하이다.'"라고 했으니, 이 사과는 공자가 평상시에 평가하고 열거한 것이지, 꼭 진나라와 채나라에서 따르던 때를 두고 한 말은 아니다. 「중니제자열전」에는 "정사(政事)"가 "언어(言語)"보다 앞에 있으니, 당연히 『고논어』에서 나온 것이다.

원문 『周官』「師氏」「注」云: "德行, 內外之稱. 在心爲德, 施之爲行." 顔子好學, 於聖道未達一間; 閔子騫孝格其親, 不仕大夫, 不食汚君之祿; 仲弓可使南面, 荀子以與孔子竝稱. 冉伯牛事無考, 觀其有疾, 夫子深歎惜之. 此四子, 爲德行之選也.

역문 『주례』「지관사도하·사씨」의 「주」에 "덕행이란 안과 밖을 통틀어 말한 것이다. 마음에 있는 것이 덕(德)이 되고 그것을 베푸는 것이 행(行)이 된다."라고 했다. 안자(顔子)는 배우기를 좋아했으나 성인의 경지[道]에는 한 칸 도달하지 못했고, 민자건은 효로 어버이를 감동시켰으며 대부에게 벼슬하지 않고 깨끗하지 않은 군주의 녹을 받아먹지도 않았으며, 중궁은 남면(南面)하게 할 만했으므로 순자(荀子)는 공자와 나란히 칭하였다. 염백우의 일은 상고할 만한 것이 없지만 그가 질병을 앓을 때를 살펴보면 공자가 깊이 탄식하며 애석해하였다. 이것이 네 사람을 덕행으로 선택한 까닭이다.

법(說法) 등을 증명하고 인정함을 일컬음.

원문 『孟子』「公孫丑篇」, "宰我 · 子貢善爲說辭, 冉伯牛 · 閔子騫善言德行, 孔子兼之, 曰: '我於辭命, 則不能也.'" 是言語以辭命爲重. 『毛詩』「定之方中」「傳」: "故建邦能命龜, 田能施命, 作器能銘, 使能造命, 升高能賦, 師旅能誓, 山川能說, 喪紀能誄, 祭祀能語." 此九者, 皆是辭命, 亦皆是言語. 皇「疏」引范寧曰: "言語, 謂賓主相對之辭也." 范以當時最重邦交, 故言語當指此事, 亦是擧彼一端, 以例其餘. 「弟子列傳」"宰予利口辨辭, 子貢利口巧辭." 是宰我 · 子貢爲言語之選也.

역문 『맹자』「공손추상」에 "재아와 자공은 말을 잘하였고, 염백우(冉伯牛) · 민자건은 덕행을 잘 말하였는데, 공자는 이 두 가지를 겸하였으면서도, '나는 사명(辭命)에 있어서는 능하지 못하다.'라고 했다."라고 하였으니, 이는 언어는 사명을 중한 것으로 여긴다는 말이다. 『모시』「정지방중」의 「전」에 "그러므로 나라를 세우려면 점치는 일을 거북에게 명할 수 있어야 하고[命龜]²² 사냥을 할 때는 교명(敎命)을 잘 베풀 줄 알아야 하며, 기물을 제작할 때는 명(銘)을 잘 새길 줄 알아야 하고, 사신 갈 때는 사명을 지을 줄 알아야 하며, 높은 곳에 올라서는 시를 읊을 줄 알아야 하고, 군대를 통솔할 때는 서약(誓約)을 잘할 줄 알아야 하며, 산천에서는 산천의 형세를 잘 말할 줄 알아야 하고, 상사(喪事)에 대한 일에서는 뇌문(誄文)²³을 잘 지을 줄 알아야 하며, 제사에서는 축문을 지어 귀신에게 잘 고할 줄 알아야 한다."라고 했는데, 이 아홉 가지가 모두 사명이며 또한 모두가 언어이다. 황간의 「소」에는 범녕을 인용해서 "언어란 손님

---

22 명귀(命龜): 옛날 길흉(吉凶)을 점칠 때, 복인(卜人)이 점칠 일을 거북 등딱지에 입으로 말하던 일을 말한다. 또는 거북 등딱지를 구워서 점치는 일을 두루 이르기도 한다.

23 뇌문(誄文): 죽은 사람의 생전의 행적을 나열해 기록한 글. 예전에는 이 뇌문을 시호(諡號)를 짓는 기본 자료로 썼다.

과 주인이 상대하는 말이다."라고 했는데, 범녕은 당시에 가장 중요한 일은 나라 간의 교류였기 때문에 언어란 당연히 이 일을 가리키는 것이라고 생각한 것이니, 역시 저 하나의 단서를 들어 그 나머지를 예로 든 것이다. 『사기』「중니제자열전」에 "재여는 구변 좋은 말재주로 언변에 뛰어났고, 자공은 구변 좋은 말재주로 언사가 공교하였다."라고 했으니, 이것이 재아와 자공을 언어로 선택한 까닭이다.

원문 夫子言"求也藝, 由也果, 可使從政." 是冉有·季路爲政事之選也.

역문 공자는 "구(求)는 재능이 많고, 유(由)는 과감하니 정치에 종사하게 할 만하다."[24]라고 했으니, 이것이 염유와 계로를 정사에 선택한 까닭이다.

원문 沈氏德潛『吳公祠堂記』曰: "子游之文學, 以習禮自見. 今讀「檀弓」上·下二篇, 當時公·卿·大夫·士·庶, 凡議禮弗決者, 必得子游之言以爲重輕. 故自論'小斂戶內, 大斂東階', 以曁'陶'·'詠'·'猶'·'舞'諸節, 其間共一十有四, 而其不足於人者, 惟縣子'汰哉叔氏'一言, 則其畢生之合禮可知矣."

역문 심덕잠(沈德潛)[25]의 『오공사당기』에 "자유의 문학은 예를 익힘으로써

---

24 『논어』「옹야」.

25 심덕잠(沈德潛, 1673~1769): 청나라 강소(江蘇) 장주(長洲) 사람. 자는 확사(確士)이고, 호는 귀우(歸愚), 시호는 문각(文慤)이다. 편수(編修)를 거쳐 시독(侍讀)과 좌서자(左庶子), 시강학사(侍講學士), 일강기거주관(日講起居注官), 내각학사(內閣學士)를 역임하고, 건륭제의 총애를 받아 예부시랑(禮部侍郎)까지 올랐다. 일찍부터 시명(詩名)은 높았지만 과거에는 실패만 거듭했다. 고령 때문에 관직을 그만두고 고향에 돌아가 여생을 시작(詩作)과 저서로 보냈다. 왕사정(王士禎)이 신운설(神韻說)을 제창한 데 대해 격조설(格調說)을 주창했다. 저서에 『귀우시문초(歸愚詩文鈔)』와 『죽소헌시초(竹嘯軒詩鈔)』, 『설시수어(說詩晬語)』가 있다. 편저에 『당시별재(唐詩別裁)』와 『명시별재(明詩別裁)』, 『국조시별재(國朝詩別裁)』,

저절로 드러난다. 지금 『예기』「단궁」상·하 2편을 읽어 보니 당시의 공·경·대부·사·서인(庶人)들은 무릇 예를 의논하다가 결정 나지 않는 것은 반드시 자유의 말을 얻어 경중(輕重)으로 삼았다. 그러므로 '집 안에서 소렴(小斂)을 하고 동쪽 계단에서 대렴(大斂)을 한다'[26]라는 것을 논하는 것으로부터 '울적해하고[陶]'·'읊조리고[詠]'·'몸을 흔들고[猶]'·'춤추고[舞]'[27] 하는 모든 예절에 이르기까지 그 사이에 모두 14개의 결정 항목이 있는데, 사람을 만족시키지 못한 것은 오직 현자(縣子)의 '자긍심이 대단하구나, 숙씨(叔氏)여!'[28]라는 한 마디 말뿐이니, 그렇다면 자유의 필생(畢生)이 예에 부합했음을 알 수 있다."라고 했다.

『고시원(古詩源)』이 있다. 43년(1778) 서술기(徐述夔) 사건이 일어났을 때 일찍이 서술기의 「일주루시(一柱樓詩)」에 서문을 써 준 적이 있어 시호를 박탈당하고 묘비가 훼손당했다.

26 『예기(禮記)』「단궁상(檀弓上)」: 자유가 말했다. "창 아래에서 반함(飯含)을 하고 집 안에서 소렴을 하며, 동쪽 계단에서 대렴을 하고 객위인 서쪽 계단에 빈소를 차리며, 뜰에서 조전(祖奠)을 하고 무덤에 장사 지내는 것은 점점 멀어져 가는 것을 의미한다. 따라서 상에 관계된 일은 앞으로 나아갈 뿐 뒤로 물러서는 일은 없다."[子游曰: "飯於牖下, 小斂於戶內, 大斂於阼, 殯於客位, 祖於庭, 葬於墓, 所以卽遠也. 故喪事有進而無退."]

27 『예기』「단궁하(檀弓下)」: 사람이 기뻐하다가 곧 울적해지고, 울적해지면 읊조리고, 읊조리면 몸을 흔들고, 몸을 흔들면 이에 춤을 춘다.[人喜則斯陶, 陶斯咏, 咏斯猶, 猶斯舞.] 『논어정의』에는 "舞"가 "無"로 되어 있다. 『예기』「단궁하」를 근거로 고쳤다.

28 『예기』「단궁상」: 자유가 초상을 치르는 도구에 대하여 질문하자, 공자가 말했다. "집안 재정의 있고 없음에 알맞게 해야 한다." 자유가 "있고 없음에 있어서 어떻게 알맞게 재량해야 되겠습니까?"라고 묻자, 공자가 말했다. "돈이 있더라도 예를 초과하지 말아야 하니, 만약 재정이 없다면 머리와 발과 형체를 거두어 곧바로 장사를 지내되 손으로 끈을 잡고서 하관을 하여 묻더라도 사람들이 어찌 그것을 비난한 사람이 있겠는가?" 사사(司土) 분(賁)이 자유에게 말했다. "청컨대 평상에서 염습을 하겠습니다." 자유가 말했다. "그렇게 하시오." 현자가 그 소식을 듣고 말했다. "자긍심이 대단하구나, 숙씨여! 오로지 예에 있는 것을 가지고 사람에게 허락하는구나.[子游問喪具, 夫子曰: "稱家之有無." 子游曰: "有無惡乎齊?" 夫子曰: "有母過禮, 苟亡矣, 斂首足形, 還葬, 縣棺而封, 人豈有非之者哉?" 司土賁告於子游曰: "請襲於牀." 子游曰: "諾." 縣子聞之曰: "汰哉, 叔氏! 專以禮許人."]

원문 朱氏彝尊『文水縣荀子祠堂記』曰: "徐防之言, 『詩』·『書』·禮·樂, 定自孔子, 發明章句, 始於子夏. 蓋自『六經』刪述之後, 『詩』·『易』俱傳自子夏, 夫子又稱其'可與言『詩』', 『儀禮』則有「喪服傳」一篇. 又嘗與魏文侯言樂, 鄭康成謂'『論語』爲仲弓·子夏所撰.' 特『春秋』之作, 不贊一辭, 夫子則曰'『春秋』屬商.' 其後公羊·穀梁二子, 皆子夏之門人. 蓋文章可得而聞者, 子夏無不傳之. 文章傳, 性與天道亦傳, 是則子夏之功大矣." 由沈·朱二文觀之, 是子游·子夏爲文學之選也.

역문 주이존(朱彝尊)의 『문수현복자사당기』에 "서방(徐防)[29]이 하는 말에, 『시경』과 『서경』과 예(禮)와 악(樂)은 공자로부터 정해졌고, 장구(章句)를 발명한 것은 자하에게서 시작되었다. 『육경』이 산술(刪述)된 뒤로 『시경』과 『역경』은 모두 자하로부터 전해졌는데, 공자는 또 그가 '함께 『시』를 논할 만하다'[30]고 칭찬했으며, 『의례』에는 「상복전」 1편이 있다. 또 일찍이 위 문후(魏文侯)와 음악을 얘기하였고, 정강성(鄭康成)은 '『논어』는 중궁과 자하가 편찬했다.'라고 하였다. 다만 『춘추』를 지을 때는 한 마디도 거들지 못했지만 공자는 '『춘추』를 상(商)에게 맡겼다'라고 했다. 그 뒤에 공양(公羊)[31]과 곡량(穀梁)[32] 두 사람은 모두 자하의 문인이다.

---

29 서방(徐防, ?~?): 후한 패국(沛國) 질현(銍縣) 사람. 자는 알경(謁卿)이다. 명제(明帝) 영평(永平) 연간에 효렴(孝廉)으로 천거되어 상서랑(尙書郎)에 올랐다. 나중에 사례교위(司隷校尉)와 위군태수(魏郡太守), 소부(少府), 대사농(大司農), 사공(司空), 사도(司徒) 등을 지냈다. 상제(殤帝) 연평(延平) 연간에 태위(太尉)로 옮겼다. 안제(安帝) 초에 용향후(龍鄕侯)에 봉해졌지만 얼마 뒤 재이(災異)로 파면되었다. 가학인 역학(易學)을 연구했다. 일찍이 글을 올려 박사(博士)나 갑을시책(甲乙試策)은 바로 가법(家法)의 장구(章句)에 따라 50문제를 출제하여 많이 해석한 사람을 으뜸으로 하고, 인용한 문장이 분명한 사람을 높이 평가하자고 건의했는데, 황제가 공론(公論)에 물으니 모두 그 말을 따랐다.

30 『논어』「학이(學而)」.

31 공양고(公羊高, ?~?): 전국시대 제(齊)나라 사람. 한(漢)나라 금문경학(今文經學)의 선구자

대체로 이해할 수 있었던 문장(文章)은 자하가 전하지 않은 것이 없다. 문장이 전해지고 성(性)과 천도(天道) 역시 전해졌으니, 이는 자하의 공이 지대한 것이다."라고 했다. 심덕잠과 주이존의 두 글을 통해서 보면 이것이 자유와 자하를 문학에 선택한 까닭이다.

원문 皇「疏」引王弼曰: "此四科者, 各擧其才長也." 又曰: "弟子才不徒十. 蓋擧其美者, 以表業名分, 其餘各以所長從四科之品也." 案, 王說是也. 徐幹『中論』「智行篇」, "人之行, 莫大於孝, 莫顯於淸. 曾參之孝, 有虞不能易; 原憲之淸, 伯夷不能間. 然不得與遊·夏列在四行之科, 以其才不如也." 此則故爲苛論, 不免以辭害義矣.

역문 황간의 「소」에 왕필(王弼)을 인용하면서 "이 4과의 인물들은 각기 그 재능의 장점을 든 것이다."라고 했고, 또 "재능 있는 제자들이 단지 10명일 뿐만은 아니다. 대체로 그 훌륭한 점들을 거론해서 업적을 드러내고 이름을 분류한 것이고, 그 나머지는 각각 그들의 장점을 가지고 사과의 분류에 종사했던 것이다."라고 했다. 살펴보니 왕필의 말이 옳다. 서간(徐幹)[33]의 『중론』「지행」에 "사람의 행실은 효보다 큰 것이 없고, 청렴보

다. 공자의 문인 자하의 제자라 하며, 『춘추(春秋)』를 연구하여 춘추대의(春秋大義)를 밝혔다. 자하는 그의 학문을 공양고에게 전하고, 공양고는 아들 평(平)에게 전했으며, 평은 아들 지(地)에게 전하고, 지는 아들 감(敢)에게 전하고, 감은 아들 수(壽)에게 전했다. 공양고가 전한 『춘추』는 처음에는 구두로 전해지다가 한나라 경제(景帝) 때 현손 공양수(公羊壽)와 그의 제자 호무생(胡母生)에 이르러 비로소 책으로 완성되었다. 한 무제(漢武帝) 때 공손홍(公孫弘)과 동중서(董仲舒) 등이 춘추공양학을 적극 추존하여 오경박사(五經博士)의 하나로 학관에 세워졌다. 그가 전한 『춘추공양전』은 『춘추좌씨전』, 『춘추곡량전』과 함께 춘추삼전(春秋三傳)이 되었다. 한나라 하휴(何休)의 해고(解詁)와 당나라 서언(徐彦)의 소가 있다.

32 곡량적(穀梁赤, ?~?): 전국시대 때 노나라 사람. 이름은 적(赤) 또는 숙(俶)이고, 자는 원시(元始)다. 자하에게 『춘추』를 배우고, 전(傳)을 지었는데, 이것을 『춘추곡량전』이라 한다.

다 더 드러나는 것이 없다. 증삼(曾參)의 효는 순임금[有虞]도 바꿀 수 없고, 원헌(原憲)의 청렴은 백이(伯夷)도 트집을 잡을 수 없다. 그러나 사과의 행적에 있어서만큼은 자유·자하와 같은 반열에 있을 수 없으니, 그 재능이 같지 못하기 때문이다."라고 했는데, 이는 고의로 가혹하게 논한 것인 만큼 말로써 의(義)를 해친 것에서 벗어날 수 없다.

11-4

子曰: "回也非助我者也. 於吾言無所不說."【注】孔曰: "'助', 益也. 言回聞言卽解, 無可起發增益於己."

공자가 말했다. "안회(顏回)는 나를 돕는 자가 아니로다. 나의 말에 대해 이해하지 못하는 것이 없구나."【주】공안국(孔安國)이 말했다.

---

33 서간(徐幹, 171~217): 후한 말기 북해군(北海郡) 사람. 자는 위장(偉長). 서간은 어려서 오경(五經)을 읽었으며 성인이 되기 전 높은 문장력과 식견을 갖추었다. 그래서 그를 헌제(獻帝) 때 건안7자(建安七子) 가운데 한 사람으로 꼽는다. 그는 성인이 된 후 부패한 정치와 도가 쇠퇴한 것을 보고, 문을 닫고 공부에만 전념했다. 그러다 196년 무렵에 조조의 군대에 들어가 군생활을 기록하였다. 후에 병으로 사직하고 돌아와 47세의 나이로 죽었다. 이 책은 상하 2권으로 이루어져 있고, 권마다 각각 10편으로 구성되어 있다. 상권에는 치학(治學)·법상(法象)·수본(修本)·허도(虛道)·귀험(貴驗)·귀언(貴言)·예기(藝紀)·복변(覆辨)·지행(智行)·작록(爵祿) 등이, 하권에는 고위(考僞)·견교(譴交)·역수(曆數)·논수요(論壽夭)·심대신(審大臣)·신소종(愼所從)·망국(亡國)·상벌(賞罰)·민수(民數) 등이 수록되어 있다. 본(本)과 말(末)의 관계는 위진(魏晉) 현학(玄學)에서 중요한 쟁점이었다. 『중론』에서도 본말을 중시하고 있다. 동한 말 격렬한 논쟁의 대상이었던 명실(名實) 문제도 이 책에서 비중 있게 다루었다. 동한 말의 또 다른 논쟁이었던 재성(才性)에 대해서도 마찬가지로 중시하고 있다. 그런데 이 저서는 한편으로는 현학에 대한 일정한 영향을 주었지만, 다른 한편으로는 조조 정권의 지배이론을 제공했다.

> "'조(助)'는 유익함[益]이다. '안회는 말을 들으면 즉시 이해하였기 때문에 자기를 일으켜 분발하게 해서 더 유익하게 할 수 있는 것이 없다.'라는 말이다."

- 「注」, "助益"至"於己".
- 正義曰: 『爾雅』「釋詁」, "助, 勴也." 勴, 佐助也. 『說文』, "助, 左也." "左"卽"佐". 此訓益者, 引申之義.
- 「주」의 "조익(助益)"부터 "어기(於己)"까지.
- 정의에서 말한다.

『이아』「석고」에 "조(助)는 여(勴)이다."라고 했는데, 여(勴)는 돕는다[佐助]는 뜻이다. 『설문해자』에 "조(助)는 좌(左)이다."[34]라고 했는데, "좌(左)"는 곧 "돕는다[佐]"는 뜻이다. 여기에서 유익함[益]이라고 풀이한 것은 인용하고 확대하여 새로운 뜻이 파생된 것이다.

敎學本是相長, 故夫子言"子夏爲起予", 正以質疑問難, 義益可明也. "說"如"說釋"之"說". 「曾子立事」云: "問而不決, 承間觀色而復之, 雖不說, 亦不强爭也." "不說"猶言不解, 「學記」云"相說而解", 此「注」云"聞言卽解", 亦以"解"訓"說"也.

가르침과 배움은 본래 서로를 진보시키는 것이므로 공자는 "자하가 나를 돕는다"[35]라고 한 것이니, 참으로 의심나는 것을 질정하고 어려운 것을 질문함으로써 의(義)가 더욱 밝아질 수 있는 것이다. "설(說)"은 "설명해서 해석함[說釋]"이라고 할 때의 "설(說)"과 같다. 『대대례기』「증자입사」에 "질문해서 해결되지 않으면 사이를 두고 상대의 안색을 살피면서 다시 묻고 비록 이해하지 못하더라도 또한 억지로 논쟁하지 않는다."라고 했는데, "불설(不說)"은 이

---

34 『설문해자(說文解字)』 권13: 조(貶)는 돕는다[左]는 뜻이다. 역(力)으로 구성되었고 차(且)가 발음을 나타낸다. 상(牀)과 거(倨)의 반절음이다.[貶, 左也. 從力且聲. 牀倨切.]

35 『논어』「팔일」: 공자가 말했다. "나를 돕는 자는 상이로구나! 비로소 함께 시를 말할 만하구나."[子曰: "起予者商也! 始可與言詩已矣."]

해되지 않는다는 말과 같다. 『예기』「학기」에 "서로 설명해서 이해한다"라고 했는데, 여기의 「주」에 "말을 들으면 즉시 이해한다"라고 했으니, 역시 "이해한다[解]"라는 뜻으로 "설(說)" 자의 뜻을 풀이한 것이다.

徐幹『中論』「智行篇」, "仲尼亦奇顏淵之有盛才也. 故曰'回也, 非助我者也, 於吾言無所不說.' 顏淵達於聖人之情, 故無窮難之辭. 是以能獨獲亶亶之譽, 爲七十子之冠."
서간의 『중론』「지행편」에 "중니(仲尼) 역시 안연이 엄청난 재능을 가진 것을 기특하게 여겼다. 그러므로 '안회는 나를 돕는 자가 아니다. 내가 하는 말에 이해하지 못하는 것이 없구나.'라고 한 것이다. 안연은 성인의 정상(情狀)에 도달했기 때문에 궁색하거나 어렵게 여기는 말이 없었다. 그렇기 때문에 홀로 믿음이 두터운 칭찬을 받고 일흔 제자의 으뜸이 될 수 있었던 것이다."라고 했다.

11-5

子曰: "孝哉, 閔子騫! 人不間於其父母・昆弟之言." 【注】 陳曰: "言子騫上事父母, 下順兄弟, 動靜盡善. 故人不得有非間之言."

공자가 말했다. "효성스럽구나, 민자건이여! 남들이 그 부모와 형제를 트집 잡는 말이 없구나." 【주】 진군(陳群)[36]이 말했다. "민자건이 위로

---

36 진군(陳群, ?~237): 삼국시대 위(魏)나라 영천(穎川) 허창(許昌) 사람. 자는 장문(長文)이고, 진기(陳紀)의 아들이다. 공융(孔融)과 사귀었고, 젊어서부터 명성을 날렸다. 유비(劉備)가 뽑아 별가(別駕)가 되었다. 나중에 조조(曹操)에게 귀의하여 사공서조연속(司空西曹掾屬)이 되고, 거듭 승진하여 어사중승(御史中丞)이 되었다. 연강(延康) 원년(220) 조비(曹丕)가 위나라를 세웠을 때 상서(尚書)가 되어 구품중정제(九品中正制)의 실시를 건의했고, 스스로 중정관이 되어 인재를 등용했다. 조비가 선양받아 황제로 즉위하자 상서복야(尚書僕射)로

는 부모를 섬기고 아래로는 형제에게 순종해서 행동거지에 선(善)을 다하였다. 그러
므로 사람들이 비난하거나 트집 잡는 말이 있을 수 없었다는 말이다."

원문 正義曰: 閔子稱字者, 夫子述時人所稱也. "昆"者, 『毛詩』「葛藟傳」,
"昆, 兄也."『爾雅』「釋親」, "晜, 兄也."『說文』, "周人謂兄曰䠍. 從衆弟."
"䠍"是本字, "晜"是隸省, "昆"則音近假借也.『亢倉子』「順道篇」"閔子騫
問孝於仲尼, 退而事之於家, 三年, 人無間於父母·昆弟之言."

역문 정의에서 말한다.

　민자(閔子)라고 자(字)를 일컬은 것은 공자가 당시 사람들이 일컫던 대
로 말한 것이다. "곤(昆)"은 『모시』「갈류」의 「전」에, "곤(昆)은 형(兄)이
다."라고 했고, 『이아』「석친」에 "곤(晜)은 형(兄)이다."라고 했으며, 『설
문해자』에 "주나라 시대 사람들은 형을 곤(䠍)이라 한다. 답(衆)과 제(弟)
로 구성되었다."[37]라고 했는데, "곤(䠍)"이 본자(本字)이고 "곤(晜)"은 예서
의 생략된 자형이며, "곤(昆)"은 발음이 비슷한 가차자이다. 『항창자』[38]

옮기고 시중(侍中)이 더해졌다. 명제(明帝) 때 사공(司空)과 녹상성사(錄尙書事)를 지냈다.
영음후(潁陰侯)에 봉해졌다. 황제에게 민생을 살펴 무리하게 궁실을 건축해서는 안 된다고
간언했다. 시호는 정(靖)이다.

37　『설문해자』 권5: 곤(䠍)은 주나라시대 사람들은 형을 곤(䠍)이라 한다. 제(弟)로 구성되었
고, 답(衆)으로 구성되었다. 고(古)와 혼(寬)의 반절음이다.[䠍, 周人謂兄曰䠍. 從弟從衆. 古
寬切.]

38　『항창자(亢倉子)』: 춘추시대 도가(道家)의 인물로 알려진 항창자(亢倉子)가 쓴 책. 항창자
는 경상자(庚桑子) 또는 항상자(亢桑子)라고도 한다. 이름이 초(楚)로 노자(老子)의 제자라
고 하는데 확실치는 않다. 『장자(莊子)』「경상초(庚桑楚)」에 의하면 노나라 외루(畏壘)의 산
속에서 살면서 사람들에게 성인으로 존경을 받았으며 노자에게 배운 무위자연(無爲自然)의
도를 실천했다고 한다. 지금 전해지고 있는 『항창자』 9편은 후대인의 위서로 알려져 있다.

「순도편」에 "민자건이 중니에게 효에 대해서 묻고 물러나 집에서 부모를 섬겼는데, 3년 동안 사람들이 부모와 형제를 트집 잡는 말이 없었다."라고 했다.

- 「注」, "言子"至"之言".
- 正義曰: 焦氏循『補疏』, "『漢書』「杜鄴傳」擧方正, 對曰: '昔曾子問從令之義, 孔子曰: "是何言與?" 善閔子騫守禮不苟, 從親所行, 無非禮者, 故無可間也.'『後漢』「范升傳」升奏記王邑曰: '升聞子以人不間於其父母爲孝, 臣以下不非其君上爲忠.'" 又云: '知而從令, 則過大矣.' 二者皆引爲從令之證. 蓋以從令而致親於不義, 則人必有非間其父母‧昆弟之言. 惟不苟於從令, 務使親所爲均合於義, 人乃無非間其親之言, 是乃得爲孝. 然則閔子之孝, 在人無間於其父母‧昆弟之言. 人所以無間於其父母‧昆弟之言者, 以其不苟從令也. 陳「注」'動靜盡善', 或卽指此. 『藝文類聚』「孝部」引『說苑』云: '閔子騫兄弟二人, 母死, 其父更娶, 復有二子. 子騫爲其父禦車, 失轡, 父持其手, 衣甚單. 父則歸呼其後母兒, 持其手, 衣甚厚溫, 卽謂其婦曰: "吾所以娶汝, 乃爲吾子. 今汝欺我, 去無留." 子騫曰: "母在一子單; 母去四子寒." 其父默然. 故曰: "孝哉, 閔子騫!" 一言其母還, 再言三子溫.' 依此事, 閔子不從父令, 則後母不遣, 是其上事父母, 兩弟溫暖無慍心. 而恐母遣而兩弟寒, 是下順兄弟, 於是父感之, 其後母與兩弟亦感之可知. 則此一不從父令而諫, 一家孝友克全, 尤非尋常不苟從令可比. 孔子稱其孝, 兼言兄弟, 正指此事, 是所謂'動靜盡善'也. 閔子之孝, 不啻大舜之乂不格姦, 若恭世子不肯傷公之心, 不言志而死, 非可言孝也. '不'字作'無'字解, 自明人無非間之言, 不是無非間閔子之言, 乃無非間其父母‧昆弟之言也."
- ○「주」의 "언자(言子)"부터 "지언(之言)"까지.
- ○ 정의에서 말한다.

  초순(焦循)의 『논어보소』에 "『전한서』「두업전」에 방정(方正)에 천거되어 대답하기를, '옛날 증자(曾子)께서 부모의 명령을 따르는 것이 의(義)가 되는지를 묻자, 공자께서 "그것이 무슨 말이냐?"라고 했습니다.[39] 민자건은 예를 지킴이 구차하지 않고, 어버이의 소행을 따름에 예가 아님이 없었기 때문에 트집 잡을 만한 것이 없음을 가륵하게 여겼던 것입니다.'라고 했고, 『후한서』「범승전」에 범승(范升)이 왕읍(王邑)⁴⁰을 서판(書板)에 기록해서 상주(上奏)하기를 '제[升]가 듣자 하니 "자식은 남이 그 부모를 트집 잡지 않게 함을 효라 여기고, 신하는 아랫사람이 그 군상(君上)을 비난하지 않게 함을 충(忠)으로 여긴다"라고 합니다.'라고 했다. 또 말하길 '알면서도 명령을 따른다면 허물이 클 것입니다.'라고 했는데, 두 가지는 모두 인용해서 명령을 따른 증거로 삼은 것이다. 대체로 명령을 따르기만 하고 어버이를 불의(不義)에 이르게 하면 사람들은 반드시 그 부모와 형제를 비난하거나 트집 잡는 말이 있게 된다. 오직 명령을 따름에 구차하지 않고 어버이가 하는 것이 고루 의에 합당하도록 힘써야 남들이 이에 그 어버이를 비난하거나 트집 잡는 말이 없게 되니, 이렇게 해야 효가 될 수 있다. 그렇다면 민자건의 효는 남이 그 부모와 형제를 트집 잡는 말이 없게 하는 데 있었던 것이다. 남이 그 부모와 형제를 트집 잡는 말이 없었던 까닭은 그가 구차하게 명령을 따르지 않았기 때문이다. 진군의 「주」에서 '행동거지에 선(善)을 다하였다[動靜盡善]'라는 것은 어쩌면 바로 이것을 가리키는 것일 것이다. 『예문유취』「효부」에 『설원』을 인용해서 '민자건은 형제가 2명인데, 어머니가 돌아가시자 그 아버지가 후처를 두어 다시 두 명의 아들을 두었다. 민자건이 아버지를 위해 수레를 몰다가 고삐를 놓치자 아버지가 그의 옷소매를 잡았는데, 옷이 지나치게 얇았다. 아버지가 집으로 돌아와 그 후처가 낳은 아이를 불러 그의 옷소매를 잡아 보니 옷이 매우 두껍고 따뜻하자 그 즉시 아내에게 일러 말하였다. "내가 당신에게 장가를 든 까닭은 바로 내 자식을 위한 것이었소. 그런데 지금 당신은 나를 속였으니,

---

39 『전한서(前漢書)』 권85, 「곡영두업전(谷永杜鄴傳)」 안사고(顏師古)의 주(注)에 "증자가 '자식이 부모의 명령을 따르면 효라고 이를 수 있습니까?'라고 묻자 공자가 비난한 것이다.[曾子問: 子從父之令, 可謂孝乎? 孔子非之.]"라고 했다.

40 왕읍(王邑, ?~23): 전한 말 위군(魏郡) 원성(元城) 사람. 왕상지(王商之)의 아들이며, 왕망(王莽)의 종제(從弟)이다. 애제(哀帝) 때 성도후(成都侯)에 봉해졌다. 왕망이 섭정을 한 지 2년째 될 때 동군태수(東郡太守) 적의(翟義)가 병사를 일으켜 왕망에게 반기를 들자 황명을 받아 격파하고 보병장군(步兵將軍)에 임명되었다. 왕망이 즉위하자 대사공(大司空)으로 옮겼고, 융신공(隆新公)에 봉해졌다. 경시(更始) 원년(23) 녹림장군(綠林將軍)이 왕봉(王鳳)과 유수(劉秀)를 거느리고 곤양(昆陽)을 공격해 점령하자 사도(司徒) 왕심(王尋)과 함께 군병(郡兵) 42만 명으로 포위했다. 그러나 대패하고 낙양(洛陽)으로 달아났다. 얼마 뒤 장안(長安)으로 돌아와 대사마(大司馬)에 임명되었다. 녹림장군이 장안에 입성한 뒤 피살당했다.

지체 없이 떠나시오!" 민자건이 말했다. "어머니가 계시면 자식 하나만 얇은 옷을 입지만, 어머니가 떠나시면 네 명의 자식이 추위에 떨게 됩니다."라고 하자, 아버지는 묵묵히 입을 다물었다. 그러므로 "효성스럽구나, 민자건이여!"라고 한 것이다. 한 번 말하매 어머니를 돌이켰고, 두 번 말하매 세 명의 자식이 따뜻해졌다.'라고 했는데, 이 일에 의거해 보면 민자건이 아버지의 명을 따르지 않았기에 계모가 쫓겨나지 않았으니, 이는 그가 위로 부모를 섬길 때 두 아우가 따뜻하게 지내도 서운한 마음이 없었기 때문이다. 그리고 어머니가 쫓겨나면 두 아우가 추위에 떨 것을 걱정했으니, 이는 형제에게 순종한 것으로 이에 아버지가 감동한 것이고, 그의 계모와 두 아우 역시 감동했을 것임을 알 수 있다. 그렇다면 이는 한 번 아버지의 명을 따르지 않고 간해서 한 집안의 효와 우애가 온전해질 수 있었던 것이니, 더더욱 평범하게 구차히 명령을 따르지 않는 것에 비할 바가 아니다. 공자가 그의 효를 칭찬하면서 형제를 아울러 언급한 것이 바로 이 일을 가리키는 것이니, 이것이 이른바 '행동거지에 선을 다했다[動靜盡善]'라는 것이다. 민자건의 효는 순(舜)임금의 다스림이 간악함에 이르지 않게 한 것[41]뿐만이 아니다. 공세자(恭世子)[42]가 진 헌공(晉獻公)의 마음을 상하게 하지 않으려 뜻을 말하지도 않고 죽은 것으로 말할 것 같으면 효라고 말할 수 없다. '불(不)' 자는 '무(無)' 자의 뜻으로 해석하면 사람들이 비난하거나 트집 잡는 말이 없었다는 것이 저절로 분명해지

---

41 『서경(書經)』「우서(虞書) · 요전(堯典)」: 사악(四岳)이 말했다. "순은 소경의 아들인데, 아버지는 완악하고 어머니는 어리석으며 상(象)은 오만한데도 능히 효(孝)로 화목하게 해서 점점 다스려져 간악한 데에 이르지 않게 하였습니다."[岳曰: "瞽子, 父頑, 母囂, 象傲, 克諧以孝, 烝烝乂, 不格姦."]

42 공세자(恭世子, ?~기원전 655): 춘추시대 진 헌공(晉獻公)의 태자인 신생(申生)이다. 헌공이 몹시 총애하던 애첩(愛妾)인 여희(驪姬)가 태자 신생을 죽이려고 계책을 꾸미면서 신생이 아버지 헌공을 독살하려 했던 것처럼 만들자, 이에 헌공은 노하여 태자의 스승 두원관(杜原款)을 죽였다. 어떤 사람이 신생에게 사실을 밝혀 억울한 누명을 벗으라고 권하자, 신생은 "내가 사실을 밝히면 여희의 죄가 드러날 것이다. 아버님은 이미 늙으셨으니, 아버님으로부터 여희를 빼앗고 싶지 않다." 하였고, 또 도망치라고 권하자, "아버님을 죽이려 했다는 더러운 누명을 쓰고 내가 다른 나라로 도망친들 그 나라에서 나를 받아 주겠느냐." 하고는 목을 매어 자살하였다. 이에 세상 사람들이 신생을 공세자(恭世子)라 불렀다. 『춘추좌씨전』「희공(僖公)」 4년에 보인다.

니, 민자건을 비난하거나 트집 잡는 말이 없었다는 것이 아니라 바로 부모와 형제를 트집 잡는 말이 없었다는 것이다."

今案, 『論衡』 「知實篇」, "孔子曰: '孝哉, 閔子騫! 人不間於其父母·昆弟之言.' 虞舜大聖, 隱藏骨肉之過, 宜愈子騫. 瞽瞍與象, 使舜治廩浚井, 意欲殺舜. 舜當見殺己之情, 早諫豫止, 旣無如何, 宜避不行, 何故使父與弟得成殺己之惡, 使人間非父母, 萬世不滅?" 是漢世說此文, 皆謂人不非其父母·昆弟爲孝. 陳君此 「注」, 義正然也. 『韓詩外傳』 載此事云: "母悔改之後, 至均平, 遂成慈母." 可爲焦說取證.

이제 살펴보니, 『논형』 「지실편」에 "공자가 말했다. '효성스럽구나, 민자건이여! 남들이 그 부모와 형제를 트집 잡는 말이 없구나.' 순임금은 위대한 성인으로 골육지친(骨肉之親)의 허물을 숨기고 감추었으니 의당 민자건보다 더욱 뛰어나다. 고수(瞽瞍)와 상(象)은 순에게 창고의 지붕을 수리하게 하고 우물을 파게 해서 순을 죽이려는 마음을 품고 있었다. 순이 자기를 죽이려는 실정을 알았다면 일찍부터 간언해서 미리 그치게 함이 마땅하지만, 이미 어찌할 수 없게 되었다면 피하거나 하지 말았어야 마땅하거늘 무슨 까닭에 아버지와 동생으로 하여금 자기를 죽이는 악행을 이룰 수 있도록 하였으며, 아버지와 동생을 트집 잡아 만세토록 인멸되지 않게 하였는가?"라고 했는데, 이는 한나라 시대에는 이 글을 이야기하면서 모두들 남이 자기의 부모와 형제를 비난하지 않음을 효로 삼았다는 말이다. 진군(陳君)의 이 「주」는 의의가 참으로 그럴듯하다. 『한시외전』에는 이 일을 기재하면서 "어머니는 회개한 뒤 지극히 공평해져 마침내 자애로운 어머니가 되었다네."라고 했으니, 초순이 가져다 증거로 삼을 만하다.

11-6

南容三復白圭, 【注】 孔曰: "『詩』云: '白圭之玷, 尚可磨也; 斯言之玷, 不可爲也.' 南容讀 『詩』 至此, 三反覆之, 是其心愼言也." 孔子以其兄之子妻之.

남용(南容)이 백규라는 내용의 시를 세 번 반복하여 외우자, 【주】
공안국이 말했다. "『시경』「대아‧억」에 '흰 옥(玉)의 티는 오히려 갈아 지울 수 있지
만, 이 말의 티는 다스릴 수가 없다.'라고 했는데, 남용이 『시경』을 읽다가 이곳에 이
르러 세 번씩 반복해 읽었으니, 이는 그 마음이 말을 삼가는 데 있는 것이다." 공자
가 자기 형님의 딸을 그에게 시집보냈다.

원문 正義曰: 古人言數之多, 自三始, 故此稱"三復"也. 「仲尼弟子列傳」"三
復白圭之玷", 多"之玷"二字, 當出『古論』. 『大戴禮』「衛將軍文子篇」, "獨
居思仁, 公言言義, 其聞『詩』也, 一日三復'白圭之玷', 是南宮縚之行也.
夫子信其仁, 以爲異姓." 盧辯「注」, "謂以兄之子妻之也." 言"一日三復"
者, 猶"子路終身誦之"也. 張栻『論語解』, "謹言如此, 則謹行可知."

역문 정의에서 말한다.

　　옛사람들은 많은 수를 이야기할 때 3부터 시작하기 때문에 여기서
"세 번 반복[三復]"이라고 한 것이다. 「중니제자열전」에는 "흰 옥의 티를
세 번 반복하자[三復白圭之玷]"라고 해서 "지점(之玷)" 두 글자가 더 많으
니, 당연히 『고논어』에서 나온 것이다. 『대대례기』「위장군문자」에 "홀
로 있을 때는 인(仁)을 생각하고, 공적인 말을 할 때는 의(義)를 말하며,
『시경』을 들을 때는 하루에 세 번 '백규지점(白圭之玷)'을 반복해야 하니,
이것이 남궁도(南宮縚)의 행실이었다. 그러므로 공자가 그의 인을 믿고
조카사위로 삼았던 것이다."라고 했는데, 노변의 「주」에 "자기 형님의
딸을 그에게 시집보냈다는 말이다."라고 했다. "하루에 세 번 반복했다
[一日三復]"라는 말은 "자로가 평생토록 외우려 했다[子路終身誦之]"[43]라는

---

43 『논어』「자한(子罕)」.

말과 같다. 장식(張栻)의 『논어해』에 "말을 삼가기를 이와 같이 한다면 행실을 삼가는 것은 알 수 있다."라고 했다.

- 「注」, "詩云"至"言也".
- 正義曰: 稱"『詩』云"者, 「大雅·抑篇」文. 『毛』「傳」云: "玷, 缺也." 『說文』, "刮, 缺也. 從刀, 占聲. 『詩』曰'白圭之刮'" 義與『毛』同. 今『詩』叚"玷"爲"刮", "玷"訓玉有瑕, 不訓缺也. "不可爲"者, "爲", 治也. 南容一日三復此四語, 而「注」云"讀『詩』"至此, 三反復之"者, 是據初讀時言, 其後逐日誦以爲戒也.
- 「주」의 "시운(詩云)"부터 "언야(言也)"까지.
- 정의에서 말한다.

  "『시경』에 이르길"이라고 일컬은 것은 「대아·억」의 글이다. 『모시』「전」에 "점(玷)은 흠결[缺]이다."라고 했다. 『설문해자』에 "점(刮)은 흠결[缺]이다. 도(刀)로 구성되었고 점(占)이 발음을 나타낸다. 『시경』에 '흰 옥의 흠결[白圭之刮]'이라 했다."[44]라고 하였으니, 뜻이 『모시』와 같다. 지금의 『시경』에는 "점(玷)" 자를 가차해서 "점(刮)"의 뜻으로 쓰는데, "점(玷)"은 옥에 있는 티[玉有瑕]라고 뜻풀이를 하지 흠결[缺]이라고 풀이하지 않는다. "불가위(不可爲)"에서 "위(爲)"는 다스린다[治]는 뜻이다. 남용이 날마다 세 번 이 네 마디의 말을 반복했으니, 「주」에 "『시경』을 읽다가 이곳에 이르러 세 번씩 반복해서 읽었다"라는 것은 처음 『시경』을 읽을 때를 근거로 말한 것이고, 그 후에는 날마다 암송하면서 경계로 삼았다는 것이다.

---

44 『설문해자』 권4: 점(刮)은 흠결[缺]이다. 도(刀)로 구성되었고 점(占)이 발음을 나타낸다. 『시경』에 "흰 옥의 흠결[白圭之刮]"이라 했다. 정(丁)과 염(念)의 반절음이다.[刮, 缺也. 從刀 占聲. 『詩』曰: "白圭之刮." 丁念切.]

11-7

季康子問, "弟子孰爲好學?" 孔子對曰: "有顔回者好學, 不幸
短命死矣. 今也則亡."

계강자가 "제자 중에 누가 배우기를 좋아합니까?"라고 묻자 공자
가 대답했다. "안회라는 자가 배우기를 좋아했었는데, 불행히도
명이 짧아 죽었습니다. 지금은 없습니다."

원문 正義曰: 『釋文』云: "康子問, "弟子", 一本作'季康子', 鄭本同." 案,
皇·邢本皆有"季"字. 又皇本"今也則亡"下, 有"未聞好學者"五字. 皇「疏」,
"此與'哀公問'同, 而答異者, 舊有二通: 一云緣哀公有遷怒貳過之事, 故孔
子因答以箴之也. 康子無此事, 故不煩言也. 又一云哀公是君之尊, 故須具
答, 而康子是臣爲卑, 故略以相酬也." 案,「疏」後說是. 『大戴禮』「虞戴德」
云: "子曰: '丘於君唯無言, 言必盡, 於他人則否.'" 是其證.

역문 정의에서 말한다.

『경전석문』에 "'강자(康子)가 묻기를 "제자 중에[康子問弟子]"라고 한
것은 다른 본에는 '계강자(季康子)'라고 되어 있는데 정현본도 같다."라고
했다. 살펴보니, 황간본과 형병본에도 모두 "계(季)" 자가 있다. 또 황간
본에는 "금야즉무(今也則亡)" 아래 "배우기를 좋아한다는 자가 있다는 말
을 아직은 듣지 못했다[未聞好學者]"라는 다섯 글자가 있다. 황간의 「소」
에 "이것은 「옹야」에서 '애공이 한 질문'과 같으면서도 대답이 다른데,
옛날에는 여기에 대해 두 가지 통설이 있었다. 하나는 애공이 노여움을
남에게 옮기고 잘못을 거듭 저지름으로 인한 까닭에 공자가 이로 인해

대답해서 경계시킨 것이다. 그러나 강자는 이러한 일이 없었기 때문에 번거롭게 말하지 않았다는 것이고, 또 다른 설은 애공은 군주로서의 존엄이 있기 때문에 모름지기 구체적으로 갖추어서 대답한 것이고, 강자는 신하로서 지위가 낮기 때문에 대략적으로 대답을 서로 주거니 받거니 했다는 것이다."라고 했다. 살펴보니, 황간의 「소」에서 뒤에 말한 것이 옳다. 『대대례기』 「우대덕」에 "공자가 말했다 '나는 군주에게 있어서는 오직 말이 없을지언정 말을 했다 하면 반드시 다 하고, 다른 사람에 대해서는 그렇지 않습니다.'"라고 했는데, 이것이 바로 그 증거이다.

11-8

顔淵死, 顔路請子之車以爲之椁. 【注】孔曰: "路, 顔淵父也. 家貧, 欲請孔子之車, 賣以作椁." 子曰: "才不才, 亦各言其子也. 鯉也死, 有棺而無椁. 吾不徒行以爲之椁, 以吾從大夫之後, 不可徒行也." 【注】孔曰: "鯉, 孔子之子伯魚也. 孔子時爲大夫, 言'從大夫之後, 不可以徒行', 謙辭也."

안연이 죽자, 안로(顔路)가 공자의 수레를 팔아 안회의 덧널[椁]을 만들 것을 청하였다. 【주】 공안국이 말했다. "안로는 안연의 아버지이다. 집이 가난하여, 공자의 수레를 청하여 그것을 팔아 덧널을 만들려 한 것이다." 공자가 말했다. "재주가 있건 재주가 없건 간에 각각 제 아들을 말한다. 리(鯉)가 죽었을 때도 안쪽 관(棺)만 있고 바깥 덧널[椁]은 없었다. 내가 걸어 다니기로 작정하고서 수레를 팔아 덧널을 만들어 주지 않은 것은, 나는 대부의 뒤를 따르는 사람인지라 걸어 다

【원문】 正義曰: 顔子卒年, 據『公羊傳』及『史記』「孔子世家」, 當在子路之死及
獲麟之前. 故江氏永『聖跡表』載於哀十三年, 時夫子年七十一也. 說詳「雍
也篇」「疏」. "以爲之椁", 高麗本·足利本無此四字. 阮氏元『校勘記』曰:
"『釋文』至下文'無椁'始作音, 是陸氏所據本亦無此四字也."

【역문】 정의에서 말한다.

안자가 죽은 해는 『춘추공양전』 및 『사기』「공자세가」에 의거하면
당연히 자로의 죽음 및 서쪽의 수렵에서 기린을 잡은 것보다 이전에 있
어야 한다. 그러므로 강영의 『성적표』에는 애공 13년에 실려 있는데,
당시에는 공자의 나이 71세였다. 이에 대한 설명은 「옹야」의 「소」에 자
세히 나와 있다. "이위지곽(以爲之椁)"은 고려본(高麗本)과 아시카가본[足
利本]에는 이 4자가 없다. 완원(阮元)의 『십삼경주소교감기』에 "『경전석
문』에는 아래 단락의 '무곽(無椁)' 밑에 처음으로 '곽(椁)' 자의 발음을 표
시했으니, 이는 육덕명이 근거한 판본에도 역시 이 네 글자가 없다는 것
이다."라고 했다.

【원문】 『說文』云: "椁, 葬有木臺也. 從木臺聲." 今『論語』皇本作"槨", 與"椁"
一字.

【역문】 『설문해자』에 "곽(椁)은 장사 지낼 때 사용하는 나무로 만든 덧널[臺]
이다. 목(木)으로 구성되었고 곽(臺)이 발음을 나타낸다."[45]라고 했다. 지금
의 『논어』 황간본에는 "곽(槨)"으로 되어 있는데 "곽(椁)"과 같은 글자이다.

원문 『白虎通』「崩薨篇」, "所以有棺·槨何? 所以掩藏形惡也. 槨之爲言廓, 所以開廓辟土, 無令迫棺也." 據「喪大記」, 士有雜木槨. 但顔子家貧, 不能 備槨, 故顔路爲之請耳.

역문 『백호통의』「붕훙」에 "관과 덧널[槨]이 있는 까닭은 어째서인가? 시신 의 모습이 추악하게 변하는 것을 가리고 보호하기 위한 것이다. 곽(槨) 이란 말은 덧널[廓]이라는 뜻이니, 덧널을 열었을 때 흙을 피해서 흙이 관에 직접 닥침이 없게 하기 위한 것이다."라고 했다. 『예기』「상대기」에 의거해 보면 사는 잡목으로 만든 덧널을 사용한다. 그러나 안자는 집이 가난해서 덧널을 구비할 수 없었기 때문에 안로가 청했던 것일 뿐이다.

원문 "才"謂顔子, "不才"謂伯魚. 『史記』「世家」云: "伯魚年五十, 先孔子死." 『家語』「本姓解」云: "孔子年十九, 娶宋之亓官氏, 生伯魚." 則伯魚之生, 夫子年正二十二·三, 爲昭十一·十二年, 其死當在哀公十一年, 夫子年六 十九. 江氏永『聖跡表』差後一年.

역문 "재주 있음[才]"은 안자를 이르고 "재주 없음[不才]"은 백어를 이른다. 『사 기』「공자세가」에 "백어는 나이 50에 공자보다 먼저 죽었다."라고 했다. 『공자가어』「본성해」에 "공자는 19세에 송(宋)나라의 기관씨(亓官氏)에 게 장가들어 백어를 낳았다."라고 했다. 그렇다면 백어가 태어난 것은 공자 나이가 바로 22~23세였을 때이고, 소공 11~12년이 되던 해이며, 그의 죽음은 애공 11년에 있었는데, 공자의 나이 69세였을 때이다. 강 영의 『성적표』는 1년 늦게 차이가 난다.

---

45 『설문해자』권6: 곽(槨)은 장사 지낼 때 사용하는 나무로 만든 덧널[葊]이다. 목(木)으로 구 성되었고 곽(葊)이 발음을 나타낸다. 고(古)와 박(博)의 반절음이다.[槨, 葬有木葊也. 從木 葊聲. 古博切.]

원문 『五經異議』, "臣·子先死, 君·父猶名之. <u>孔子</u>曰'鯉也死', 是已死稱名. 『左氏』說旣沒, 稱字而不名. 「桓」二年: '<u>宋督</u>弑其君<u>與夷</u>, 及其大夫<u>孔父</u>.' 先君死, 故稱其字. 『穀梁』同『左氏』說. 謹案, 『論語』稱'鯉也死', 時實未死, 假言死." 從『左氏』·『穀梁』說. "<u>玄</u>之聞也, 『論語』云'鯉也死, 有棺而無槨.' 死是實未葬前也. 設言死? 凡人於恩猶不然, 況賢聖乎?"

역문 허신(許愼)의 『오경이의』에 "신하나 자식이 죽으면 군주와 부모는 오히려 그들의 이름을 부르는 것이다. 공자가 '리가 죽었을 때'라고 했는데, 이는 이미 죽었기 때문에 이름을 일컬은 것이다. 『춘추좌씨전』에서는 이미 죽은 것을 말하면서 자(字)를 칭하고 이름을 칭하지 않았다. 「환공」 2년에 '송독(宋督)⁴⁶이 그 임금 여이(與夷)⁴⁷와 대부 공보(孔父)⁴⁸를 죽였다.'라고 했는데, 공보가 임금보다 앞서 죽었기 때문에 그의 자를 일컬은 것이다. 『춘추곡량전』도 『춘추좌씨전』의 설과 같다. 삼가 살펴보니, 『논어』에서 '리가 죽었을 때'라고 일컬은 것은 당시에는 사실 아직

---

46 송독(宋督): 중국 춘추전국시대 송나라의 대부인 태재(太宰) 화보독(華父督, ?~기원전 682). 화독(華督)이라고 일컫기도 한다. 송 대공(宋戴公)의 손자다. 송 상공(宋殤公) 10년 대부 공보가(孔父嘉)를 살해한 뒤 그 아내를 취했다. 다시 상공(殤公)을 시해한 뒤 정(鄭)나라에 있던 목공자(穆公子)를 데려다 장공(莊公)으로 세우고, 자신은 재상이 되었다. 민공(閔公) 때 대부 남궁만(南宮萬)에게 살해당했다.

47 여이(與夷, ?~기원전 711): 춘추시대 송나라의 군주인 상공의 이름이다. 선공(宣公)의 아들로 10년 정나라와 노나라, 위나라가 공격해 오자 11차례에 걸쳐 전투를 벌여 백성들의 고통이 극심했다. 태재 화보독에게 살해당했다.

48 공보(孔父, ?~기원전 710): 중국 춘추전국시대 송나라의 대부 공보가이다. 공보는 자이고, 가는 이름이다. 공자의 6대조(祖)다. 목공(穆公) 때 대사마(大司馬)가 되었는데, 목공이 죽자 목공의 유촉(遺囑)을 받아 상공을 세웠다. 상공이 재위하는 10년 동안 11번이나 전쟁을 일으켜 백성들을 고통 속으로 몰아넣었다. 태재 화보독이 그의 아내를 빼앗으려고 민생을 안정시킨다는 명분으로 공보가를 살해하고 그 아내를 차지했다. 공보가의 아들 목금보(木金父)는 노나라로 달아났다.

은 죽지 않았고, 죽음을 가정해서 말한 것이다."라고 했으니, 이는『춘추좌씨전』과『춘추곡량전』의 설을 따른 것이다. 정현의『박오경이의(駁五經異義)』에 "내(정현)가 들으니,『논어』에 '리가 죽었을 때 관만 있고 덧널[槨]은 없었다.'라고 했으니, 죽은 것은 사실이지만 아직 장사를 지내기 전이었던 것이다. 죽음을 가설해서 말하다니? 무릇 사람이란 은정(恩情)상 오히려 그렇게 못하는 것이거늘 하물며 성현에 있어서이겠는가?"라고 했다.

원문 案, 鄭駁是也. 許君必謂鯉死爲設言者, 意以『史記』言"顔淵少孔子三十歲, 至二十九歲, 發盡白, 蚤死." 又『列子』·『淮南子』皆以顔子夭死, 而伯魚之死, 年已五十, 則鯉死應在顔子之後. 不知『史記』言"顔子少孔子三十歲", 前人謂"三十"爲"四十"之訛, 而『列子』·『淮南』皆傳聞之譌, 本不爲據. 鯉死旣在顔子前, 則『論語』非爲設言可知.

역문 살펴보니, 정현의 논박이 옳다. 허군(許君)이 군이 리의 죽음을 가설해서 말한 것이라고 여긴 것은 아마도『사기』에서 "안연은 공자보다 30살이 어렸는데 29살이 되자 머리털이 완전 백발이 되어 일찍 죽었다."라고 말했기 때문일 것이다. 또『열자』와『회남자』에서도 모두 안자가 요절했다고 했는데, 백어가 죽었을 때는 나이가 이미 50세였으니, 그렇다면 리의 죽음은 안자의 죽음보다 뒤에 있어야 마땅하다. 모르겠지만,『사기』에서 "안자는 공자보다 30세 어렸다"라고 한 것을 전대의 사람들이 "30"을 "40"의 오류라고 생각했고,『열자』와『회남자』는 모두 잘못 전해 들은 듯하니, 본래부터가 근거가 되지 못한다. 리의 죽음이 이미 안자의 죽음보다 앞에 있었으니, 그렇다면『논어』에서 가설해서 말한 것이 아님을 알 수 있다.

원문 "棺"者,『白虎通』「崩薨篇」, "棺之爲言完, 所以藏尸令完全也."『說文』, "棺, 關也, 所以掩尸." "有棺無槨", 亦因貧之故, 所謂"有其禮無其財, 君子弗行"者也.

역문 "관(棺)"에 대해서, 『백호통의』「붕훙」에 "관(棺)이란 완전하다[完]는 뜻이니, 시신을 보관함에 완전하도록 하기 위한 것이다."라고 했다. 『설문해자』에 "관(棺)은 닫음[關]이니, 시신을 가리기 위한 것이다."[49]라고 했다. "관(棺)만 있고 덧널[槨]이 없다"라는 것도 역시 가난으로 인한 때문이니, 이른바 "그런 예가 있더라도 그럴 재물이 없으면 군자는 행하지 않는다"[50]라는 것이다.

원문 "徒", 『說文』, "辻, 步行也." 今經傳皆作"徒". 『易』「賁」初九"舍車而徒", 『詩』「黍苗」"我徒·我御", 皆謂步行也. "吾不徒行以爲之椁", 言未嘗賣車以爲椁也. 孔子初仕魯爲大夫, 及去位, 從士禮, 其後魯人以幣召孔子歸, 自必復其爵而不居位, 若大夫致仕者然, 故但從大夫之後, 「孔子世家」所以言"魯終不能用孔子"也.

역문 "도(徒)"는 『설문해자』에 "도(辻)는 걸어 다닌다[步行]는 뜻이다."[51]라고 했는데, 지금의 경전에는 모두 "도(徒)"로 되어 있다. 『주역』「비괘」초구(初九)에 "수레를 버리고 걸어 다닌다[舍車而徒]"라고 했고, 『시경』「서묘」에 "우리 보행자[我徒]·우리 수레[我御]"라고 했는데 모두 걸어 다닌

---

49 『설문해자』 권6: 관(棺)은 닫는다[關]는 뜻이니, 시신을 가리기 위한 것이다. 목(木)으로 구성되었고 관(官)이 발음을 나타낸다. 고(古)와 환(丸)의 반절음이다.[棺, 關也, 所以掩尸. 從木官聲. 古丸切.]

50 『예기』「단궁상」.

51 『설문해자』 권2: 도(辻)는 걸어 다닌다[步行]는 뜻이다. 착(辵)으로 구성되었고 토(土)가 발음을 나타낸다. 동(同)과 도(都)의 반절음이다.[辻, 步行也. 從辵土聲. 同都切.]

다는 말이다. "내가 걸어 다니기로 작정하고서 수레를 팔아 덧널을 만들어 주지 않았다"라는 것은 일찍이 수레를 팔아서 덧널을 만들지 않았다는 말이다. 공자는 처음 노나라에서 벼슬하여 대부가 되었지만, 대부의 지위를 그만둠에 미쳐서는 사의 예를 따랐고, 그 뒤 노나라 사람이 폐백을 갖춰 부르매 고국으로 돌아가서는 스스로 그 작위를 회복하더라도 그 지위에 있지 않을 것을 기필해서 마치 대부이면서 벼슬을 그만둔 사람처럼 지냈다. 그러므로 다만 대부의 뒤를 따랐을 뿐이니, 이것이 「공자세가」에서 "노나라에서는 끝내 공자를 등용할 수 없었다"라고 말한 까닭이다.

원문 「魯語」, "吳子使來好聘, 發幣於大夫, 及仲尼." 亦以孔子時從大夫後矣. 旣從大夫之後, 與聞國政, 故畜有馬乘, 不得徒行. 「王制」云"君子耆老不徒行"是也.

역문 『국어』「노어」에, "오자(吳子)가 사신을 보내와서 우호의 빙문(聘問)을 하게 하고 예물을 노나라 대부에게 나누어 주고 중니에게 미쳤다."라고 했는데, 역시 공자가 당시 대부의 뒤를 따랐기 때문이다. 이미 대부의 뒤를 따라 국정에 참여해서 들었기 때문에 말을 기르고 네 필의 말이 끄는 수레[乘]를 두어 걸어 다닐 수 없었던 것이다. 『예기』「왕제」에 "군자는 늙으면 걸어 다니지 않는다"라고 한 것이 이것이다.

원문 案, 顔路請子之車以爲椁, 不嫌於自請者, 『公羊』「隱」元年「傳」, "喪事有賵, 賵者, 蓋以乘馬束帛. 車馬曰賵." 是賵喪之禮, 本有車馬, 故夫子於舊館人之喪, 說驂以贈. 今此顔子死, 夫子必亦有賵, 而顔路復請子之車以爲椁, 哀痛迫切, 不遑計及於禮之當否, 且知夫子於顔淵誼厚, 不妨以情告也. 趙岐『孟子』「公孫丑章句」, "禮, 喪事不外求, 不可稱貸而爲悅也." 『周

官』「宰夫」「注」, "凡喪, 始死, 弔而含襚, 葬而賵贈, 其間加恩厚, 則有賻
焉.『春秋』譏武氏子來求賻."

역문 살펴보니, 안로가 공자의 수레를 팔아 덧널을 만들 것을 청하면서 꺼
리지 않고 자청(自請)했던 것은『춘추공양전』「은공」원년의「전」에 "상
사(喪事)에는 부의[賵]를 하는 예가 있으니, 부의는 대체로 수레나 말, 묶
은 비단을 가지고 한다. 거마(車馬)로 하는 부의를 봉(賵)이라 한다."라고
했는데, 이처럼 초상에 부의하는 예에는 본래 거마가 있기 때문에 공자
가 옛날에 머물렀던 관사(館舍) 주인의 상에 곁마[驂]를 벗겨 부의[贈]하게
했던 것[52] 때문이다.

지금 이 안자의 죽음에서 공자도 반드시 부의함이 있었을 터인데도
안로가 다시 공자의 수레를 팔아 덧널을 만들어 줄 것을 청한 것은 애통
함이 절박하다 보니 예의상 마땅한지 부당한지 미처 따질 경황이 없었
기 때문이고, 또 공자가 안연에 대해 정분이 두텁다는 것을 알고 있었기
때문에 거리낌 없이 속마음을 털어놓았던 것이다. 조기(趙岐)의『맹자』
「공손추장구」에 "예(禮)에 상사(喪事)에는 비용을 밖에서 요구하지 않는
것이니, 빚을 내면서까지 기뻐해서는 안 된다."라고 했다.『주례』「천관
총재상 · 재부」의「주」에 "모든 초상에서는 돌아가신 처음에 조문을 하

---

52 『예기』「단궁상」: 공자가 위나라에 갔다가 옛날에 머물렀던 여관 주인의 상을 만났다. 그 집
에 들어가 슬프게 곡을 하고 나와서 자공으로 하여금 곁마[驂]를 벗겨 부의하게 했다. 자공
이 말했다. "문인의 상에도 곁마를 벗겨 주신 적이 없으셨는데, 옛 여관의 주인에게 곁마를
벗겨 부의하는 것은 너무 중하지 않습니까?" 공자가 말했다. "내가 조금 전에 들어가 곡할
때 매우 슬픈 상황을 만나 눈물을 흘렸는데, 내가 어찌 이유 없이 눈물을 흘렸겠느냐? 얘들
아, 그대로 시행거라![孔子之衛, 遇舊館人之喪. 入而哭之哀, 出, 使子貢說驂而賻之. 子貢
曰: "於門人之喪, 未有所說驂, 說驂於舊館, 無乃已重乎?" 夫子曰: "予鄉者, 入而哭之, 遇於一
哀而出涕, 予惡夫涕之無從也? 小子行之!"]

고 함수(含襚)[53]하고, 장례를 치르면서 거마를 보내거나 물품을 보내는데
[賵贈], 그사이에 더 은혜가 두터우면 부의[賻]가 있는 것이다. 『춘추』에
서는 무씨(武氏)의 아들이 와서 부의[賻]를 요구한 것을 비판했다."[54]라고
하였다.

원문 賈「疏」云: "隱公三年『公羊』文云'喪事無求, 求賻非禮.' 何休云: '禮本
爲有財者制, 有則送之, 無則致哀而已. 不當求, 求則皇皇傷孝子心.' '蓋通
於下', 何休云: '爾者嫌天子財多, 不當求下, 財少可求. 故明皆不當求.' 顔
路請子之車, 孔子不與, 亦是不合求, 故抑之也." 由賈此言, 顔路請車, 禮
有未合, 夫子以其哀迫, 不欲深責, 而但婉言告之. 至以鯉死爲比, 則亦視
顔子猶子矣.

역문 가공언(賈公彦)의 『주례』「천관총재상·재부」「소」에 "은공(隱公) 3년
『춘추공양전』의 글에 '상사에는 요구하는 것이 없으니, 부의[賻]를 요구
한 것은 예가 아니다.'라고 했는데, 하휴가 말하길 '예(禮)는 본래 재물이
있는 자를 위해 제정된 것이니, 재물이 있으면 그대로 장송(葬送)하면 되
고, 재물이 없으면 슬픔을 다할 뿐이다. 부의를 요구하는 것은 부당하
니, 부의를 요구하면 황망하게도 효자의 마음을 다치게 한다.'라고 했
고, '대체로 이것은 제후들에게나 통하는 일이기 때문이다[蓋通於下]'라고
했는데, 하휴가 말하길 '그렇게 말한 것은 천자는 재물이 많으므로 제후
들에게서 요구함이 부당함을 혐의한 것이니, 재물이 적다면 요구할 수

---

53 함수(含襚): 주옥을 죽은 사람의 입에 넣는 것을 '함(含)'이라 하고, 의복과 이불을 죽은 사람
  에게 주는 것을 '수(襚)'라고 한다.

54 『춘추(春秋)』「은공(隱公)」 3년: 가을에 무씨(武氏)의 아들이 와서 부의[賻]를 요구하였다.
  [秋, 武氏子來求賻.]

있다. 그러므로 모두 부당한 요구임을 밝힌 것이다.'라고 했다. 안로가 공자의 수레를 팔 것을 청하였으나 공자가 허락하지 않은 것은 역시 합당하지 않은 요구였기 때문에 억제시킨 것이다."라고 했다. 가공언의 이 말에 따르면 안로가 수레를 청한 것은 예의상 합당하지 않음이 있지만 공자는 그 슬픔이 절박했기 때문에 심하게 질책하고 싶지 않았으므로 다만 은근한 말로 일러 주었던 것이다. 심지어 리의 죽음을 가지고 비유까지 했으니, 그렇다면 역시 안자를 보는 것도 자식처럼 보았던 것이다.

원문 皇本"吾不"下有"可"字, "不可"上有"吾以"二字, "徒行"下無"也"字.

역문 황간본에는 "오불(吾不)" 아래 "가(可)" 자가 있고, "불가(不可)" 앞에 "오이(吾以)" 두 글자가 있으며, "도행(徒行)" 아래 "야(也)" 자는 없다.

- 「注」, "路顔"至"作椁".
- 正義曰: 鄭「注」云: "欲得賣之, 以爲顔淵作椁也. 顔路, 顔回之父." 此僞孔所襲. 「弟子列傳」, "顔無繇字路. 路者, 顔回父, 父子嘗各異時事孔子." 『索隱』曰: "『家語』顔由字路. 孔子始教於闕里而受學焉. 少孔子六歲'."
- ○ 「주」의 "로안(路顔)"부터 "작곽(作椁)"까지.
- ○ 정의에서 말한다.

  정현의 「주」에 "얻어다가 팔아서 안연을 위해 덧널을 만들려 한 것이다. 안로는 안회의 아버지다."라고 했는데, 이를 위공(僞孔)이 그대로 따른 것이다. 『사기』「중니제자열전」에 "안무요(顔無繇)는 자(字)가 로(路)이다. 로란 사람은 안회의 아버지인데, 아버지와 아들이 일찍이 각기 다른 시점에 공자를 섬겼다."라고 했고, 『사기색은』에 "『공자가어』에 '안유(顔由)는 자가 로이다. 공자가 처음 궐리(闕里)에서 가르칠 때 거기에서 수학했다. 공자보다 6살이 적다.'라고 되어 있다."라고 했다.

- 「注」, "鯉孔"至"辭也".
- 正義曰: 鄭「注」云: "鯉, 孔子之子伯魚也." 此僞孔所襲. 『家語』「本姓解」云: "魚之生也, 魯 昭公以鯉魚賜, 孔子榮君之貺, 故因以名鯉而字伯魚." 案, 顏子卒時, 夫子久不居位, 而「注」 云"時爲大夫, 謙言從大夫之後", 顯然謬誤, 其爲僞託無疑.

○ 「주」의 "리공(鯉孔)"부터 "사야(辭也)"까지.

○ 정의에서 말한다.

　　정현의 「주」에 "리는 공자의 아들 백어이다."라고 했는데, 이것을 위공이 그대로 따른 것이다. 『공자가어』「본성해」에 "백어가 태어날 때 노나라 소공이 잉어를 하사했는데, 공자가 임금의 하사를 영광으로 여겼기 때문에 그로 인해 이름을 리(鯉)라 짓고 자를 백어(伯魚)라 하였다."라고 했다. 살펴보니, 안자가 죽었을 때 공자는 오랫동안 지위에 있지 않았는데 「주」에서 "당시 대부가 되었는데도, 겸손하게 대부의 뒤를 따른다고 한 것이다."라고 했으니, 분명한 오류로서 의심할 것도 없이 거짓으로 갖다 붙인 것이다.

11-9

顏淵死, 子曰: "噫!【注】包曰: "'噫', 痛傷之聲." 天喪予! 天喪予!"
【注】 "天喪予"者, 若喪己也. 再言之者, 痛惜之甚.

안연이 죽자 공자가 말했다. "아!【주】포함이 말했다. "'희(噫)'는 비통(悲痛)해 마음 아파하는 소리이다." 하늘이 나를 죽이는구나! 하늘이 나를 죽이는구나!"【주】"천상여(天喪予)"는 자기를 죽이는 것 같다는 말이다. 두 번 말한 것은 애통하고 애석함이 심했기 때문이다.

원문 正義曰: 『漢書』「董仲舒傳」「贊」, "劉歆以爲伊 · 呂乃聖人之耦, 王者不

得則不興. 故顏淵死, 孔子曰: '噫! 天喪餘.' 唯此一人爲能當之, 自宰我 · 子贛 · 子游 · 子夏不與焉." 顏師古「注」, "言失其輔佐也." 蓋天生聖人, 必有賢才爲之輔佐. 今天生德於夫子, 復生顏子爲聖人之耦, 竝不見用於世, 而顏子不幸短命死矣, 此亦天亡夫子之徵, 故曰"天喪予!"

역문 정의에서 말한다.

『한서』「동중서전」의 「찬」에 "유흠(劉歆)은 이윤(伊尹)과 여상(呂尙)이 바로 성인(聖人)과 짝한다고 여겼으니, 왕자(王者)는 이러한 사람을 얻지 못하면 일어나지 못한다. 그러므로 안연이 죽자 공자가 '아! 하늘이 나를 죽이는구나!'라고 한 것이다. 오직 이 안연 한 사람만이 거기에 해당될 수 있으니, 재아로부터 자공(子贛)과 자유와 자하는 거기에 끼지 못한다."라고 했는데, 안사고의 「주」에 "그 보좌(輔佐)를 잃었음을 말한 것이다."라고 했다. 대체로 하늘이 성인을 낼 때는 반드시 현명한 인재를 두어 보좌하게 한다. 지금 하늘이 공자에게 덕(德)을 주었고, 다시 안자를 낳아 성인의 짝으로 삼아 주었으나 모두 세상에 등용되지 못한 데다가 안자는 불행하게도 단명하여 죽었으니, 이는 또한 공자를 망치려는 조짐이므로 "하늘이 나를 죽이는구나!"라고 한 것이다.

- 「注」, "噫, 痛傷之聲."
- 正義曰: 何休『公羊傳』「注」, "噫, 咄嗟貌."『詩』「噫嘻」「傳」, "噫, 歎也."
- ○ 「주」의 "희(噫)는 비통해 마음 아파하는 소리이다."
- ○ 정의에서 말한다.

   하휴의 『춘추공양전』「주」에 "희(噫)는 탄식[咄嗟]하는 모양이다."라고 했고, 『시경』「희희」의 「전」에 "희(噫)는 탄식[歎]이다."라고 했다.

顔淵死, 子哭之慟. 【注】馬曰: "'慟', 哀過也." 從者曰: "子慟矣!"
曰: "有慟乎? 【注】孔曰: "不自知己之悲哀過." 非夫人之爲慟而誰
爲?"

안연이 죽자 공자가 지나치게 애통해하며 통곡했다. 【주】마융이
말했다. "통(慟)'은 애통해함이 지나친 것[哀過]이다." 따르는 자들이 말했다.
"선생님, 애통해하심이 지나치십니다!" 공자가 말했다. "지나치
게 애통해함이 있더냐? 【주】공안국이 말했다. "자기의 비애(悲哀)가 지나침
을 스스로 알지 못한 것이다." 이 사람을 위해 지나치게 애통해하지 않
고 누구를 위해 애통해하겠느냐?"

원문 正義曰: 皇「疏」云: "孔子往顔家哭之也. '從者', 謂諸弟子. 隨孔子往顔
淵家, 有見孔子哀甚, 故云'子慟矣.'" 案, 皇本"曰有慟乎", "曰"上有"子"字,
又"誰爲"下有"慟"字.

역문 정의에서 말한다.

황간의 「소」에 "공자가 안연의 집에 가서 통곡한 것이다. '종자(從者)'
는 여러 제자를 이른다. 공자를 쫓아 안연의 집에 갔다가 공자가 심하게
애통해함을 보았기 때문에 '애통해하심이 지나치십니다.'라고 한 것이
다."라고 했다. 살펴보니, 황간본에는 "왈유통호(曰有慟乎)"라고 한 구절
에서 "왈(曰)" 앞에 "자(子)" 자가 있고, 또 "수위(誰爲)" 아래 "통(慟)" 자가
있다.

- 「注」, "慟, 哀過也."
- 正義曰:『說文』無"慟"字, 漢碑多作"恫", "恫"當卽"慟"省. 鄭「注」云: "慟, 變動容貌." 亦以 "慟"字從動得義, 此卽是哀過, 鄭與馬不異也.
○ 「주」의 "통(慟)은 애통해함이 지나친 것[哀過]이다."
○ 정의에서 말한다.

  『설문해자』에는 "통(慟)" 자가 없고, 한대(漢代)의 비(碑)에는 "통(恫)"으로 되어 있는 것이 많으니, "통(恫)"은 바로 "통(慟)"의 생략된 자형임이 당연하다. 정현의 「주」에 "통(慟)은 용모를 변통(變動)한 것이다."라고 했는데, 역시 "통(慟)" 자를 동(動)으로 구성된 것으로 봐야 의미가 살아나고, 이것이 바로 애통해함이 지나친 것이니, 정현과 마융의 해석이 다르지 않다.

11-11

顔淵死, 門人欲厚葬之, 子曰: "不可."【注】禮, 貧富各有宜. 顔淵家貧, 而門人欲厚葬之, 故不聽. 門人厚葬之, 子曰: "回也視予猶父也, 予不得視猶子也, 非我也, 夫二三子也."【注】馬曰: "言回自有父, 父意欲聽門人厚葬, 我不得割止, 非其厚葬, 故云."

안연이 죽자 문인들이 후하게 장사 지내려 하니 공자가 말했다. "안 된다."【주】예는 가난함과 부유함에 따라 각기 마땅한 바가 있다. 안연은 집안이 가난한데도 문인들이 후하게 장사 지내려 했기 때문에 들어주지 않은 것이다. 문인들이 후하게 장사 지내자 공자가 말했다. "안회는 나를 보기를 아버지처럼 했는데 나는 그를 보기를 자식처럼 하지 못했으

니, 내가 그렇게 한 것이 아니라, 저 몇몇 사람들 때문에 그렇게 된 것이다."【주】마융이 말했다. "안회에게는 본래 아버지가 있었고, 아버지의 뜻은 문인들이 후하게 장사 지내려는 것을 들어주려고 했으므로 내가 결단해서 그만 두게 할 수 없었음을 말한 것으로, 후하게 장사 지내는 것을 옳지 않게 여겼기 때문에 그렇게 말한 것이다."

원문 正義曰: "厚葬"者, 謂凡葬事求豊備也. 「晉語」欒共子曰: "成聞之: 民生於三, 事之如一. 父生之, 師敎之, 君食之." 顔子事夫子猶父, 故曰"子在, 回何敢死?" 則同於"父母在, 不許友以死"之義也. 『史記』「弟子傳」夫子言 "自吾得回, 門人日親." 及夫子沒, 門人心喪三年, 若喪父而無服, 則皆同 顔子事夫子猶父矣. 然夫子喪顔子, 若喪子而無服, 是亦視回猶子, 惟不能 止門人之厚葬, 終心自歉, 故深責二三子也. 『唐石經』初刻"猶子"下"也"字 作"曰".

역문 정의에서 말한다.

"후장(厚葬)"이란, 장사 지내는 일을 풍족하게 구비할 것을 추구했다는 말이다. 『국어』「진어」에 난공자(欒共子)[55]가 말했다. "제가 듣자 하니 사람은 세 사람에 의해서 생존하기 때문에 섬기기를 한결같이 해야 한다고 합니다. 아버지는 낳아 주시고 선생은 가르쳐 주시고 임금은 먹여 줍니다."라고 했다. 안자는 공자를 아버지처럼 섬겼다. 그러므로 "선생님

---

55 난공자(欒共子. ?~기원전 709): 진(晉)나라 애후(哀侯)의 대부인 공숙성(共叔成). 이름은 성(成), 시호는 공자(共子)이다. 곡옥(曲沃)의 무공(武公)이 익(翼)을 공격하여 애후를 죽이고 그에게 자신을 따르도록 협박했다. 이에 그는 "죽음으로써 삶을 보답하고, 힘으로써 은혜를 보답하는 것이 사람의 도리다.[報生以死, 報賜以力, 人之道也.]"라고 말했다. 마침내 싸우다가 죽임을 당했다. 예에 밝은 사람, 충신으로 시문(詩文)에 많이 인용된다.

께서 살아 계신데 제가 어찌 감히 죽겠습니까?"[56]라고 한 것이니, 그렇다면 "부모가 살아 계시면 벗을 위해 목숨을 바치는 일을 허락하지 않는다"[57]라는 법도와 같은 것이다. 『사기』「중니제자열전」에 공자가 "내가 안회를 얻은 뒤로부터 문인들이 날로 친해졌다."라고 했고 공자가 죽자 문인들이 심상(心喪) 3년을 지내면서 아버지의 상을 당한 때와 같이하되, 상복이 없었으니, 그렇다면 모두 안자와 같이 공자를 아버지처럼 섬긴 것이다. 그러나 공자는 안자가 죽었을 때 자식의 상을 당한 때와 같이하되 상복은 없었으니,[58] 이 역시 안회를 자식처럼 본 것이고, 오직 문인들이 후하게 장사 지내는 것을 멈추게 할 수 없어 끝내 맘속으로 스스로 가책이 되었기 때문에 두세 사람을 깊이 꾸짖었던 것이다. 『당석경』 초각(初刻)에는 "유자(猶子)" 아래 "야(也)" 자가 "왈(曰)"로 되어 있다.

● 「注」, "言回"至"云耳".

● 正義曰: 鄭「注」, "顏路欲聽門人厚葬之." 同馬義. 吳氏嘉賓『說』, "喪具稱家之有無, 然而禮有賻喪者, 賻之亦惟其稱焉耳. 使顏子死無附身之斂, 無附棺以爲葬, 師與友說驂竭財以助之可也, 是非得已也. 有棺而無槨, 有葬而爲之厚葬, 則非也, 以其得已也. 君子所以受於人者, 義如此. 必不得已而後受, 苟可以已而已, 故曰'周之亦可受也, 免死而已矣.' 夫子之視顏

---

56 『논어』「선진」.

57 『예기』「곡례상(曲禮上)」.

58 『예기』「단궁(檀弓)」: 공자가 죽자 문인들이 상복을 입으려고 하였으나 어떤 복을 입어야 할지 갈피를 잡지 못하자 자공이 말했다. "옛날에 부자(夫子)께서 안연의 상을 당했을 때 마치 아들의 상을 당한 것처럼 하였지만 복은 없었습니다. 자로의 상을 당했을 때도 그렇게 하셨습니다. 그러니 부자의 상에 처하는 것을 아버지의 상을 당한 때와 같이하되, 상복은 없게 하기를 청합니다."[孔子之喪, 門人疑所服, 子貢曰: "昔者夫子之喪顏淵, 若喪子而無服. 喪子路亦然, 請喪夫子若喪父而無服."]

子, 視之猶其生也. 彼門人者, 以其生之所不受者而與之, 是死之也. 故曰'君子之愛人也以
德, 小人之愛人也以姑息.'"

○「주」의 "언회(言回)"부터 "운이(云耳)"까지.

○ 정의에서 말한다.

정현의「주」에 "안로는 문인들이 후하게 장사 지내려는 것을 들어주려고 했다."라고 했으니
마융의 뜻과 같다. 오가빈(吳嘉賓)의『사서설』에 "상구(喪具)는 집안에 재물이 있고 없는 것
에 걸맞게 해야 하고, 그래도 초상에 부의하는 예가 있지만, 부의 역시 오로지 거기에 걸맞게
할 뿐이다. 만약 안자가 죽었을 때 염습할 염의(斂衣)도 없고, 장사를 지내면서 시신(屍身)
과 함께 입관(入棺)할 물품도 없었다면 스승이나 벗들이 겉매[驂]를 벗기고 재력을 다해 돕
는 것이 괜찮으니, 이는 부득이한 경우이기 때문이다. 관은 있고 덧널은 없었더라도 장사를
지내면서 후하게 치렀다면 잘못이니, 그만둘 수도 있는 경우이기 때문이다. 군자가 남에게
도움을 받는 것은 의리가 이와 같다. 반드시 부득이한 뒤에 받아야 하고, 진실로 그만둘 만하
면 그만두어야 하니, 그러므로 '구원해 준다면, 또한 받을 수 있지만 죽음을 면하는 정도에
그칠 뿐이다.'[59]라고 한 것이다. 공자가 안자를 본 것은 살아 있을 때와 똑같이 본 것이다. 그
러나 저 몇몇 문인들은 그가 살아 있었다면 받지 않았을 것을 주었으니, 이는 아예 죽은 것으
로 취급한 것이다. 그러므로 '군자는 도덕에 입각해서 사람을 사랑하는 반면, 소인은 그저 고
식적으로 사람을 좋아한다.'라고 하는 것이다."라고 했다.

---

59 『맹자』「고자하(告子下)」: 아침도 먹지 못하고 저녁도 먹지 못하여 굶주리고 배고파 문을 나
갈 수 없을 때, 임금이 이 말을 듣고 말하기를 "내 크게는 그의 도를 행하지 못하고 또 그의
말을 실천하지 못해서 내 땅에서 굶주리고 배고프게 했으니, 내 이를 부끄러워한다." 하고
구원해 준다면, 또한 받을 수 있지만 죽음을 면하는 정도에 그칠 뿐이다.[朝不食, 夕不食, 飢
餓不能出門戶, 君聞之曰: "吾大者, 不能行其道, 又不能從其言也, 使飢餓於我土地, 吾恥之."
周之亦可受也, 免死而已矣.]

季路問事鬼神, 子曰: "未能事人, 焉能事鬼?" "敢問死?" 曰:
"未知生, 焉知死?"【注】陳曰: "鬼神及死事難明, 語之無益, 故不答."

계로가 귀신 섬기는 것에 대해서 묻자 공자가 말했다. "사람을 섬길 수 없다면 어떻게 귀신을 섬길 수 있겠는가?" "감히 죽음에 대해서 묻겠습니다." "삶을 알지 못한다면 어떻게 죽음에 대해서 알겠는가?"【주】진군이 말했다. "귀신과 죽음의 일은 밝히기 어렵고, 말해 주어도 무익하기 때문에 대답하지 않은 것이다."

원문 正義曰: "事人", 若子事父 · 臣事君是也. "焉能事鬼?" 言"鬼"則"神"可知, 或以"事鬼"下脫"神"字, 非也.

역문 정의에서 말한다.

　"사인(事人)"이란 자식이 부모를 섬기고 신하가 임금을 섬기는 것 같은 것이 이것이다. "어찌 귀신을 섬길 수 있겠는가?[焉能事鬼]"라고 했는데, "귀(鬼)"를 말하면 "신(神)"은 알 수 있으니, 더러는 그 때문에 "사귀(事鬼)" 아래 "신(神)" 자를 뺀 것이라고 하는데, 아니다.

원문 趙氏佑『溫故錄』, "'禮有五經, 莫重於祭.' 古之所爲事鬼神者, 嘗無不至, 則子路之問, 不爲不切. 夫先王之事鬼神, 莫非由事人而推之. 故生則盡養, 死則盡享. 惟聖人爲能饗帝, 惟孝子爲能享親. 云'事鬼也, 莫非教天下之事人也', '吾未見孝友不敦於父兄, 而愛敬能達於宗廟者也', 則盡乎事鬼神之義矣. 進而問死, 欲知處死之道也. 人有所當死, 有所不當死, 死非

季路所難, 莫難乎其知之明, 處之當. 然而死非可預期之事, 故爲反其所自生. 君子之窮理盡性, 以至於命, 歸乎得正而斃, 其不敢以父母之身行殆, 不敢以匹夫之諒爲名者, 皆惟其知生. 敬吾生, 故重吾死也. 否則生無以立命, 死適爲大愚而已, 則盡乎知死之義矣. 子嘗言之矣: '務民之義', 卽所以事人; '敬鬼神而遠之', 卽所以事鬼也. '夫孝者, 善繼人之志; 善述人之事. 事死如事生, 事亡如事存, 孝之至也.' 所謂'能事人'·'能事鬼'也. '人之生也直, 罔之生也幸而免', 所以敎知生; '志士仁人, 無求生以害仁, 有殺身以成仁.' 所以敎知死也. 孟子曰: '知命者不立乎巖牆之下. 盡其道而死者, 正命也; 桎梏死者, 非正命也.' 所謂知生·知死也."

역문 조우(趙佑)의『온고록』에 "'예에는 오경(五經)[60]이 있지만, 제사보다 더 중한 것은 없다.'[61]라고 하니, 옛날에 귀신을 섬기는 자들이 일찍이 지극하지 않음이 없었으니, 그렇다면 자로의 질문이 절실하지 않은 것은 아니다. 선왕(先王)이 귀신을 섬기는 것은 사람 섬김을 말미암아 미루어 가지 않음이 없다. 그러므로 살아 있을 때는 봉양을 극진히 하고 죽으면 제사를 극진히 하는 것이다. 오직 성인이라야 능히 상제에게 제향할 수 있고, 오직 효자라야 능히 어버이에게 제사할 수 있는 것이다. '귀신 섬기는 것은, 천하에 사람 섬기기를 가르치는 것이 아님이 없다.' 하고 '나는 효성스럽고 우애 있는 자가 부형에게 돈독하지 않으면서 사랑과 공경이 종묘에까지 도달할 수 있는 자는 아직 보지 못했다'라고 한다면 귀신 섬기는 도리를 극진히 하는 것이다. 나아가 죽음을 물은 것은 죽음에 대처하는 방법을 알고자 한 것이다. 사람에게는 당연한 죽음도 있고 부당한 죽음도 있는데, 죽음을 계로가 어려워한 것은 아니지만, 그것을 분

---

60 오경(五經): 길례(吉禮)와 흉례(凶禮)와 빈례(賓禮)와 군례(軍禮)와 가례(嘉禮)를 가리킨다.
61 『예기』「제통(祭統)」.

명하게 알아 마땅하게 대처하는 것보다 어려운 것이 없다. 그러나 죽음
이란 미리 기약할 수 있는 일이 아니기 때문에 태어난 근본을 돌이켜보
는 것이다.

　군자는 이치를 궁구하고 본성을 다 알아 천명(天命)에 이르고,[62] 올바
름을 얻어 죽음으로 돌아가야 하니,[63] 감히 부모가 물려주신 몸으로 위
태로움을 행하지 않으며,[64] 감히 필부(匹夫)의 보잘것없는 신의를 명예로

---

62 『주역(周易)』「설괘전(說卦傳)」: 도덕(道德)에 화순(和順)하고 의(義)에 맞게 하며, 이치를
궁구하고 본성을 다 알아 천명에 이른다.[和順於道德而理於義, 窮理盡性, 以至於命.]

63 『예기』「단궁상」: 증자가 병으로 몸져누웠을 때 악정자춘(樂正子春)은 침상 아래에 앉았고,
증원(曾元)과 증신(曾申)은 발끝에 앉았으며, 동자(童子)가 자리 모퉁이에 앉아 촛불을 잡고
있었는데, 동자가 말하기를 "화려하고 고우니 대부의 대자리일 것입니다."라고 하자, 악정자
춘이 말하기를 "말하지 말라."라고 하였다. 증자가 듣고 놀라시며 "아!" 하고 탄식하였다. 동
자가 재차 말하기를 "화려하고 고우니 대부의 대자리일 것입니다."라고 하자, 증자가 말하기
를 "그러하다. 이는 계손씨(季孫氏)가 준 것인데 내가 바꾸지 못하였으니, 증원은 일어나서
대자리를 바꾸거라."라고 하였다. 증원이 대답하기를 "아버님의 병이 심하여 바꿀 수가 없
으니, 바라건대 내일 아침에 공경히 바꾸겠습니다."라고 하였다. 증자가 말하기를 "네가 나
를 사랑하는 것이 저 동자만도 못하구나. 군자가 사람을 사랑함은 덕으로 하고 소인이 사람
을 사랑함은 임시방편[姑息]으로 하니, 내 무엇을 바라겠느냐? 내 바름을 얻고 죽으면 그만
이다."라고 하였다. 이에 증자를 부축하여 자리를 바꾸었는데, 자리로 돌아와 편안해지기도
전에 운명하였다.[曾子寢疾病, 樂正子春, 坐於牀下, 曾元曾申, 坐於足, 童子隅坐而執燭, 童
子曰: "華而睆, 大夫之簀與." 子春曰: "止!" 曾子聞之, 瞿然曰: "呼!" 曰: "華而睆, 大夫之簀
與." 曾子曰: "然! 斯季孫之賜也. 我未之能易也, 元起易簀!" 曾元曰: "夫子之病革矣, 不可以
變, 幸而至於旦, 請敬易之." 曾子曰: "爾之愛我也, 不如彼. 君子之愛人也, 以德; 細人之愛人
也, 以姑息. 吾何求哉? 吾得正而斃焉, 斯已矣." 舉扶而易之, 反席未安而沒.]

64 『예기』「제의(祭義)」: 한 발자국을 옮길 적에도 감히 부모를 잊지 못하고, 한 마디 말을 할
때라도 감히 부모를 잊지 못한다. 한 걸음을 뗄 때라도 감히 부모를 잊지 못하기 때문에 큰
길로 가고 지름길로 가지 않으며, 배를 타되 헤엄치지 않으니, 감히 부모가 물려주신 몸으로
위험한 일을 시행할 수 없기 때문이다.[壹擧足而不敢忘父母, 壹出言而不敢忘父母, 壹擧足而
不敢忘父母, 是故道而不徑, 舟而不游, 不敢以先父母之遺體行殆.]

삼지 않는 것[65]이 모두 오로지 그 삶을 아는 것이다. 내 삶을 공경하기 때문에 내 죽음을 중히 여기는 것이다. 그렇지 않으면 살아서는 명을 세울 수가 없어서 죽어서 크게 어리석은 데로 떠나갈 뿐이니, 그렇다면 죽음의 도리를 아는 데 극진히 해야 할 것이다. 공자가 일찍이 말하지 않았던가? '백성의 도리[義]를 힘쓴다'[66]라는 것이 바로 사람을 섬기는 방법이고, '귀신을 공경해서 멀리한다'[67]라는 것이 바로 귀신을 섬기는 방법이다.

'효자는 사람의 뜻을 잘 이어받으며, 사람의 일을 잘 계승한다. 죽은 이를 섬기기를 살아 있는 이 섬기듯이 하고, 없는 이를 섬기기를 있는 이 섬기듯이 하는 것이 효의 지극함이다.'[68]라고 했으니, 이것이 이른바 '사람을 섬길 수 있다[能事人]'라는 것이고 '귀신을 섬길 수 있다[能事鬼]'라는 것이다. '사람이 살아 있는 것은 정직함 때문인데, 속임수를 쓰는 자가 살아 있는 것은 요행으로 죽음을 면한 것이다.'[69]라고 한 것은 삶의 이치를 알게 해 준 것이고, '뜻있는 선비와 인한 사람은, 살기를 구하여 인을 해침이 없고, 자신을 희생해서 인을 이룸이 있다.'[70]라고 한 것은 죽음의 이치를 알게 해 준 것이다. 맹자가 말하길 '천명을 아는 자는 위험한 담 밑에 서 있지 않는다. 자기의 도리를 다하고 죽는 것은 바른 명

---

65 『논어』「헌문」: 어찌 필부필부(匹夫匹婦)가 작은 신의를 위하여 스스로 도랑[溝瀆]에서 목매어 죽어서 자기를 알지 못하게 하듯이 하겠는가?[豈若匹夫匹婦之爲諒也, 自經於溝瀆而莫之知也?]
66 『논어』「옹야」.
67 『논어』「옹야」.
68 『중용(中庸)』제19장.
69 『논어』「옹야」.
70 『논어』「위령공(衛靈公)」.

이지만, 죄를 지어 형벌을 받고 죽는 것은 바른 명이 아니다.'[71]라고 했으니, 이른바 삶을 알고 죽음을 안다는 것이다."라고 했다.

원문 皇·邢本·『唐』·『宋石經』"敢問"上有"曰"字.

역문 황간본과 형병본, 그리고 『당석경』과 『송석경』에는 "감문(敢問)" 앞에 "왈(曰)" 자가 있다.

● 「注」, "陳曰"至"不答".
● 正義曰: 『世說』「簡傲篇」「注」引馬融「注」曰: "死事難明, 語之無益, 故不答." 與此陳「注」同, 當是彼文誤引.
○ 「주」의 "진왈(陳曰)"부터 "부답(不答)"까지.
○ 정의에서 말한다.
   『세설신어』「간오」의 「주」에 마융의 「주」를 인용하면서 "죽음의 일은 밝히기 어렵고, 말해 주어도 무익하기 때문에 대답하지 않은 것이다."라고 했는데, 여기의 진군의 「주」와 똑같으니, 당연히 그 글은 잘못 인용된 것이다.

11-13

閔子侍側, 誾誾如也, 子路, 行行如也, 冉有·子貢, 侃侃如也. 子樂. 【注】鄭曰: "樂各盡其性. '行行', 剛强之貌." "若由也, 不得其死然." 【注】孔曰: "不得以壽終."

---

71 『맹자』「진심상(盡心上)」.

> 민자건은 옆에서 모실 때 중정(中正)하였고, 자로는 강건하고 씩
> 씩했으며[行行], 염유와 자공은 화락했는데, 공자가 즐거워하였
> 다. 【주】정현이 말했다. "네 제자가 각각 자기들의 성품을 다한 것을 즐거워한 것
> 이다. '항항(行行)'은 강건하고 씩씩한[剛强] 모양이다." "유로 말할 것 같으면
> 제대로 된 죽음을 얻지 못하겠구나." 【주】공안국이 말했다. "천수대로
> 죽지 못한다는 것이다."

원문 正義曰: 閔子少子路六歲, 而先閔子者, 閻氏若璩『釋地』「三續」謂以德
序是也. 皇本"閔子"下有"騫"字. "冉有",『唐石經』作"冉子".

역문 정의에서 말한다.

민자건은 자로보다 6살 어린데 민자건을 먼저 언급한 것에 대해 염약
거(閻若璩)의 『사서석지』「삼속」에서 덕(德)으로 순서를 매긴 것이라고
했는데, 옳다. 황간본에는 "민자(閔子)" 아래 "건(騫)" 자가 있다. "염유(冉
有)"는 『당석경』에는 "염자(冉子)"로 되어 있다.

원문 『說文』"偘"下引"子路偘偘如也", 疑作"子貢", 或許氏誤記. 宋氏翔鳳『過
庭錄』, "『說文解字』: '偘, 剛直也. 從伯. 伯, 古文信. 從川, 取其不舍晝夜.
『論語』曰: "子路偘偘如也."' 此引作'偘偘'是正字.「鄉黨篇」之'偘偘', 及
此下文'冉有 · 子貢偘偘如也', 並當爲'衎衎', 假借作'偘偘'. 故並訓爲和樂
也. 鄭注『論語』'行行, 剛强之貌', 與許君解'偘'爲剛直義同. '行行'疑涉下
文'衎衎'而誤. 蓋『古文論語』'冉有 · 子貢, 偘偘如也', 本作'衎衎'." 案, 宋
說亦通.

역문 『설문해자』에 "간(偘)" 아래 "자로는 강직했다[子路偘偘如也]"를 인용했

는데,[72] 아마도 "자공"으로 되어 있어야 할 것을 어쩌면 허씨(許氏)가 잘 못 기록한 것인 듯싶다. 송상봉의 『과정록』에 "『설문해자』에 '간(侃)은 강직함[剛直]이다. 신(侃)으로 구성되었는데, 신(侃)은 신(信)의 고문이다. 천(川)으로 구성된 것은 밤낮을 그치지 않는 뜻을 취한 것이다.『논어』에서 말했다. "자로는 강직했다.""라고 했는데, 여기에서 인용하면서 '간 간(侃侃)'으로 되어 있는 것이 정자(正字)이다.「향당」의 '간간(侃侃)'과 이 아래 문구의 '염유・자공간간여야[冉有・子貢侃侃如也]'는 모두 '간간(衎衎)'으로 써야 마땅한데, 가차(假借)해서 '간간(侃侃)'으로 쓴 것이다. 그러므로 모두 화락(和樂)이라고 뜻풀이를 한 것이다. 정현은 『논어』를 주석하면서 '항항(行行)은 강건하고 씩씩한[剛强] 모양'이라고 했는데, 허군(許君)이 '간(侃)'을 강직하다는 뜻으로 풀이한 것과 같다. '항항(行行)'은 아마도 아래 문구의 '간간(衎衎)'의 간섭으로 잘못된 것인 듯싶다.『고문논어』의 '염유・자공간간여야[冉有・子貢侃侃如也]'는 본래 '간간(衎衎)'으로 되어 있다."라고 했다. 살펴보니, 송상봉의 말도 통한다.

원문 "若由也不得其死然", 皇本"若"上有"曰"字. 孫奕『示兒編』, "'子樂'必當作'子曰', 聲之誤也. 始以聲相近, 而轉'曰'爲'悅', 又以義相近, 而轉'悅'爲'樂'. 知由也不得其死, 則何樂之有?" 阮氏元『校勘記』, "『文選』「幽通賦」及「座右銘」兩「注」竝引子路行行如也. 子曰: "若由也, 不得其死然."" 與孫說合." 案,『淮南子』「精神訓」「注」亦引作孔子曰", 有無"曰"字皆可通.

---

72 『설문해자』권11: 간(侃)은 강직함[剛直]이다. 신(侃)으로 구성되었는데, 신(侃)은 신(信)의 고문이다. 천(川)으로 구성된 것은 밤낮을 그치지 않는 뜻을 취한 것이다.『논어』에 "자로는 강직했다."라고 하였다. 공(空)과 한(旱)의 반절음이다.[侃, 剛直也. 從侃. 侃, 古文信. 從川, 取其不舍晝夜.『論語』曰:"子路侃侃如也." 空旱切.]

惟"樂"字, 鄭「注」已釋之, 斷非"曰"字之誤. 夫子是樂四賢才德足用, 不必
專言子路. "若"者, 逆料之辭, 不能遽決也.

역문 "유로 말할 것 같으면 제대로 된 죽음을 얻지 못하겠구나[若由也不得其
死然]"라고 한 문구는 황간본에는 "약(若)" 앞에 "왈(曰)" 자가 있다. 손혁
(孫奕)의 『시아편』에 "'자락(子樂)'은 반드시 '자왈(子曰)'이라고 해야 마땅
하니 발음이 비슷해서 생긴 오류이다. 처음에는 발음이 서로 비슷하기
때문에 '왈(曰)'을 바꾸어서 '열(悅)'로 쓴 것이고, 또 그러다 보니 뜻이 서
로 비슷한 바람에 '열(悅)'을 바꾸어 '낙(樂)'으로 쓰게 된 것이다. 자로가
제명에 죽지 못할 것을 알고 있었다면 무슨 즐거움이 있겠는가?"라고
했다. 완원의 『십삼경주소교감기』에 "『문선』「유통부」 및 「좌우명」의
두 「주」에는 모두 인용하기를 '자로는 강건하고 씩씩했다. 공자가 말했
다. "유로 말할 것 같으면 제대로 된 죽음을 얻지 못하겠구나."'라고 했
으니, 손혁의 말과 일치한다."라고 했다. 살펴보니, 『회남자』「정신훈」
의 「주」에도 역시 인용하면서 "공자왈(孔子曰)"이라고 했는데, "왈(曰)"
자가 있건 없건 간에 모두 통할 수 있다. 오직 "낙(樂)" 자 만큼은 정현의
「주」에서 이미 해석을 한 만큼 결단코 "왈(曰)" 자의 오기(誤記)가 아니
다. 공자가 네 명의 현명한 인재의 덕이 충분히 등용될 만함을 즐거워한
것이지, 반드시 자로만을 전적으로 언급한 것이 아니다. "약(若)"은 미리
헤아리는 말로서, 선뜻 결론을 내리지 못한 것이다.

- 「注」, "樂各盡其性. '行行', 剛强之貌."
- 正義曰: 凡人賦性, 剛柔不齊, 惟各盡其性, 斯有所成立, 可同歸於善也. 朱子『集注』云: "樂
  得英才而教育之." 又一義, 亦通. "行行"訓剛强, 此會意. 『釋名』「釋姿容」, "兩脚進曰行行,
  抗足而前也." 『漢孫根碑』, "行行義勇."

○「주」의 "네 제자가 각각 자기들의 성품을 다한 것을 즐거워한 것이다. '항항(行行)'은 강건하고 씩씩한[剛强] 모양이다."

○ 정의에서 말한다.

모든 사람의 타고난 성품은 굳셈과 부드러움이 고르지 않으니, 오직 각자가 자기들의 성품을 다 해서 이에 본성을 확립하는 바가 있어야 똑같이 선(善)으로 돌아갈 수 있다. 주자의 『논어집주』에 "영재를 얻어 가르치고 기르는 것을 즐거워한 것이다."라고 했는데, 이 또한 나름대로 의미가 있으니 역시 통한다. "항항(行行)"은 강건하고 씩씩하다[剛强]로 뜻풀이를 했으니, 여기서는 회의자(會意字)로 쓰인 것이다. 『석명』「석자용」에 "두 다리로 나아가는 것을 행행(行行)이라고 하니, 발을 구르며 전진한다는 뜻이다."라고 했다. 『한손근비』에 "강건하고 씩씩하며 정의롭고 용감하다[行行義勇]."라고 했다.

● 「注」, "不得以壽終."

● 正義曰: 皇「疏」云: "後果死衛難也. 袁氏曰: '道直時邪, 自然速禍也.'"

○「주」의 "천수대로 죽지 못한다는 것이다."

○ 정의에서 말한다.

황간의 「소」에 "후에 과연 위나라의 난리에서 죽었다. 원교(袁喬)[73]가 말했다. '도(道)가 곧아도 시대가 사악하면 자연히 화를 부른다.'"라고 했다.

---

[73] 원교(袁喬, ?~?): 진(晉)나라 사람으로, 진군(陳郡) 양하[陽夏: 지금의 하남성(河南省) 태강(太康)] 사람이다. 자는 언숙(彦叔)이며, 어릴 때의 자는 자양(子羊), 시호는 간(簡)이다. 동진(東晉)의 관원(官員)이었고 장령(將領)이었으며 모사(謀士)였다. 동한(東漢) 말기의 낭중령(郎中令) 원환(袁渙)의 현손(玄孫)이며, 동진의 국자좨주(國子祭酒)였던 원괴(袁瑰)의 아들이다. 성장해서는 오랫동안 환온(桓溫)의 속관과 모사를 맡았으며 아울러 진이 성한(成漢)을 멸망시키는 전쟁에 참여해서 성공을 이루었지만, 전쟁 후에는 오래지 않아 세상을 떠났다. 환온을 도와 성한의 이세(李勢)를 친 공으로 용양장군(龍驤將軍)이 되고, 상서백(湘西伯)에 봉해졌고, 조정에서도 익주자사(益州刺史)를 추증했다. 저서로 『논어원씨주(論語袁氏注)』가 있다.

魯人爲長府, 閔子騫曰: "仍舊貫, 如之何? 何必改作?"【注】鄭
曰: "長府', 藏名也, 藏財貨曰府. '仍', 因也. '貫', 事也. 因舊事則可也, 何乃復
更改作?" 子曰: "夫人不言, 言必有中."【注】王曰: "'言必有中'者, 善
其不欲勞民改作."

노나라 사람이 장부(長府)를 고쳐서 짓자 민자건이 말했다. "평소
의 거처를 그대로 따르는 것[仍舊貫]이 어떻겠는가? 어째서 굳이
고쳐서 짓는가?"【주】정현이 말했다. "'장부(長府)'는 창고[藏]의 이름이다. 재
화(財貨)를 보관하는 창고를 부(府)라 한다. '잉(仍)'은 따름[因]이고, '관(貫)'은 일[事]
이다. 옛일을 따르면 괜찮을 것인데, 무엇 때문에 다시 고쳐 짓는가?" 공자가 말
했다. "저 사람이 말을 하지 않을지언정 말을 하면 반드시 적중한
다."【주】왕숙이 말했다. "'말을 하면 반드시 적중한다'라는 것은 그가 백성들을
노역시키면서까지 고쳐 짓기를 바라지 않음을 훌륭하게 여긴 것이다."

원문 正義曰: 閻氏若璩『釋地』, "『左傳』「昭」二十五年, '公居於長府.' 杜「注」,
'長府, 官府名.' '九月戊戌, 伐季氏, 遂入其門.' 長府, 今不知所在, 意其與
季氏家實近, 公居焉, 出不意而攻之.『論語』鄭「注」: '藏財貨曰府.' 又意
公微弱, 將攻權臣, 必先據藏貨財之府, 庶可結士心.'

역문 정의에서 말한다.

염약거의 『사서석지』에 "『춘추좌씨전』「소공」 25년에 '소공이 장부에
있었다.'라고 했는데, 두예(杜預)의 「주」에, '장부(長府)는 관청의 창고[官
府] 이름이다.'라고 했고, '9월 무술일에 계씨(季氏)를 공격하여 마침내 계
씨의 문으로 들어갔다.'라고 했다. 장부는 지금은 소재를 알지 못하겠으

나, 아마도 계씨의 집과는 실제로 가까웠기 때문에 소공이 거기에 있다가 뜻하지 않게 출동하여 공격한 것이다. 『논어』 정현의 「주」에 '재화를 보관하는 창고를 부(府)라 한다.'라고 했으니, 또 어쩌면 소공이 미약(微弱)했기 때문에 장차 권신(權臣)을 공격하려면 반드시 먼저 재화를 보관하는 창고를 점거해야 군사들의 마음을 거의 결속시킬 수 있었기 때문일 것이다."라고 했다.

원문 翟氏灝『考異』, "長府, 蓋魯君別館, 稍有蓄積, 可備騷警之所. 季氏惡公恃此伐己, 故於已事後率魯人卑其闈閣, 俾後之君失所憑恃, 其心尙可問乎? 閔子能爲微辭諷之, 則與聖人疆公弱私之心深有契矣." 凌氏鳴喈『解義』, "疇昔昭公嘗居是伐季氏矣. 定・哀之間, 三家因欲改焉之, 將以弱所恃也. 稱'魯人', 衆也, 是時三家皆欲之."

역문 적호(翟灝)의 『사서고이』에 "장부는 아마도 노나라 군주의 별관(別館)으로 조금씩 재화를 축적해 두었다가 급작스러운 사변에 대비할 수 있는 장소인 듯싶다. 계씨는 소공이 이것을 믿고 자기를 공격한 것이 싫었기 때문에 이미 사변이 끝난 뒤에 노나라 사람들을 거느리고서 그 별관의 문을 낮추어 후대의 군주로 하여금 기대고 믿을 만한 구석을 잃게 하려 했던 것이니, 그 마음이야 무어 물을 것이 있겠는가? 민자건은 능히 은근한 말로 풍자를 할 줄 알았으니, 성인의 공무(公務)를 힘쓰고 사리(私利)를 억누르는 마음과 깊이 부합한다."라고 했다. 능명개(凌鳴喈)의 『논어해의』에 "옛날에 소공이 일찍이 여기에 있다가 계씨를 공격했다. 정공과 애공 사이에 세 대부의 집안[三家]에서 그 때문에 이곳을 개축하려고 했으니, 장차 믿을 구석을 약화시키려 했던 것이다. '노나라 사람[魯人]'이라고 일컬은 것은 여럿이라는 말이다. 당시 세 대부의 집안에서는 모두 그렇게 하고 싶어 했다."라고 했다.

包氏愼言『溫故錄』, "案長府, 宮館之屬, 非藏名也. 『漢書』「元帝紀」: '詔曰: "惟德薄, 不足以充入舊貫之居. 其令諸宮館希御幸者勿繕治.""「注」: '應劭曰: "舊貫者, 常居也.""此足爲證昭公欲伐季氏, 而先居長府, 必其地 爲君常所臨幸, 故人不以爲疑. 魯人爲長府, 蓋欲擴其舊居以壯觀瞻. 魯君 失民數世矣, 隱民皆取食於季氏, 復爲長府以重勞之, 是'爲淵驅魚'也. 閔 子故婉言以諷之. 『後漢書』「郎顗傳」顗上書曰: '夏禹卑室, 盡力致美. 又 魯人爲長府, 閔子騫曰: "仍舊貫, 何必改作?" 臣以爲諸所繕修, 事可減 省.' 郎顗引經亦以長府爲宮館, 義與元帝「詔」共合符契, 不可易也."

포신언(包愼言)의 『논어온고록』에 "살펴보니, 장부는 궁관(宮館)의 종 류이지 창고의 이름이 아니다. 『한서』「원제기」에 '조서에서 다음과 같 이 말했다. "오직 덕이 천박하여 선왕이 항상 거처하던 옛 궁실[舊貫之居] 처럼 가득 채워 넣을 수 없다. 여러 궁관에 명하니 임금이 행차하는 경 우라도 보수하거나 수선하지 말기를 바라노라."'라고 했는데, 「주」에 '응소(應劭)가 말했다. "구관(舊貫)이란 평소의 거처[常居]이다."'라고 했으 니, 이것은 소공이 계씨를 공격하고자 해서 우선 장부를 점거했다는 증 거가 되기에 충분하고, 그곳을 노나라 임금이 항상 거동하는 곳으로 삼 았기 때문에 계씨 주변의 사람들이 의심하지 않았던 것이다. 노나라 사 람이 장부를 지은 것은 아마도 그 평소의 거처[舊居]를 확장해서 경관을 우러러볼 수 있도록 장엄하게 하려고 해서였을 것이다. 노나라의 군주 는 백성들의 신망을 잃은 지 여러 세대[數世]가 지났고, 가난한 백성[隱 民][74]들은 모두 계씨에게 의지해서 먹고사는 자들이 많았는데, 다시 장부 를 고쳐 지어 노역을 가중시키니 이것이야말로 '연못을 위해 고기를 몰

---

74 은민(隱民): 『춘추좌씨전』「소공(昭公)」 25년 「전(傳)」의 두예의 주에 "은(隱)은 가난[約]이 니 궁곤함이다.[隱, 約. 窮困.]"라고 했다.

아주는 꼴[75]인 것이다. 민자건은 이 때문에 은근한 말로 풍자를 했던 것이다. 『후한서』「낭의전」에 낭의(郎顗)가 다음과 같이 상서했다. '하우(夏禹)는 궁실(宮室)은 낮게 하면서도 치수사업에는 힘을 다하고 슬갑과 면류관에는 아름다움을 다하였습니다. 또 노나라 사람이 장부를 짓자 민자건이 말하길 "평소의 거처를 그대로 따르는 것이 어떻겠는가? 어째서 굳이 다시 고쳐서 짓는가?"라고 했습니다. 신이 생각건대, 여러 곳의 수리와 보수에는 일을 덜거나 생략할 수 있다고 합니다.'라고 했는데, 낭의도 경전을 인용하면서 역시 장부를 궁관으로 보았으니, 뜻이 원제(元帝)의 조서와 함께 부절처럼 일치해서 바꿀 수 없는 것이다."라고 했다.

원문 案, 諸說略有異同, 惟閻氏得之, 而義亦未盡. 蓋府自是藏名. 『周官』「玉府」職云: "掌王之金玉玩好兵器. 凡王之獻金玉·兵器·文織良貨賄之物, 受而藏之."「內府」職云: "掌受九貢·九賦·九功之貨賄·良兵·良器, 以待邦之大用. 凡四方之幣獻之金·玉·齒·革·兵器, 凡良貨賄入焉." 又「外府」, "掌邦布及王后·世子祭服." 是兵器藏內府, 不藏外府. 然則玉府掌兵器, 亦當在內.

역문 살펴보니, 여러 설이 대략 다른 점과 같은 점이 있고, 오직 염씨(閻氏)의 설이 옳기는 하나 의리에는 역시 미진함이 있다. 대체로 부(府)는 본래가 창고의 이름이다. 『주례』「천관총재하·옥부」의 직책에 "왕의 금이나 옥, 좋아하는 노리개나 병기를 관장한다. 왕에게 헌납한 금이나

---

75 『맹자』「이루상(離婁上)」: 백성들이 인자(仁者)에게 귀의하는 것은 물이 아래로 흘러가는 것과 같고, 짐승이 들로 달아나는 것과 같다. 그러므로 연못을 위해 고기를 몰아주는 것은 수달이고, 나무숲을 위해 참새를 몰아주는 것은 매이며, 탕왕(湯王)과 무왕(武王)을 위해 백성을 몰아준 자는 걸(桀)과 주(紂)이다.[民之歸仁也, 猶水之就下, 獸之走壙也. 故爲淵敺魚者, 獺也; 爲叢敺爵者, 鸇也; 爲湯·武敺民者, 桀與紂也.]

옥, 병기, 수놓은 직물이나 좋은 재물과 예물을 받아서 보관한다."라고
했고,「내부」의 직책에 "9공(九貢)[76]과 9부(九賦)[77]와 9공(九功)[78]의 재화와
좋은 병기, 좋은 그릇들을 받아서 보관했다가 나라에서 크게 쓸 때 풍족
하게 보급하기 위해 대비하는 일을 관장한다. 사방 제후국에서 바치는
예물인 금이나 옥, 상아[齒]와 가죽과 병기들을 헌상받고 좋은 재화를 받

---

76 9공(九貢): 주나라 때에 국가에서 징수하던 아홉 가지의 공물로서, 『주례(周禮)』「천관총재
상(天官冢宰上)·태재(大宰)」에 "9공으로 나라의 비용을 충당하는데, 첫째 사공(祀貢), 둘
째 빈공(嬪貢), 셋째 기공(器貢), 넷째 폐공(幣貢), 다섯째 재공(材貢), 여섯째 화공(貨貢), 일
곱째 복공(服貢), 여덟째 유공(斿貢), 아홉째 물공(物貢)이다.[以九貢致邦國之用, 一曰祀貢,
二曰嬪貢, 三曰器貢, 四曰幣貢, 五曰材貢, 六曰貨貢, 七曰服貢, 八曰斿貢, 九曰物貢.]"라고
했다.

77 9부(九賦): 아홉 가지의 세제(稅制). 『주례』「천관총재상·태재」에 "9부로써 재물을 거두는
데, 첫째 방중지부(邦中之賦), 둘째 사교지부(四郊之賦), 셋째 방전지부(邦甸之賦), 넷째 가
삭지부(家削之賦), 다섯째 방현지부(邦縣之賦), 여섯째 방도지부(邦都之賦), 일곱째 관시지
부(關市之賦), 여덟째 산택지부(山澤之賦), 아홉째 폐여지부(弊餘之賦)이다.[以九賦斂財賄,
一曰邦中之賦; 二曰四郊之賦; 三曰邦甸之賦; 四曰家削之賦; 五曰邦縣之賦; 六曰邦都之賦;
七曰關市之賦; 八曰山澤之賦; 九曰幣餘之賦.]"라고 하였다.

78 9공(九功): 주나라 때의 9종류의 직업으로, 9직(九職)이라고도 한다. 『주례』「천관총재상·
태재」에 "9가지 직업을 백성들에게 맡기는데, 첫째는 삼농(三農)이니 구곡(九穀)을 생산하
고, 둘째는 원포(園圃)이니 초목(草木)을 배양하고, 셋째는 우형(虞衡)이니 산택(山澤)의 재
목을 재단하고, 넷째는 수목(藪牧)이니 조수(鳥獸)를 번식시키고, 다섯째는 백공(百工)이니
팔재(八材)를 다루게 하고, 여섯째는 상고(商賈)니 화회(貨賄)를 유통시키고, 일곱째는 빈귀
(嬪婦)니 사시(絲枲)를 다루게 하고, 여덟째는 신첩(臣妾)이니 소재(疏財)를 모으게 하고, 아
홉째는 한민(閒民)이니 일정한 직업이 없이 옮겨 다니면서 일을 하게 한다.[以九職任萬民,
一曰三農, 生九穀, 二曰園圃, 毓草木, 三曰虞衡, 作山澤之材, 四曰藪牧, 養蕃鳥獸, 五曰百工,
飭, 化八材, 六曰商賈, 阜通貨賄七, 曰嬪婦, 化治絲枲, 八曰臣妾, 聚斂疏材, 九曰閒民, 無常
職轉移執事.]"라고 했다. 정현의 주에 "9공(九功)은 9직(九職)을 이른다.[九功, 謂九職也.]"라
고 했다. 『서경』과 『춘추좌씨전』에 보이는 구공(九功)과는 다르다. 『서경』과 『춘추좌씨전』
의 구공은 육부(六府)와 삼사(三事)로, 육부는 수(水)·화(火)·금(金)·목(木)·토(土)·곡
(穀)을 맡은 곳이요, 삼사는 정덕(正德)·이용(利用)·후생(厚生)이다.

아들이다."라고 했으며, 또 「외부」에 "나라의 화폐 및 왕후와 세자의 제복을 관장한다."라고 했는데, 병기는 내부(內府)에 보관하고, 외부(外府)에 보관하지 않는다. 그렇다면 옥부(玉府)에서 병기를 관장한다고 한 것역시 마땅히 내부에 있어야 한다.

원문 魯之長府, 自是在內, 而爲兵器貨賄所藏. 魯君左右多爲季氏耳目, 公欲伐季氏而不敢發, 故居於長府, 欲藉其用, 以伐季氏, 且以使之不疑耳. 昭公伐季氏, 在廿五年, 孔子時正居魯, 則知魯人爲長府, 正是昭公居之, 因其毀壞, 而欲有所改作, 以爲不虞之備. 但季氏得民已久, 非可以力相制, 故子家羈力阻其謀. 宋樂祁知魯君必不能逞, 而閔子亦言"仍舊貫", 言"但仍舊事, 略加繕治, 何必改作?" 以諷使公無妄動也.

역문 노나라의 장부는 본래 내부에 있는 것으로 병기와 재물이나 예물을 보관하기 위한 장소였다. 노나라 임금의 좌우는 대부분 계씨의 이목이 되어 있었으므로 소공은 계씨를 공격하고자 했으나 감히 공격을 개시할 수 없었기 때문에 장부를 점거해서 그곳의 물자를 기반으로 계씨를 공격하려 했던 것이고, 또 계씨로 하여금 의심하지 못하게 한 것일 뿐이다. 소공이 계씨를 공격한 것은 소공 25년에 있었으니, 공자가 당시 정말로 노나라에 있었다면 노나라 사람들이 장부를 짓는 것은 바로 소공이 그곳을 점거하고 있으면서 그곳이 허물어짐으로 인해 고쳐 지어서 뜻밖의 사태를 대비하려는 것이었음을 알았을 것이다. 그러나 계씨는 백성들의 마음을 얻은 지 이미 오래되었고, 힘으로는 제압할 수 없었기 때문에 자가기(子家羈)가 소공의 계획을 강력히 막으셨던 것이다.[79] 송나

---

79 『춘추좌씨전』「소공」 25년: 소공이 장부(長府)에 있다가 9월 무술일에 계씨를 공격하여 공지(公之)를 문에서 죽이고 마침내 계씨의 집으로 들어가니, 계평자(季平子)가 대(臺) 위로

라의 악기(樂祁)는 노나라 임금이 반드시 복위되지 못할 것임을 알았고,[80] 민자건 역시 "평소의 거처를 그대로 따르라[仍舊貫]"라고 했으니,

---

올라가서 소공에게 청하기를 "임금님께서는 신의 죄를 살피지 않으시고서 유사(有司)를 보내어 창과 방패를 가지고 신을 공격하시니 신은 기수(沂水) 가에서 기다리며 죄를 살피시기를 청합니다."라고 하였으나, 소공은 허락하지 않았다. 평자(平子)가 비읍(費邑)에 가두어 주길 청하였으나 허락하지 않고, 오승(五乘)으로 망명하기를 청하였으나 허락하지 않았다. 그러자 자가자(子家子)가 소공에게 말하기를 "임금님께서는 허락하소서. 정령(政令)이 저 사람에게서 나온 지가 오래되었고 저 사람에 의지해 먹고산 가난한 백성들이 많아서 저 사람의 무리가 된 자가 많으니 날이 어두워지면 간악한 자들이 일어나서 계씨를 돕는 일이 벌어질는지도 모릅니다. 민중의 분노를 쌓이게 해서는 안 됩니다. 분노가 쌓이는데도 다스리지 않으면 장차 더욱 쌓이게 될 것이고, 더욱 쌓이면 백성들은 다른 마음을 품을 것이며, 다른 마음을 품으면 뜻을 같이하는 자를 찾아 규합할 것이니, 임금님께선 반드시 후회하게 될 것입니다."라고 하였으나, 소공은 듣지 않았다.[公居於長府, 九月戊戌伐季氏, 殺公之于門, 遂入之, 平子登臺而請曰: "君不察臣之罪, 使有司討臣以干戈, 臣請待於沂上以察罪." 弗許. 請囚于費, 弗許, 請以五乘亡, 弗許. 子家子曰: "君其許之. 政自之出久矣, 隱民多取食焉. 爲之徒者衆矣, 日入慝作, 弗可知也. 衆怒不可蓄也. 蓄而弗治, 將薀, 薀蓄, 民將生心, 生心, 同求將合, 君必悔之." 弗聽.]

80 『춘추좌씨전』「소공」27년: 송나라와 위나라가 모두 소공의 복위(復位)를 이롭게 여겨 복위시킬 것을 강하게 요청하였다. 범헌자[范獻子: 진(晉)나라 대부 사앙(士鞅)]는 계손(季孫)에게 뇌물을 받고서 사성자양(司城子梁: 송나라 악기)과 북궁정자(北宮貞子)에게 말했다. "…노나라 군주는 제나라에 구원을 청했으나 3년이 되도록 성공하지 못하였는데, 계씨는 백성들의 마음을 대단히 얻었고 회이(淮夷)도 그를 도우며, 10년의 준비가 있고, 제나라와 초나라의 원조가 있으며, 하늘의 도움이 있고 백성의 도움이 있으며, 군게 지킬 마음이 있고, 감히 위세를 드러내지 않고서 임금을 국내에 계실 때와 같이 섬겼지요. 그러므로 나는 소공을 복위시키는 일이 어려울 것으로 생각합니다. 두 분은 모두 국정을 도모하는 분인데, 노나라 군주를 복위시키고자 하니 이는 나의 바람입니다. 두 분을 따라 노나라를 포위했다가 성공하지 못하면 죽기를 청합니다."라고 하니, 두 사람은 겁이 나서 모두 사절했다. 그러자 범선자(范宣子)는 소국(小國)들에게 이 일을 할 수 없다고 사절하고, 진후(晉侯)에게 노나라 군주를 복위시키는 일이 어렵게 되었다고 복명했다.[宋·衛皆利納公, 固請之. 范獻子取貨於季孫, 謂司城子梁與北宮貞子, 曰: "魯君守齊, 三年而無成, 季氏甚得其民, 淮夷與之, 有十年之備, 有齊·楚之援, 有天之贊, 有民之助, 有堅守之心, 有列國之權, 而弗敢宣也, 事君如

"다만 평소의 거처를 그대로 따르면서 약간만 더 보수하고 수선할 것이지 어째서 굳이 고쳐서 짓는가?"라고 해서 소공으로 하여금 경거망동함이 없도록 풍간(諷諫)했던 것이다.

원문 『論語』書之曰"魯人", 明爲公諱, 且非公意也. 當時伐季之謀, 路人皆知, 閔子所言, 正指其事. 然其辭微而婉, 故夫子稱其"言必有中"也. 若如翟說, 魯人指季平子, 凌說魯人指三家, 在定·哀時爲長府者, 欲改爲之, 以奪魯君之所恃. 夫昭公居長府, 以伐季氏, 其事已無成, 定·哀卽欲伐季氏, 亦斷無仍居長府, 蹈此覆轍, 而煩三家之重慮之也? 且旣患公復居長府, 何不毁壞之, 而反從而修治也耶?

역문 『논어』에서 "노나라 사람[魯人]"이라고 쓴 것은, 소공을 위해 피휘(避諱)한 것이고 또 소공의 의도를 비난한 것이다. 당시에 계씨를 공격하려는 계책은 길 가던 사람도 다 알고 있었으니, 민자건이 말했던 것은 바로 그 일을 가리켰던 것이다. 하지만 그 말이 은근하면서도 완곡했기 때문에 공자가 "말하면 반드시 적중한다"라고 칭찬한 것이다. 만약 적호의 말대로라면 노나라 사람은 계평자를 가리키고, 능명개의 말대로라면 노나라 사람은 삼가(三家)를 가리키는 것으로 정공과 애공의 시대에 장부를 지은 것은 그것을 고쳐 지어 노나라 군주가 믿는 구석을 빼앗으려 한 것이다. 소공이 장부를 점거해서 계씨를 공격한 사건은 이미 성과가 없었으니, 정공과 애공이 계씨를 공격하려 했다면 또한 단연코 그대로 장부를 점거하는 일도 없었을 것이니, 이처럼 옛사람의 실패한 자취[覆轍][81]

在國. 故輒以爲難. 二子皆圖國者也, 而欲納魯君, 輒之願也. 請從二子以圍魯, 無成, 死之." 二子懼, 皆辭, 乃辭小國 而以難復.]

81 복철(覆轍): 엎어진 수레의 궤적(軌跡). 즉 옛사람의 실패한 자취를 뜻하는 말이다.

를 따라 삼가를 괴롭힐 것을 다시 생각이나 했겠는가? 또 이미 정공과 애공이 다시 장부를 점거할 것을 걱정했다면 어째서 그것을 허물지 않고 도리어 좋아서 수리하고 보수했겠는가?

원문 如包說, 長府是別宮, 非藏名, 則昭公居長府以伐<u>季氏</u>, 將何所取意耶? 諸說於情事多未能合. 若<u>閻氏</u>以長府去<u>季氏</u>家近, 亦非是. 長府自在公宮內也.

역문 포신언의 말대로 장부가 별궁이고 창고의 이름이 아니라면, 소공이 별궁[長府]에 거처하면서 계씨를 공격한 것은 장차 어디에서 뜻을 취하려 한 것일까? 여러 설이 정황상 부합되지 않는 점이 많다. 염씨가 장부까지의 거리가 계씨의 집에 가깝다고 한 것과 같은 경우도 옳지 않다. 장부는 본래 소공의 궁궐 안에 있었던 것이다.

- 「注」, "長府"至"改作".
- 正義曰: 『說文』, "府, 文書藏也." 『廣雅』「釋室」, "府, 舍也." 府, 聚也. 凡財·賄·兵器·文書皆藏之府. <u>許祇</u>言"文書"者, 擧一以例之也. <u>鄭</u>云"藏財貨"者, 凡居財貨曰府. 故『周官』玉府·內府·外府, 又大府·泉府, 皆稱府也.
- ○「주」의 "장부(長府)"부터 "개작(改作)"까지.
- ○ 정의에서 말한다.

  『설문해자』에 "부(府)는 문서(文書)를 보관하는 곳[藏]이다."[82]라고 했고, 『광아』「석실」에 "부(府)는 집[舍]이다."라고 했으니, 부(府)는 모인대[聚]는 뜻이다. 모든 재물과 예물, 병기와 문서는 모두 부에다 보관한다. 허신이 단지 "문서"만을 말한 것은 하나를 가지고 예를 든 것

---

82 『설문해자』 권9: 부(府)는 문서(文書)를 보관하는 곳[藏]이다. 엄(广)으로 구성되었고 부(付)가 발음을 나타낸다. 방(方)과 구(矩)의 반절음이다.[府, 文書藏也. 從广付聲. 方矩切.]

이다. 정현이 "재화(財貨)를 보관한다"라고 했는데, 무릇 재화를 보관하는 곳을 부라 한다. 그러므로 『주례』「천관총재상」의 옥부와 내부와 외부, 그리고 대부(大府)와 「지관사도하」의 천부(泉府)는 모두 창고[府]를 일컫는 것이다.

"仍, 因"·"貫, 事", 竝『爾雅』「釋詁」文. 王氏念孫說"貫訓行", 亦通, 見前"一貫"章「疏」. 鄭「注」又云: "『魯』讀仍爲仁, 今從『古』." 惠氏棟『九經古義』, "楊雄「將作大匠箴」云'或作長府, 而閔子不仁', 用『魯論』也." 臧氏庸鄭「注」輯本』釋云: "'『魯』讀仁字爲句, 言'仁在舊貫, 改作是不仁也.' 義雖通而稍迂. 『古』作仍字, 義益明, 故鄭從之. 仍·仁音相近也."

"잉(仍)은 따름[因]이다"와 "관(貫)은 일[事]이다"라고 한 것은 모두 『이아』「석고」의 글이다. 왕염손(王念孫)은 "관(貫)은 행한다[行]는 뜻으로 새긴다"라고 했는데, 역시 통하니, 앞의 「이인」"일관(一貫)"장의 「소」에 보인다. 정현의 「주」에 또 "『노논어』에는 잉(仍)을 인(仁)의 뜻으로 읽으니, 지금은 『고논어』를 따른다."라고 했다. 혜동(惠棟)의 『구경고의』에 "양웅(楊雄)의 「장작대장잠」에 '누군가 장부를 짓자 민자건은 불인하다 여겼다'라고 했는데 『노논어』를 인용한 것이다."라고 했다. 장용(臧庸)은 정현 「주」 집본(輯本)에서 해석하기를 "'『노논어』에서는 인(仁) 자를 구(句)로 읽으니, '인(仁)이 평상시 거체[舊貫]에 있으니, 고쳐서 다시 짓는 것이 불인[不仁]하다.'라는 말인데, 뜻은 비록 통하지만 조금 거리가 멀다. 『고논어』에 잉(仍) 자로 되어 있는 것이 뜻이 더욱 분명하기 때문에 정현이 『고논어』를 따른 것이다. 잉(仍)과 인(仁)의 발음이 서로 비슷하다."라고 했다.

11-15

子曰: "由之瑟, 奚爲於丘之門?"【注】馬曰: "子路鼓瑟, 不合「雅」·「頌」." 門人不敬子路. 子曰: "由也升堂矣, 未入於室也."【注】馬曰: "升我堂矣, 未入於室耳. 門人不解, 謂孔子言爲賤子路, 故復解之."

공자가 말했다. "유의 비파 가락을 어찌 나의 문안에서 연주하는가?"【주】 마융이 말했다. "자로의 비파 연주가 「아(雅)」와 「송(頌)」에 적합하지 않았던 것이다." 문인들이 자로를 공경하지 않자, 공자가 말했다. "유는 봉당에는 올랐으나 아직 방에 들어오지 않은 것이다."【주】 마융이 말했다. "나의 봉당에는 올랐으나, 아직 방에는 들어오지 못한 것일 뿐이다. 문인들이 공자의 말을 이해하지 못하고서 공자의 말이 자로를 천시한 것이라고 여겼기 때문에 다시 해명한 것이다."

원문 正義曰:『白虎通』「禮樂篇」, "瑟者, 嗇也, 閑也." "所以懲忿窒欲, 正人之德也." 郭璞注『爾雅』云: "長八尺一寸, 廣一尺八寸, 二十七弦." 邵氏晉涵『正義』引『禮圖』雅瑟, 廣長與郭「注」同, 惟二十三弦, 與郭異. 頌瑟長七尺寸, 廣一尺八寸, 二十五弦, 而『風俗通』又言"今瑟長五尺五寸", 皆是依仿古制, 不能畫一. 皇本作"由之鼓瑟", 似因「注」誤衍.

역문 정의에서 말한다.

『백호통의』「예악」에 "슬(瑟)이란 아낀다[嗇]는 뜻이며, 막는다[閑]는 뜻이다."라고 했으니, "분함을 징계하고 욕심을 막아 사람의 덕을 바르게 하는 것이다."[83]라고 했다. 곽박(郭璞)은 『이아』를 주석하면서 "대슬(大瑟)은 길이가 여덟 자 한 치[八尺一寸]이고, 너비가 한 자 여덟 치[一尺八寸]이며 27현(弦)이다."라고 했다. 소진함(邵晉涵)의 『이아정의』에는 『예도』의 아슬(雅瑟)을 인용했는데, 너비와 길이가 곽박의 「주」와 같고, 23현

---

83 『악서(樂書)』 권120, 「악도론(樂圖論)·아부(雅部)·송슬(頌瑟)」: 슬(瑟)이란 막는다[閑]는 뜻이니, 분함을 징계하고 욕심을 막아 사람의 덕을 바르게 하는 것이다.[瑟者, 閑也, 所以懲忿窒欲, 正人之德也.]

이라고 한 것만 곽박과 다르다. 송슬(頌瑟)의 길이는 일곱 자 두 치[七尺二寸]이고 너비는 한 자 여덟 치[一尺八寸]이며 25현인데, 『풍속통』「성음·슬」에서는 또 "지금의 슬 길이는 다섯 자 다섯 치[五尺五寸]"라고 했는데, 모두 옛 제도를 모방한 것으로, 획일적이지 못하다. 황간본에는 "유지고슬(由之鼓瑟)"로 되어 있는데, 「주」로 인해 잘못하여 고(鼓) 자가 불어난 것 같다.

원문 "升堂·入室", 喻學道有淺深.「聘禮」「疏」云"後楣以南曰堂, 堂凡四架, 前楣與棟之間爲南北堂之中." 則後楣北爲室與房矣. 凡入室必由堂, 至入室則已觀止, 故夫子言善人之道, 亦以入室爲喻也.

역문 "봉당에 올랐느니, 방에 들어왔느니" 하는 것은 도(道)를 배움에 얕고 깊음이 있음을 비유한 것이다. 『의례』「빙례」의 「소」에 "뒤 도리[後楣] 남쪽을 봉당[堂]이라 하며, 봉당의 규모는 네 개의 도리가 있고, 앞 도리와 마룻대 사이가 봉당 남쪽과 북쪽의 가운데가 된다."라고 했으니, 그렇다면 뒤 도리[後楣]의 북쪽이 실(室)과 방(房)이 된다. 무릇 방[室]에 들어가려면 반드시 봉당[堂]을 경유해야 하고 방에 들어감에 이르렀다면 이미 최고의 경지에 도달한 것이기 때문에 공자가 선인(善人)의 도(道)를 말한 것도 역시 방에 들어가는 것을 가지고 비유했던 것이다.

원문 『說苑』「修文篇」, "子路鼓瑟, 有北鄙之聲, 孔子聞之曰: '信矣, 由之不才也.' 冉有侍, 孔子曰: '求! 爾笑不謂由,"夫先王之制音也, 奏中聲爲中節. 流入於南, 不歸於北, 南者生育之鄕, 北者殺伐之域. 故君子執中以爲本, 務生以爲基. 故其音溫和而居中, 以象生育之氣. 憂哀悲痛之感, 不加乎心; 暴厲淫荒之動, 不在乎體. 夫然者, 乃治存之風, 安樂之爲也. 彼小人則不然, 執末以論本, 務剛以爲基, 故其音湫厲而微末, 以象殺伐之氣.

和節中正之感, 不加乎心, 溫儼莊恭之動, 不存乎體. 夫殺者, 乃亂亡之風, 奔北之爲也. 昔舜造南風之聲, 其興也勃焉, 至今王公述而不釋. 紂爲北鄙之聲, 其廢也忽焉, 至今王公以爲笑. 彼舜以匹夫, 積正合仁, 履中行善, 而卒以興; 紂以天子, 好慢淫荒, 剛厲暴賊, 而卒以滅." 今由也匹夫之徒, 布衣之醜也. 旣無意乎先王之制, 而又有亡國之聲, 豈能保七尺之身哉?' 冉有以告子路, 子路曰: '由之罪也! 小人不能耳, 陷而入於斯, 宜矣! 夫子之言也.' 遂自悔, 不食七日而骨立焉. 孔子曰: '由知改過矣.'" 此相傳子路鼓瑟, 夫子責之之事.

역문 『설원』「수문」에 "자로가 비파를 연주하는데 북쪽 변경의 거칠고 방종한 소리가 있자 공자가 그 소리를 듣고 말하였다. '참으로 유는 음악에 재능이 없구나!' 염유가 모시고 있었는데, 공자가 말했다. '구야! 이리오너라. 너는 왜 유에게 다음과 같이 말해 주지 않았느냐? "선왕이 제정한 음악은 중화(中和)의 소리를 연주해서 리듬과 가락에 맞았다. 이 음악은 남방으로 유입되고, 북방에는 전해지지 않았는데, 남방은 만물을 생육(生育)하는 지역이고, 북방은 살벌한 지역이다. 그러므로 군자는 중화의 소리를 굳게 취하는 것으로 근본을 삼고, 생육을 힘쓰는 것으로 기틀을 삼는다. 그 때문에 군자의 연주 소리는 온화하면서 중화를 유지하여 생육하는 기운을 상징한다. 근심하고 슬퍼하며 비통한 감이 마음에 더해지지 않고, 사납고 음란하며 방탕한 행동이 몸에 있지 않다. 그렇게 되는 것이 바로 다스려져서 보존되는 기풍이고, 편안하고 즐겁게 되는 표현이 된다. 저 소인(小人)은 그렇지 않아 말단을 잡고서 근본을 논하고, 강력함을 힘쓰는 것을 기틀로 삼기 때문에 소인의 연주 소리는 침울하고 사나우면서도 끝 음을 날카롭게 해서 살벌한 기운을 상징한다. 리듬과 가락을 조화시켜 바른 소리에 적중하는 감동이 마음에 더해지지 않고, 온유하고 의젓하며 장중하고 공손한 행동이 몸에 배지 않는다. 살벌한 기운은, 곧 혼란과 멸망의 기풍이고, 패배하여 달아나는 표현이 된다. 옛날 순임금이 남풍(南風)이란 악장(樂章)을 지으니, 온화하면서 중화를 유지하여 생육하는 기운이 성대하게 일어나 지금까지 왕공들의 칭송이 그치지 않고, 주(紂)가 북쪽 변경의 거칠고 방종한 음악을 만들자, 그의 패망이 별안간 닥쳐서 지금까지 왕공들이 웃음거리로 삼는다. 저 순임금은 필부(匹夫)로서 정도를 축적하고 인에 부합하며, 중용(中庸)의 도를 실천하고 선정(善政)을 행하여 마침내 왕도정치를 일으켰지만, 주는 천자로서 교만하고 음란하며 방탕한 행위를 좋아하고, 강퍅하고 거칠며 포악한 정치를 하여 마침내 멸망하였다." 지금 유는 필부의 무리이고, 평범[布衣]한 부류이다. 이미 선왕의 제도에 뜻이 없는 데다가 또 나라를 망하게 한 음악을 연주하니, 어찌 일곱 자[尺] 남짓한 몸을 보존할 수 있겠느냐?' 염유가 이 말을 자로에게 들려주자, 자로가 '나의 잘못이로구나! 내가 음악에 재능이 없을 뿐인지라 이런 지경에 빠져들었으니, 당연하다! 선생님의 말씀이.'라고 하고는 마침내 스스로 뉘우쳐 7일 동안 밥을 먹지 않아 뼈만 앙상하였다. 이를 보고 공자가 말했다. '유가 잘못을 알고 고쳤구나.'"라고 했는데, 이것이 서로 전해지는 자로가 비파를 연주했을 때 공자가 꾸짖은 일이다.

● 「注」, "子路鼓瑟, 不合「雅」·「頌」."

● 正義曰: 「雅」·「頌」以音言. 『史記』「孔子世家」, "『詩』三百五篇, 孔子皆弦歌之, 以求合「韶」·「武」·「雅」·「頌」之音." 又『樂書』云: "樂之「雅」·「頌」, 猶『詩』之威儀. 威儀以養身, 「雅」·「頌」以養心. 聲應相保, 細大不踰, 使人聽之, 而志意得廣, 心氣和平者, 皆「雅」·「頌」也."

○ 「주」의 "자로의 비파 연주가 「아」와 「송」에 적합하지 않았던 것이다."

○ 정의에서 말한다.

「아」와 「송」은 음악[音]을 가지고 말한 것이다. 『사기』「공자세가」에 "『시경』305편을 공자는 모두 곡조를 붙여 노래로 부름으로써 「소(韶)」, 「무(武)」, 「아」, 「송」의 음악에 맞추려고 했다."라고 했고, 또 『악서』에 "음악의 「아」와 「송」은 『시경』의 위의(威儀)와 같다. 위의로써 몸을 기르고 「아」와 「송」으로 마음을 기른다. 소리가 응하여 서로 편안하게 조화를 이루고, 미세한 음과 커다란 소리가 서로 넘나들지 않게 고르게 퍼져 사람이 들음에 의지와 뜻이 넓어져 심기가 화평해지도록 하는 것은 모두 「아」와 「송」이다."[84]라고 했다.

11-16

子貢問: "師與商也, 孰賢?" 子曰: "師也過, 商也不及." 【注】孔曰: "言俱不得中." 曰: "然則師愈與?" 子曰: "過猶不及." 【注】 "愈", 猶勝也.

자공이 물었다. "사(師)와 상은 누가 현명합니까?" 공자가 말했다. "사는 지나치고 상은 미치지 못한다." 【주】 공안국이 말했다. "두 사람 모두 중용을 얻지 못했다는 말이다." 자하가 말했다. "그렇다면 사가 낫습니까?" 공자가 말했다. "지나친 것은 미치지 못하는 것과 같다." 【주】 "유(愈)"는 낫다[勝]와 같다.

---

[84] 이 내용은 송(宋)의 진양(陳暘)이 찬(撰)한 『악서』에도 똑같은 내용이 보이지 않고, 『사기(史記)』「악서(樂書)」 똑같은 내용이 보이지 않는다. 유보남이 어느 『악서』를 근거로 한 것인지 분명하지 않다.

正義曰: 皇本"問"下有"曰"字, "賢"下有"乎"字, "過猶不及"下有"也"字.

역문 정의에 말했다.

황간본에는 "문(問)" 아래 "왈(曰)" 자가 있고, "현(賢)" 아래 "호(乎)" 자가 있으며, "과유불급(過猶不及)" 아래 "야(也)" 자가 있다.

- 「注」, "言俱不得中."

- 正義曰:「仲尼燕居」云: "子曰: '師, 爾過而商也不及.' 子貢越席而對曰: '敢問將何以爲此中者也?' 子曰: '禮乎禮. 夫禮所以制中也.'" 鄭「注」, "過與不及, 言敏鈍不同, 俱違禮也." 案, 敏鈍以氣質言. 觀子張與子夏除喪而見孔子, 子張彈琴成聲, 曰"不敢不及", 子夏彈琴不成聲, 曰"不敢過也", 可見.

○「주」의 "두 사람 모두 중용을 얻지 못했다는 말이다."

○ 정의에서 말한다.

『예기』「중니연거」에 "공자가 말했다. '사야, 너는 지나치고 상은 미치지 못한다.' 자공이 자리를 넘어서 대답했다. '감히 묻겠습니다. 장차 어떻게 해야 이 중용을 행할 수 있습니까?' 공자가 말했다. '예(禮)일 것이다. 예가 바로 그것이다. 예가 중용을 제정하는 것이다.'"라고 했는데, 정현의 「주」에 "지나침[過]과 미치지 못함[不及]은 민첩함[敏]과 둔함[鈍]이 같지 않아 모두 예에서 벗어났다는 말이다."라고 했다. 살펴보니, 민첩함과 아둔함은 기질(氣質)을 가지고 말한 것이다. 자장과 자하가 상복을 벗고 공자를 만나 볼 때, 자장은 거문고를 타면서 하나의 곡을 끝까지 다 연주하고서 말하기를 "감히 미치지 않을 수 없었습니다."라고 하였고, 자하는 거문고를 타다가 곡을 끝까지 다 연주하지 못하고 말하기를 "감히 지나칠 수가 없었습니다."라고 한 것을 보면 알 수 있다.[85]

---

85 이 내용은『시경(詩經)』「국풍(國風) · 소관(素冠)」의 모형(毛亨)의 전이나,『예기집설(禮記集說)』의 주, 그리고『설원(說苑)』「수문(修文)」의 내용에 따르면 자하와 민자건의 일로 기록되어 있다. 모형의 전의 내용을 옮겨 보면 다음과 같다. "자하가 삼년상을 마치고 공자를 만나 보고 거문고를 당겨 타는데, 환하게 즐거워하더니, 일어나 말하기를 '선왕이 만든 예이

『中庸』云: "道之不明也, 我知之矣, 知者過之, 愚者不及也. 道之不行也, 我知之矣, 賢者過之, 不肖者不及也." 其下卽引顏子之"擇乎庸", 舜之"執其兩端, 用其中於民", 明過與不及皆有所失, 故惟以禮制之中也.

『중용』4장에 "도(道)가 행해지지 못하는 이유를 내가 아니, 지혜로운 자는 지나치고 어리석은 자는 미치지 못하기 때문이다. 도가 밝아지지 못하는 이유를 내가 아니, 현명한 자는 지나치고 불초(不肖)한 자는 미치지 못하기 때문이다."라고 하고, 그 아래 바로 안자가 "중용을 택한 것"[86]과 순이 "두 끝을 잡고 헤아려 그 중(中)을 취한 뒤에 백성에게 적용한 것"[87]을 인용했으니, 지나침과 미치지 못함은 모두 잘못된 점이 있기 때문에 오로지 예로써 중용을 제정해야 함을 분명히 한 것이다.

11-17

季氏富於周公, 而求也爲之聚斂, 而附益之, 【注】孔曰: "周公, 天

기 때문에 감히 미치지 않을 수 없었습니다.'라고 하자, 공자가 말했다. '군자로구나.' 민자건이 삼년상을 마치고 공자를 만나 보고는 거문고를 당겨 타는데, 절절히 슬퍼하더니 일어나 말하기를 '선왕이 만든 예이기 때문에 감히 지나칠 수 없었습니다.'라고 하자, 공자가 말했다. '군자로구나.'[子夏三年之喪畢, 見於夫子, 援琴而絃, 衎衎而樂, 作而曰: '先王制禮, 不敢不及.' 夫子曰: '君子也.' 閔子騫三年之喪畢, 見於夫子, 援琴而絃, 切切而哀, 作而曰: '先王制禮, 不敢過也.' 夫子曰: '君子也.']"

86 『중용』제8장: 공자가 말했다. "안회의 사람됨은 중용을 택하여, 한 가지 선(善)을 얻으면 잘 받들어서 가슴속에 새기고 잃지 않았다.[子曰: "回之爲人也, 擇乎中庸, 得一善, 則拳拳服膺而弗失之矣."]

87 『중용』제6장: 공자가 말했다. "순임금은 크게 지혜로운 분이실 것이다. 순임금은 묻기를 좋아하고, 평범한 말을 살피기를 좋아하시되, 악(惡)을 숨겨 주고 선(善)을 드러내시며, 두 끝을 잡고 헤아려 그 중(中)을 취한 뒤에 백성에게 쓰셨으니, 이 때문에 순임금이 되신 것이다."[子曰: "舜其大知也與. 舜好問而好察邇言, 隱惡而揚善, 執其兩端, 用其中於民, 其斯以爲舜乎."]

子之宰, 卿士. <u>冉求</u>爲季氏宰, 爲之急賦税." **子曰: "非吾徒也, 小子, 鳴鼓而攻之, 可也!"**【注】<u>鄭</u>曰: "'小子', 門人也. '鳴鼓', 聲其罪以責之."

계씨가 주공(周公)보다 부유한데도 구가 그를 위해 세금을 모으고 거둬서 더 보태 주자, 【주】 공안국이 말했다. "주공은 천자의 총재(冢宰)로 경사(卿士)이다. 염구가 계씨의 가신[宰]이 되어 계씨를 위해 부세를 가혹하게 징수한 것이다." 공자가 말했다. "우리의 무리가 아니니, 얘들아, 북을 울려 그의 죄를 성토하면서 꾸짖는 것이 옳다!" 【주】 정현이 말했다. "'소자(小子)'는 문인이다. '명고(鳴鼓)'는 그 죄를 성토하면서 꾸짖는 것이다."

원문 正義曰: "<u>季氏富於周公</u>"者, <u>周公封魯</u>, 取民之制, 不過什一. 自後<u>宣公</u>税畝, 已爲什而取二. <u>季氏</u>四分公室, 己取其二, 量校所入, 踰於<u>周公</u>賦税之數, 故曰"<u>季氏富於周公</u>." 『公羊』「定」八年, "或曰: '弑千乘之主, 而不克舍此可乎?'" <u>何休</u>「注」, "時<u>季氏</u>邑至於千乘." 此可知<u>季氏</u>之富也.

역문 정의에서 말한다.

"계씨가 주공보다 부유하다[季氏富於周公]."

주공이 노나라에 봉해졌을 때 백성들에게서 세금을 거두는 제도는 수확량의 10분의 1에 불과했다. 이 뒤로부터 선공(宣公)은 묘(畝)에 대한 세금[88]을 부과해서 이미 10분의 2의 세금을 징수하였다. 계씨는 공실(公室)을 넷으로 등분해서 자기가 그중 4분의 2를 골라서 취했으니, 세입을

---

88 세묘(税畝): 춘추시대 노나라 선공 15년에 처음으로 시행한, 공전(公田) 이외의 사전(私田)에까지 수확의 10분의 1을 나라에 세금으로 바치도록 부과했던 세법(税法).

헤아려 비교해 보면 주공의 부세 수를 넘어섰기 때문에 "계씨가 주공보다 더 부유하다."라고 한 것이다. 『춘추공양전』「정공」 8년에, "어떤 이가 말했다. '천승(千乘)의 주군을 시해하려다가 제대로 죽이지도 못하고 여기에 머무는 것이 가당키나 한가?"라고 했는데, 하휴의 「주」에 "당시 계씨의 읍(邑)이 천승에 이르렀다."[89]라고 했으니, 여기에서 계씨가 부유했음을 알 수 있다.

원문 "聚斂"者, 『說文』, "聚, 會也." "斂, 收也." 『爾雅』「釋詁」, "斂, 聚也." 二字訓義竝同. 胡氏紹勳 『拾義』解"聚"字爲"驟", 謂"急於斂取", 亦備一解, 『大學』引孟獻子曰: "與其有聚斂之臣, 寧有盜臣." 其下言"長國家而務財用, 必自小人." 小人卽指聚斂之臣言.

역문 "세금을 모으고 거둠[聚斂]"

『설문해자』에 "취(聚)는 모은다[會]는 뜻이다."[90]라고 했고, "염(斂)은 거둔다[收]는 뜻이다."[91]라고 했다. 『이아』「석고」에는 "염(斂)은 모은다[聚]는 뜻이다."라고 했으니, 두 글자의 새김과 뜻이 모두 같다. 호소훈(胡紹勳)의 『사서습의』에는 "취(聚)" 자를 "빠르다[驟]"라는 뜻으로 해석했는데, "거두어 취함에 빠르다"라는 말이니, 역시 같은 해석을 갖춘 것이다. 『대학』에는 맹헌자(孟獻子)를 인용해서 "가혹하게 세금을 거두어들

---

89 『논어정의』에는 "邑宰"라고 되어 있는데, 말이 되지 않는다. 『춘추공양전(春秋公羊傳)』을 근거로 "邑"으로 고쳤다.

90 『설문해자』 권8: 취(𦘒)는 모은다[會]는 뜻이다. 음(禾)으로 구성되었고 취(取)가 발음을 나타낸다. 읍락(邑落: 부락)을 취(聚)라 한다. 재(才)와 구(句)의 반절음이다.[𦘒, 會也. 從禾取聲. 邑落云聚. 才句切.]

91 『설문해자』 권3: 염(𣀗)은 거둔다[收]는 뜻이다. 복(攴)으로 구성되었고 첨(僉)이 발음을 나타낸다. 양(良)과 염(冉)의 반절음이다.[𣀗, 收也. 從攴僉聲. 良冉切.]

이는 신하를 두기보다는 차라리 도둑질하는 신하를 두는 것이 더 낫다."
라고 하면서 그 아래에 "국가의 우두머리가 되어 재물을 모으는 데 힘쓰
는 것은 반드시 소인으로부터 시작된다."라고 했는데, 소인은 바로 가혹
하게 세금을 징수하는[聚斂] 신하를 가리켜서 한 말이다.

원문 "附益"者,『說文』, "坿, 益也." "附"與"坿"同. 『漢書』「武帝紀」, "武有衡
山·淮南之謀, 設附益之法." 亦謂徵斂之厚.

역문 "더 보태 줌[附益]"

『설문해자』에 "부(坿)는 더한다[益]는 뜻이다."[92]라고 했으니, "부(附)"
와 "부(坿)"는 같은 글자이다. 『한서』「무제기」에 "무제(武帝)는 형산왕(衡
山王)과 회남왕(淮南王)의 모반이 있자, 세금을 더 보태서[附益] 징수하는
자를 처벌하는 법을 만들었다."라고 했는데, 역시 가혹하게 세금을 징수
했다는 말이다.

원문 鄭注此云: "求, 冉有名也. 季氏富矣, 而求聚民財以增之." "增"卽附益之
義.『孟子』「離婁篇」, 孟子曰: "求也爲季氏宰, 無能改於其德, 而賦粟倍
他日, 孔子曰: '求, 非我徒也, 小子鳴鼓而攻之可也.'" 趙岐「注」, "季氏,
魯卿季康子."

역문 정현은 이 문장을 주석하면서 "구는 염유의 이름이다. 계씨가 부유했
는데도 구가 민중의 재물을 긁어모아 더해 준[增] 것이다."라고 했는데,
"증(增)"이 바로 더 보태 준다는 뜻이다. 『맹자』「이루상」에 맹자가 말했
다. "염구가 계씨의 가신이 되어 그의 덕을 고치지는 못하고 세금으로

---

92 『설문해자』권13: 부(坿)는 더한다[益]는 뜻이다. 토(土)로 구성되었고 부(付)가 발음을 나타
낸다. 부(符)와 우(遇)의 반절음이다.[坿, 益也. 從土付聲. 符遇切.]

백성들의 곡식을 이전보다 배나 거두자, 공자께서 말씀하셨다. '구는 우리의 무리가 아니니, 얘들아, 북을 울려 그의 죄를 성토하면서 꾸짖는 것이 옳다.'"라고 했는데, 조기의 「주」에 "계씨는 노나라의 경 계강자이다."라고 했다.

원문 案, 『左』「哀」十一年「傳」, "<u>季氏</u>欲以田賦, 使<u>冉有</u>訪諸<u>仲尼</u>. 曰: '<u>丘</u>不識也.' 三發, 卒曰: '子爲國老, 待子而行, 若之何子之不言也?' <u>仲尼</u>不對, 而私於<u>冉有</u>曰: '君子之行也, 度於禮, 施取其厚; 事擧其中; 斂從其薄. 如是則以丘亦足矣. 若不度於禮, 而貪冒無厭, 則雖以田賦, 將又不足. 且<u>子季孫</u>若欲行而法, 則<u>周公</u>之典在. 若欲苟而行, 又何訪焉?' 弗聽. 十二年春王正月, 用田賦."

역문 살펴보니, 『춘추좌씨전』「애공」11년 「전」에 "계씨가 전묘(田畝)의 다소에 따라 부세(賦稅)를 징수하고자 해서 염유를 시켜 중니를 방문하게 하고 의견을 묻자, 공자가 말했다. '나는 모르겠다.' 계씨가 연달아 염유를 세 차례 보내어 물었으나 대답하지 않자, 염유를 마지막으로 보내어 말하기를 '그대는 국가의 원로라서 그대의 대답을 기다려 일을 처리하려 하는데, 어찌하여 그대는 말을 하지 않는가?'라고 했다. 중니는 대답하지 않고 염유에게 사적으로 말하기를 '군자가 일을 처리함에는 예를 헤아려 은택을 베푸는 경우에는 후한 쪽을 취하고, 일은 중도를 거행하고, 세금을 거두는 것은 박한 쪽을 따라야 한다. 이와 같이 하면 구부(丘賦)[93]만으로도 충분하다. 만약 예를 헤아리지 않고 탐욕을 무릅쓰고 만

---

[93] 『춘추좌전주소(春秋左傳注疏)』권58, 「애공(哀公)」 11년 두예의 주에, "구(丘)는 16정(井)인데, 16정이 융마(戎馬: 군마) 한 필과 소 세 마리를 낸다. 이것이 부세의 상법(常法)이다. [丘, 十六井, 出戎馬一匹牛三頭. 是賦之常法.]"라고 했다.

족을 모른다면 비록 전묘에 따라 부세를 징수하더라도 도리어 부족할 것이다. 장차 자네의 계손(季孫)이 만약 일 처리를 법에 맞게 하고자 한 다면 주공의 법이 있으니 참조하면 된다. 그렇지 않고 만약 구차하게 일을 처리하려고 한다면 또 남의 의견을 물어볼 게 뭐 있겠느냐?'라고 했으나, 계손은 공자의 말을 듣지 않았다. 12년 봄에 전묘에 따라 부세 하는 제도를 시행[用]하였다."라고 했다.

원문 「魯語」載此事, "仲尼私於冉有曰: '汝不聞乎? 先王制土, 藉田以力, 而 砥其遠邇; 賦里以入, 而量其有無; 任力以夫, 而議其老幼. 於是乎有鰥・ 寡・孤・疾, 有軍旅之出則徵之, 無則已. 其歲, 收田一井, 出稯禾・秉 芻・缶米, 不是過也. 先王以爲足. 若子季孫欲其法也, 則有周公之藉矣. 苟欲犯法, 則苟而賦, 又何訪焉?'"

역문 『국어』「노어」에는 이 일을 기재하기를 "중니가 염유에게 사적으로 말했다. '너는 듣지 못했더냐? 선왕께서 토지법을 제정하실 때 농지에 세금을 매기면서 나이에 따른 힘에 따라서 하되 그 지역의 멀고 가까움 의 차등을 고르게 하고, 점포세를 부과하는데 수입에 따라서 하되 그 재 산의 있고 없음을 헤아려서 하고, 부역을 맡기는데 장정 수에 따라서 하 되 그 늙은이와 어린이를 논의해서 하였느니라. 이에 홀아비・과부・고 아・고질병자가 있거나, 군대의 출동이 있으면 징수하고 없으면 걷지 않았다. 군대가 출동하는 해에 농지 1정(井)에서 세금을 징수하는데, 종 화(稯禾)[94]・병추(秉芻)[95]・부미(缶米)[96]를 내게 하고 이를 넘지 않았지만,

---

94 종화(稯禾): 벼 640곡(斛).
95 병추(秉芻): 마초(馬草) 160두(斗)의 분량.
96 부미(缶米): 쌀 16두.

선왕께서는 이것으로도 충분하다고 여겼다. 만약 너의 계손이 그 법대로 하고자 한다면 주공의 자전법(藉田法)이 있으니 참조하면 된다. 만약 법을 범하려고 한다면 구차하게 부세(賦稅)할 것이니, 또 남의 의견을 물어볼 게 뭐 있겠느냐?"라고 했다.

원문 何休『公羊』「注」解"用田賦"云: "田謂一井之田, 賦者, 斂取其財物也, 言'用田賦'者, 若今漢家斂民錢以田爲率矣." 何解"賦"爲財物, 而孟子以爲 "賦粟倍他日", 粟卽財物也. "倍他日"者, 倍乎稅畝之制也. 倍之爲言大略 之辭. 賈逵·杜預解『左傳』, 以賦爲軍制, 誤矣. 用田賦, 自是季氏之謀, 特冉子不能救止其事, 故夫子深責之.

역문 하휴의 『춘추공양전』「주」에 "전묘의 다소에 따라 부세를 징수하는 것[用田賦]"을 해석하기를 "전(田)은 1정(井)의 전지[田]이고, 부(賦)란 그곳의 재물을 세금으로 거두어 취함이니, '전묘(田畝)의 다소에 따라 부세(賦稅)를 징수한다[用田賦]'라는 말은, 지금의 한가(漢家)에서 민중들의 돈을 세금으로 거둘 때 밭을 가지고 비율로 삼는 것과 같다."라고 했으니, 하휴는 "부(賦)"를 재물(財物)로 해석한 것이고, 맹자는 "세금으로 백성들의 곡식을 이전보다 배나 거두었다[賦粟倍他日]"라고 했으니, 곡식[粟]이 바로 재물인 것이다. "이전보다 배가 된다"라는 것은, 전묘의 다소에 따라 부세를 징수하는 제도를 배로 늘렸다는 것이다. 배(倍)라는 말은 대략 하는 말이다. 가규(賈逵)와 두예는 『춘추좌씨전』을 해석하면서 부(賦)를 군제(軍制)라고 했는데, 잘못이다. 전묘의 다소에 따라 부세를 징수하는 제도를 적용하려 했던 것은 본래 계씨의 술책이었는데, 특히 염자(冉子)는 그 일을 구제하거나 저지하지 못했기 때문에 공자가 심하게 질책한 것이다.

원문 見凡爲人臣, 當以道事君, 不可則止, 亦冀季孫聞善言能改悟也. "鳴鼓", 謂擊鼓使鳴也. 皇本"而附益之", "之"作"也", "鳴鼓"下無"而"字.

역문 모든 남의 신하 된 자를 보면 마땅히 올바른 도리로 군주를 섬기다가 불가능하면 그만두어야 하는 것이니, 역시 계손이 훌륭한 말[善言]을 들으면 능히 깨닫고 고치기를 바랐던 것이다. "명고(鳴鼓)"는 북을 두드려 울리게 한다는 말이다. 황간본에는 "이부익지(而附益之)"의 "지(之)"가 "야(也)"로 되어 있고, "명고(鳴鼓)" 아래 "이(而)" 자가 없다.

- 「注」, "周公, 天子之宰, 卿士."
- 正義曰: 周公封魯, 元子嗣之, 其次子世守采地, 官於王朝爲卿士, 春秋時所稱周公 · 召公是也. 此「注」知不然者, 『春秋內 · 外傳』皆擧周公典藉, 是夫子欲以周公所制賦法正季氏之失, 故此文即言"富於周公"以譏之也. 若泛指天子之宰, 便爲迂遠, 且與『內 · 外傳』所言周公不合.
- 「주」의 "주공은 천자의 총재로 경사이다."
- 정의에서 말한다.
  주공이 노나라에 봉해짐에 원자가 뒤를 이었고, 차자(次子)가 대대로 채지(采地)를 지켰으며, 왕조에서의 관직은 경사까지 올랐는데, 춘추시대에 일컬어지는 바로는 주공과 소공(召公)이 그들이다. 이 「주」가 옳지 않음을 알 수 있는 것은, 『춘추내 · 외전』에는 모두 주공의 전적을 거론했지만, 이것은 공자가 주공이 제정한 조세법을 가지고 계씨의 잘못을 바로잡으려 한 것이기 때문에, 이 글에서는 바로 "주공보다 부유하다"라는 말로 비난한 것이다. 만약 범범하게 천자의 총재를 가리킨 것이라면 멀리 돌아간 것이 되고, 또『춘추내 · 외전』에서 말한 주공과도 일치하지 않는다.

- 「注」, "鳴鼓, 聲其罪以責之."
- 正義曰: 『左』「莊」二十九年「傳」, "凡師有鍾鼓曰伐." 「晉語」, "伐備鍾鼓, 聲其罪也." 「昭」

十五年「傳」, "日有食之, 天子伐鼓于社, 諸侯伐鼓于朝." <u>杜</u>「注」謂 "天子責群陰, 諸侯白責."
是凡責讓多用鼓也.

○ 「주」의 "명고(鳴鼓)는 그 죄를 성토하면서 꾸짖는 것이다."

○ 정의에서 말한다.

『춘추좌씨전』「장공」 29년의 「전」에 "모든 전쟁에 종(鍾)과 북[鼓]을 울리며 공격하는 것을 '벌(伐)'이라 한다."라고 했고, 『국어』「진어」에 "정벌[伐]할 때 종과 북을 갖추는 것은 그 죄를 성토하기 위한 것이다."라고 했으며, 『춘추좌씨전』「소공」 15년[97]의 「전」에 "일식이 일어나면 천자는 사직[社]에서 북을 치고 제후는 종묘에서 북을 친다."라고 했는데, 두예의 「주」에 "천자는 여러 음기(陰氣)를 꾸짖는 것이고 제후는 스스로를 책망하는 것이다."라고 했으니, 이는 모든 책망과 꾸짖음에는 대부분 북을 사용한다는 뜻이다.

『說文』, "攻, 擊也." 此訓責者, 引申之義. <u>宋氏翔鳳</u>『發微』云: "『春秋繁露』曰: '大旱者, 陽滅陰也. 陽滅陰者, 尊壓卑也, 固其義也, 雖大甚, 拜請之而已, 無敢有加也. 大水者, 陰滅陽也. 陰滅陽者, 卑勝尊也. 日食亦然. 皆下犯上, 以賤傷貴, 逆節也. 故鳴鼓而攻之, 朱絲而脅之, 爲其不義也. 此亦『春秋』之不畏强禦也.' 按<u>董生</u>之言, 知魯有<u>季氏</u>, 世卿專政, 祿去公室, 攘奪克剝, 而有用田賦之事. 是亦卑勝尊·賤傷貴, 不義之至者, 與<u>季氏</u>不能聽, <u>冉有</u>不能救, 厥罪惟均, 故鳴鼓而攻. 若深疾<u>冉有</u>, 實正<u>季氏</u>之惡."

『설문해자』에 "공(攻)은 공격한다[擊]는 뜻이다."[98]라고 했는데 여기에서 꾸짖음으로 새긴 것은 의미가 확대된 것이다. 송상봉의 『논어발미』에 "『춘추번로』에서 말했다. '대한(大旱)이란 양(陽)의 기운이 음(陰)의 기운을 소멸시킨 것이다. 양의 기운이 음의 기운을 소멸시켰다는 것은 존귀함이 비천함을 누르고 있다는 뜻인데, 진실로 그 뜻이 비록 대단히 크지만 양의 기운이 음의 기운을 누르고 있기를 절하고 요청할 뿐이지 감히 양의 기운을 더할 수는 없다. 크게 홍수가 지는 것은 음기가 양기를 소멸시킨 것이다. 음기가 양기를 소멸시켰다는 것

---

97 『논어정의』에는 "十七年"으로 되어 있다. 『춘추좌씨전』을 근거로 고쳤다.

98 『설문해자』권3: 공(攻)은 부딪친다[擊]는 뜻이다. 복(攴)으로 구성되었고 공(工)이 발음을 나타낸다. 고(古)와 홍(洪)의 반절음이다.[攻, 擊也. 從攴工聲. 古洪切.]

은 비천함이 존귀함을 이겼다는 뜻이다. 일식 역시 그렇다. 모두 낮은 것이 높은 것을 범하고, 천한 것으로 귀한 것을 손상시킨 것이니, 절의(節義)를 거스른 것이다. 그러므로 북을 쳐 그 죄를 성토하면서 꾸짖고, 붉은 실을 사직에 둘러 위협하는 것은 불의(不義)한 짓을 저질렀기 때문이다. 이 또한 『춘추』가 횡포한 권력을 두려워하지 않은 것이다.'[99]라고 했다. 동중서가 한 말을 살펴보면, 노나라의 계씨가 대대로 경의 지위를 세습하면서 정치를 전횡해서 봉록이 공실(公室)을 떠나고, 나라를 수탈하고 민중을 괴롭히면서 전묘의 다소에 따라 부세를 징수한[用田賦] 일이 있었음을 알 수 있다. 이 또한 비천한 것이 존귀한 것을 이긴 것이며, 천한 것이 귀한 것을 손상시킨 것으로 지극히 의롭지 못한 것이니, 계씨가 공자의 말을 듣지 못한 것과 염유가 계씨의 잘못을 구제하지 못한 것은 그 죄가 똑같을 뿐이기 때문에 북을 쳐 그 죄를 성토하면서 꾸짖게 한 것이다. 마치 염유를 심하게 질책한 것 같지만 실제로는 계씨의 악행을 바로잡고자 했던 것이다."라고 했다.

11-18

柴也愚, 【注】弟子高柴, 字子羔. "愚", 愚直之愚. 參也魯, 【注】孔曰: "'魯', 鈍也. 曾子性遲鈍." 師也辟, 【注】馬曰: "子張才過人, 失在邪辟文過." 由也喭. 【注】鄭曰: "子路之行, 失於畔喭."

시(柴)는 우직하고[愚], 【주】제자인 고시(高柴)인데, 자는 자고(子羔)이다. "우(愚)"는 우직하다[愚直]고 할 때의 우이다. 삼(參)은 노둔하고[魯], 【주】공안국이 말했다. "'노(魯)'는 노둔하다[鈍]는 뜻이다. 증자는 성품이 더디면서도 노둔했다." 사(師)는 발걸음을 회피하듯 머뭇거리며 조심하는 데 치우쳤

---

99 『춘추번로(春秋繁露)』 「정화(精華)」

고[辟], 【주】 마융이 말했다. "자장은 재주가 남보다 뛰어나지만, 사사롭고 편벽되며 지나치게 꾸미는 데 결점이 있었다." 유는 거칠다[喭]. 【주】 정현이 말했다. "자로의 행실은 예에 어긋날 정도로 거칠게 말하고 공손하지 않은 데 결점이 있었다."

원문 正義曰: 此節亦夫子所論, 而不署"子曰", 與前四科同. "師也辟", 朱子『集注』, "辟, 便辟也, 謂習於容止, 少誠實也." 案, 便辟猶盤辟. 武氏億『群經義證』, "案, 『墨子』'再拜便僻', 是便僻與再拜連文, 即『漢書』「何武傳」'見所擧者, 槃辟雅拜.' 服虔曰: '行禮容拜也.'「儒林傳」「注」: '蘇林曰: "張氏不知經, 但能盤辟爲禮容."' 盤亦便之轉."

역문 정의에서 말한다.

이 구절 역시 공자가 논한 것인데, "자왈(子曰)"을 쓰지 않은 것은 앞의 사과와 같다. "사야벽(師也辟)"에 대해 주자의 『집주』에 "벽(辟)은 한쪽으로 치우친 것[便辟]이니, 용모와 행동거지[容止]에만 익숙하고 성실함이 부족함을 말한다."라고 했다. 살펴보니, 편벽(便辟)은 회피하듯 머뭇거리며 조심하는 모양[盤辟]과 같다. 무억(武億)의 『군경의증』에 "살펴보니, 『묵자』에 '두 번 절하고 바로 물러났다[再拜便僻].'[100]라고 했는데, 이때 편벽과 재배(再拜)는 글자를 이어서 쓰는 표현이니, 바로 『한서』「하무전」에서 '천거한 사람들을 만나 보니 발걸음을 조심스럽게 하여[槃辟] 한쪽

---

100 『묵자(墨子)』에는 이런 표현이 없다. 『설원』「정리(政理)」에 "안자(晏子)가 동아(東阿)를 다스린 지 3년이 되었을 때 제 경공(齊景公)이 불러서 죄를 꾸짖자, 안자가 '신은 다시는 동아를 다스리지 못하겠으니, 사직하고 고향에 돌아가서 어진 이의 진출할 길을 비켜 주고 싶습니다.' 그리고는 두 번 절하고 바로 자리를 떠났다.[晏子治東阿三年, 景公召而數之, '愚, 不能復治東阿, 願乞骸骨, 避賢者之路.' 再拜便僻.]"라는 표현이 있는데, 아마도 유보남이 "晏" 자를 "墨" 자로 착각한 것인 듯 싶다.

무릎을 굽히고 절하였다[雅拜].'라고 했는데, 복건(服虔)이 '예에 맞는 용
모로 절했다는 것이다.'라고 하는 것이고,「유림전」「주」에 '소림(蘇林)이
말했다. "장씨(張氏)는 경례(經禮)를 알지 못하고 단지 반벽(盤辟)이 예에
맞는 용모인 줄로만 알았던 것이다."라고 한 것이니, 반(盤)은 역시 편
(便) 자가 변한 것이다."라고 했다.

원문 案,『荀子』「非十二子」云: "禹行而舜趨, 子張氏之賤儒也."『大戴禮』
「五帝德」云: "孔子曰: '吾欲以容貌取人, 於師也改之.'"皆可證. 竊謂愚・
魯近狷, 辟・喭近狂, 故夫子願與之進於禮樂也. 其後四子德成學立. 故子
貢答衛將軍文子, 咸稱其美行矣. 皇本"辟"作"僻", 此依馬「注」誤改.

역문 살펴보니,『순자』「비십이자」에 "우(禹)처럼 행동하고 순처럼 종종걸
음을 걷는 자는 천박한 유학자인 자장씨(子張氏)이다."라고 했고,『대대
례』「오제덕」에 "공자가 말했다. '나는 용모를 가지고 사람을 취하려 했
었는데, 사를 보고서 그 마음을 고쳐먹었다.'"라고 했으니, 모두 증거가
될 만하다. 가만히 생각해 보면 우직함[愚]이나 노둔함[魯]은 주저함[狷]에
가깝고, 치우침[辟]과 거칢[喭]은 사나움[狂]에 가깝기 때문에 공자는 그들
과 함께 예악으로 나아가기를 바란 것이다. 그 뒤에 네 명의 제자들은
덕이 이루어지고 학문이 확립되었다. 그러므로 자공이 위나라의 장군인
문자(文子)의 질문에 답할 때, 모든 제자에 대해 그 훌륭한 행실을 일컬
었던 것이다.[101] 황간본에는 "벽(辟)"이 "벽(僻)"으로 되어 있는데, 이는 마
융의「주」를 따르다가 잘못 고친 것이다.

---

101 『대대례(大戴禮)』「위장군문자(衛將軍文子)」에 자공이 위나라의 장군인 문자의 질문에 대
해 공자의 제자들에 대한 인물평을 했는데, 이를 들은 공자가 "사(賜)야, 너는 훌륭하게 사람
을 잘 아는구나. 사야![賜, 汝偉爲知人. 賜!]"라며 웃으며 말했다.

원문 "唸", 『書』「無逸」「疏」引作"誱". 阮氏元『校勘記』, "『說文』有誱無唸, 唸乃誱之俗字."

역문 "언(唸)"은 『서경』「무일」의 「소」에는 인용하면서 "언(誱)"으로 썼다. 완원의 『십삼경주소교감기』에 "『설문해자』에 언(誱)은 있고 언(唸)은 없으니, 언(唸)은 바로 언(誱)의 속자(俗字)이다."라고 했다.

- 「注」, "弟子"至"之愚".
- 正義曰:「弟子列傳」, "高柴字子羔, 少孔子三十歲. 子羔長不盈五尺, 受業孔子, 孔子以爲愚." 『集解』引鄭玄曰"衛人". 子羔亦稱季羔, 見『左傳』.「檀弓」作"子皐". "皐"與"羔"同. 『家語』作"子高, 齊人, 少孔子四十歲." 高旣爲氏, 不當又爲字. "三十"・"四十", 積畫相亂. "衛"・"齊"二說亦異, 當以鄭氏爲是. "愚直", 謂如"古之愚者"直也.

○ 「주」의 "제자(弟子)"부터 "지우(之愚)"까지.

○ 정의에서 말한다.

『사기』「중니제자열전」에 "고시의 자는 자고이고, 공자보다 서른 살 어리다. 자고는 성장해서도 키가 다섯 자가 채 되지 못했는데, 공자에게서 수업할 때 공자는 그를 우직하다[愚]고 여겼다."라고 하고, 『사기집해』에서는 정현을 인용해서 "위나라 사람이다"라고 했다. 자고는 또 계고(季羔)라고도 불리는데, 『춘추좌씨전』에 보인다.[102] 『예기』「단궁상」에 "자고(子皐)"로 되어 있으니, "고(皐)"와 "고(羔)"는 같은 글자이다. 『공자가어』에는 "자고(子高)는 제(齊)나라 사람으로 공자보다 마흔 살 어리다."[103]라고 했는데, 고(高)를 이미 성씨[氏]로 삼았으

---

102 『춘추좌씨전』「애공」 17년의 「전」에 "무백(武伯)이 고시에게 '제후의 회맹에 누가 우이(牛耳)를 잡았습니까?'라고 묻자, 계고가 말했다. '증연(鄫衍)의 회맹에서는 오나라 공자(公子) 고조(姑曹)가 우이를 잡았습니다.'[武伯問於高柴曰: '諸侯盟, 誰執牛耳?' 季羔曰: '鄫衍之役, 吳公子姑曹.']"라고 했다.

103 『공자가어(孔子家語)』「칠십이제자해(七十二弟子解)」의 원문에는 "고시는 제나라 사람으로, 고씨(高氏)의 별족(別族)이다. 자는 자고(子羔)이고, 공자보다 마흔 살 어리다.[高柴, 齊

니 또 자(字)로 삼기에는 마땅치 않다. "서른[三十]"과 "마흔[四十]"은, 나이를 획으로 쌓아서 그리다가 어질러진 것이다. "위"와 "제" 두 설도 역시 다른데, 정씨의 설을 옳다고 보는 것이 타당하다. "우직(愚直)"이란 "옛날의 어리석은 사람"[104]처럼 정직하다[直]는 말이다.

- 「注」, "魯, 鈍也."
- 正義曰:『說文』云: "魯, 鈍詞也.『論語』曰: '參也魯.'" 段氏玉裁「注」, "『左傳』魯人以爲敏', 謂鈍人也.『釋名』曰: '魯, 魯鈍也.' 國多山水, 民性樸鈍. 按椎魯'·鹵莽'皆卽此."
○ 「주」의 "노(魯)는 노둔하다[鈍]는 뜻이다."
○ 정의에서 말한다.

『설문해자』에 "노(魯)는 노둔하다는 말[鈍詞]이다.『논어』에서 말했다. '삼은 노둔하다 [魯].'"[105]라고 했는데, 단옥재(段玉裁)의 「주」에 『춘추좌씨전』에서 '노나라 사람들이 민첩 하다고 여겼다'[106]라는 것은 둔한 사람[鈍人]이라는 말이다.『석명』「석주국(釋州國)」에 '노 (魯)는 노둔하다[魯鈍]는 뜻이다.'라고 했는데, 나라에 산과 물이 많아 백성들의 성품이 순박 하고 노둔하다[樸鈍]. 살펴보니, '추노(椎魯)'와 '노망(鹵莽)'이 모두 바로 이 뜻이다."라고 했다.

- 「注」, "子張才過人, 失在邪僻文過."
- 正義曰:「注」以"僻"釋"辟", 非是. 經文作"僻", 但邪僻文過, 乃小人怙惡之行, 不可以儗子張.

人, 高氏之別族. 字, 子羔, 少孔子四十歲"라고 해서『논어정의』와는 표현이 다르다.

104 안회와 영무자(甯武子)를 가리킨다.『논어』「위정(爲政)」에 "공자가 말했다. '내가 안회와 함께 종일토록 이야기를 나누어도, 반문(反問)을 제기하지 않아 마치 어리석은 사람 같았 다.[子曰: '吾與回言終日, 不違, 如愚.']"라고 했고, 「공야장(公冶長)」에 "영무자는 그 어리석 음은 미칠 수 없다.[甯武子, 其愚不可及.]"라고 했다.

105 『설문해자』권4: 노(魯)는 노둔하다는 말[鈍詞]이다. 백(白)으로 구성되었고, 자(养)의 생략 된 자형이 발음을 나타낸다.『논어』에 "삼은 노둔하다[魯]."라고 했다. 낭(郞)과 고(古)의 반 절음이다.[魯, 鈍詞也. 從白, 养省聲.『論語』曰: 參也魯." 郞古切.]

106 『춘추좌씨전』「문공」15년 두예의 주에 "아무 까닭 없이 자기 선조의 죄를 드러내는 것은 민 첩하지 못한 것인데, 노인(魯人)은 그를 민첩하다고 하였으니, 이는 군자가 인정한 바가 아 님이 분명하다.[無故揚其先祖之罪, 是不敏, 魯人以爲敏, 明君子所不與也.]"라고 했다.

○「주」의 “자장은 재주가 남보다 뛰어나지만 사사롭고 편벽되며 지나치게 꾸미는 데 결점이 있었다.”

○ 정의에서 말한다.

「주」에서는 “벽(僻)”의 뜻으로 “벽(辟)” 자를 해석했는데, 옳지 않다. 경문(經文)에 “벽(僻)”으로 되어 있지만, 사사롭고 편벽되며 지나치게 꾸미기만 하는 것은 바로 소인의 추악함을 믿고 따르는 행실일 뿐이니, 이런 것으로 자장을 의심해서는 안 된다.

● 「注」, “<u>子路之行</u>, 失於畔喭.”

● 正義曰:『釋文』云“畔喭”, 皇本『釋文』所見本竝作“叛喭”.『書』「無逸」云: “乃逸乃諺.” 僞孔「傳」, “叛諺不恭.”“叛諺”與“畔喭”同. 焦氏循『論語補疏』, “「大雅」「皇矣」‘無然畔援’, 「箋」云: ‘畔援, 跋扈也.’『韓詩』云: ‘武强也.’『漢書』「敍傳」「注」作‘無然畔換’.『文選』「魏都賦」云: ‘雲撤叛換.’ 劉淵林「注」, ‘叛換, 猶恣睢也.’ 換・援・諺, 聲近相通.”

○「주」의 “자로의 행실은 예에 어긋날 정도 거칠게 말하고 공손하지 않은 데 결점이 있었다.”

○ 정의에서 말한다.

『경전석문』에 “사납고 거칠다[畔喭]”라고 했는데, 황간이『경전석문』을 저본으로 해서 본 판본에는 모두 “반언(叛喭)”으로 되어 있다.『서경』「무일」에 “안일하고 속된 말을 한다[乃逸乃諺].”라고 했는데, 위공의 「전」에 “예에 어긋나는 속된 말과 공손하지 않음[叛諺不恭].”이라고 했으니, “반언(叛諺)”과 “반언(畔喭)”은 같은 뜻이다. 초순의『논어보소』에 “『시경』「대아・황의」에 ‘그렇게 제멋대로 날뛰지 말라[無然畔援]’라고 했는데, 「전(箋)」에 ‘반원(畔援)은 제멋대로 날뛴다[跋扈]는 뜻이다.’라고 했고,『한시』에 ‘굳세고 강함이다[武强].’라고 했으며,『한서』「서전」의 「주」에는 ‘무연반환(無然畔換)’이라고 되어 있다.『문선』「위도부」에 ‘제멋대로 이리저리 구름이 걷힌다[雲撤叛換].’라고 했는데, 유연림(劉淵林)의 「주」에 ‘반환(叛換)은 교만하고 방종하다[恣睢]는 뜻과 같다.’라고 했으니, 환(換)과 원(援)과 언(諺)은 소리가 가까워서 서로 통한다.”라고 했다.

子曰: "回也其庶乎, 屢空, 賜不受命, 而貨殖焉, 億則屢中."
【注】 言回庶幾聖道, 雖數空匱而樂在其中, 賜不受敎命, 唯財貨是殖, 億度是
非, 蓋美回所以勵賜也. 一曰: "'屢'猶每也, '空'猶虛中也. 以聖人之善道敎數子
之庶幾, 猶不至於知道者, 各內有此害. 其於庶幾每能虛中者, 唯回懷道深遠.
不虛心不能知道, 子貢雖無數子之病, 然亦不知道者. 雖不窮理而幸中, 雖非天
命而偶富, 亦所以不虛心也."

공자가 말했다. "회(回)는 거의 녹명(祿命)을 받아들였지만 자주
궁핍하였고, 사(賜)는 녹명을 받아들이지 않았지만, 재화를 늘리
는 일은 예측하면 자주 맞았다."【주】 안회는 성인의 도에 거의 근접했으
므로, 비록 자주 쌀독이 텅 비었지만 즐거움이 그 가운데에 있었고, 사는 교명(敎命)
을 받아들이지 않고 오직 재화만을 불렸지만 시비(是非)를 예측해서 헤아렸다는 말
이니, 아마도 안회를 칭찬한 것은 자공[賜]을 격려하기 위해서인 듯하다. 일설에 "'누
(屢)'는 매(每)와 같고, '공(空)'은 허중(虛中)과 같다. 성인의 아름다운 도로써 여러
제자를 거의 도(道)에 근접하도록 가르쳤으나 오히려 그들이 도를 아는 경지에 이르
지 못한 것은 그들 각자의 마음속에 앞서 말한 우직함[愚]·노둔함[魯]·치우침[辟]·
거칢[喭]과 같은 장해(障害)가 있었기 때문이다. 거의 성인의 도에 근접해서 항상 허
중(虛中)할 수 있었던 자는 오직 마음속에 품은 도가 심원(深遠)한 안회뿐이었다. 마
음을 비우지 않으면 도를 알지 못하니, 자공이 비록 여러 제자와 같은 결점은 없었지
만, 그 또한 도를 알지 못한 자였다. 비록 이치를 궁구하지 않더라도 요행히 사리에
맞았고, 비록 천명이 아니더라도 우연히 얼떨결에 부유하게 되다 보니, 또한 이 때문
에 마음을 비우지 못했던 것이다."라고 했다.

원문 正義曰: 蘇氏秉國『四書求是』云: "'其庶乎', 未明指其所'庶'若何, 以下
文'不受命'對觀之, 蓋卽指受命而言." 案, 蘇說是也. '命'謂祿命也. 古者四

民, 各習其業, 未有兼爲之者, 凡其所業, 以爲命所受如此也. 子貢學於夫
子, 而又貨殖, 非不受命而何?

역문 정의에서 말한다.

소병국(蘇秉國)[107]의 『사서구시』에 "'거의 무엇에 가깝다[其庶乎]'라고 한
것은, 그 '무엇[庶]'이라는 것이 어떠한 것인지 분명하게 가리키지 않았지
만, 아래 단락의 '명을 받아들이지 않았다[不受命]'라는 말을 대조해서 살
펴보면 아마도 명을 받아들인 것을 가리켜서 한 말인 듯싶다."라고 했
다. 살펴보니, 소병국의 말이 옳다. '명(命)'은 녹명을 이른다. 옛날의 사
민(四民)은 각자 자기의 직업[業]을 익혀서 겸직하는 자가 있지 않았으니,
그들이 맡은 업을 명으로 여기고 받아들임이 이와 같았던 것이다. 자공
은 공자에게서 배우면서 또 재화를 늘렸으니 명을 받아들이지 않은 것
이 아니고 무엇이겠는가?

원문 俞氏樾『平議』, "古者商賈皆官主之. 故『呂氏春秋』「上農篇」曰: '凡民
自七尺以上, 屬諸三官. 農攻粟, 工攻器, 賈攻貨.' 以『周禮』考之, 質劑掌
於官, 度量·純制掌於官, 貨賄之璽節掌於官. 下至春秋之世, 晉則絳之富
商韋藩木楗以過於朝, 鄭則商人之一環, 必以告君大夫, 蓋猶皆受命於官
也. 若夫不受命於官, 而自以其財市賤鬻貴, 逐什一之利, 是謂'不受命而
貨殖'. 『管子』「乘馬篇」曰: '賈知賈之貴賤, 日至於市, 而不爲官賈.' 此其
濫觴與. 蓋不屬於官, 卽不得列於太宰之九職, 故不曰'商賈', 而曰'貨殖'.
子貢以聖門高弟, 亦復爲之, 陶朱·白圭之徒, 由此起也. 太史公以「貨殖」
立「傳」, 而首列子貢, 有開必先, 在子貢固不得而辭也."

---

107 소병국(蘇秉國, ?~?): 청대(淸代) 청강포(淸江浦) 사람. 자는 균보(均甫)이다. 경학(經學)의
대가로 알려져 있다. 저서는 『주역통의(周易通義)』 22권과 『주운의(籌運議)』 등이 있다.

역문 유월(兪樾)의 『군경평의』에 "옛날의 장사는 모두 관에서 주도했다. 그러므로 『여씨춘추』「상농」에 '무릇 백성들은 키 일곱 자 이상부터 농업·수공업·상업을 각기 관장하는 세 관리에게 소속된다. 농부는 곡식을 다스리고 기술자는 기물을 다스리며 상인은 재화를 다스린다.'라고 한 것이다. 『주례』를 가지고 곰곰이 살펴보면 계약문서[質劑][108]는 관에서 담당하고, 도량(度量)과 순제(純制)[109]는 관에서 담당하며, 재화와 예물의 새절(璽節)[110]은 관에서 담당한다. 이후로 춘추시대에 이르러서도, 진(晉)나라는 서울[絳]의 부유한 상인들이 가죽으로 앞뒤를 둘러쳐 가린 나무 수레를 타고서 조정 근처를 지나다녔고, 정나라는 상인의 옥환(玉環) 하나라도 반드시 임금과 대부에게 아뢰어 허락받게 했으니,[111] 아마도

---

108 질제(質劑): 무역(貿易)·매매(賣買) 등의 상행위(商行爲)에 사용하던 계약문서. 계권(契券)이라고도 하는데, 곧 어음의 일종이다. 대시(大市)에 있어서는 질(質)을 사용하고, 소시(小市)에 있어서는 제(劑)를 사용하였는데, 대시는 인민(人民)·우마(牛馬) 등속이고, 소시는 병기(兵器)나 진이(珍異)한 물건을 말한다. 긴 문서를 질이라 하고, 짧은 문서를 제라 한다.

109 순제(純制): 『주례』「천관총재하(天官冢宰下)·내재(內宰)」에 "나라를 세울 때 왕후를 보좌해서 시장을 세우고 점포를 설치하며 차례가 있게 하며 가게를 바르게 하고 제화를 진열하게 하며, 도량과 순제를 내게 한다.[凡建國, 佐后立市, 設其次, 置其敍, 正其肆, 陳其貨, 賄出其度量·純制.]"라고 했는데, 정현의 주에 "순은 폭의 너비를 말하고, 제(制)는 필(匹)의 길이를 말한다.[純, 謂幅廣也; 制, 謂匹長.]"라고 했다.

110 새절(璽節): 믿음을 상징하는 표시로 사용되는 부절(符節). 이름, 관서(官署) 등을 새겨 문서에 찍게 한 표지(標識)로, 인장(印匠)과 같은 것이다. 새절(璽節)을 나타내는 표현으로는 부절(符節), 인장(印匠), 부(符), 새(璽), 인(印), 장(章), 신(信), 보(寶), 주기(朱記), 검기(鈐記), 관방(關防), 도서(圖書), 도장(圖章) 등이 있다.

111 『춘추좌씨전』「소공」 16년: 선자(宣子)에게 옥환이 있었는데, 그 한 짝은 정나라 상인에게 있었다. 선자가 정백(鄭伯)에게 그 한 짝을 구해 주기를 요청하였으나, 자산은 구해 주려 하지 않았다. 한자(韓子)가 상인에게 옥환을 구매하기로 하여 이미 값을 흥정하였는데, 상인이 선자에게 "반드시 우리 임금님과 대부에게 고하여 허가를 받으십시오."라고 하였다.[宣子有環, 其一在鄭商. 宣子謁諸鄭伯, 子産弗與. 韓子買諸賈人, 旣成賈矣, 商人曰: "必告君大

여전히 관청에서 명을 받았던 듯싶다. 만약 관에서 명을 받지 않고 자기의 재화를 가지고 싼 것을 사고 비싼 것을 팔아 1/10이라도 이익을 추구한다면 이를 일러 '명을 받지 않고 재화를 불린다'라고 하는 것이다. 『관자』「승마」에 '상인[賈]은 물가의 높고 낮음을 알아 날마다 시장에 나오지만 관영상인이 아닌 사람.'이라고 했는데, 이것은 좀 너무 나간 듯하다. 대체로 관에 소속되지 않으면 태재의 9직(職)[112]에 열거될 수 없기 때문에 '상고(商賈)'라 하지 않고, '화식(貨殖)'이라고 한 것이다. 자공은 성인 문하의 고제(高弟)인데도 그 일을 했으니, 도주(陶朱)[113]나 백규(白圭)[114]

夫."]

112 『주례』「천관총재상・태재」: 아홉 가지 직업을 가지고 만민(萬民)을 살게 하였다. 첫째는 삼농[三農: 산농(山農)・택농(澤農)・평지농(平地農)의 세 가지 농사]이니 구곡[九穀: 서(黍)・직(稷)・도(稻)・양(粱)・출(秫)・고(菰)・마(麻)・맥(麥)・두(豆) 등과 같은 것]을 생산한다. 둘째는 원포[園圃: 과(果)・나(蓏)를 심는 곳이 포(圃)이고, 원(園)은 그 울타리이다]이니 초목을 기른다. 셋째는 우형[虞衡: 산택(山澤)을 관리하는 관원]이니 산택에서 재목을 생산케 한다. 넷째는 수(藪: 물 없는 땅)와 목(牧: 목축할 수 있는 땅)이니 새와 짐승을 길러 번식시킨다. 다섯째는 백공[百工: 여러 가지 기물(器物)을 만드는 직업]이니 주(珠)・상(象)・옥(玉)・석(石)・금(金)・목(木)・우(羽)・혁(革)의 여덟 가지 재료를 부지런히 다뤄 기물을 만든다. 여섯째는 상(商: 다니며 파는 장사)과 고(賈: 한군데 앉아서 파는 장사)이니 돈을 풍부하게 유통시킨다. 일곱째는 빈부(嬪婦)이니 명주와 모시를 짜낸다. 여덟째는 신첩(臣妾: 천한 남자와 천한 여자)이니 여러 가지 풀의 뿌리나 열매로서 먹을 수 있는 것[疏材]을 모아들인다. 아홉째는 한민(閒民)이니, 이리저리 옮겨 다니며 일을 하는 것이다.[以九職任萬民. 一曰三農, 生九穀, 二曰園圃, 毓草木, 三曰虞衡, 作山澤之材, 四曰藪牧, 養蕃鳥獸, 五曰百工, 飭化八材, 六曰商賈, 阜通貨賄, 七曰嬪婦, 化治絲枲, 八曰臣妾, 聚斂疏材, 九曰閒民, 無常職轉移執事.]

113 도주(陶朱, ?~?): 중국 월왕(越王) 구천(句踐)의 신하였던 범려(范蠡)를 달리 이르는 말. 자는 소백(少伯)이다. 재산을 모으는 재주가 있어 많은 재산을 모아 부호의 표본으로 일컬어진다. 화식(貨殖)의 재능에 뛰어나 세 번 천금(千金)을 모았다고 한다. 도주공(陶朱公)의 준말이다. 완령(宛令) 문종(文種)의 친구로, 그를 따라 월나라로 와 월왕 윤상(允常)을 섬겼다. 구천이 이어 등극하자 그의 모신(謀臣)이 되었다. 월나라가 오나라에 패배하자 문종은 나라

와 같은 무리가 이로 말미암아 일어난 것이다. 태사공(太史公)은 「화식
(貨殖)」으로 「전(傳)」을 지으면서 가장 먼저 자공을 열거했으니, 반드시
먼저 징조가 있는 것[有開必先][115]은 자공의 입장으로서는 사양할 수 없는
노릇이다.”라고 했다.

원문 案, 兪說亦近理. 若然, 則“其庶乎”, 仍謂“庶幾聖道”也. 『廣雅』「釋詁」,
“殖, 積也.”「周語」“財蓄殖”, 韋昭解“殖, 長也.”“子貢貨殖”, 謂居貨財以
生殖也.

역문 살펴보니, 유월의 말도 이치에 가깝다. 만약 그렇다면 “기서호(其庶
乎)”는 그대로 “거의 성인의 도에 근접했음”을 이른다. 『광아』「석고」에
“식(殖)은 쌓는다[積는 뜻이다.”라고 했고, 『국어』「주어」에 “재물의 늘
어남[財蓄殖]”[116]이라고 했는데, 위소(韋昭)의 주해(注解)에 “식(殖)은 늘어

를 지키고 그는 오나라에 화해를 요청하여 구천을 따라 3년 동안 오나라에서 신복(臣僕)으
로 있었다. 귀국해서는 문종과 함께 부국강병에 최선을 다했다. 높은 명성을 얻은 뒤에는 구
천과 오래 함께하기 어렵다는 사실을 깨닫고 벼슬을 내어놓고 미인 서시(西施)와 더불어 오
호(五湖)에 배를 띄우고 놀았다고 한다. 나중에 스스로 치이자피(鴟夷子皮)라 일컫고 재물
을 모았다가 그 재물을 모두 흩어 백성들에게 나누어 준 다음 다시 도(陶) 땅에 가서 호를 도
주공이라 일컫고, 수만 금(金)을 모아 대부호가 되었다. 저서에 『범려』가 있었다고 하는데,
지금은 없어졌다.

114 백규(白圭, ?~?): 전국시대 주나라 사람. 위문후(魏文侯) 때 “남이 버리면 취하고, 남이 취하
면 준다.[人棄我取, 人取我與.]”라는 장사 이론으로 치부(致富)했다. 오곡이 여물 때 식량을
사 두면서 사칠(絲漆)을 판매하고, 누에고치가 나올 때 비단과 솜을 구매하면서 식량을 팔
았다. 장사를 할 때는 반드시 적절한 시기를 잘 파악하여 지모(智謀)를 이용했는데, 마치 이
윤(伊尹)이나 여상(呂尙)의 지혜와 같았고, 손오(孫吳)가 병사를 움직이고 상앙(商鞅)이 법
을 집행하는 것처럼 하였다고 한다.
115 『예기』「공자한거(孔子閒居)」: 하고자 하는 일이 이르려면 반드시 먼저 징조가 있다.[着欲將
至, 有開必先.]
116 『국어(國語)』「주어(周語)」에는 “財用蓄殖”으로 “用” 자가 있다.

남[長]이다."라고 했으니, "자공이 재화를 늘렸다"라는 것은 재화를 쌓아놓고 늘렸다는 말이다.

원문 "億", 度也. 皇本"億"作"憶". 『漢書』「貨殖傳」·『漢陳度碑』引並作"意", 字異義同. 「貨殖傳」云: "子贛旣學於仲尼, 退而仕衛, 發貯鬻財曹·魯之間, 七十子之徒, 最爲饒. 而顔淵簞食瓢飮, 在於陋巷. 子贛結駟連騎, 束帛之幣, 聘享諸侯, 所至國君無不分庭與之抗禮. 然孔子賢顔淵而譏子贛曰: '回也, 其庶乎, 屢空, 賜不受命, 而貨殖焉, 意則屢中.'"

역문 "억(億)"은 헤아림[度]이다. 황간본에는 "억(億)"이 "억(憶)"으로 되어 있다. 『한서』「화식전」과 『한진도비』의 인용문에는 모두 "의(意)"로 되어 있는데, 글자는 다르지만 뜻은 같다. 『한서』「화식전」에 "자공(子贛)은 이미 중니에게서 학문을 마치고 나서 물러나 위나라에서 벼슬했는데, 조(曹)나라와 노나라 사이에 가게를 열어 재화를 사고팔아, 79명의 문도 중에서 가장 부유해졌다. 그러나 안연은 작은 광주리의 밥과 표주박의 물로 좁다란 거처에서 살았다. 자공은 네 마리의 말이 끄는 마차와 많은 수행원을 거느리고 비단을 묶은 예물을 가지고 제후들을 방문하여 연회를 베풀었는데, 그가 가는 나라의 군주마다 뜰을 나누어 쓰면서 그와 대등하게 예를 나누지 않는 경우가 없었다. 그러나 공자는 안연을 어질게 여기고 자공을 비난하면서 말했다. '회는 거의 녹명을 받아들였지만 자주 궁핍하였고, 사는 녹명을 받아들이지 않았지만, 재화를 늘리는 일은 예측하면 자주 맞았다.'"라고 했다.

원문 班「傳」全引此文, 而以"賜不受命"二句爲孔子所譏, 是"意則屢中"卽承上"貨殖"言. 『論衡』「知實篇」, "賜不受命, 而貨殖焉, 億則屢中', 罪子貢善居積, 意貴賤之期, 數得其時, 故貨殖多, 富比陶朱." 又云: "子貢善意,

以得貨利." 蓋『論衡』以"意貴賤之期"解"億"字, "數得其時", "數"解"屢"字, "得其時"解"中"字, 此漢人解誼之最顯然可據者. 皇「疏」引"殷仲堪曰: '不受矯君命.' 江熙曰: '賜不受濁世之榮.'" 以"不受命"爲辭祿, 與「貨殖傳」子貢仕衛不合, 非也.

역문 그런데 반고(班固)의 「화식전」에는 『논어』의 이 문장을 온전히 인용하면서 "사는 녹명을 받아들이지 않았다[賜不受命]"라는 두 구절을 공자가 비난한 것이라고 여겼으니, 이는 "예측하면 자주 맞았다[意則屢中]"라는 말을 바로 앞의 "재화를 늘렸다"를 이어서 말한 것이다. 『논형』「지실」에 "'사는 녹명을 받아들이지 않았지만, 재화를 늘리는 일은 예측하면 자주 적중했다.'라고 했는데, 이는 자공이 장사를 해서 재산 축적을 잘하고, 물가 등락의 시기를 잘 예측해서 자주 그 시점을 자주 적중시켰기 때문에 많은 재화를 늘려 부유함이 도주에 견줄 정도가 된 것을 질책한 것이다."라고 했다. 또 "자공은 예측이 뛰어났기 때문에 재화의 이익을 얻을 수 있었다."라고 했다. 그렇다면 『논형』에서는 "물가 등락의 시기를 예측함[意貴賤之期]"으로 "억(億)" 자를 해석하고, "그 시점을 자주 적중시킴[數得其時]"의 "삭(數)"으로 "누(屢)" 자를 해석하였으며, "그 시점을 적중시킴[得其時]"으로 "중(中)" 자를 해석한 것인데, 이는 한대(漢代)의 사람들이 제대로 풀이한 것 중에서 가장 확실하게 근거로 삼을 만한 것이다. 황간의 「소」에 "은중감(殷仲堪)이 말했다. '임금의 잘못을 바로잡으라는 명을 받아들이지 않았다.' 강희(江熙)가 말했다. '사는 혼탁한 세상의 영화를 받아들이지 않았다.'"라고 한 것을 인용해서, "불수명(不受命)"을 녹(祿)을 사양한 것으로 보았는데, 「화식전」에서 자공이 위나라에서 벼슬했다는 것과는 일치하지 않으니, 잘못이다.

- 「注」, "言回"至"心也".

- 正義曰:『爾雅』「釋言」, "庶幾, 尙也." 又云: "庶, 幸也."『易』「繫辭傳」, "顏氏之子, 其殆庶幾乎!" 謂庶幾於道也.

○「주」의 "언회(言回)"부터 "심야(心也)"까지.

○ 정의에서 말한다.

『이아』「석언」에 "서기(庶幾)는 바람[尙]이다."라고 했고, 또 "서(庶)는 바람[幸]이다."라고 했다.『주역』「계사하」에 "안씨(顏氏)의 아들이 거의 기미를 바라는구나!"[117]라고 했는데, 거의 도에 가까워지기를 바란대庶幾於道]는 말이다.

『詩』「節南山」"不宜空我師", 毛「傳」, "空, 窮也." 引申之, 凡貧窮無財者, 亦謂之空.『史記』「伯夷列傳」, "然回也屢空, 糟糠不厭."『鹽鐵論』「地廣」云: "夫賤不周知, 貧不妨行. 顏淵屢空, 不爲不賢, 孔子不容, 不爲不聖."『後漢』「賈逵傳」, "帝謂馬防曰: '賈逵母病, 此子無人事於外, 屢空, 將從孤竹之子於首陽矣.'" 是漢人解"屢空"皆爲空匱, 「注」前說是也.

『시경』「질남산」에 "우리 무리를 곤궁하게 해서는 안 된대不宜空我師]"라고 한 것에 대해, 모형의 「전」에, "공(空)은 곤궁함[窮]이다."라고 했는데, 이 의미가 확대되어 모든 가난하고 궁핍하며 재산이 없는 자들을 또한 공(空)이라고 한다.『사기』「백이열전」에 "그러나 회는

---

117 이 문장은 주희의 「전의(傳義)」에 따르면, "태(殆)는 위(危: 거의)이다. 서기(庶幾)는 가깝다는 뜻이니, 도(道)에 가까움을 말한 것이다.[殆, 危也. 庶幾, 近意, 言近道也.]라고 해서, 일반적으로 "거의 도의 경지에 도달했다"라고 해석하는데,『주역주소(周易注疏)』한백(韓伯)의 주에 "리(理)에 대해서는 어두워 형체로 드러난 뒤에 깨닫는 것이 안자의 수준이었다. 기미에 결점이 있었기 때문에 선하지 못한 일이 있으면 두 가지에서 터득하고, 멀리 가지 않아 되돌아오기 때문에 일찍이 다시 행하지 않았던 것이다.[在理則昧, 造形而悟, 顏子之分也. 失之於幾. 故有不善, 得之於二, 不遠而復, 故知之, 未嘗復行也.]"라고 했고, 또 공영달의 소(疏)에 "'기태서기호(其殆庶幾乎)'는 성인은 기미를 알지만 안자는 아성(亞聖)이므로 아직 기미를 제대로 알지 못하고, 단지 거의 가까워지기를 바랄 뿐이라는 말이다. 그러므로 '거의 기미를 바라는구나!'라고 한 것이다.[其殆庶幾乎者, 言聖人知幾, 顏子亞聖, 未能知幾, 但殆近庶慕而已. 故云'其殆庶幾乎!']"라고 했으므로, 여기서는『주역주소』의 해설에 따라 해석했다.

자주 궁핍해서 지게미나 쌀겨도 배불리 먹지 못했다."라고 했고, 『염철론』「지광」에 "미천함
이 지혜로움에 두루 해가 되지 않으며, 가난함이 덕행을 방해하지 않는다. 안연은 자주 궁핍
했지만 어질지 않은 것이 아니었고, 공자는 세상에 받아들여지지 않았지만, 성인이 아닌 것
이 아니다."라고 했고, 『후한서』「가규전」에 "임금이 마방(馬防)[118]에게 말했다. '가규는 어
머니가 병이 들었는데도, 이 사람은 밖으로 널리 사람들과의 교류가 없었기 때문에 자주 쌀
독이 비었으니, 장차 수양산(首陽山)으로 고죽군(孤竹君)[119]의 아들을 쫓아갈 것 같구나.'"
라고 했는데, 이처럼 한대(漢代)의 사람들은 "누공(屢空)"을 모두 텅 빈 쌀독[空匱]이라는 뜻
으로 해석했으니, 「주」의 앞의 말이 옳다.

"財貨"者, 『說文』, "貨, 財也." "億度是非"者, 謂於事理之是非能先億度之也. 皇「疏」云: "故
『左傳』'邾隱公朝魯, 執玉高, 其容仰, 魯定公受玉卑, 其容俯. 子貢曰: "以禮觀之, 二君皆有
死亡. 君爲主, 其先亡乎." 是歲, 定公卒. 仲尼曰: "賜不幸言而中, 是使賜多言者也."'" 此億
中之類也."

"재화(財貨)"란 『설문해자』에 "화(貨)는 재물[財]이다."[120]라고 했다. "시비를 예측해서 헤아
렸다"라는 것은 사리(事理)의 옳고 그름에 대해 먼저 예측해서 헤아릴 수 있다는 말이다. 황

---

118 마방(馬防, ?~101): 후한 부풍(扶風) 무릉(茂陵) 사람. 자는 강평(江平)이고, 마원(馬援)의
아들이다. 처음에 황문시랑(黃門侍郞)이 되었다. 장제(章帝) 때 금성(金城)과 농서(隴西)의
강인(羌人)이 반란을 일으키자 행거기장군(行車騎將軍)으로 군대를 이끌고 가 진압했다. 돌
아와 거기장군(車騎將軍)이 되고 성문교위(城門校尉)를 겸했으며, 영양후(潁陽侯)에 봉해졌
다. 광록훈(光祿勳)으로 옮겼다. 형제가 모두 성공하여 재산이 거억(巨億)에 이르렀다. 건초
(建初) 8년(83) 형의 아들 마예(馬豫)가 원망하고 비방한 일로 담당 관리가 앙심을 품고 그
의 형제들이 사치한 정도가 참람하여 성화(聖化)를 더럽히고 어지럽힌다고 아뢰어 적향후
(翟鄕侯)로 깎였다. 나중에 면직되어 본군(本郡)으로 돌아갔다.
119 고죽군(孤竹君): 고죽국(孤竹國)의 왕. 고죽군은 상(商)나라 묵태씨(墨胎氏)를 처음 봉했던
군호(君號)이다. 『사기』「백이숙제열전(伯夷叔齊列傳)」에 "백이・숙제(叔齊)는 고죽군의
아들이다."라고 했다.
120 『설문해자』 권6: 화(貨)는 재물[財]이다. 패(貝)로 구성되었고 화(化)가 발음을 나타낸다. 호
(呼)와 와(臥)의 반절음이다.[貨, 財也. 從貝化聲. 呼臥切.]

간의 「소」에 "그러므로 『춘추좌씨전』「정공」 15년에 '주(邾)의 은공(隱公)이 노나라로 와서 조현(朝見)할 때, 옥(玉)을 든 손이 너무 높이 올라가서 그 얼굴이 위로 향하고, 노나라의 정공은 옥을 받는 자세가 너무 낮아서 그 얼굴이 아래로 향하였다. 자공이 말하기를 "예를 행하는 모습으로 보건대 두 임금은 모두 사망할 것이다. 우리 임금이 주인이시니 아마도 먼저 사망하실 것이다."라고 하였다. 이해에 정공이 죽었다. 중니가 말했다. "사는 불행하게도 말이 맞았으니, 이 사건은 사로 하여금 말이 많은 사람이 되게 할 것이다.""라고 했으니, 이것이 예측하면 적중한 것과 같은 종류이다."라고 했다.

案, 『漢書』「眭弘等傳」「贊」, "漢興, 推陰陽之災異者, 假經設誼, 依托象類, 或不免乎'億則屢中'." 此明謂億度事理, 「注」說亦非無本.
살펴보니, 『한서』「휴홍등전」의 「찬」에 "한나라가 일어나자 음양(陰陽)의 재이(災異)를 추론하는 자들이 정전의 말을 빌려 의의를 가설해서 상(象)에 의탁하여 모방하니, 어쩌면 '예측하면 자주 맞음'에서 벗어나지 못할 것이다."라고 했는데, 이것은 사리를 예측해서 헤아림을 분명히 말한 것이니, 「주」의 설명도 근거가 없는 것은 아니다.

11-19

子張問善人之道, 子曰: "不踐迹, 亦不入於室." 【注】孔曰: "踐', 循也. 言善人不但循追舊迹而已, 亦少能創業, 亦不入於聖人之奧室."

자장이 선인의 도에 대해서 묻자 공자가 말했다. "성인의 자취를 밟지 않으면, 또한 성인의 방에 들어가지 못한다." 【주】 공안국이 말했다. "'천(踐)'은 좇음[循]이다. 선인은 단지 옛 자취를 좇을 뿐만 아니라, 또한 조금은 창업(創業)을 할 수도 있지만, 역시 성인의 그윽한 방에도 들어가지 못한다는 말이다."

원문 正義曰: 孔氏廣森『經學卮言』, "問善人之道, 則非問何如而可以爲善人, 乃問善人當何道以自處也. 故子告以善人所行之道, 當效前言往行, 以成其德, 譬諸入室, 必踐陳涂堂戶之跡, 而後循循然至也." 案, 孔說是也. "踐迹"者, 謂學禮樂之事也. 善人質美未學, 故必進於禮樂, 乃可入室.

역문 정의에서 말한다.

공광삼(孔廣森)의 『경학치언』에 "선인의 도에 대해서 물은 것이라면 어떻게 해야 선한 사람이 되는지를 물은 것이 아니니, 결국은 선인은 마땅히 어떠한 도로써 자처해야 하는지를 물은 것이다. 그러므로 공자가 선인이 가야 할 길은 당연히 앞선 사람들의 말과 지나간 행적을 본받아 그 덕을 이루어야 한다고 일러 주면서, 방에 들어가려면 반드시 당호(堂戶)를 향해 펼쳐진 자취를 밟은 뒤에 차근차근히 이르러야 하는 것에 비유한 것이다."라고 했다. 살펴보니, 공광삼의 말이 옳다. "자취를 밟는다[踐迹]"라는 것은, 예악의 일을 배우는 것이다. 선인은 자질은 아름답기는 하지만 아직은 배우지 못한 자이기 때문에 반드시 예악에 진력을 다해야 성인의 방에 들어갈 수 있다.

원문 『漢書』「刑法志」, "孔子曰: '如有王者, 必世而後仁. 善人爲國百年, 可以勝殘去殺矣.' 言聖王承衰衰撥亂而起, 被民以德敎, 變而化之, 必世然後仁道成焉. 至於善人, 不入於室, 然猶百年勝殘去殺矣." 據「志」此言, 以善人指諸侯言.

역문 『한서』「형법지」에 "공자가 '만일 왕도를 실천하는 사람이 있더라도 반드시 한 세대 이후에야 인정(仁政)이 이루어질 것이다.[121] 선인이 100

---

121 『논어』「자로(子路)」.

년 동안 나라를 다스리면 잔인하고 포악한 사람을 이겨 사형을 없앨 수 있을 것이다.[122]'라고 했는데, 성왕(聖王)이 쇠락함을 잇고 혼란함을 다스려 일어나 백성들이 덕의 교화를 받아 변화되더라도 반드시 한 세대가 지난 뒤라야 인(仁)의 도가 이루어진다는 말이다. 선인의 경지에 이르게 되면 방에 들어가지는 못하지만 그래도 100년이 지나면 잔인하고 포악한 사람을 이겨 사형을 없앨 수 있을 것이다."라고 했다. 「형법지」의 이 말에 의거해 보면, 선인은 제후(諸侯)를 가리켜서 한 말이다.

원문 上篇言"聖人·善人吾不得見之", 彼言"善人", 義亦同也. 王者以德教化民, 制禮作樂, 功致太平. 若善人爲邦百年, 仍不能興禮樂之事, 故僅可勝殘去殺, 若仁道猶未能成, 所謂"不入於室"也. 『漢』「志」所云, 於義亦通.

역문 앞의 「술이」에서 "성인과 선인을 내가 만나 볼 수 없다면"이라고 했는데, 앞에서 말한 "선인"의 뜻도 역시 같다. 왕도정치를 펼치는 자[王者]는 덕교(德敎)로써 백성을 교화하고 예를 제정하고 음악을 만들어 공이 이루어짐에 태평성세를 이룬다. 선인으로 말할 것 같으면 100년 동안 나라를 다스리더라도 여전히 예악의 일을 일으키지 못하기 때문에 겨우 잔인하고 포악한 사람을 이겨 사형을 없앨 수 있을 뿐이고, 인도(仁道)와 같은 것은 오히려 이루지 못하니, 이른바 "성인의 방에 들어가지 못한다"라는 것이다. 『한서』「형법지」에서 말한 것도 의미상 역시 통한다.

원문 『釋文』, "迹, 本亦作跡." 『說文』, "迹, 步處也. 蹟, 或從足責. 速, 籒文迹, 從束." 竝不作"跡", 是"跡"乃"迹"俗.

---

122 『논어』「자로」.

역문 『경전석문』에 "적(迹)은 판본에 따라 적(跡)으로도 되어 있다."라고 했고, 『설문해자』에 "적(迹)은 걸어간 자리[步處]이다. 적(蹟)은 적(迹)의 혹체자인데 족(足)과 책(責)으로 구성되었다. 적(速)은 적(迹)의 주문(籀文)인데 자(朿)로 구성되었다."¹²³라고 했는데, 모두 "적(跡)"으로 되어 있지 않으니, "적(跡)"은 바로 "적(迹)"의 속자이다.

子曰: "論篤是與? 君子者乎? 色莊者乎?" 【注】 "論篤"者, 謂口無擇言. "君子"者, 謂身無鄙行. "色莊"者, 不惡而嚴, 以遠小人. 言此三者, 皆可以爲善人.

───────────

공자가 말했다. "논리가 독실한 사람이 선인일까? 군자다운 사람일까? 얼굴이 장엄한 사람일까?" 【주】 "논리가 독실하다[論篤]"라는 것은 입에 가릴 만한 말이 없음을 이른다. "군자답다"라는 것은 몸에 비루한 행실이 없다는 말이다. "얼굴이 장엄하다"라는 것은 미워하지 않지만 엄격하게 해서 소인을 멀리하는 것이다. 이 세 종류의 사람은 모두 선인이 될 수 있음을 말한 것이다.

원문 正義曰: 邢「疏」云: "此亦善人之道也. 故同爲一章, 當是異時之語, 故別言'子曰'也." 案, 夫子言"善人不得見之", 及此言及"善人", 擧所見論篤·

───────────

123 『설문해자』 권2: 적(迹)은 걸어간 자리[步處]이다. 착(辵)으로 구성되었고 역(亦)이 발음을 나타낸다. 적(蹟)은 적(迹)의 혹체자인데 족(足)과 책(責)으로 구성되었다. 적(速)은 적(迹)의 주문(籀文)인데 자(朿)로 구성되었다. 자(資)와 석(昔)의 반절음이다.[迹, 步處也. 從辵亦聲. 蹟, 或從足責. 速, 籀文迹從朿. 資昔切.]

君子・色莊三者以當之. 蓋此三者, 皆可謂之善人. 然容有似是而非者與乎其間, 故但爲疑辭. 或言"與", 或言"乎"者, 文法之變.

역문 정의에서 말한다.

형병의 「소」에 "이 또한 선인의 도이다. 그러므로 다 같이 한 장으로 만든 것이고, 당연히 때를 달리해서 한 말이기 때문에 별도로 '자왈(子曰)'이라고 한 것이다."라고 했다. 살펴보니, 공자가 "선인을 만나 볼 수 없다면"이라고 말한 것에서부터, 여기에서 언급한 "선인"까지는 모두 만나 보았던 논리가 독실하고 군자다우며 얼굴이 장엄한 사람을 거기에 해당시킨 것이다. 이 세 부류의 사람은 모두 선인이라 할 수 있다. 그러나 용모는 그럴듯하면서도 아닌 자가 그 사이에 있을 수 있기 때문에 의문사를 쓴 것일 뿐이다. 더러 "여(與)"라고도 하고, 혹은 "호(乎)"라고도 하는 것은 문법을 변형시킨 것이다.

- 「注」, "論篤"至"善人".
- 正義曰: "口無擇言", "身無鄙行", 約『孝經』文. "擇"與"殬"同, 敗也. 彼作"擇行", 謂無敗行.
- 「주」의 "논독(論篤)"부터 "선인(善人)"까지.
- 정의에서 말한다.

  "입에 가릴 만한 말이 없음[口無擇言]"과 "몸에 비루한 행실이 없음[身無鄙行]"은 『효경』의 글을 요약한 것이다. "택(擇)"은 "두(殬)"와 같은 뜻이니, 실패함[敗]이다. 『효경』에 "택행[擇行]"이라고 되어 있는데, 잘못된 행실이 없다는 말이다.[124]

---

[124] 『효경(孝經)』 「경대부(卿大夫)」: 선왕의 법도에 맞는 옷이 아니면 감히 입지 아니하며, 선왕의 법도에 맞는 말이 아니면 감히 말하지 아니하며, 선왕의 덕행이 아니면 감히 행하지 않는다. 이 때문에 법도가 아니면 말하지 않으며 도리가 아니면 행하지 않아서 입에는 가릴 만한 말이 없고, 몸에는 가릴 만한 행실이 없어서 말이 천하에 가득 차더라도 말로 인한 과실이

子路問, "聞斯行諸?"【注】包曰: "賑窮救乏之事." 子曰: "有父兄在,
如之何其聞斯行之?"【注】孔曰: "當白父兄, 不得自專." 冉有問, "聞
斯行諸?" 子曰: "聞斯行之." 公西華曰: "由也問'聞斯行諸', 子
曰'有父兄在'; 求也問'聞斯行諸', 子曰'聞斯行之'. 赤也惑, 敢
問."【注】孔曰: "惑其問同而答異." 子曰: "求也退, 故進之; 由也兼
人, 故退之."【注】鄭曰: "言冉有性謙退, 子路務在勝尙人, 各因其人之失
而正之."

자로가 물었다. "들으면 즉시 행해야 합니까?"【주】포함이 말했다.
"곤궁한 사람을 구휼하고 가난한 사람을 구제하는 일을 물은 것이다." 공자가 말
했다. "부형이 계시니 어떻게 들었다고 해서 즉시 행하겠느냐?"
【주】공안국이 말했다. "마땅히 부형에게 아뢰어야지, 자기 멋대로 독단해서는 안
된다는 말이다." 염유가 물었다. "들으면 즉시 행해야 합니까?" 공자
가 말했다. "들으면 즉시 행해야 한다." 공서화(公西華)가 말했다.
"유가 '들으면 즉시 행해야 합니까?'라고 물었을 때는 선생님께서
'부형이 계신다.'라고 대답하셨고, 구가 '들으면 즉시 행해야 합니
까?'라고 물었을 때는 선생님께서 '들으면 즉시 행해야 한다.'라고
대답하셨습니다. 저는 의혹되어 감히 묻습니다."【주】공안국이 말
했다. "질문이 같은데 대답이 다름을 의혹한 것이다." 공자가 말했다. "구는

없고 행동이 천하에 가득 차더라도 원망이나 미움을 받는 일이 없다. 이 세 가지가 갖추어진
뒤에야 종묘를 지킬 수 있을 것이니, 이것이 경대부의 효이다.[非先王之法服, 不敢服; 非先
王之法言, 不敢道; 非先王之德行, 不敢行. 是故, 非法不言, 非道不行, 口無擇言, 身無擇行,
言滿天下無口過, 行滿天下無怨惡. 三者備矣然後, 能守其宗廟, 蓋卿大夫之孝也.]

물러나므로 나아가게 한 것이고, 유는 남보다 배는 앞서가므로 물러나게 한 것이다."【주】정현이 말했다. "염유는 천성이 겸손하여 물러나고, 자로는 힘쓰는 것이 남을 이기는 데 있다는 것을 말하고, 각각 그들의 결점에 따라 바로잡아 준 것이다."

원문 正義曰: 觀公西華之問, 冉有亦當有父兄在, 而夫子答之與答子路異, 此亦所以惑也. 夫聞義卽當力行, 君子善則歸親, 苟有所爲而合於義, 稱父母或兄之命焉可也. 若必待稟命, 而或爲父兄所阻, 不得行, 是亦奚得爲義?

역문 정의에서 말한다.

공서화의 질문을 살펴보면 염유도 당연히 부형이 있는데 공자가 그에게 대답한 것이 자로에게 대답한 것과는 달랐으니, 이것이 적(赤)이 의혹한 까닭이다. 의(義)를 들었으면 즉시 힘써 행함이 마땅하지만, 군자는 선(善)을 어버이에게 돌리는 것이니, 진실로 소행이 의에 합당하면 부모나 혹은 형이 명한 것이라고 일컬어도 괜찮다. 만약 군이 명을 부여받기를 기다리다가 혹시라도 부형에게 막혀 행할 수 없게 된다면 이 또한 어찌 의가 되겠는가?

원문 但子路有聞卽行, 其中有宜稟命父兄而迫不能待, 不特失承順之道, 竝其所行或因急遽而未合於義, 此夫子所以抑之也. 至冉有固自言"說子之道", 而以"力不足"自諉者, 不患其不稟命, 但慮其逡巡退縮, 而爲之不勇耳, 夫子所以進之.

역문 그러나 자로는 들은 것이 있으면 즉시 행하였으니, 그중에는 의당 부형의 명을 받아야 함에도 불구하고 다그쳐 기다리지 못함이 있었으니, 부형의 뜻을 받들어 따르는 도리를 잃은 것일 뿐만이 아니라, 아울러 그 소행 역시도 급작스럽게 다그치는 바람에 미처 의에 합당하지 못하였으니, 이것이 공자가 그를 억제시킨 까닭이다. 염유의 경우는 진실로 "선생님의 도를 좋아한다"라고 말하면서도 "힘이 부족하다"라는 말로 스스로 핑계를 댄 경우이니, 그가 명을 부여받지 않을까를 걱정한 것이 아니라, 단지 그가 뒷걸음치며 머뭇거리고 물러나 위축되어 용감하게 실천하지 못할까를 염려한 것일 뿐이니, 공자가 이 때문에 그를 진작시킨 것이다.

원문 二子之問, 非在一時, 而公西華之窺聖人, 有以得其異同, 亦可謂善學者矣. "如之何其聞斯行之", 皇本"行之"下有"也"字.

역문 두 사람의 질문은 같은 시기에 있었던 것이 아니고, 공서화가 성인을 엿봄은 그 같은 점과 다른 점을 간파함이 있으니, 역시 잘 배운 자라고 할 수 있다. "어떻게 들었다고 해서 즉시 행하겠는가[如之何其聞斯行之]"는 황간본에는 "행지(行之)" 아래 "야(也)" 자가 있다.

● 「注」, "賑窮救乏之事."

● 正義曰: 義事多端. 「注」必指賑窮救乏者, 擧所重言之. 錢氏大昕『潛研堂文集』, "「曲禮」'父母在, 不許友以死, 不有私財.' 「檀弓」: '未仕者不敢稅人, 如稅人, 則以父兄之命.' 「注」云: '不專家財也.' 『白虎通』云: '朋友之道, 親存不得行者二: 不得許友以其身, 不得專通財之恩. 友饑, 則白之於父兄, 父兄許之, 乃稱父兄與之, 不聽卽止. 故『論語』曰: "有父兄在, 如之何其聞斯行之也?" 包咸之說, 蓋出於此. 「吳志」'全琮以父命齎米數千斛, 到吳市易. 琮悉以賑贍大夫, 空船而還.' 裴松之引『論語』'有父兄在'之文, 謂'琮輒散父財, 誠非子道.', 亦用包說."

○ 「주」의 "곤궁한 사람을 구휼하고 가난한 사람을 구제하는 일을 물은 것이다."

○ 정의에서 말한다.

의로운 일은 단서가 복잡하다. 「주」에서 굳이 곤궁한 사람을 구휼하고 가난한 사람을 구제하는 일을 지적한 것은 중한 것을 들어서 말한 것이다. 전대흔(錢大昕)의 『잠연당문집』에 "『예기」「곡례상」에 '부모가 살아 계시면 벗을 위해 목숨을 바치는 일을 허락하지 않고, 사적인 재물을 소유하지 않는다.'라고 했고, 「단궁상」에 '아직 벼슬하지 않은 자는 감히 남에게 물건을 증여하지 못하니, 만일 남에게 물건을 증여하려거든 부형의 명을 받아서 한다.'라고 했는데, 「주」에 '가재(家財)를 멋대로 처리하지 않는다는 말이다.'라고 했다. 『백호통의』에 '붕우의 도리 중에는 어버이가 살아 계실 때 행할 수 없는 것이 두 가지이다. 하나는 벗에게 자기 몸을 바칠 수 없고, 또 하나는 재물을 통하는 은혜를 자기 멋대로 할 수 없다. 벗이 굶주리면 부형에게 아뢰고 부형이 허락하면 이에 부형이 허락한 만큼 맞춰서 주고, 허락하지 않으면 그치는 것이다. 그러므로 『논어』에서 "부형이 계시니 어떻게 들었다고 해서 즉시 행하겠느냐?"라고 한 것이다.'라고 했으니, 포함의 설은 대체로 여기에서 나왔다. 『삼국지』「오지」에 보면 '전종(全琮)[125]이 아버지의 명으로 수천 곡(斛)의 쌀을 가지고 가서 오(吳)나라 저자에서 교역을 했다. 그런데 전종은 모든 쌀을 가지고 대부들을 구휼해 주고 빈 배로 돌아왔다.'라는 얘기가 있다. 이에 배송지(裴松之)[126]는 「주」에서 이 일을 평하면서 『논어』의 '부형이

---

125 전종(全琮, ?~249): 중국 삼국시대 오(吳)나라 오군(吳郡) 전당(錢塘) 사람. 자는 자황(子璜)이다. 아버지를 따라 오나라를 섬겼고, 명성이 있었다. 손권(孫權)이 비위교위(備威校尉)로 삼아 병사 수천 명을 주면서 산월(山越)을 토벌하도록 했다. 한 헌제(漢獻帝) 건안(建安) 연간에 관우(關羽)가 번(樊)과 양양(襄陽)을 포위하자 관우를 칠 계책을 아뢰었다. 손권 황무(黃武) 초에 위(魏)나라 수군(水軍)을 격파하고, 수남장군(綏南將軍)으로 옮긴 뒤 전당후(錢塘侯)에 봉해졌다. 나중에 동안군태수(東安郡太守)가 되었다. 산민(山民)이 반란을 일으키자 항복을 권유해 만여 명의 목숨을 구했다. 관직은 우대사마(右大司馬)와 좌군사(左軍師)까지 이르렀다.

126 배송지(裴松之, 372~451): 남조 송나라 하동(河東) 문희(聞喜) 사람. 자는 세기(世期)이다. 젊어서 전중장군(殿中將軍)이 되었다. 유유(劉裕)가 북벌하면서 사주자사(司州刺史)를 통솔할 때 주주부(州主簿)에 임명되었다. 송나라 초기 송 무제(宋武帝)의 신임을 받아 태자세마(太子洗馬)와 중서시랑(中書侍郎)을 역임했다. 나중에 외직으로 나가 영가태수(永嘉太守)가 되었는데, 백성들을 성실하게 돌봐 모두 편안하게 생활했다. 거듭 승진하여 국자박사(國子博士)를 거쳐 태중대부(太中大夫)까지 지냈다. 송 문제의 명령으로 진수(陳壽)의 『삼국지(三國志)』에 주를 다는 일을 맡아 3년 만에 『삼국지주(三國志注)』를 완성했다. 송 문제가 불후(不朽)의 걸작이라며 칭송했다. 그 밖의 저서에 『진기(晉記)』와 『송원가기거주(宋元嘉起居注)』, 『배씨가전(裴氏家傳)』, 『집주상복경전(集注喪服經傳)』 등이 있다.

계시니'라는 문장을 인용하면서, '전종이 무턱대고 부모의 재산을 내놓은 것은 참으로 자식된 도리가 아니다.'라고 했으니, 역시 포함의 말을 인용한 것이다."라고 했다.

- 「注」, "言冉"至"正之".
- 正義曰: "謙退"者, "謙"與"慊"同, 不足也. 冉有·子路, 各有所失, 夫子敎之, 亦因其所失正之, 不能同也. 「學記」云: "學者有四失, 敎者必知之: 人之學也, 或失則多, 或失則寡, 或失則易, 或失則止, 此四者, 心之莫同也. 知其心, 然後能救其失也, 敎也者, 長善而救其失者也."
- ○ 「주」의 "언염(言冉)"부터 "정지(正之)"까지.
- ○ 정의에서 말한다.

"겸퇴(謙退)"라고 했는데, "겸(謙)"은 "겸(慊)"과 같은 뜻이니, 부족하다는 뜻이다. 염유와 자로는 각각 결점이 있었으므로, 공자가 그들을 가르친 것도 역시 그들의 결점에 따라 바로잡아 주었기 때문에 똑같을 수가 없었던 것이다. 『예기』「학기」에 "배우는 자는 네 가지 잘못되는 경우가 있으니, 가르치는 자가 반드시 이것을 알아야 한다. 사람의 배움은 혹 많음에서 잘못되기도 하고, 혹 적음에서 잘못되기도 하며, 혹 쉽게 여김에서 잘못되기도 하고 혹 중지함에서 잘못되니, 이 네 가지는 사람마다 마음이 똑같지 않아서이다. 그 마음을 안 뒤에 그 잘못을 바로잡을 수 있으니, 가르친다는 것은 잘하는 것을 자라게 하고 잘못된 것을 바로잡아 주는 것이다."라고 했다.

11-21

子畏於匡, 顏淵後. 【注】孔曰: "言與孔子相失, 故在後也." 子曰: "吾以女爲死矣." 曰: "子在, 回何敢死?" 【注】包曰: "言夫子在, 己無所敢死也."

공자가 광(匡) 땅에서 두려운 일을 당했을 때 안연이 뒤에 처져

있었다. 【주】공안국이 말했다. "공자와 서로 잃었기 때문에 뒤에 처져 있었다는 말이다." 공자가 "나는 네가 죽었다고 생각했다."라고 하자, 안연이 말했다. "선생님께서 살아 계시는데 제가 어찌 감히 죽겠습니까?"【주】포함이 말했다. "공자가 살아 있으니, 자기가 감히 죽을 리가 없다는 말이다."

원문 正義曰:「曲禮」云: "父母在, 不許友以死." 顔子事夫子猶父, 故云"子在, 回何敢死?"『呂氏春秋』「勸學篇」, "曾子曰: '君子行於道路, 其有父者可知也, 其有師者可知也.' 曾點使曾參, 過期而不至. 人皆見曾點曰: '無乃畏耶?' 曾點曰: '彼雖畏, 我存, 夫安敢畏?' 孔子畏於匡, 顔淵後. 孔子曰: '吾以汝爲死矣.' 顔淵曰: '子在, 回何敢死?' 顔回之於孔子也, 猶曾參之於父也." 此周·秦人解誼之最古者.

역문 정의에서 말한다.

『예기』「곡례상」에 "부모가 살아 계시면 벗을 위해 목숨을 바치는 일을 허락하지 않는다."라고 했으니, 안자는 스승 섬기기를 부모와 같이했기 때문에 "선생님이 살아 계시는데 제가 어찌 감히 죽겠습니까?"라고 한 것이다. 『여씨춘추』「권학」에 "증자가 말했다. '군자가 길을 다닐 때, 그 부모가 살아 있는 자를 알아볼 수 있고, 그 스승이 살아 있는 자를 알아볼 수 있다.' 증점(曾點)이 증삼에게 심부름을 보냈는데, 돌아올 때가 지났는데도 도착하지 않자, 사람들이 모두 증점을 보면서 말했다. '두려운 일을 당한 것이 아닐까요?' 증점이 말했다. '그는 비록 두려운 일을 당했다 하더라도 내가 멀쩡히 살아 있으니 어찌 두려운 일을 당한 채 가만히 있겠는가?' 공자가 광 땅에서 두려운 일을 당했을 때, 안연이 뒤에 처져 있었다. 공자가 '나는 네가 죽었다고 생각했다.'라고 하자, 안연이

'선생님께서 살아 계시는데 제가 어찌 감히 죽겠습니까?'라고 했으니, 안회가 공자를 대한 것은 증삼이 부모를 대한 것과 같다."라고 했으니, 이는 주나라와 진(秦)나라 사람들의 제대로 뜻풀이를 한 것 중에 가장 오래된 것이다.

원문 蓋顔子隨夫子行, 忽遇匡人之難, 相失在後, 夫子必心焉望之, 望之而不至, 則疑其爲匡人所殺. 雖在顔子必不輕身赴鬪, 如子路之慍怒奮戟然, 亂離之時, 或不幸而死於非命, 此亦人事所恒有. 及後顔子來見, 夫子喜出望外, 故直道心之所疑, 初不料顔子之未死也.

역문 안자가 공자를 따라가다가, 별안간 광 땅 사람들의 난리를 만나 서로를 잃고 뒤에 처지게 되자 공자는 필시 거기에 마음이 쓰여 바라보고 있었을 것이고, 바라보고 있어도 이르지 않자, 그가 광 땅의 사람들에게 살해되었을 것이라고 의심했을 것이다. 비록 안자의 입장에서라면 반드시 몸을 가벼이 여겨 싸움에 달려들지 않았겠지만 만약 자로가 불같이 성을 내며 창을 들고 달려들 듯이 했다면[127] 난리가 나서 어지러운 마당에 혹시라도 불행하게 비명횡사를 할 수 있으니, 이 또한 인생사 늘상 있는 일이다. 뒤에 안자가 와서 뵙게 되었을 때, 공자는 기대 이상으로 기뻤기 때문에 속으로 끙끙 앓던 마음을 곧장 말해 버린 것이니, 애초에

---

127 『공자가어』 권5, 「곤서(困誓)」 제22: 공자가 송나라로 가는 도중에 광(匡) 땅 사람 간자(簡子)가 무장한 군사들을 이끌고 포위하였다. 자로가 성이 나서 창을 휘두르며 싸우려 하자, 공자가 만류하였다.[孔子之宋, 匡人簡子, 以甲士圍之, 子路怒, 奮戟將與戰, 孔子止之.] 『설원』 「잡언(困誓)」: 공자가 송나라로 갈 때 광(匡) 땅을 지나게 되었다. 그때 광 간자(匡簡子)가 양호(陽虎)를 죽이려고 했는데, 공자의 모습이 양호와 닮았기 때문에 갑사(甲士)를 보내 공자가 묵는 집을 포위하자, 자로가 노하여 창을 들고 나가 용감히 싸우려고 하였다.[孔子之宋. 匡簡子將殺陽虎, 孔子似之, 甲士以圍孔子之舍, 子路怒, 奮戟將下鬪.]

안자가 죽지 않았을 것이라고는 생각지도 못했던 것이다.

至顏子之對夫子曰: "子在, 回何敢死?" 夫夫子遇難而曰"子在", 何也? 蓋以夫子狀類陽虎, 匡人疑爲陽虎而誤圍之, 非眞欲殺夫子. 此直俟其細 詢蹤跡, 審其動靜, 自足知之. 書傳言"夫子弦歌不輟, 曲三終, 而匡人解 甲, 忠信篤敬, 蠻貊可行." 此豈陽虎之所能爲者? 蓋不待夫子自辨, 而聖 德光著, 匡人已知決非陽虎矣. 夫子之不輕於一死, 顏子蓋眞知之, 故曰 "子在", 而因子在不敢就死, 自必潛身遠害, 或從他道迂行, 此其所以相失 在後也. 惟知子在, 故顏子獨後; 惟顏子獨後, 而夫子又疑爲死. 聖賢往跡 及其心事, 可按文而得之. 他說以"死"爲"先"字之誤, 或以"子在"爲"在圍 中", "死"爲"赴鬪", 皆不合.

안자가 공자에게 대답하면서 "선생님께서 살아 계시는데 제가 어찌 감히 죽겠습니까?"라고 한 장면에 이르면, 공자가 난처한 상황에 맞닥뜨 렸는데도 "선생님께서 살아 계시는데"라고 한 것은 어째서일까? 아마도 공자의 모습이 양호(陽虎)와 유사했기 때문에 광 땅의 사람들이 양호라 고 의심하고 오해해서 포위하기는 했지만 진짜로 공자를 죽이려 한 것 은 아니었기 때문일 것이다. 이는 다만 공자의 종적을 자세히 묻기를 기 다렸다가 동정을 살피기만 해도 저절로 알기에 충분한 것이다. 여러 경 서(經書)와 전·주(傳注)들을 살펴보면 "공자가 거문고를 타고 노래를 부 르면서 그치지 않고, 곡조를 세 번 마치자 광 땅의 사람들이 무장을 해 제하였으니,[128] 성실하고 진실하며 돈독하고 공경스러우면 오랑캐의 나

---

128 『공자가어』 권5, 「곤서」 제22: 자로가 거문고를 타면서 노래하자 공자가 화답하였다. 세 곡
  을 노래하고 마치자 광 땅 사람이 무장을 해제하고 물러났다.[子路彈琴而歌, 孔子和之. 曲三
  終, 匡人解甲而罷.]

라라 하더라도 행할 수 있는 것이다.[129]"라고 했으니, 이 어찌 양호가 할 수 있는 것이겠는가? 공자가 스스로 변명할 필요도 없이 성스러운 덕이 찬란히 드러나니 광 땅의 사람들이 이미 결코 양호가 아님을 알았던 것이다. 공자가 한 번 죽음을 가벼이 여기지 않는다는 것을 안자는 어쩌면 진실로 알고 있었기 때문에 "선생님께서 살아 계시는데"라고 한 것이고, 선생님이 살아 계심으로 인해 감히 죽음으로 나아가지 못하고 반드시 스스로 몸을 숨기고 해를 멀리 피해 혹 다른 길을 따라 멀리 가다 보니, 이것이 서로를 잃고서 뒤에 처져 있게 되었던 까닭이다. 오직 선생님께서 살아 계실 것이라는 것만큼은 알고 있었기 때문에 안자가 홀로 뒤처져 있었던 것이고, 오직 안자가 홀로 뒤처져 있었기 때문에 공자는 또 죽었을 것이라고 의심했던 것이다. 성현의 지나간 자취와 그가 마음속으로 생각하는 일은 글을 살펴보면 알 수가 있다. "사(死)"를 "선(先)" 자의 잘못이라고 하거나,[130] 혹은 "선생님께서 살아 계심[子在]"을 "포위된 가운데 계심[在圍中]"으로 본다든가, "사(死)"를 "싸움에 달려듦[赴鬪]"이라고 말하는 것은 모두 합당하지 않다.

---

129 『논어』「위령공(衛靈公)」: 자장이 행실에 대해 묻자, 공자가 말했다. "말이 성실하고 진실하며 행실이 돈독하고 경건하면, 비록 오랑캐의 나라라 하더라도 행할 수 있지만, 말이 성실하고 진실하지 않으며 행실이 돈독하고 경건하지 않으면, 비록 고을이나 마을이라 할지라도 행할 수 있겠느냐?"[子張問行, 子曰: "言忠信, 行篤敬, 雖蠻貊之邦行矣. 言不忠信, 行不篤敬, 雖州里行乎哉?"]

130 『논어필해(論語筆解)』권하, 「선진(先進)」한유의 주에 "사(死)는 마땅히 선(先) 자의 잘못으로 보아야 한다. 앞 단락에서 '안연이 뒤처져 왔다'라고 했으니, 아래 단락에서는 '제가 어떻게 감히 앞서서 가겠습니까?'라고 해야 그 뜻이 저절로 분명해지고, 죽을 리도 없는 것이다.[死當爲先字之誤也. 上文云'顔淵後', 下文云'回何敢先', 其義自明, 無死理也.]"라고 말했다.

11-22

季子然問, "仲由‧冉求可謂大臣與?"【注】孔曰: "子然, 季氏子弟.
自多得臣此二子, 故問之." 子曰: "吾以子爲異之問, 曾由與求之問!
【注】孔曰: "謂子問異事耳, 則此二人之問, 安足大乎?" 所謂大臣者, 以
道事君, 不可則止, 今由與求也, 可謂具臣矣."【注】孔曰: "言備
臣數而已." 曰: "然則從之者與?" 子曰: "弑父與君, 亦不從也."
【注】孔曰: "問爲臣皆當從所欲, 言二子雖從其主, 亦不與爲大逆."

계자연(季子然)이 물었다. "중유(仲由)와 염구를 대신(大臣)이라
이를 수 있겠지요?"【주】공안국이 말했다. "자연(子然)은 계씨의 자제이다.
이 두 사람을 신하로 얻은 것을 스스로 자랑스럽게 여겼기 때문에 물은 것이다." 공
자가 말했다. "나는 자네가 남다른 질문을 할 것이라고 생각했었
는데 결국 유와 구에 대해서 묻는구나!"【주】공안국이 말했다. "자네가
다른 일을 질문할 것이라고 여겼을 뿐이었으니, 그렇다면 이 두 사람을 질문하는 것
이, 어찌 충분히 대단한 것이겠는가?" 이른바 대신이란 도로써 임금을 섬
기다가 안 되면 그만두는 것이니, 지금 유와 구는 숫자만 채우고
있는 신하라고 말할 수 있다."【주】공안국이 말했다. "신하의 숫자만 채울
뿐이라는 말이다." 계자연이 말했다. "그렇다면 따르기만 하는 자들
입니까?" 공자가 말했다. "아버지와 임금을 시해하는 일은 또한
따르지 않을 것이다."【주】공안국이 말했다. "신하가 되어서는 모두 군주[131]
가 바라는 것을 따름이 마땅한지를 질문한 것이고, 두 사람이 비록 그 주인의 뜻을

---

131 『논어집해의소(論語集解義疏)』 공안국 주에는 "從君所欲"으로 되어 있으므로, 이에 따라 해
석했다.

따르겠지만, 대역(大逆)을 저지르는 일을 돕지는 않을 것이라고 대답한 것이다."

원문 正義曰:『釋文』云: "㧈, 古文臣字, 本今作臣." 此古文出六朝時所制. "大臣"者, 謂公 · 卿 · 大夫爲諸侯佐者也. "異"者, 謂異人也, 若顏淵 · 仲弓 之類. "曾由與求之問", "曾"猶乃也, 見王氏引之『經傳釋詞』.

역문 정의에서 말한다.

『경전석문』에 "신(㧈)은 신(臣) 자의 고문(古文)인데, 판본에 따라 지금 은 신(臣)으로 쓴다."라고 했는데, 이 고문은 육조시대에 제작된 판본에 나온다. "대신"이란, 공(公)이나 경, 대부로서 제후의 보좌가 된 자를 말 한다. "이(異)"는 다른 사람[異人]을 말하는 것이니, 안연이나 중궁과 같은 부류이다. "결국 유와 구에 대해서 묻는구나[曾由與求之問]"라고 했는데, "증(曾)"은 결국[乃]이라는 말과 같으니, 왕인지(王引之)의 『경전석사』에 보인다.

원문 "以道事君, 不可則止"者, 謂事君當以正道, 若君所行有過失, 卽以道諫 正之. "止"謂去位不仕也. 「曲禮」云: "爲人臣之禮, 不顯諫, 三諫而不聽, 則逃之." 『白虎通』「諫諍篇」, "諸侯之臣, 諍不從得去何? 以屈尊伸卑, 孤 惡君也." 竝言大臣事君之法.

역문 "도로써 임금을 섬기다가 안 되면 그만두는 것"이란 임금을 섬김에 마 땅히 바른 도로써 섬겨야 하니, 만약 임금의 소행에 과실이 있으면, 즉 시 도로써 간하여 바로잡아야 한다는 말이다. "지(止)"는 자리를 버리고 벼슬하지 않는다는 말이다. 『예기』「곡례하」에 "신하 된 자의 예는 군주 의 잘못을 드러내어 간하지 않는 것이니, 세 번 간하여도 듣지 않으면 떠나간다."라고 했고, 『백호통의』「간쟁」에 "신하인 제후가 간쟁을 했을 때, 천자가 따르지 않으면 떠나도 되는 것은 어째서인가? 존귀한 군주를 굴복시키고 비천한 신하의 뜻을 펼쳐 포악한 군주를 외롭게 만들기 위해서이다."[132]라고 했는데, 모두 대신이 임금을 섬기는 법을 말한 것이다.

원문 劉敞『春秋意林』, "'具臣'者, 其位下, 其責薄, 小從可也, 大從罪也. 大臣者, 其任重, 其責厚, 小從罪也, 大從惡也." 包氏愼言『溫故錄』, "『韓詩外傳』云: '大夫有諍臣三人, 雖無道不失其家. 季氏爲無道, 僭天子, 舞八佾, 旅泰山, 以「雍」徹, 然而不亡者, 以有冉求‧季路爲宰臣也. 故曰: "有諤諤諍臣者, 共國昌.""依此則二子事季, 亦能匡正以道. 故季子然以大臣許之, 而夫子斥之者, 以其不能以去就爭也. 『公羊』「莊」二十四年"曹羈"下「傳」云: "三諫不從, 遂去之, 君子以爲得君臣之義也." 「注」云: "孔子曰: '所謂大臣者, 以道事君, 不可則止.' 此之謂也. 不從得去者, 仕爲行道, 道不行, 義不可素餐. 所以申賢者之志, 孤惡君也."

역문 유창(劉敞)의 『춘추의림』에 "구신(具臣)은 지위는 낮고 책임이 옅으니, 작은 간언을 따르게 하는 것은 가능하지만, 큰 간언을 따르게 하다 보면 죄를 얻는다. 대신은 맡은 일이 중하고 책임이 두터우니, 작은 간언을 따르게 하면 죄를 받지만 큰 간언을 따르게 하다 보면 미움을 받는다."라고 했고, 포신언은 『논어온고록』에 "『한시외전』에서 말했다. '대부가 간쟁하는 신하 세 사람이 있으면 비록 무도(無道)하더라도 그 집안을 잃지 않는다. 계씨가 무도하여 천자를 참람하고, 여덟 줄로 춤을 추며, 태

---

132 『백호통의(白虎通義)』「간쟁(諫諍)」에는 "제후가 간쟁을 했을 때 천자가 따르지 않으면 떠나도 되는 것은 어째서인가? 존귀한 군주를 굴복시키고 비천한 신하의 뜻을 펼쳐 포악한 군주를 외롭게 만들기 위해서이다.[諸侯諍, 不從得去, 何? 以屈尊申卑, 孤惡君也.]"라고 되어 있다.

산(泰山)에 여제(旅祭)를 지내고서, 「옹」을 노래하면서 제사상을 거두었지만, 그리고도 망하지 않은 것은 염구와 계로가 가신이 되었기 때문이다. 그러므로 "정직하고 곧은 말로 간쟁하는 신하가 있는 자는 함께 나라가 창대해지게 한다."라고 한다."'라고 했다.

이 이야기에 의거해 보면 두 제자가 계씨를 섬긴 것 역시 도로써 바로 잡을 수 있었기 때문이다. 계자연은 그들을 대신이라고 인정했지만, 공자가 배척한 것은, 그들이 거취를 가지고 간쟁을 하지 못했기 때문이다. 『춘추공양전』「장공」 24년에 "조(曹)나라의 기(羈)"라고 한 곳의 아래 「전」에 "세 번을 간했지만 따르지 않자 마침내 떠나가니, 군자(君子: 공자)가 군신 간의 의리를 얻었다고 여겼다."라고 했는데, 「주」에 "공자가 말하길, '이른바 대신이란 도로써 임금을 섬기다가 안 되면 그만두는 것이다.'라고 했으니, 이를 두고 한 말이다. 간언을 따르지 않으면 떠나갈 수 있는 것은 벼슬은 도를 행하기 위한 것인데, 도가 행해지지 않으면 도의상 공밥을 먹어서는 안 되기 때문에, 그렇게 함으로써 현자(賢者)의 뜻을 신장시키고 포악한 군주를 외롭게 만드는 것이다."라고 했다.

원문 夫二子非黨惡之臣, 然不能直伸己志, 折奸人僭竊之萌, 故曰"具臣". 張栻『論語解』, "或曰: '弑父與君亦不從', 何必由·求而能之? 曾不知順從之臣, 其始也, 惟利害之是狗而已, 履霜堅冰之不戒, 馴至蹉跌, 以至於從人弑君者多矣. 如荀彧·劉穆之之徒, 其始從曹操·劉裕之時, 亦豈遂欲弑父與君哉? 惟其漸浸順長而勢卒至此耳."

역문 저 두 제자는 작당하고 악을 행하는 신하는 아니지만 자기의 뜻을 곧게 펴서 간악한 사람들의 참절(僭竊)한 싹을 꺾어 버리지 못했기 때문에 "숫자만 채우는 신하[具臣]라고 한 것이다. 장식의 『논어해』에 "혹자가 말했다. '아버지와 임금을 시해하는 일을 또한 따르지 않는 것'이 어찌 반드시 중유와 염구라야 할 수 있는 것이겠는가? 일찍이 순종을 모르는 신하가 그 시작이니, 그들은 오직 이익과 해로움만을 주창할 뿐이고, 서리를 밟으면 단단한 얼음이 이른다[133]는 것을 경계하지 않아 급기야는 차질이 생기는 바람에 남을 좇아 임금을 시해하는 자가 많아지게 되었다. 예를 들어 순욱(荀彧)[134]과 유목지(劉穆之)[135]와 같은 무리가 처음에 조

『주역(周易)』「곤(坤)」초육(初六): 초육은 서리를 밟으면 단단한 얼음이 이른다.[初六, 履霜, 堅冰至.]

134 순욱(荀彧, 163~212): 후한 영천(潁川) 영음(潁陰) 사람. 자는 문약(文若)이고, 순숙(荀淑)의 손자다. 어릴 때부터 재명(才名)이 있었다. 중평(中平) 6년(189) 효렴(孝廉)으로 천거되어 항부령(亢父令)을 지냈다. 얼마 뒤 원소(袁紹)에게 의탁했는데, 원소가 큰일을 이루지 못하리라 보고 조조에게 몸을 맡겼다. 조조는 그를 깊이 신임하여 비무사마(備武司馬)와 진동사마(鎭東司馬)에 임명하면서 "그대는 나의 장자방(張子房)이다."라고 말할 정도였다. 조조에게 도읍을 허도(許都)로 옮기고 헌제(獻帝)를 모실 것을 적극 제안하여 천자를 두고 제후를 호령하는 지위를 얻게 했다. 조조가 대장군의 벼슬을 받은 뒤 그를 시중(侍中)과 상서령(尙書令)으로 임명하고 국가의 중요한 일에 참여할 수 있게 했다. 조조가 여포(呂布)를 죽인 뒤 원소와 대치했을 때 원소와 그를 따르는 부하들에 대한 정밀한 분석을 제공해 조조의 강한 신임을 얻었다. 이때부터 허도에서 정무를 처리했다. 관도(官渡) 전투 때 군량이 다한 조조가 철군하려고 하자 끝까지 견벽(堅壁)할 것을 주장하면서 기묘한 병법으로 원소를 격파해 만세정후(萬歲亭侯)에 봉해졌다. 시중이 되어 절월(節鉞)을 지니고 승상군사(丞相軍事)에 참여했다. 건안(建安) 17년(212) 동소(董昭)가 조조에게 위공(魏公)의 벼슬을 받으라고 권했을 때 반대하여 조조의 의심을 샀다. 얼마 뒤 조조가 그에게 찬합을 보냈는데 아무런 음식도 들어 있지 않았다. 조조의 뜻을 알아차리고 독약을 먹고 자살했다.

135 유목지(劉穆之, 360~417): 남조(南朝)시대 송(宋)나라 명신(名臣). 자는 도화(道和)이고, 어릴 때의 자는 도민(道民), 시호는 문선(文宣)이다. 동완군(東莞郡) 거현(莒縣) 사람으로 무제(武帝)를 따라서 건업(建業)을 평정하였다. 그는 안으로는 조정의 정사를 총괄하고 밖으로는 군려(軍旅)에 종사하였는데, 결단을 내리기를 물 흐르듯이 하여 일이 지체되는 것이 없었다. 빈객(賓客)이 몰려들고, 청원(請願)이 폭주하고, 안팎에서 올라오는 공문서가 온 방 안에 가득하였는데, 눈으로는 소장(訴狀)을 보고서 처리하고, 손으로는 공문서에 대한 답서(答書)를 쓰고, 귀로는 다른 사람의 말을 듣고, 입으로는 빈객과 대화를 나누기를 동시에 하였는데도 조금도 뒤섞임이 없이 모두 제대로 거행하였다.

조(曹操)[136]와 유유(劉裕)[137]를 따를 때 또한 어찌 마침내 아버지와 임금을 시해하려고 했겠는가? 오직 점점 빠져들고 순차적으로 자라나다가 형세가 졸지에 이에 이르게 된 것일 뿐이다."라고 했다.

---

136 조조(曹操, 155~220): 위 무제(魏武帝). 후한 말기 패국(沛國) 초현(譙縣) 사람으로 자는 맹덕(孟德)이고, 묘호는 태조(太祖)이며, 시호는 무황제(武皇帝)라 추존되었다. 본성은 하후(夏侯)씨고, 조숭(曹嵩)의 아들이다. 어릴 때부터 권모술수에 능했고, 나이 스물에 효렴(孝廉)으로 천거되어 낭(郎)이 되었다가 돈구령(頓丘令)으로 옮겼다. 기도위(騎都尉)가 되어 황건적(黃巾賊) 토벌에 공을 세우고 두각을 나타내어 마침내 헌제를 옹립하고 종횡으로 무략(武略)을 휘두르게 되었다. 초평(初平) 3년(192) 연주목(兗州牧)이 되어 황건군의 항복을 유도해 정예병을 청주병(靑州兵)으로 편입시켰다. 화북(華北)을 거의 평정하고 나서 남하를 꾀했다. 건안 13년(208) 승상(丞相)이 되고, 손권(孫權)과 유비(劉備)의 연합군과 적벽(赤壁)에서 싸워 대패했다. 이후 세력이 강남(江南)에까지는 미치지 못했다. 위왕(魏王)에 봉해졌다. 정치상의 실권은 잡았지만 스스로는 제위에 오르지 않았다. 연강(延康) 원년(220) 1월 낙양(洛陽)에서 죽었다. 문학을 사랑하여 많은 문인들을 불러들였고, 자신도 두 아들 조비(曹丕), 조식(曹植)과 함께 시부(詩賦)의 재능이 뛰어나, 이른바 건안문학(建安文學)의 흥성을 가져오게 했다. 저서에 『손자약해(孫子略解)』와 『병서접요(兵書接要)』, 『조조집(曹操集)』이 있다.

137 유유(劉裕, 363~422): 남조 송나라의 초대 황제(재위, 420-422). 조적(祖籍)은 팽성(彭城)이고, 동진(東晉) 때 경구(京口)로 옮겨 와 살았다. 시호는 무제(武帝)이고, 묘호는 고조(高祖)이다. 자는 덕여(德輿)이고, 소자는 기노(寄奴)이다. 서주(徐州)의 가난한 집안에서 태어나 농사를 짓고 짚신을 팔고 물고기를 잡으면서 살았다. 처음에 북부병장령(北府兵將領)으로 유뢰지(劉牢之)를 따라 손은(孫恩)의 거병(擧兵)을 진압했다. 진 안제(晉安帝) 의희(義熙) 원년(405) 환현(桓玄)을 격파하고, 시중(侍中)과 거기장군(車騎將軍)을 거쳐 도독제군사(都督諸軍事)에 이르러, 조정을 장악했다. 이어 양주(揚州)를 중심으로 군사권을 장악하여 의희 6년(410) 남연(南燕)을 멸망시키고, 군사를 돌려 노순(盧循)과 서도복(徐道覆)을 격파했다. 다시 유의(劉毅)를 제거하고 서쪽으로 초종(譙縱)을 공격한 뒤 파촉(巴蜀)을 접수했다. 또 관중(關中)으로 출병하여 후진(後秦)을 멸망시켰다. 상국(相國)에 올라 송왕(宋王)에 봉해졌다. 나아가 집정(執政)이 되어 토단정책(土斷政策)을 단행했다. 황제의 폐립을 행하고, 진(晉) 왕실의 반대파를 제거했다. 원희(元熙) 원년(419) 공제(恭帝)의 선양으로 제위에 올라 국호를 송이라 하고 연호를 영초(永初)로 정했다. 정치를 하면서 검약을 숭상했고, 경술토단(庚戌土斷)을 시행해 중앙집권제를 강화했다. 즉위한 지 3년 만에 죽었다.

案, 夫子此言, 明二子尙能守正, 亦所以警季氏, 使無自陷大逆也.

살펴보니, 공자의 이 말은 두 제자가 그래도 올바름은 지킬 수 있으니, 또한 계씨를 경계시켜 스스로 대역에 빠지지 않게 하기 위한 것이었음이 분명하다.

- 「注」, "子然, 季氏子弟."
- 正義曰: 宋氏翔鳳『發微』云: "『文選』「注」四十七引『論語摘輔象』曰: '子然公順多略.' 知季子然亦弟子之一." 戴氏望『論語注』, "疑子然卽季襄."
- ○ 「주」의 "자연은 계씨의 자제이다."
- ○ 정의에서 말한다.

  송상봉의『논어발미』에 "『문선』「주」권47에『논어적보상』을 인용해 '자연은 공정하고 순하였으며 매우 소략했다.'라고 했으니, 계자연 역시 제자 중의 한 사람임을 알겠다."라고 했고, 대망(戴望)의『논어주』에 "아마도 자연은 바로 계양(季襄)[138]인 듯싶다."라고 했다.

- 「注」, "謂子"至"大乎".
- 正義曰: 「注」以"異"爲"異事", "曾"爲"則", 並不合.
- ○ 「주」의 "위자(謂子)"부터 "대호(大乎)"까지.
- ○ 정의에서 말한다.

  「주」에서 "이(異)"를 "다른 일[異事]"이라고 한 것과, "증(曾)"을 "즉(則)"이라고 한 것은 모두 합당하지 않다.

- 「注」, "言備臣數而已."

---

138 계양(季襄, ?~?):『회남홍렬해(淮南鴻烈解)』권13,「범론훈(氾論訓)」고유(高誘)의 주에 "계양은 노나라 사람으로, 공자의 제자이다.[季襄, 魯人, 孔子弟子.]"라고 했다.

● 正義曰:『說文』云: “具, 共置也.”『廣雅』「釋詁」, “具, 備也.” 大夫家臣, 當有員數, 此二子仕

季, 亦但備數任職事, 不能如大臣能匡正人主也.『漢書』「翟方進傳」, “爲具臣以全身.”

○ 「주」의 “신하의 숫자만 채울 뿐이라는 말이다.”

○ 정의에서 말한다.

『설문해자』에 “구(具)는 함께 둔다[共置]는 뜻이다.”[139]라고 했고,『광아』「석고」에 “구(具)
는 갖춤[備]이다.”라고 했다. 대부의 가신은 마땅히 인원수가 있으니, 이 두 제자가 계씨에게
서 벼슬한 것도 역시 단지 숫자만 채워서 직책과 일을 맡은 것일 뿐이므로, 대신처럼 거뜬히
군주를 바로잡을 수는 없다.『한서』「적방진전」에 “숫자만 채우는 신해[具臣]가 되어 몸을 온
전히 보전한다.”라고 했다.

11-23

子路使子羔爲費宰, 子曰: “賊夫人之子.”【注】包曰: “子羔學未熟
習, 而使爲政, 所以爲賊害.” 子路曰: “有民人焉, 有社稷焉, 何必讀
書, 然後爲學?”【注】孔曰: “言治民事神, 於是而習之, 亦學也.” 子曰:
“是故惡夫佞者!”【注】孔曰: “疾其以口給應, 遂己非而不知窮.”

자로가 자고(子羔)를 비읍(費邑)의 수령[宰]으로 삼자, 공자가 말
했다. “남의 자식을 해치는구나.”【주】포함이 말했다. “자고의 학문이 아
직 성숙되지 않았는데, 정치를 하게 하는 것은 몸을 해치게 되는 원인이다.” 자로
가 말했다. “인민[民人]이 있고 사직이 있는데, 어째서 반드시 글

---

139 『설문해자』 권3: 구(具)는 함께 둔다[共置]는 뜻이다. 공(廾)으로 구성되었고, 패(貝)의 생략
된 자형으로 구성되었다. 옛날에는 조개[貝]를 화폐[貨]로 사용했다. 기(其)와 우(遇)의 반절
음이다.[具, 共置也. 從廾, 從貝省. 古以貝爲貨. 其遇切.]

을 읽은 뒤라야 학문을 하는 것이겠습니까?"【주】 공안국이 말했다. "백성을 다스리고 귀신을 섬기다 보면 그러는 가운데서 익히는 것도 역시 학문이라는 말이다." 공자가 말했다. "이런 까닭에 말재주 있는 자를 미워하는 것이야!"【주】 공안국이 말했다. "그런 사람은 수다스럽고 재빠른 말재주로 응대하다가, 결국에는 자기가 잘못했으면서도 자기의 잘못을 바로잡을 궁리(窮理)를 할 줄 모름을 미워한 것이다."

원문 正義曰: 『史記』「弟子傳」作"使子羔爲費郈宰." 『論衡』「藝增篇」亦作 "郈宰." 戴氏望說, "『史記』'費'字, 後人所增. 張守節『正義』引『括地志』, 釋郈在鄆城宿縣, 末言費所在, 知所見本無'費'字. 『漢』「地理志」東平國 無鹽縣有郈鄕, 今山東東平州東境也. 子路以墮郈後, 不可無良宰, 故欲任 子羔治之."

역문 정의에서 말한다.

『사기』「중니제자열전」에는 "자고를 비후(費郈)의 수령[宰]으로 삼았다."라고 되어 있고, 『논형』「예증」에도 "후재(郈宰)"로 되어 있다. 대망은 "『사기』의 '비(費)' 자는 후대의 사람들이 보탠 것이다. 장수절(張守節)의 『사기정의』에는 『괄지지』[140]를 인용해서 '후(郈)'가 운성(鄆城)의 숙현(宿縣)에 있다고 풀이하고, 비의 소재는 언급하지 않았으니, 장수절이 본 판본에는 '비' 자가 없음을 알 수 있다. 『한서』「지리지」에 보면 동평국

---

140 『괄지지(括地志)』: 중국 당나라 때 복왕태(濮王泰) 등이 편찬한 지지(地志). 정관(貞觀) 13년(639)을 기준으로 전국 358개 주의 연혁, 산천의 형세, 풍속, 문물, 고적 따위를 기술하였다. 『신당서(新唐書)』「예문지(藝文志)」를 보면 "『괄지지』 550권 및 『서략(序略)』 5권"이라 되어 있으나, 모두 산일(散佚)되고 현행본은 청(淸)나라의 손성연(孫星衍)이 여러 책에 인용된 일문(逸文)을 모아 편찬한 것이다. 『해동역사(海東繹史)』에 이 책의 일부가 인용되어 있다.

(東平國) 무염현(無鹽縣)에 후향(郈鄕)이라는 곳이 있는데, 지금의 산동(山東) 동평주(東平州) 동쪽 경계에 있다. 자로가 후(郈)를 무너뜨린 뒤에 훌륭한 수령이 없으면 안 되기 때문에 자고에게 맡겨 그곳을 다스리게 하려고 했던 것이다."라고 했다.

원문 案, 戴說頗近理, 然『論語集解』亦不釋郈, 則包·周·馬·鄭諸家所據本皆作費, 豈當時已文誤, 莫之能正耶? 所當闕疑, 各就文解之也.

역문 살펴보니, 대망의 말이 자못 이치에 가까우나, 『논어집해』역시 후(郈)를 풀이하지 않았다면, 포함이나 주생렬(周生烈), 마융, 정현 등 여러 학자가 근거한 판본에는 모두 비로 되어 있다는 것인데, 어째서 당시에 이미 글자가 잘못되었는데 아무도 바로잡지 못한 것일까? 당연히 의심나는 것을 빼고 각자가 글자만 따라서 해석했기 때문이다.

원문 "有民人"者, 民謂庶人在官, 人謂群有司, 皆所以佐宰治事也. "有社稷"者, 「祭法」云: "大夫以下, 成群立社, 曰置社." 鄭「注」, "大夫不得特立社, 與民族居, 百家以上則共立一社, 今時裏社是也." "稷"者, 穀神. 『白虎通』「社稷篇」, "人非土不立; 非穀不食. 土地廣博, 不可徧敬也; 五穀衆多, 不可一一而祭也. 故封土立社, 示有土也. 稷, 五穀之長, 故立稷而祭之也. 稷者得陰陽中和之氣, 而用尤多, 故爲長也. 歲再祭之何? 春求秋報之義也." 夏氏炘『學禮管釋』, "社·稷, 皆祀土神也. 土爰稼穡, 社與稷不能分而爲二, 言稷必兼言社, 言社不必言稷, 而稷在其中. 鄭氏所謂'稷者, 社之細'是也. 社·稷共祀於一壇, 歷考諸經傳, 只有社壇, 竝無稷壇. 自王莽官社之外復增官稷, 光武州治之社無稷, 而後世遂社·稷分壇, 失古義矣." 案, 天子·諸侯, 行禮於社甚多. 『白虎通』祇擧求報言者, 以社·稷皆土神, 求報是其正祭, 不煩廣說他事也. 大夫祭社·稷, 亦是春求秋報, 凡擧

民事時皆同矣.

역문 "인민이 있다[有民人]"

민(民)은 서인으로서 관직에 있는 사람을 이르고, 인(人)은 여러 유사(有司)를 이르니, 모두 수령[宰]을 도와 일을 다스리는 사람들이다.

"사직이 있다[有社稷]"

『예기』「제법」에 "대부 이하가 함께 세운 사(社)를 치사(置社)라 한다."라고 했는데, 정현의 「주」에 "대부는 단독으로 사를 세울 수 없고, 백성들이나 겨레붙이와 함께 거처해서 100가(家) 이상이 되면 함께 하나의 사를 세운다."라고 했다. "직(稷)"이란 곡식신이다. 『백호통의』「사직」에 "사람은 토지가 없으면 존립할 수 없고, 곡식이 아니면 먹을 수가 없다. 토지는 넓고 넓어 두루두루 공경할 수가 없고, 오곡은 너무도 많아 일일이 제사를 지낼 수 없다. 그러므로 토지를 봉하고 사를 세워 토지를 소유하고 있음을 표시하는 것이다. 기장[稷]은 오곡 중에 으뜸이기 때문에 곡식신[稷]을 세우고 제사를 지내는 것이다. 기장[稷]은 음양(陰陽)이 중화(中和)를 이룬 기운을 얻어 용도가 더욱 다양하기 때문에 오곡의 으뜸이 되는 것이다. 해마다 두 번 제사를 지내는 것은 어째서인가? 봄에는 곡식을 구하고 가을에는 수확에 보답하는 뜻에서이다."라고 했다.

하흔(夏炘)의 『학례관석』에 "사와 직은 모두 토지신을 제사 지내는 것이다. 토지는 곧 농사를 지어 작물을 심고 거두는 곳이고, 사와 직은 별개의 두 가지로 나눌 수 없으니, 직을 말할 때는 반드시 사를 아울러 말해야 하지만, 사를 말할 때는 굳이 직을 말할 필요가 없으니, 직이 그 안에 포함되어 있기 때문이다. 정현의 이른바 '직이란 사가 작은 것이다'라고 한 것이 그것이다. 사와 직은 같은 제단에서 함께 제사를 지내는 것이니, 여러 경전을 낱낱이 살펴보더라도 다만 사단(社壇)만 있을 뿐, 결코 직단(稷壇)은 없다. 왕망 때부터 관사(官社) 외에 다시 관직(官稷)을 증설했으나, 광무제(光武帝) 때 주(州)에서 관할하는 사에는 직이 없다가 후세에는 마침내 사와 직의 단(壇)을 나누었으니, 옛날의 법도를 잃은 것이다.”라고 했다.

살펴보니, 천자와 제후가 사에서 예를 행하는 경우는 매우 많다. 그런데도 『백호통의』에서 단지 곡식을 구하고 수확에 보답한 것[求報]만 들어서 언급한 것은 사와 직은 모두 토지신이니 곡식을 구하고 수확에 보답하는 것[求報]이 그 정제(正祭)이므로 번거롭게 다른 일을 넓혀서 말하지 않은 것이다. 대부가 사와 직에 제사하는 것 역시 봄에는 곡식을 구하고 가을에는 수확에 보답하는 것이니, 무릇 백성들의 일을 거론함이 당시에는 모두가 같았다.

원문 “讀書”者, 『說文』云: “讀, 誦書也.” “書”者, 『詩』·『書』·禮·樂之統名. 於時世卿持祿, 不由學進, 故子路言仕宦亦不以讀書爲重也. 『韓詩外傳』, “哀公問於子夏曰: ‘必學然後可以安國保民乎?’ 子夏曰: ‘不學而能安國保民者, 未之有也.’” 卽夫子此言之旨.

역문 “글을 읽음[讀書]”

『설문해자』에 “독(讀)은 글을 암송한다[誦書]는 뜻이다.”[141]라고 했는데, “글[書]”이란, 『시경』과 『서경』과 예와 음악을 총괄하는 명칭이다. 당시에는 대대로 경의 지위를 세습하면서 봉록을 유지해서 학문을 통해 지위에 나아가지 않았기 때문에 자로가 벼슬해서 관직에 나아가는 것은 또한 글 읽는 것을 중한 것으로 여기지 않는다고 한 것이다. 『한시외전』에 “애공이 자하에게 묻기를 ‘반드시 배운 뒤에야 나라를 편안히 하고

---

[141] 『설문해자』 권3: 독(讀)은 글을 암송한다[誦書]는 뜻이다. 언(言)으로 구성되었고 매(賣)가 발음을 나타낸다. 도(徒)와 곡(谷)의 반절음이다.[讀, 誦書也. 從言賣聲. 徒谷切.]

민중을 보호할 수 있는 것입니까?'라고 하자, 자하가 대답했다. '배우지 않고도 나라를 편안히 하고 민중을 보호할 수 있는 자는 아직은 있지 않았습니다.'"라고 했으니, 바로 공자가 여기에서 말한 요지이다.

원문 『左氏傳』, "子皮欲使尹何爲邑. 子産曰: '未知可否.' 子皮曰: '願, 吾愛之, 不吾叛也. 使夫往而學焉, 夫亦愈知治矣.' 子産曰: '不可. 人之愛人, 求利之也. 今吾子愛人則以政, 猶未能操刀而使割也, 其傷實多. 子之愛人, 傷之而已, 其誰敢求愛於子? 僑聞學而後入政, 未聞以政學者也. 若果行此, 必有所害.'" 與夫子此語意同.

역문 『춘추좌씨전』「양공」31년에 "자피(子皮)[142]가 윤하(尹何)[143]를 자기 봉읍(封邑)의 수령[宰]으로 삼으려 하자 자산이 말했다. '나이가 어린데, 고을을 다스릴 수 있을지 모르겠습니다.' 자피가 말하기를 '그는 사람됨이 신중하고 선량해서[願][144] 내 그를 사랑하니, 내 뜻을 저버리지 않을 것입니다. 그를 수령으로 보내어 그곳에서 정사를 배우게 하면 그도 또한 다스리는 방법을 더욱 잘 알게 될 것입니다.'라고 하니, 자산이 말했다. '옳지 않습니다. 사람이 사람을 사랑하는 것은 이익을 추구해서입니다. 지금 우리 그대가 사랑하는 사람이면, 그런 이유로 정치를 맡기시려 하는 것은 마치 칼을 잡을 줄도 모르는 자에게 희생(犧牲)을 잡게 하는 것과

---

142 자피(子皮, ?~기원전 529): 춘추시대 정나라 사람. 한호(罕虎)로도 불리며, 자전(子展)의 아들이다. 노 양공(魯襄公) 29년 아버지의 자리를 이어 정집정(鄭執政)이 되었다. 당시 기황(饑荒)이 들자 나라 사람들에게 양식을 공급했다. 다음 해 자산이 현명하고 재주가 있는 것을 보고 집정을 자산에게 양보하고 그의 정치를 도우려고 했다. 죽은 뒤 자산이 그를 위해 통곡했다.

143 윤하(尹何, ?~?): 춘추시대 정나라의 권력자인 자피의 가신.

144 두예의 주에 "원(願)은 신중하고[謹] 선량(善良)함이다.[願, 謹善也.]"라고 했다.

같아서 그가 다치는 일이 실로 많을 것입니다. 그대가 사람을 사랑하는 것은 단지 그를 다치게 할 뿐이니, 그 누가 감히 그대에게서 사랑받기를 구하겠습니까? 나는 배운 뒤에 정치에 입문했다는 말은 들었지만, 정치를 배움의 도구로 삼았다는 말은 듣지 못했습니다. 만약 과연 이대로 실행을 하신다면 반드시 그 사람을 해치는 일이 있을 것입니다.”라고 했으니, 공자가 여기에서 한 말과 뜻이 똑같다.

- 「注」, “所以爲賊害.”
- 正義曰:『說文』云: “賊, 敗也.” “敗”·“害”義近.
- ○「주」의 “몸을 해치게 되는 원인이다.”
- ○ 정의에서 말한다.

  『설문해자』에 “적(賊)은 해침[敗]이다.”[145]라고 했는데, “패(敗)”와 “해(害)”는 뜻이 가깝다.

- 「注」, “疾其”至“知窮”.
- 正義曰: 上篇言佞事云: “禦人以口給.” 給謂應之速, 如供給者也. “遂”, 猶成也. “窮”謂理窮也.
- ○「주」의 “질기(疾其)”부터 “지궁(知窮)”까지.
- ○ 정의에서 말한다.

  앞의 「공야장」에서 말재주와 관련된 일을 언급하면서 “수다스럽고 재빠른 말재주로 남의 말문을 막는다.[禦人以口給.]”라고 했는데, 급(給)이란 응답이 빨라 마치 말을 공급(供給)함과 같다는 말이다. “수(遂)”는 이룸[成]과 같다. “궁(窮)”은 이치를 궁구한다[理窮]는 말이다.

---

145 『설문해자』 권12: 적(賊)은 해침[敗]이다. 과(戈)로 구성되었고, 칙(則)이 발음을 나타낸다. 작(昨)과 칙(則)의 반절음이다.[賊, 敗也. 從戈則聲. 昨則切.]

子路·曾晳·冉有·公西華【注】孔曰:"晳, 曾參父, 名點." 侍坐,
子曰:"以吾一日長乎爾, 毋吾以也.【注】孔曰:"言我問女, 女無以
我長, 故難對." 居則曰:'不吾知也!'【注】孔曰:"女常居, 云'人不知己.'"
如或知爾, 則何以哉?"【注】孔曰:"如有用女者, 則何以爲治?" 子路
率爾而對曰:【注】"率爾", 先三人對. "千乘之國, 攝乎大國之間,
加之以師旅, 因之以饑饉.【注】包曰:"'攝', 迫也, 迫於大國之間." 由
也爲之, 比及三年, 可使有勇, 且知方也."【注】"方", 義方. 夫子
哂之.【注】馬曰:"'哂', 笑."

자로와 증석(曾晳)과 염유와 공서화가 【주】 공안국이 말했다. "석(晳)은
증삼의 아버지로, 이름이 점(點)이다." 공자를 모시고 앉았었는데, 공자가
말했다. "내가 너희들보다 하루 정도 나이가 많다는 이유로 나를
써 주는 이가 없구나. 【주】 공안국이 말했다. "내가 너희들에게 질문할 것이
니, 너희들은 내가 나이가 많다고 해서 대답하기 어렵다고 여기지 말라는 말이다."
평소에 '나를 알아주지 않는다!'라고 하는데, 【주】 공안국이 말했다.
"너희들이 평소에 '사람들이 자기를 알아주지 않는다.'라고 한다는 말이다." 만약
어떤 사람이 너희들을 알아준다면 무엇을 가지고 정치를 하겠느
냐?" 【주】 공안국이 말했다. "만약 너희를 등용하는 자가 있다면 무엇을 가지고 정
치를 하겠느냐?" 자로가 경솔하게 대답했다. 【주】 "경솔하다[率爾]라는 것
은 세 사람보다 먼저 대답을 했다는 뜻이다. "천승(千乘)의 나라가 큰 나라
들 사이에 끼어 있어서 핍박을 당하고, 이어서 전쟁이 더해지며,
그로 인해서 기근이 들더라도 【주】 포함이 말했다. "'섭(攝)'은 핍박[迫]이
니, 큰 나라들 사이에 끼어서 핍박을 당하고 있다는 뜻이다." 제가 그곳을 다스

리면 3년에 이를 즈음에 용맹스럽고 또 예법(禮法)을 알도록[知方] 할 것입니다.” 【주】 “방(方)”은 예법[義方]이다. 공자가 비웃었다[哂]. 【주】 마융이 말했다. “‘신(哂)’은 웃음[笑]이다.”

원문 正義曰: “侍坐”者, 謂四子侍於夫子坐側也. 上篇或言“侍”, 或言“侍側”, 此獨言“侍坐”, 明四子亦坐也. 子路少夫子九歲, 冉有少夫子二十九歲, 公西華少夫子四十二歲, 惟曾晳年無考, 其坐次在子路下, 是視子路年稍後. 夫子長於四子, 不欲多引年, 故謙言“一日”也.

역문 정의에서 말한다.

"시좌(侍坐)"란 네 명의 제자가 공자를 모시고 곁에 앉아 있었다는 말이다. 앞 편에서는 더러 "모시다[侍]"라고 하거나 혹은 "곁에 모시다[侍側]"라고 했는데, 여기에서 유독 "모시고 앉아 있었다[侍坐]"라고 말한 것은 네 명의 제자들 역시 앉아 있었음을 밝힌 것이다. 자로는 공자보다 아홉 살 어리고, 염유는 공자보다 스물아홉 살 어리며, 공서화는 공자보다 마흔두 살 어린데, 오직 증석의 나이만 밝혀진 게 없지만, 그 앉은 순서가 자로보다 아래에 있으니, 이는 자로의 나이보다 조금 늦음을 보여주는 것이다. 공자는 네 명의 제자보다 나이가 많았지만, 나이가 많다는 것을 끌어대고 싶지 않았기 때문에 겸손하게 "하루 정도[一日]"라고 했던 것이다.

원문 “毋吾以”者, “毋”與“無”同, 皇本作“無”. “以”, 用也, 言此身旣差長, 已衰老, 無人用我也. 『釋文』云: “吾以, 鄭本作已.” 鄭謂“毋以我長之故, 已而不言.” “已”, 止也, 義似紆曲. 夫子自言身老, 若四子則年力未衰, 宜爲世

用, 故就其平居所發論誘之盡言, 以觀其才志何如耳.

역문 "무오이(毋吾以)"라고 했는데, "무(毋)"는 "무(無)"와 같은 뜻이니, 황간본에는 "무(無)"로 되어 있다. "이(以)"는 용(用)이니, 나 자신은 이미 나이가 차이가 나서 이미 노쇠했으므로 나를 써 주는 사람이 없다는 말이다. 『경전석문』에 "오이(吾以)는 정현본에는 이(已)로 되어 있다."라고 했으니, 정현은 "내가 나이가 많다는 이유로 그만두고 말을 않지 말라."라는 뜻으로 생각한 것인데, "이(已)"는 그만둠[止]이니, 뜻이 좀 왜곡된 것 같다. 공자가 스스로 몸이 늙었다고 말했지만 네 명의 제자들 같은 경우는 나이도 힘도 아직 쇠하지 않았으니, 세상에 쓰일 것이 당연하기 때문에 그들이 평소 펼치던 논점에 나아가 말을 다 할 수 있도록 인도해서 그들의 재주와 뜻이 어떠한가를 살펴본 것일 뿐이다.

원문 "率爾", 皇本作"卒爾", 「注」同. 『莊子』「人間世」「注」, "率然拊之." 『釋文』, "率, 本又作卒." 是"率"·"卒"二字通用.

역문 "솔이(率爾)"는 황간본에는 "졸이(卒爾)"로 되어 있고, 「주」에도 같다. 『장자』「인간세」의 「주」에 "갑자기 때리는 것이다.[率然拊之.]"[146]라는 표현이 있는데, 『경전석문』「장자석문」에 "솔(率)은 판본에 따라 또 졸(卒)로도 되어 있다."라고 했으니, "솔"과 "졸" 두 글자는 통용된다.

---

146 『장자(莊子)』「인간세(人間世)」: 말을 아끼는 사람이 네모난 대광주리에 말똥을 담고 커다란 조개껍질에 말 오줌을 담다가 마침 모기나 등에가 말 등에 붙어 있는 것을 보고 그것을 잡기 위해 갑자기 말 등을 때리면 말은 깜짝 놀라 재갈을 물어뜯고 사육하는 사람의 머리를 들이받아 훼손하고 가슴을 걷어차 박살 낼 것이니 이처럼 뜻이 모기를 쫓아 주어야겠다는 한 가지 목적에만 사로잡히면 사랑하는 방법을 잃어버리니 삼가지 않을 수 있겠는가?[夫愛馬者, 以筐盛矢, 以蜄盛溺, 適有蚊虻, 僕緣, 而拊之不時, 則缺銜毁首碎胸, 意有所至, 而愛有所亡, 可不愼邪?] 『논어정의』에는 "拊"가 "附"로 되어 있다. 『장자』를 근거로 고쳤다.

원문 "加之以師旅"者, 謂己國有征討及他國來侵伐者也. "加"者, 益也. 『說文』
云: "二千五百人爲師, 從帀從自. 自, 四帀, 衆意也." "軍之五百人爲旅,
從㫃從從."

역문 "이어서 전쟁이 더해진다[加之以師旅]"라는 것은 자기의 나라에 정벌이
나 토벌 및 다른 나라가 와서 침공함이 있다는 말이다. "가(加)"는 더함
[益]이다. 『설문해자』에 "사(師)는 2,500인이 사가 된다. 잡(帀)으로 구성
되었고 퇴(自)로 구성되었다. 퇴(自)는 사방을 두루 포위한다[四帀]는 뜻
이니, 많다[衆]는 뜻이다."[147]라고 했고, "군대의 500인이 여(旅)가 된다.
언(㫃)으로 구성되었고 종(從)으로 구성되었다."[148]라고 했다.

원문 『周官』「小司徒」, "五人爲伍, 五伍爲兩, 四兩爲卒, 五卒爲旅, 五旅爲
師, 五師爲軍. 以起軍旅, 以作田役, 以比追胥, 以令貢賦." 鄭「注」, "伍・
兩・卒・旅・師・軍, 皆衆之名. 兩, 二十五人; 卒, 百人; 旅, 五百人; 師,
二千五百人; 軍, 萬二千五百人. 此皆先王所因農事而定軍令者也."

역문 『주례』「지관사도상・소사도」에 "다섯 사람이 1오(伍)가 되고, 다섯
오가 1양(兩)이 되며, 네 양이 1졸(卒)이 되고, 다섯 졸이 1여가 되며, 다
섯 여가 1사가 되고, 다섯 사가 1군(軍)이 된다. 이로써 군대를 일으키

---

147 『설문해자』 권6: 사(師)는 2,500인이 사(師)가 된다. 잡(帀)으로 구성되었고 퇴(自)로 구성
되었다. 퇴(自)는 사방을 두루 포위한다[四帀]는 뜻이니, 많다[衆]는 뜻이다. 사(𡴄)는 사(師)
의 고문이다. 소(疎)와 이(夷)의 반절음이다.[師, 二千五百人爲師. 從帀從自. 自, 四帀, 衆意
也. 𡴄, 古文師. 疎夷切.]
148 『설문해자』 권7: 여(旅)는 군대의 500인이 여(旅)가 된다. 언(㫃)으로 구성되었고 종(從)으
로 구성되었다. 종(從)은 함께한다는 뜻이다. 여(袤)는 여(旅)의 고문인데, 고문은 노위(魯
衛)라고 할 때의 노(魯)로 여겨진다. 역(力)과 거(舉)의 반절음이다.[旅, 軍之五百人爲旅. 從
㫃從從. 從, 俱也. 袤, 古文旅, 古文以爲魯衛之魯. 力舉切.]

고, 이로써 사냥을 통한 군사훈련을 시키거나 부역을 내며, 이로써 도둑과 도적을 추격하여 잡는 일을 돕게 하고, 이로써 공물과 세금을 내도록 명령한다."라고 했는데, 정현의 「주」에 "오 · 양 · 졸 · 여 · 사 · 군은 모두 무리의 명칭이다. 양은 25인(人)이고, 졸은 100인이며, 여는 500인, 사는 2,500인, 군은 12,500인이다. 이는 모두 선왕이 농사일에 따라서 제정한 군령(軍令)이다."라고 했다.

원문 "因之以饑饉"者, 『老子』「儉武篇」云: "師之所處, 荊棘生焉; 大軍之後, 必有凶年." 所謂"因"也. 『爾雅』「釋天」云: "穀不熟爲饑, 蔬不熟爲饉." 郭「注」, "凡草果可食者, 通名爲蔬." 邵氏晉涵『正義』, 『穀梁』「襄」二十四年「傳」云: '一穀不升謂之嗛, 二穀不升謂之饑, 三穀不升渭之饉, 四穀不升謂之康, 五穀不升謂之大饑, 又謂之大侵.' 此以穀入多寡分立差等, 兼取荒饉爲名, 其實五者皆爲饑也. 『墨子』「七患篇」, '一穀不收謂之饉, 二穀不收謂之饑.' 墨子以五穀不收爲饑, 合於『雅』訓矣."

역문 "그로 인해서 기근이 든다[因之以饑饉]"라는 것은 『노자』「검무」에 "군대가 머물던 자리에는 가시덤불만 돋아나고, 큰 군대가 일어난 뒤에는 반드시 흉년이 온다."[149]라고 한 것이 이른바 "그로 인함[因]"이라는 것이다. 『이아』「석천」에 "곡식이 성숙하지 않은 것을 기(饑)라 하고, 푸성귀 등[150]이 익지 않은 것을 근(饉)이라 한다."라고 했는데, 곽박의 「주」에 "먹을 수 있는 모든 나물과 과실을 통칭해서 소(蔬)라고 이름한다."라고 했다.

　　소진함의 『이아정의』에 "『춘추곡량전』「양공」24년의 「전」에 '한 가

---

149 『노자(老子)』 30장.
150 『논어정의』에는 "疏"로 되어 있다. 『이아(爾雅)』「석천(釋天)」을 근거로 고쳤다.

지 곡식이 익지 않으면 겸(嗛)이라 하고, 두 가지 곡식이 익지 않으면 기(饑)라 하며, 세 가지 곡식이 익지 않으면 근(饉)이라 하고, 네 가지 곡식이 익지 않으면 강(康)이라 하며, 다섯 가지 곡식이 익지 않으면 대기(大饑)라 하고 또 대침(大侵)이라 한다.'라고 했는데, 이것은 곡물 수입의 많고 적음을 가지고 차등을 나누어 세운 것으로 흉년을 아울러 취해서 명명한 것이지만 사실은 다섯 가지가 모두 기근[饑]이 되는 것이다. 『묵자』「칠환」에 '한 가지 곡식을 수확하지 못한 것을 근(饉)이라 하고, 두 가지 곡식을 수확하지 못한 것을 기(饑)라고 한다.'라고 했는데, 묵자(墨子)는 오곡(五穀)을 수확하지 못한 것을 기(饑)라고 했으니, 『이아』의 뜻풀이와 일치한다."라고 했다.

원문 案, 穀不熟 · 疏不熟皆可名饉. 『爾雅』及『穀梁』· 『墨子』各具一義. 『釋文』, "饑, 鄭本作飢." 『說文』, "飢, 餓也." 義稍別, 今經傳通用.

역문 살펴보니, 곡식이 성숙하지 않든 푸성귀가 성숙하지 않든 모두 기근[饉]이라 할 수 있다. 『이아』 및 『춘추곡량전』과 『묵자』는 각각 나름대로 하나의 의미를 갖추고 있다. 『경전석문』에 "기(饑)는 정현본에는 기(飢)로 되어 있다."라고 했고, 『설문해자』에 "기(飢)는 굶주림[餓]이다."[151]라고 했으니, 뜻이 조금은 구별되지만 지금의 경전에서는 통용된다.

원문 "由也爲之"者, 爲, 治也. "比及三年"者, 比, 近也. 見『廣雅』「釋詁」. 『周官』「小司徒」云: "乃頒比法於六鄕之大夫, 使各登其鄕之衆寡 · 六畜 · 車輦, 辨其物, 以歲時入其數, 以施政敎, 行徵令. 及三年, 則大比, 大比則受

---

151 『설문해자』 권5: 기(飢)는 굶주림[餓]이다. 식(食)으로 구성되었고 궤(几)가 발음을 나타낸다. 거(居)와 이(夷)의 반절음이다.[飢, 餓也. 從食几聲. 居夷切.]

邦國之比要, 乃會萬民之卒伍而用之." 是三年乃大比之期. 又『書』言"三載考績", 三考凡九年, 乃行黜陟.

역문 "제가 그곳을 다스리면[由也爲之]"이라고 했는데, 위(爲)는 다스린다[治]는 뜻이다. "3년에 이를 즈음[比及三年]"이라고 했는데, 비(比)는 가깝다[近]는 뜻이니, 『광아』「석고」에 보인다. 『주례』「지관사도상·소사도」에 "이에 육향(六鄕)의 대부에게 비법(比法)[152]을 반포해서 각각 그 향 백성의 많고 적음과 육축(六畜)[153]이나 수레와 연[車輦]을 정하게 하고, 그 물품을 분변해서 세시(歲時)의 때에 맞춰 그 할당된 수를 들이도록 해서 정교(政敎)를 베풀고 요역(徭役)을 징발하거나 부세(賦稅)를 징수하는 법령[徵令]을 행한다. 3년이 되면 다시 천하에 그 백성들의 수와 재물의 수를 낱낱이 검열하게[大比] 하는데, 대비(大比)할 때에는 크고 작은 나라[邦國]들의 백성의 호구(戶口)와 재산을 기록한 대장을 받아서, 이에 모든 백성으로 편성된 졸오(卒伍)를 모아서 운용한다."라고 했으니, 이는 3년이 바로 대비의 기한이라는 말이다. 또 『서경』「우서·순전」에 "3년마다 공적을 조사한다[三載考績]"라고 했는데, 세 번을 공적을 조사하면[三考] 모두 해서 9년이니, 그렇게 한 뒤에 바로 어두운 자를 내치고 밝은 자를 올려 주는 것[黜陟]이다.

원문 子路言甫及三年, 初奏績之時已有成功. 蓋子路長於治軍旅, 故夫子亦言"千乘之國, 可使治賦"也.

---

152 비법(比法): 『주례주소(周禮注疏)』「지관사도상(地官司徒上)·소사도(小司徒)」 가공언의 소에 "비법[比法]은 아래 경문에서 같이 5인이 1오가 되고, 5오가 1양이 된다고 말한 것이 바로 이것이다.[比法, 謂若下經五人爲伍, 五伍爲兩, 是也.]"라고 했다.

153 육축(六畜): 집에서 기르는 대표적인 여섯 가지 가축(家畜). 소·말·돼지·양·닭·개 여섯 가축을 통틀어 말함.

역문 자로가 겨우 3년에 이를 즈음이라고 한 말은 처음 공적을 보고할 때쯤이면 이미 성공함이 있을 것이라는 말이다. 자로는 군대를 다스리는 데 장점이 있었기 때문에 공자도 "천승의 나라에 군부(軍賦)를 다스리게 할 수 있다."[154]라고 했던 것이다.

● 「注」, "晳, 曾參父, 名點."

● 正義曰:「弟子列傳」, "曾蒧, 字晳." 曾參父. 『說文』, "黵, 雖晳而黑也. 從黑, 箴聲. 古人名黵字晳". 段「注」: "'弟子列傳'‘曾蒧字晳, 奚容箴字子晳, 又狄黑字晳.’ 蒧・箴皆黵之省. 『論語』‘曾晳名點’, 則同音段借字也."

○ 「주」의 "석은 증삼의 아버지로, 이름이 점이다."

○ 정의에서 말한다.
『사기』「중니제자열전」에 "증점(曾蒧)은 자가 석(晳)이다."라고 했는데, 증삼의 아버지이다. 『설문해자』에 "점(黵)은 비록 희더라도 검다는 뜻이다. 흑(黑)으로 구성되었고 잠(箴)이 발음을 나타낸다. 고인(古人)의 이름은 점(黵)이고 자가 석이다."[155]라고 했는데, 단옥재의 「주」에 "'제자열전'에 '증점(曾蒧)의 자가 석이고, 해용잠(奚容箴)의 자는 자석(子晳)이며, 또 적흑(狄黑)의 자도 석이다.'라고 했는데, 점(蒧)과 잠(箴)은 모두 점(黵)의 생략된 자형이다. 『논어』에 '증석은 이름이 점(點)이다'라고 했으니, 그렇다면 같은 발음의 가차이다."라고 했다.

● 「注」, "言我問女, 女無以我長, 故難對."

● 正義曰:「注」意"吾以"二字爲倒詞, 於文未順, 又難對之義, 非經所有, 竝非是.

---

154 『논어』「공야장」.

155 『설문해자』권10: 점(黵)은 비록 희더라도 검다는 뜻이다. 흑(黑)으로 구성되었고 잠(箴)이 발음을 나타낸다. 고인(古人)의 이름은 점(黵)이고 자가 석(晳)이다. 고(古)와 함(咸)의 반절음이다.[黵, 雖晳而黑也. 從黑箴聲. 古人名黵字晳. 古咸切.]

○「주」의 "내가 너희들에게 질문할 것이니, 너희들은 내가 나이가 많다고 해서 대답하기 어렵다고 여기지 말라는 말이다."

○ 정의에서 말한다.

「주」에서는 의도적으로 "오이(吾以)" 두 글자를 도치된 글자로 본 것 같은데, 문법상 순조롭지 않고, 또 대답하기 어려워한다는 뜻은 경전에 있는 것도 아니니, 둘 다 옳지 않다.

● 「注」, "率爾, 先三人對."

● 正義曰: "率"者, 輕速之意. 『孟子』「梁惠王篇」 "卒然問曰", 卒・率義同. 「曲禮」, "侍於君子, 不顧望而對, 非禮也." 「注」云: "禮尚謙也. '不顧望', 若子路率爾而對." 案, 四子以子路爲年長, 自當先對. 但亦當顧望, 不得急遽先三人也. 又其言自負太甚, 故夫子以爲不讓.

○「注」, "'경솔하다[率爾]'라는 것은 세 사람보다 먼저 대답을 했다는 뜻이다."

○ 정의에서 말한다.

"솔(率)"이란 가볍고 빠르다[輕速]는 뜻이다. 『맹자』「양혜왕상」에 "느닷없이 질문하기를[卒然問曰]"이라고 했으니, 졸(卒)과 솔(率)은 뜻이 같다. 『예기』「곡례하」에 "군자를 모시고 있는 자리에서, 주위를 돌아보지 않고 대답하는 것은 예에 맞는 행동이 아니다."라고 했는데, 「주」에 "예는 겸손을 높인다. '주위를 돌아보지 않음[不顧望]'은 자로가 경솔하게 대답한 것과 같은 것이다."라고 했다. 살펴보니 네 사람의 제자 중 자로가 연장자이기 때문에 본래는 먼저 대답하는 것이 당연하다. 그러나 또한 마땅히 주위를 돌아보았더라면 갑작스럽게 세 사람보다 먼저 대답하지는 못했을 것이다. 또 그의 말에 자부심이 지나치게 심했기 때문에 공자가 겸손하지 못하다고 여긴 것이다.

● 「注」, "攝, 迫也."

● 正義曰: 迫謂迫近也. 焦氏循「補疏」, "『荀子』「禮論」云: '其立哭泣哀戚也, 不至於隘懾.' 楊倞「注」: '隘, 窮也, 懾猶戚也.' 此'戚'卽'慼'字, 窮慼與'迫'同. 『楚辭』「哀時命」'衣攝葉以儲與兮', 王逸『章句』云: '攝葉, 不舒貌.' 迫慼, 故不舒."

○「주」의 "섭(攝)은 핍박[迫]이다."

○ 정의에서 말한다.

박(迫)은 핍박이 닥친대迫近는 말이다. 초순의 『논어보소』에 "『순자』「예론편」에 '곡하고 울며 슬퍼하더라도 완전히 쭈그러드는 지경에는 이르지 않는다.'[156]라고 했고, 양경의 「주」에 '애(隘)는 다함[窮]이고, 섭(慴)은 슬퍼한대慽)는 뜻과 같다.'라고 했는데, 여기서의 '척(慽)'은 바로 '축(蹙)' 자이니, 완전히 쭈그러듦[窮蹙]은 박(迫)과 같은 뜻이다. 『초사』「애시명」에 '옷자락이 구겨지고 겹쳐져 펴지 못함이여[衣攝葉以儲與兮]'라고 했는데, 왕일(王逸)의 『초사장구』에 '섭섭(攝葉)은 펴지지 않는 모양이다.'라고 했으니, 쭈그러들고 오그라져서 펴지지 않는 것이다."라고 했다.

- 「注」, "方, 義方."
- 正義曰:『廣雅』「釋詁」, "方, 義也." 鄭注此云: "方, 禮法也." 禮法卽是義. 『漢書』「禮樂志」引此句解之云: "敎以禮誼之謂也." 與鄭「注」及此「注」同. 『司馬法』云: "古之敎民, 必立貴賤之倫經, 使不相陵, 德義不相逾, 材技不相掩, 勇力不相犯, 故力同而意和也." 是其義也.
- 「주」의 "방(方)은 예법[義方]이다."
- 정의에서 말한다.

  『광아』「석고」에 "방(方)은 예의義]이다."라고 했고 정현은 이 문장을 주석하면서 "방(方)은 예법이다."라고 했으니, 예법이 바로 이 뜻이다. 『한서』「예악지」에 이 구절을 인용해서 해석하기를 "예의(禮誼)를 가지고 가르친다는 말이다."라고 했으니, 정현의 「주」와 여기의 「주」가 같다. 『사마법』에 "옛날 백성을 가르칠 때, 반드시 귀천(貴賤)의 질서와 떳떳한 제도를 세워서 서로 능멸하지 않게 하였으며, 덕의(德義)를 소유한 자가 서로를 넘지 못하며, 재주와 기예를 소유한 자 서로를 가리지 못하며, 용맹함과 힘을 소유한 자 서로를 범하지 못하게 하였다."라고 했는데, 이것이 그 예법[義]인 것이다.

- 「注」, "哂, 笑."
- 正義曰:「曲禮」"笑不至矧", 鄭「注」, "齒本曰矧, 大笑則見." 『釋文』, "矧, 本又作哂." 是"哂"

---

156 『논어정의』에는 "攝"으로 되어 있으나, 『순자(荀子)』「예론편(禮論篇)」에는 "慴"으로 되어 있다. 『순자』「예론편」을 근거로 고쳤다. 아래 인용한 양경(楊倞)의 주의 글자도 마찬가지다.

與 "弞"同. 宋氏翔鳳 『過庭錄』, "『說文』: '弞, 笑不壞顔曰弞. 從欠, 引省聲.' 『說文』無'哂'字, 作'弞'爲正, '弞'是叚藉. 凡笑以至弞爲度, 過此則壞顔, 且失容. 故曰: '笑不壞顔', 非微笑之 謂. 曾晢亦以夫子有異常笑, 故問之爾."

○ 「주」의 "신(哂)은 웃음[笑]이다."

○ 정의에서 말한다.

『예기』「곡례상」에 "웃어도 잇몸이 드러나도록 크게 웃지 않는다.[笑不至弞.]"라고 했는데, 정현의 「주」에 "잇몸[齒本]을 신(弞)이라 하니 크게 웃으면 보인다."라고 했고, 『경전석문』에 "신(弞)은 판본에 따라 또 신(哂)으로 되어 있다."라고 했으니, "신(哂)"과 "신(弞)"은 같은 글자이다. 송상봉의 『과정록』에 "『설문해자』에 '신(弞)은 안면 근육을 씰룩이지 않고 웃는 것을 신(弞)이라 한다. 흠(欠)으로 구성되었고 인(引)의 생략된 자형이 발음을 나타낸다.'[157] 라고 했고, 『설문해자』에 '신(哂)' 자는 없으므로, '신(弞)'으로 써야 맞으니, '신(弞)'은 가차 재[叚藉]이다. 무릇 웃음이란 잇몸이 보일 정도까지 웃는 것을 법도로 삼으니, 이를 지나치면 안면 근육을 씰룩이게 되고, 또한 용모를 잃게 된다. 그러므로 '안면 근육을 씰룩이지 않는 웃음'이라고 한 것이니, 미소(微笑)를 말하는 것이 아니다. 증석 역시 공자가 이상하게 웃었 기 때문에 그렇게 물은 것일 뿐이다."라고 했다.

"求! 爾何如?" 對曰: "方六七十, 如五六十, 【注】求性謙退, 言欲得 方六七十, 如五六十里小國, 治之而已. 求也爲之, 比及三年, 可使足 民, 如其禮樂, 以俟君子." 【注】孔曰: "求自云: '能足民而已.' 謂衣食 足也. 若禮樂之化, 當以待君子, 謙也."

---

157 『설문해자』 권8: 신(弞)은 안면 근육을 씰룩이지 않으면서 웃는 것을 신(弞)이라 한다. 흠 (欠)으로 구성되었고, 인(引)의 생략된 자형이 발음을 나타낸다. 식(式)과 인(忍)의 반절음 이다.[弞, 笑不壞顔曰弞. 從欠, 引省聲. 式忍切.]

> "구야, 너는 어떠하냐?" 염유가 대답했다. "사방 6, 7십 리와 5, 6십 리에서, 【주】 구는 천성이 겸손하여 물러나므로 사방 6, 7십 리나 혹은 5, 6십 리인 작은 나라를 얻어서 다스리고자 할 뿐이라고 말한 것이다. 제가 다스리면 3년에 이를 즈음에 백성들을 풍족하게 할 수 있지만, 예악과 같은 것은 군자를 기다리겠습니다." 【주】 공안국이 말했다. "구가 스스로 '백성을 풍족하게 할 수 있을 뿐이다.'라고 한 것이니, 의식(衣食)이 풍족함을 말한다. 예(禮)와 음악[樂]의 교화와 같은 것은 마땅히 군자를 기다리겠다고 한 것은 겸사(謙辭)이다."

원문 正義曰: "爾何如"者, 謂其志何如也. "方六七十里"者, 謂國之四竟, 以正方計之, 有此數也, "如五六十里"者, 王氏引之『經傳釋詞』云: "'如'猶與也, 及也. '方六七十, 如五六十', '宗廟之事, 如會同', '如'字竝與'與'同義.『書』「堯典」曰: '修五禮·五玉·三帛·二生·一死贄, 如五器.'『儀禮』「鄕飮酒禮」, '公如大夫人.'『史記』「虞卿傳」, 趙王問樓緩曰: "予秦地如毋予, 孰吉?"'『新序』「善謀篇」'如'作'與', 是其證. '如'·'與'聲相近, 故'如'訓爲'與'. '與'亦可訓爲'如'."

역문 정의에서 말한다.

　"너는 어떠하냐[爾何如]"라는 말은, 그 뜻이 어떠하냐는 말이다. "사방 6, 7십 리"는, 나라의 사방 국경을 말하는 것인데, 정방형으로 계산해서 이러한 숫자가 있는 것이고, "여오륙십리(如五六十里)"에 대해서 왕인지의 『경전석사』에 "'여(如)'는 여(與)와 같고, 급(及)과 같다. '6, 7십과 5, 6십 [方六七十, 如五六十]'이라고 한 것과, '종묘의 일과 회동[宗廟之事, 如會同]'이라고 할 때의, '여(如)' 자는 모두 '여(與)'와 같은 뜻이다. 『서경』「요전」에 '다섯 가지 예(禮)를 닦으며 다섯 가지 서옥(瑞玉)과 세 가지 폐백과 두 가

지 생물(生物)과 한 가지 죽은 예물과 다섯 가지 기물'¹⁵⁸이라고 했고,
『의례』「향음주례」에 '공과 대부인[公如大夫人].'이라고 했으며, 『사기』
「우경전」에 '조왕(趙王)이 누완(樓緩)¹⁵⁹에게 물었다. "진(秦)에게 땅을 주
는 것과 주지 않는 것 중 어느 것이 길하겠는가?"라고 하였고, 『신서』「선
모」에는 '여(如)'가 '여(與)'로 되어 있으니, 이러한 내용들이 그 증거이다.
'여(如)'와 '여(與)'는 발음이 서로 비슷하기 때문에 '여(如)'의 뜻풀이를 '여
(與)'로 하는 것이다. '여(與)' 역시도 '여(如)'의 뜻으로 풀이할 수 있다."라
고 했다.

원문 "足民"者, 謂使民財用足也. 亦待三年者, 『漢書』「食貨志」云: "三年耕,
則餘一年之畜. 衣食足而知榮辱, 廉讓興而爭訟息, 故三載考績." 然則足
民亦須以三年計之也. 皇本"民"下有"也"字.

역문 "백성들을 풍족하게 한다[足民]"라는 것은 백성들로 하여금 재용(財用)
이 풍족하게 한다는 말이다. 또 3년을 기다린다는 것은, 『한서』「식화지」
에 "백성이 3년 동안 농사를 지으면 1년 동안의 저축을 남기게 된다. 의
식(衣食)이 풍족해야 영욕(榮辱)을 알고, 청렴과 겸양이 일어나야 다툼과
송사가 사라지니, 그런 까닭에 3년마다 공적을 살피는 것이다."라고 했

---

158 여오기(如五器)는 『서경』「우서(虞書)·순전(舜典)」 채침(蔡沈, 1167~1230)의 주에 "'여오
기(如五器)'는 유시강(劉侍講)이 말하기를 '여(如)는 같게 함[同]이요, 오기(五器)는 곧 오례
(五禮)의 기물이니, 『주례(周禮)』의 육기(六器)와 육지(六贄)는 곧 순의 유법(遺法)이다.'
['如五器', 劉侍講曰: '如, 同也, 五器, 卽五禮之器也, 『周禮』六器六贄, 卽舜之遺法也.']"라고
해서, 여(如)를 동(同)의 뜻으로 봤다.

159 누완(樓緩, ?~?): 전국시대 종횡가(縱橫家)로서 조(趙)나라 무령왕(武靈王) 때의 사람으로,
일찍이 조왕의 명에 따라 진(秦)나라로 들어가 재상(宰相)이 되었으며, 재상에서 면직된 뒤
에는 조나라로 돌아와 조왕에게 진나라에게 땅을 떼어 주라고 권하였는데, 조왕이 자신의
요청을 따라 주지 않자 곧바로 떠나갔다.

으니, 그렇다면, 백성들이 풍족해지는 것도 역시 반드시 3년을 가지고 계획을 세워야 하는 것이다. 황간본에는 "민(民)" 아래 "야(也)" 자가 있다.

- 「注」, "求性"至"而已".
- 正義曰: 冉求能治大國, 而只言小國, 是其性謙退也. 「王制」·『孟子』皆言"公·侯方百里, 伯七十里, 子·男五十里." 『周官』「大司徒」云: "公五百里, 侯四百里, 伯三百里, 子二百裏, 男百里." 與「王制」·『孟子』不同. 蓋『周官』言封域, 「王制」·『孟子』專就出稅之田言耳. 春秋時, 列國兼竝, 小國見侵削, 不能如制, 故有此六十里之國.
- ○「주」의 "구성(求性)"부터 "이이(而已)"까지.
- ○ 정의에서 말한다.

염구가 큰 나라를 다스릴 수 있으면서도 단지 작은 나라를 말한 것은 그의 천성이 겸손하여 물러났기 때문이다. 『예기』「왕제」와 『맹자』에는 모두 "공(公)과 후(侯)는 사방 1백 리이고, 백(伯)은 7십 리, 자(子)와 남(男)은 5십 리"라고 했고, 『주례』「지관사도상·대사도」에는 "공은 5백 리, 후는 4백 리, 백은 3백 리, 자는 2백 리, 남은 1백 리"라고 했으니, 「왕제」나 『맹자』와는 같지 않다. 대체로 『주례』는 봉역(封域)을 말한 것이고, 「왕제」와 『맹자』는 오로지 세금을 내는 전지의 입장에서 말한 것일 뿐이다. 춘추시대에는 열국이 겸병하는 바람에 작은 나라들이 침삭을 당해 제도대로 땅을 소유할 수 없었기 때문에 여기서처럼 6십 리 되는 나라가 있었던 것이다.

"赤! 爾何如?" 對曰: "非曰能之, 願學焉. 宗廟之事, 如會同, 端章甫, 願爲小相焉." 【注】鄭曰: "我非自言能, 願學爲之. 宗廟之事, 謂祭祀也. 諸侯時見曰會, 殷頫曰同. '端', 玄端也. 衣玄端, 冠章甫, 諸侯日視朝之服. '小相', 謂相君之禮."

"적아, 너는 어떠하냐?" 공서화가 대답했다. "제가 할 수 있다고 드리는 말씀이 아니라, 배우기를 원합니다. 종묘의 일과 제후의 회동에서 현단복을 입고 장보관을 쓰는 작은 집례(執禮)가 되기를 원합니다."【주】 정현이 말했다. "내가 스스로 능함을 말하는 것이 아니라 그렇게 하는 것을 배우기를 원한다는 것이다. 종묘의 일은 제사(祭祀)를 이른다. 제후가 사시(四時)로 뵙는 것을 회(會)라 하고, 여럿이 뵙는 것을 동(同)이라 한다. '단(端)'은 현단복(玄端服)이다. 현단복을 입고 장보관(章甫冠)을 쓰는 것은 제후가 날마다 조회할 때의 복장이다. '소상(小相)'은 임금의 예를 돕는다는 말이다."

원문 正義曰: "宗廟之事", 鄭「注」指祭祀. 胡氏紹勳『拾義』云: "宗廟之事, 祭祀在其中, 獨此經不得指祭祀, 宜主朝聘而言. 下言'如會同'者, 會同不在廟而在壇, 擧'宗廟'不言'朝聘', 擧'會同'不言'壇坫', 皆互文見義. 如'不見宗廟之美, 百官之富'言'宗廟'可該禮器, 言'百官'可該朝廷也."

역문 정의에서 말한다.

"종묘의 일"에 대해 정현의 「주」는 제사를 가리킨다. 호소훈의 『사서습의』에 "종묘의 일은 그 안에 있는 제사인데, 유독 이 경전에서만 제사를 가리키지 못한 것은 당연히 조빙(朝聘)을 위주로 말했기 때문이다. 아래에서 '여회동(如會同)'이라고 했는데, 회동(會同)은 묘(廟)에 있는 것이 아니라 단(壇)에 있는 것이니, '종묘(宗廟)'를 거론하면서 '조빙'을 말하지 않고, '회동(會同)'을 거론하면서 '회동하는 장소[壇坫]'를 말하지 않은 것은 모두 호문(互文)으로 뜻을 드러낸 것이다. 예를 들면 '종묘의 아름다움과 백관(百官)의 풍부하고 성대함을 볼 수 없다.'[160]와 같은 경우 '종묘'

---

160 『논어』「자장(子張)」.

를 말했으면 예기(禮器)를 포함하고 있을 수 있는 것이고, '백관'을 말했
으면 조정(朝廷)을 포함하고 있을 수 있는 것과 같다."라고 했다.

원문 案, 胡說是也. 大夫·士助祭, 無用端服者, 則宗廟爲朝聘可知. "如會
同"者, "如", 猶與也.

역문 살펴보니, 호소훈의 말이 옳다. 대부와 사가 제사를 도울 때, 현단복
을 입은 자를 쓰지 않으면 종묘가 조빙하는 곳이 됨을 알 수 있다. "여회
동(如會同)"에서, "여(如)"는 여(與)와 같다.

원문 金氏鶚『禮說』, "案, 會同之禮, 非必諸侯會同於天子也. 『左』「襄」四年
「傳」云: '「文王」, 兩君相見之樂也.' 杜「注」以'諸侯會同'解'兩君相見', 孔
「疏」云: '朝而設享, 是亦二君聚會, 故以會同言之.' 『爾雅』「釋詁」云: '會,
合也.' 又云: '會, 對也.' 『說文』云: '同, 合會也. 合, 合口也.' 是'會同'二
字本義, 原止二人相合. 「曲禮」云: '諸侯相見於卻地曰會.' 『春秋』所書'公
會某君於某', 皆兩君相見也. 相見於卻地, 可謂之會, 則相見於宗廟之中,
亦可謂之會矣. 此會同之小者也. 至於十餘君聚會, 不於廟而於壇, 則會同
之大者也. 『左』「定」四年經云: '公會劉子·晉侯·宋公·蔡侯·衛侯·陳
子·鄭伯·許男·曹伯·莒子·邾子·頓子·胡子·滕子·薛伯·杞伯·
小邾子·齊國夏於召陵. 五月, 公及諸侯盟於皋鼬.' 「傳」云: '衛子行敬子
言於靈公曰: "會同難. 嘖有煩言, 莫之治也. 其使祝佗從."' 此十餘君聚會
稱會同之證. 十餘國聚會, 所謂'嘖有煩言'者, 必貴有言語之才以爲相, 若
兩君相見, 則長於禮樂者可爲相也. 公西華志於禮樂, 則其所謂'會同'者,
必指兩君相見言之."

역문 김악(金鶚)의『예설』에 "살펴보니, 회동의 예는 반드시 제후가 천자와
회동하는 것만은 아니다. 『춘추좌씨전』「양공」 4년의 「전」에 '「문왕」은

두 나라 임금이 서로 만나 볼 때 연주하는 음악에 맞춰 부르는 시(詩)이다.'라고 했는데, 두예의 「주」에 '제후의 회동'을 가지고 '두 나라 임금이 서로 만나 봄[兩君相見]'을 해석했고, 공영달의 「소」에 '조회를 보면서 향례(享禮)를 베풀면 이것도 역시 두 임금이 모이는 것이므로 회동이라고 말한 것이다.'라고 했다. 『이아』「석고」에 '회(會)는 회합[合]이다.'라고 했고, 또 '회(會)는 마주 대함[對]이다.'라고 했다. 『설문해자』에 '동(同)은 회합[合會]이다.[161] 합(合)은 입이 일치한다[合口]는 뜻이다.[162]'라고 했으니, 이것이 '회동(會同)' 두 글자의 본의(本義)이고, 원래는 단지 두 사람이 서로 회합한다는 뜻이다. 『예기』「곡례하」에 '제후가 양국의 중간에 있는 비어 있는 지역에서 서로 만나 보는 것을 회(會)라 한다.'라고 했다. 『춘추』에 쓰여 있는 '공이 모 임금과 모처에서 회동했다'라는 것은 모두 두 나라의 임금이 서로 만나 본 것이다. 양국의 중간에 있는 비어 있는 지역에서 서로 만나 보는 것을 회라 할 수 있다면 종묘 가운데서 만나 보는 것도 회라 할 수 있다. 이것은 작은 회동이다. 10여 명의 군주가 모이는데, 종묘에서 모이지 않고 단에서 모이는 경우라면 큰 회동이다. 『춘추좌씨전』「정공」4년의 경문(經文)에 '정공이 유자(劉子)와 진후(晉侯), 송공(宋公), 채후(蔡侯), 위후(衛侯), 진자(陳子), 정백(鄭伯), 허남(許男), 조백(曹伯), 거자(莒子), 주자(邾子), 돈자(頓子), 호자(胡子), 등자(滕子), 설백(薛伯), 기백(杞伯), 소주자(小邾子), 제나라 국하(國夏)와 소릉(召陵)에서 회동했다. 5월에 정공이 제후와 고유(皐鼬)에서 맹약을 맺었다.'라고 했

---

161 『설문해자』권7: 동(同)은 회합[合會]이다. 모(冃)로 구성되었고, 구(口)로 구성되었다. 도(徒)와 홍(紅)의 반절음이다.[同, 合會也. 從冃從口. 徒紅切.]

162 『설문해자』권5: 합(合)은 입이 일치한다[合口]는 뜻이다. 집(亼)으로 구성되었고 구(口)로 구성되었다. 후(候)와 합(閤)의 반절음이다.[合, 合口也. 從亼從口. 候閤切.]

는데, 「전」에 '위나라 자행경자(子行敬子)가 영공(靈公)에게 말했다. "이번 회동에는 의견의 일치가 어렵습니다. 서로 큰소리 내고 분쟁한다면 다스릴 수 없으니, 축타(祝佗)에게 수행하게 하십시오."'라고 했으니, 이것이 10여 명의 임금이 모인 것을 회동이라고 일컬은 증거이다. 10여 개의 나라가 모이므로 이른바 '서로 큰소리 내고 분쟁한다[嘖有煩言]'라고 한 것이니, 반드시 언어의 재주가 있는 사람을 귀하게 여겨 집례[相]로 삼는 것이고, 두 나라 임금이 서로 만나 보는 것으로 말할 것 같으면 예악에 뛰어난 자를 집례로 삼을 수 있다. 공서화는 예악에 뜻을 두고 있었으니, 그렇다면 그가 말하는 '회동'이라고 하는 것은 반드시 두 나라 임금이 서로 만나 보는 것을 가리켜서 한 말이다."라고 했다.

원문 又云: "兩君相見, 自在宗廟之中. 爲諸侯之事, 故曰'宗廟會同, 非諸侯而何?' 自注宗廟之事不一, 而會同其一事也. 故曰'宗廟之事, 如會同.' '如'字乃指點詞, 非更端詞." 案, 金說是也.

역문 또, "두 나라 임금이 서로 만나 보는 일은 본래 종묘 가운데 있는 것이니, 제후의 일이 되기 때문에 '종묘의 회동이 제후의 일이 아니면 무엇이겠는가?'라고 한 것이다. 스스로 종묘의 일이 한 가지가 아니라고 주석을 했는데, 회동이 그 한 가지 일이다. 그러므로 '제후의 회동과 같은 종묘의 일.[宗廟之事, 如會同.]'이라고 한 것이다. '여(如)' 자는 지점사(指點詞)[163]이지, 갱단사(更端詞)[164]가 아니다."라고 했다. 살펴보니, 김악의 말이 옳다.

---

163 지점사(指點詞): "~와 같다" 또는 "예를 들면 ~와 같은" 용례로 무엇인가를 가리키는 동사.
164 갱단사(更端詞): 말을 다시 일으키는 접속사.

원문 『左』「僖」八年「傳」云: "不赴於同." 『春秋繁露』「竹林篇」, "會同之事, 大者主小." 又云: "齊頃公卽位九年, 未嘗肯一與會同之事." 「王道篇」, "諸侯會同, 賢爲主, 賢賢也." 據此諸文, 明列國會盟稱會同也. 惟"如"字作 指點詞, 與王氏訓"與"者義異. 愚以下文言"宗廟會同", 明宗廟有專指之事. 則"如"訓爲"與", 王義自優, 而宗廟之事, 必如胡氏以爲朝聘, 乃合經旨.

역문 『춘추좌씨전』「희공」 8년의 「전」에 "회동에 달려가지 않았다."[165]라고 했고, 『춘추번로』「죽림」에 "제후들이 회동하는 일을 『춘추』의 기사로 쓸 때, 강대국이 약소국 앞에 놓인다."라고 했다. 또 "제나라 경공(頃公, 기원전 598~582)은 즉위한 지 9년 동안 한 번이라도 기꺼이 회동에 참여한 일이 없었다."라고 했으며, 「왕도」에 "제후의 회동에는 현자(賢者)가 주재자 역할을 맡는데, 현자를 현자로 우대하기 때문이다."라고 했으니, 이러한 제반의 글들을 근거해 보면, 열국(列國)의 회맹(會盟)을 회동이라고 한 것이 분명하다. 오직 "여(如)" 자만큼은 지점사로 쓰인 것이니, 왕인지가 "여(與)"의 뜻으로 새긴 것[166]과는 뜻이 다르다. 내가 생각하기에 아래 단락에서 "종묘의 회동[宗廟會同]"이라고 했으니, 분명 종묘에는 전적으로 가리키는 일이 있음이 분명하다. 그렇다면 "여(如)"의 새김이 "여

---

165 이 내용은 유보남이 착각한 듯하다. 『춘추좌씨전』「희공」 8년, 「전」의 내용은, "가을에 체제(禘祭)를 지내고서 애강[哀姜: 문공비(文公妃)]의 신주를 종묘에 들여 모셨으니, 예가 아니다. 범례에 의하면 부인이 침(寢)에서 죽지 않고, 종묘에 빈소를 차리지 않고, 동맹국에 부고하지 않고, 고묘에 부(祔)하지 않았으면 그 신주를 종묘에 들여 모시지 않는 것이다.[秋, 禘而致哀姜焉, 非禮也. 凡夫人, 不薨于寢, 不殯于廟, 不赴于同, 不祔于姑, 則弗致也.]"라고 해서, "同"을 동맹국이라고 한 것인데, 유보남은 "회동"으로 보았다.

166 바로 앞 단락에서 "왕인지의 『경전석사』에 "'여(如)'는 여(與)와 같고, 급(及)과 같다. '6, 7십과 5, 6십[方六七十, 如五六十]'이라고 한 것과, '종묘의 일과 회동[宗廟之事, 如會同]'이라고 할 때의, '여(如)' 자는 모두 '여(與)'와 같은 뜻이다.[王引之『經傳釋詞』云: "'如'猶與也, 及也. '方六七十, 如五六十', '宗廟之事, 如會同', '如'字竝與'與'同義.]"라고 한 것.

(與)”의 뜻이 되니, 왕인지의 뜻이 자연스럽게 더 낫고, 종묘의 일은 반드시 호소훈이 조빙이라고 여긴 것처럼 해야 결국엔 경전의 취지에 부합한다.

원문 “端章甫”者, 鄭君「注」爲“諸侯視朝之服”, 然此是相者所服, 於諸侯無涉.『說文』云: “褍, 衣正幅. 從衣, 耑聲.” 段氏玉裁「注」, “凡衣及裳, 不邪殺之幅曰褍.”『左傳』, “端委.” 杜「注」, “禮衣端正無殺, 故曰端.” 今案, “褍”是正幅之名, 故『說文』「巾部」“褕”下曰“正耑裂”. 今經傳皆作“端”, 自是同音叚借. 凡朝祭之服, 皆用正幅, 通得端名. 故「樂記」言“魏文侯端冕而聽古樂”, 是祭服名端也;『左傳』言“太伯端委以治周禮”, 是朝服名端也.

역문 “단장보(端章甫)”에 대해서, 정군의 「주」에서는 “제후가 조회를 보는 복장”이라고 했는데, 그렇다면 이것은 집례자[相]가 입는 옷으로 제후에게는 상관이 없다.『설문해자』에 “단(褍)은 옷의 온폭[正幅]이다. 의(衣)로 구성되었고 단(耑)이 발음을 나타낸다.”[167]라고 했는데, 단옥재의 「주」에 “모든 윗도리와 아랫도리 중에 비껴서 줄이지 않은 폭을 단(褍)이라 한다.”라고 했다.『춘추좌씨전』에, “현단복에 위모(委帽)를 쓴다.”라고 했는데, 두예의 「주」에, “예복은 단정하고 주름이 없기 때문에 단(端)이라고 한다.”[168]라고 했다. 지금 살펴보니, “단(褍)”은 온폭[正幅]의 명칭이므로『설문해자』「건부(巾部)」의 “유(褕)” 아래 “온폭[正耑]으로 마름질한 비단”[169]이라고 한 것이다. 지금의 경전에서는 모두 “단(端)”으로 쓰니, 그

---

167 『설문해자』권8: 단(褍)은 옷의 온폭[正幅]이다. 의(衣)로 구성되었고 단(耑)이 발음을 나타낸다. 다(多)와 관(官)의 반절음이다.[褍, 衣正幅. 從衣耑聲. 多官切.]

168 이 내용은 두예의 「주」가 아니라,『춘추좌씨전』「소공」원년의 공영달의 「소」의 내용이고, 두예의 「주」에는 다만 “禮衣”라고만 했을 뿐이다.

169 『설문해자』권7: 단(褕)은 온폭[正耑]으로 마름질한 비단이다. 건(巾)으로 구성되었고 유

냥 발음이 같아서 가차한 것이다. 모든 조회와 제사의 복장은 다 온폭을 사용하므로 공통적으로 현단복이라고 부를 수 있다. 그러므로 『예기』「악기」에서 "위 문후(魏文侯)가 현단복을 입고 면류관을 쓰고서[端冕] 옛 음악을 들었다"라고 했는데, 이는 제복(祭服)을 현단복이라고 부른 것이고, 『춘추좌씨전』「애공」 7년에 "태백(太伯)이 현단복을 입고 위모를 쓰고서 주례(周禮)를 행하였다"라고 했는데, 이는 조복(朝服)을 현단복이라고 부른 것이다.

원문 胡氏紹勳『拾義』, "古時布廣二尺二寸. 端用正幅, 衣形正方, 自袞驚至玄端服不同, 而其爲端則同, 何論朝服也? 『周禮』「司服」: '士之服, 自皮弁而下如大夫之服. 其齊服, 有玄端·素端.' 康成「注」云: '端者, 取其正也. 士之衣袂, 皆二尺二寸, 而屬幅是廣袤等也. 其袪尺二寸, 大夫已上侈之. 侈之者, 蓋半而益一. 半而益一, 則其袂三尺三寸, 袪尺八寸.' 賈氏「疏」云: '其袪尺二寸, 據「玉藻」"深衣之袪尺二寸"而言也.' 陳氏『禮書』云謂之端, 則衣袂與袪廣袤等矣, 無大夫·士之辨也. 果士之袪殺於袂尺, 非端也. 大夫之袂, 侈以半而益一, 亦非端也."

역문 호소훈의 『사서습의』에 "옛날의 베의 폭 너비는 2자 2치이다. 현단복은 온폭을 사용하고, 윗도리의 형태는 정방형인데, 곤면복(袞冕服)과 별면복(驚冕服)으로부터 현단복에 이르기까지 같지 않지만, 현단복이 된다는 것만큼은 같으니 어찌 조복을 논할 것인가? 『주례』「춘관종백상·사복」에 '사의 복장은 피변(皮弁)으로부터 그 이하로는 대부의 복장과 같다. 재계할 때의 복장[齊服]으로는 현단(玄端)과 소단(素端)[170]이 있다.'라고

(俞)가 발음을 나타낸다. 산(山)과 추(樞)의 반절음이다.[饕, 正嵞裂也. 從巾俞聲. 山樞切.]

170 소단(素端): 소복(素服)을 바꾸어 소단이라 말한 것은 대부 이상은 소매를 크게 하고, 사는

했는데, 강성(康成)의 「주」에 '단(端)이란 것은 그 바름을 취했다는 뜻이다. 사의 윗옷[衣]과 소매[袂]는 모두 두 자 두 치인데, 속폭(屬幅)[171]은 너비와 길이가 같다. 그 소맷부리[袪]의 높이는 한 자 두 치인데, 대부 이상은 크게 한다. 크게 한다는 것은 대개 반 폭짜리(1/2폭)를 온폭에 덧댄다는 뜻이다. 반 폭짜리를 온폭에 더하면, 그 소매[袂]는 세 자 세 치이고, 소맷부리의 높이는 한 자 여덟 치이다.'라고 했고, 가공언의 「소」에는 '그 소맷부리의 높이가 한 자 두 치라는 것은 『예기』「옥조」의 "심의(深衣)의 소맷부리 높이는 한 자 두 치"라고 한 것을 근거로 한 말이다.'라고 했다. 진씨[陳氏: 진상도(陳祥道)]의 『예서』에서 그것을 단이라고 했으니, 그렇다면 윗도리 소매와 소맷부리의 너비와 길이는 같고, 대부와 사의 구별은 없다. 과연 사의 소맷부리가 소매보다 한 자 줄었다면 단복[端]이 아닌 것이다. 대부의 소맷부리가 1/2폭이 크더라도 역시 단복이 아닌 것이다."라고 했다.

원문 夏氏炘『學禮管釋』又謂"男子五冕服·五衰服皆端, 惟弔服弁絰侈袂, 婦人服侈袂", 亦以鄭氏爲誤. 案大夫以上侈袂, 鄭君此說, 必非無據. 侈袂謂侈於士之袂一尺一寸也. 蓋士之袂, 以布一幅爲之, 大夫以上之袂, 加半幅布, 故曰"半而益一". 然袂雖侈, 仍用正幅, 何妨得有端名? 陳·夏二君之疑, 殊所未曉.

역문 하흔의 『학례관석』에는 또 "남자의 다섯 가지 면복(冕服)과 다섯 가지 최복(衰服)은 모두 현단복이고, 오직 조복(弔服)과 변질(弁絰)은 소매를 크

크게 하지 않기 때문에 단(端)이라 일컬은 것이다.[變素服言素端者, 大夫以上侈之, 士不侈, 故稱端.].『주례주소』권21, 「춘관종백상(春官宗伯上)·사복(司服)」, 정현의 「주」.

171 속폭(屬幅): 저고리의 옷깃에 이어 붙이는 별도의 옷감.

게 하고, 부인의 옷은 소매를 크게 한다."라고 했으니, 역시 정씨(鄭氏)를 틀렸다고 본 것이다. 살펴보니, 대부 이상은 소매를 크게 한다는 정군(鄭君)의 이 말은 반드시 근거가 없는 것은 아니다. 소매를 크게 한다는 것은 사의 소매보다 한 자 한 치 크게 한다는 말이다. 대개 사의 소매는 베 한 폭으로 만들고, 대부 이상의 소매는 반 폭의 베를 더하기 때문에 "반 폭짜리를 온폭에 덧댄다"라고 한 것이다. 그러나 소매가 비록 크다고는 하지만 여전히 온폭을 사용하니 현단복이라고 부르는데 무슨 꺼릴 것이 있겠는가? 진군(陳君)과 하군(夏君) 두 사람의 의심은 전혀 이해하지 못할 일이다.

원문 『釋名』「釋衣服」云: "玄端, 其袖下正直端方, 與要接也." 此亦擧玄端以例其餘耳. 朝服是緇衣素裳, 玄端則玄衣, 而裳無定色. 緇・玄色近, 緇是七入之黑, 玄是六入之黑. 故『禮』或稱朝服爲玄端, 而冠亦同用玄色, 謂之玄冠. 其不同者, 惟裳與韠諸飾. 「士冠禮」, "玄端, 玄裳・黃裳・雜裳可也, 緇帶爵韠." 「注」云: "玄端, 卽朝服之衣, 易其裳耳. 上士玄裳, 中士黃裳, 下士雜裳, 前玄後黃."

역문 『석명』「석의복」에 "현단(玄端)은 그 소매 아래가 바르고 곧으며 단정하고 반듯하면서 허리와 접하고 있다."라고 했는데, 이 또한 현단복을 거론해서 그 나머지를 예로 든 것일 뿐이다. 조복은 검은 윗도리[緇衣]에 흰 아랫도리[素裳]를 착용하는 것이고, 현단복은 윗도리는 검은색이지만 아랫도리는 일정한 색이 없다. 치(緇)와 현(玄)은 가까운 색이지만, 치는 일곱 번 물들인 검은색이고, 현은 여섯 번 물들인 검은색이다. 그러므로 『예』에서는 혹 조복을 일컬어 현단이라고 하고, 관(冠) 역시 똑같이 검은색[玄]을 쓰고 현관(玄冠)이라고 한다. 같지 않은 점은 오직 아랫도리와 슬갑의 여러 장식뿐이다. 『의례』「사관례」에 "현단은 검은 아랫도리[玄

裳]와 누런 아랫도리[黃裳], 잡다한 색의 아랫도리[雜裳]가 모두 괜찮고, 검은색 띠[緇帶]를 두르고 검붉은색의 슬갑[爵韠]을 착용한다."라고 했는데, 「주」에 "현단은 바로 조복의 윗도리를 입고 그 아랫도리를 바꾼 것일 뿐이다. 상사(上士)는 검은색 아랫도리[玄裳]를 입고, 중사(中士)는 누런색 아랫도리[黃裳]를 입으며, 하사(下士)는 잡다한 색의 아랫도리[雜裳]를 입는데, 앞은 검은색, 뒤는 누런색이다."라고 했다.

원문 <u>胡氏培翬</u>『正義』, "玄裳·黃裳·雜裳三等裳, 以配玄端, 乃士服.「特牲饋食」「記」云: '玄端, 玄裳·黃裳, 雜裳可也, 皆爵韠.' 與此同." 又云: "若大夫以上則有異, 大夫玄端用素裳, 天子·諸侯用朱裳也."

역문 호배휘(胡培翬)의 『의례정의』에 "검은 아랫도리[玄裳]와 누런 아랫도리[黃裳], 잡다한 색의 아랫도리[雜裳] 등 세 가지 아랫도리를 가지고 현단과 짝짓는 것은 바로 사의 복장이다. 『의례』「특생궤식례」의 「기」에 '현단은 검은 아랫도리[玄裳]와 누런 아랫도리[黃裳], 잡다한 색의 아랫도리[雜裳]가 모두 괜찮고, 검붉은색의 슬갑[爵韠]을 착용한다.'라고 했는데, 이것과 같다."라고 했다. 또 "대부 이상으로 말할 것 같으면 차이가 있으니, 대부의 현단에는 흰색 아랫도리를 착용하고, 천자와 제후는 붉은색 아랫도리[朱裳]를 착용한다."라고 했다.

원문 <u>金氏榜</u>『禮箋』解「士冠禮」云: "玄端三裳, 主論列其服, 非差次所服之人. '可也'云者, 謂唯其所服服之, 不定之辭也. 上經'爵弁服纁裳, 皮弁服素積', 皆上下通服, 則玄端, 玄裳·黃裳·雜裳, 明不專爲士設. 經「記」說玄端服, 唯見此三裳, 然則服玄端者, 無異裳, 蓋可知也.「玉藻」, '韠, 君朱, 大夫素, 士爵韋.' 乃言玄端之韠色不同, 猶冕·弁服之有韞韍·赤韍, 與裳無涉."

역문 김방(金榜)의 『예전』에 「사관례」를 해설하면서 "현단의 세 가지 아랫도리는 그 복장을 논하여 나열한 것이지, 옷을 입은 사람을 차등 지어 놓은 것이 아니다. '괜찮다[可也]'라고 한 것은 입을 옷을 입는다는 말이니, 정해지지 않았다는 말이다. 앞의 경전에서 '작변복(爵弁服)은 훈상(纁裳)을 입고, 피변복에는 주름진 흰 비단 하의[素積]를 입는다'라고 한 것은 모두 위아래가 통하는 복장이니, 그렇다면 현단의 검은 아랫도리[玄裳]와 누런 아랫도리[黃裳], 잡다한 색의 아랫도리[雜裳]는 오로지 사만을 위해서 설치한 제도가 아님이 분명하다. 경전의 「기」에서 말한 현단복은 오직 이 세 가지 아랫도리만 보이니, 그렇다면 현단복을 입는다는 것은 다른 아랫도리가 없다는 것임을 알 수 있다. 「옥조」에 '슬갑[韠]은 임금은 붉은색, 대부는 흰색, 사는 검은색 가죽[爵韋]으로 만든 슬갑을 한다.'라고 했는데, 바로 현단복의 슬갑색이 같지 않음을 말한 것이니, 면복(冕服)이나 변복(弁服)에 주황색 가죽으로 만든 슬갑[韎韐]이나 붉은색 슬갑이 있는 것과 같고, 아랫도리와는 아무런 상관이 없다."라고 했다.

원문 其說雖與鄭異, 而於經旨實合. 蓋韠固從裳色, 然亦取其相近. 如朱色淺黑, 則近於玄, 淺赤則近於黃, 素色淺白, 亦近於黃. 凡色之相近, 皆可配以爲用, 不必裳·韠同用一色也. 『荀子』「哀公篇」, "端衣·玄裳, 絻而承路者, 志不在於食葷." 云"絻而乘路", 則爲天子冕服, 蓋冕服亦通名端. 當用纁裳, 而云"玄裳", 纁·玄色近, 玄卽纁也. 天子冕服有玄裳, 則玄裳非但爲上士所服矣. 朝聘會同擯相之服, 經無明文, 舊說謂"君臣同服". 「聘禮」賓主旣同用皮弁, 則擯介亦當用皮弁, 而朝與會同皆爲皮弁可知. 此於經無徵, 直以意爲之說.

역문 김방의 말이 비록 정현과는 다르지만 경전의 취지와는 실제로 부합한다. 대체로 슬갑은 본디 아랫도리의 색을 따르지만 또한 서로 가까운 색을 따르기도 한다. 붉은색에 옅은 흑색을 띠면 검은색에 가깝고, 옅은 붉은색은 황색에 가까우며 흰색(素色)에 옅은 백색(白色)은 누런색에 가깝다. 무릇 서로 가까운 색은 모두 짝을 지어서 사용할 수 있으니, 반드시 아랫도리와 슬갑을 똑같이 한 가지 색을 사용할 필요는 없다. 『순자』 「애공편」에 "단의(端衣)와 현상(玄裳)을 입거나 상복을 입고 큰 수레인 노거(路車)를 탄 자는 뜻이 훈채(葷菜)를 먹는 데 있지 않다."라고 했는데, "상복을 입고 큰 수레인 노거를 탔다"면 천자의 면복이 되니, 아마도 면복 역시 단(端)이라고 통칭하는 듯싶다. 마땅히 훈상(纁裳)을 입어야 하는데, "현상"이라고 한 것은, 훈(纁)과 현(玄)이 색이 가깝기 때문이니, 현이 바로 훈인 것이다.[172] 천자의 면복에 현상이 있다면, 현상은 비단 상사(上士)만 입는 옷일 뿐만은 아니다. 조빙과 회동에서 빈상(擯相)의 복장에 대해 경전에는 명문(明文)이 없고, 구설(舊說)에 "임금과 신하가 같은 복장이다"라고 했다. 『의례』「빙례」에 의하면 손님과 주인이 이미 똑같이 피변을 착용하는데, 그렇다면 빈개(擯介)도 역시 피변을 착용하는 것이 마땅하니, 조빙과 회동에서도 모두 피변의 복장을 한다는 것을 알 수 있다. 이것은 경전에는 증거가 없으므로, 다만 자의적으로 말한 것일 뿐이다.

원문 案, 「士冠禮」, "主人玄端爵韠, 擯者玄端, 賓如主人服, 贊者玄端從之." 賈「疏」云: "擯者不言'如主人服', 別言'玄端', 則與主人不同可知." 然則主人玄端爲士之正服, 擯者玄端爲朝服. 合之『論語』此文, 有朝聘會同, 則凡

---

172 이 내용은 앞의 「태백」, 「자한」, 「향당(鄕黨)」에서 설명한 훈상(纁裳)에 대한 설명과 차이가 난다. 앞에서의 훈상은 "분홍색 아랫도리", 또는 "분홍색 비단으로 만든 아랫도리"로 설명했다.

士之爲擯者, 自助祭外, 皆用朝服, 而非皮弁可知. 然朝服當云"委貌", 今云"章甫"者, 以章甫與委貌同爲玄冠也.

역문 살펴보니, 『의례』「사관례」에 "주인은 현단복을 입고 검붉은색 슬갑을 하며, 안내자[擯者]는 현단복을 입고, 손님은 주인과 똑같은 옷을 입고 손님을 돕는 자는 현단복을 입고 따른다."라고 했는데, 가공언의 「소」에 "안내자[擯者]에 대해서 '주인과 똑같은 옷을 입는다'라고 말하지 않고, 별도로 '현단'이라고 했으니, 그렇다면 주인과 같지 않음을 알 수 있다."라고 했다. 그렇다면 주인의 현단복은 사의 정복(正服)이 되고, 안내자의 현단복은 조복이 된다. 『논어』의 이 글과 합해서 보면, 조빙과 회동이 있을 경우 무릇 사로서 안내자가 된 자는 제사를 도울 때부터 그 외에는 모두 조복을 착용하고 피변을 착용하는 것이 아님을 알 수 있다. 그러나 조복이라면 당연히 "위모관[委貌]"이라고 해야 하는데, 지금 "장보관[章甫]"이라고 한 것은 장보관이나 위모관이나 똑같이 현관이 되기 때문이다.

원문 「郊特牲」·「士冠」「記」竝云: "委貌, 周道也; 章甫, 殷道也; 毋追, 夏后氏之道也." 鄭注「士冠」「記」云: "委, 猶安也, 言所以安正容貌. 章, 明也. 殷質, 言以表明丈夫也. 甫或爲父. 毋, 發聲也. 追, 猶堆也. 夏后氏質, 以其形名之. 三冠皆所服以行道也, 其制之異同未之聞." 『白虎通』「紼冕」云: "所以謂之委貌何? 周統十一月爲正, 萬物始萌小, 故爲冠飾最小, 故曰委貌. 委貌者, 言委曲有貌也. 殷統十二月爲正, 其飾微大, 故曰章甫. 章甫者, 尙未與極其本相當也. 夏統十三月爲正, 其飾最大, 故曰毋追. 毋追者, 言其追大也."

역문 『예기』「교특생」과 『의례』「사관례」의 「기」에 모두 "위모(委貌)는 주나라 제도이고, 장보(章甫)는 은나라 제도이며, 모퇴(毋追)는 하후씨(夏后

氏)의 제도이다."라고 했는데, 정현은 「사관례」의 「기」를 주석하면서 "위(委)는 편안함[安]과 같으니, 용모를 편안하고 바르게 하는 것이라는 말이다. 장(章)은 밝음[明]이다. 은나라의 바탕[質]은 이것을 가지고 장부(丈夫)[173]임을 표명했다는 말이다. 보(甫)는 혹은 보(父)라고 한다. 모(母)는 발음 소리이다. 퇴(追)는 퇴(堆)와 같다. 하후씨의 바탕은 형태로 이름한 것이다.[174] 세 가지 관(冠)은 모두 평상시에 착용하고 길을 다니는데, 그 제도의 다른 점과 같은 점은 듣지 못했다."라고 했다. 『백호통의』「불면」에 "그것을 위모라고 하는 까닭은 무엇 때문인가? 주나라의 전통 역법은 11월을 정월로 삼았으니, 만물이 처음 싹트는 것이 작기 때문에 관을 만듦에 장식을 가장 작게 꾸몄기 때문에 위모라고 한 것이다. 위모란 세세하고 곡진한 모양이 있다는 말이다. 은나라의 전통 역법은 12월을 정월로 삼았으니, 그 장식이 조금 크기 때문에 장보라고 한 것이다. 장보란 아직 그 근본을 지극히 함에는 상당하지 못한다는 뜻이다. 하나라의 전통 역법은 13월을 정월로 삼으니, 그 장식이 가장 크기 때문에 모퇴라고 한 것이다. 모퇴란 그 위대함을 따른다는 말이다."라고 했다.

원문 案, 此則三代冠制稍有大小之差, 班言其形, 鄭君兼釋其義, 互相備耳. 周用六代禮樂, 當時本有章甫, 爲大夫·士之冠, 故夫子冠章甫之冠. 魯人誦孔子, 亦云"袞衣章甫", 及此子華, 又言"端章甫", 皆當時禮冠用章甫之證.

역문 살펴보니, 이렇다면 삼대의 관[冠]의 제도는 조금 크고 작은 차이가 있으니, 반고가 그 형태를 말한 것이라면 정군은 그 의의를 아울러 해석한 것이니 서로 간에 갖춘 것일 뿐이다. 주나라에서는 육대(六代)의 예악을

---

173 『논어정의』에는 "大夫"로 되어 있으나, 『주례주소』 정현의 「주」를 근거로 "丈夫"로 고쳤다.
174 『논어정의』에는 "明"으로 되어 있으나, 『주례주소』 정현의 「주」를 근거로 "丈夫"로 고쳤다.

사용했으니, 당시에는 본디 장보가 있어서 대부와 사의 관으로 사용했기 때문에 공자가 장보관을 썼던 것이다. 노나라 사람들은 공자를 노래할 때도 "곤의(袞衣) 입고 장보 쓰신 분"이라고 했는데, 여기에서 자화(子華)도 "단장보(端章甫)"라고 했으니, 모두 당시에 예관(禮冠)으로 장보관을 사용했다는 증거이다.

원문 若當時未有此制, 而夫子與子華乃舍周之委貌, 而服殷冠, 是畔民也. 乃解者疑其與『禮』不合, 又以子華爲謙. 夫子華能爲大相, 而謙言"小相"可也. 未有擧其禮服, 而亦謙不敢用, 且未聞以前代之制, 而用爲謙言, 此亦理之未可達矣.

역문 만약 당시에 이러한 제도가 없는데도 공자와 자화가 주나라의 위모를 버리고 은나라의 관을 착용했다면 이는 민중을 배반하는 것이다. 그러므로 해석하는 자들은 이것이 『예』에 합당하지 않다고 의심하기도 하고, 또 자화를 겸손하다고 여기기도 하는 것이다. 자화는 큰 집례[大相]가 될 수 있었지만 겸손하게 "작은 집례[小相]"라고 말한 것은 괜찮다. 그 예복을 거론하면서도 또한 겸손해서 감히 착용하지 못하는 사람이 없고, 또 전대의 제도를 쓰면서 말을 겸손하게 하는 사람을 들어 보지 못했으니, 이 또한 이해할 수 없는 이치이다.

원문 "小相"者, 言諸侯有宗廟會同之事, 己爲小相, 佐助君也. 上篇夫子曰: "赤也, 束帶立於朝, 可使與賓客言也." "與賓客言", 是大相之事, 則赤言 "小相"爲謙可知. 『大戴禮』「衛將軍文子篇」, "子貢曰: '志通而好禮, 擯相 兩君之事, 篤雅其有禮節也, 是公西赤之行也. 孔子曰: "禮儀三百, 可勉能 也; 威儀三千, 則難也." 公西赤問曰: "何謂也?" 孔子曰: "貌以擯禮, 禮以 擯辭; 是之謂也." 孔子之語人也曰: "當賓客之事則通矣." 謂門人曰: "二

三子, 欲學賓客之禮者, 於赤也.""

역문 "작은 집례[小相]'란 제후들이 종묘에서 회동하는 일이 있을 때 자기가 작은 집례가 되어 주군을 보좌해서 돕겠다는 말이다. 앞의 「공야장」에서 공자가 말하길 "적은 띠를 매고 조정에 서서 빈객(賓客)과 함께 외교의 일을 이야기하게 할 만하다."라고 했는데, "빈객과 함께 외교의 일을 이야기함"은 큰 집례[大相]의 일이니, 그렇다면 적이 "작은 집례[小相]"라고 한 것은 겸사가 됨을 알 수 있다. 『대대례』「위장군문자」에 "자공이 말했다. '뜻이 통하고 예를 좋아해서 안내자[擯]가 되어 두 군주가 서로 마주 대하는 일을 돕는 데 있어, 독실하고 단아하게 그 예절을 다 갖추는 것이 공서적(公西赤)의 태도입니다. 공자께서 "예의(禮儀) 300가지는 힘쓰면 잘할 수가 있지만, 위의(威儀) 3,000가지는 어렵다."라고 하시자, 공서적이 "무슨 말씀입니까?"라고 물으니, 공자께서 "예모(禮貌)는 안내자[擯]의 예로써 하고 예우(禮遇)는 안내자의 언사를 써야 하니, 이것을 이르는 말이다."라고 하셨습니다. 공자께서 공서적에 대해 남에게 말씀하실 때는 "빈객의 일에 당해서는 통달했다."라고 하시고, 문인에게 일러 말씀하실 때는 "얘들아, 빈객의 예를 배우고자 하는 사람은 적에게서 배우도록 하거라."라고 하셨습니다.'"라고 했다.

원문 觀此, 則子華爲相, 是自道其實. 然舊時解此節, 以宗廟爲天子之宗廟, 會同爲諸侯見天子之禮, 端章甫爲諸侯之服. 夫赤自思爲諸侯, 其妄已甚, 而會同之禮, 諸侯當服裨冕, 不聞用玄端章甫, 宜閻氏若璩『四書釋地又續』・凌氏廷堪『禮經釋例』皆斥其謬也.

역문 여기에서 살펴보면 자화가 집례[相]가 된 것은 스스로 그 사실을 말한 것이다. 그러나 옛날에는 이 구절을 해석하면서 종묘를 천자의 종묘라고 하고, 회동을 제후가 천자를 알현하는 예라고 하였으며, 현단복과 장보관을 제후의 복장이라고 했다. 하지만 그렇게 해석하면 적이 스스로 제후가 되었다고 생각하는 것이니 그 망령됨이 너무 심하고, 회동의 예에서 제후는 비의(裨衣)와 면관(冕冠) 차림을 하는 것이 마땅하고, 현단복과 장보관을 착용한다는 것은 들어 보지 못했으니, 염약거의 『사서석지우속』과 능정감(凌廷堪)의 『예경석례』에서 모두 그 잘못을 지적한 것이 당연하다.

- 「注」, "宗廟"至"之禮".
- 正義曰:「注」以宗廟之事爲諸侯廟祭, 而解"會同"爲諸侯時見殷見, 則皆見天子之禮.『周官』「大宰」, "大朝覲會同."「注」, "大會同, 或於春朝, 或於秋覲, 舉春秋則冬夏可知."「疏」云: "大會雖無常期, 當春來卽是春朝; 當秋來卽是秋覲; 當夏來卽是夏宗; 當冬來卽是冬遇. 若大同則有常期: 春, 東方六服盡來; 夏, 西方六服盡來. 秋冬, 司農云: '"舉春秋, 卽冬夏可知"者, 經直云"大朝覲", 不言"宗"·"遇", 有"宗"·"遇"可知.' 在國行朝禮訖, 乃皆爲壇於國外而命事焉."
- ○「주」의 "종묘(宗廟)"부터 "지례(之禮)"까지.
- ○ 정의에서 말한다.

  「주」에는 종묘의 일을 제후의 묘제(廟祭)라고 하고, "회동"을 제후가 사시(四時)로 뵙는 것과 여럿이 뵙는 것이라고 해석했는데, 그렇다면 모두 천자를 만나 보는 예이다.『주례』「천관총재상 · 태재」에 "대조근(大朝覲)[175]으로 회동한다."라고 했는데, 「주」에 "대회동(大會同)은 혹 봄에는 조(朝)라 하기도 하고, 혹 가을에는 근(覲)이라 하기도 하는데, 봄과 가을을 들어서 말했으니, 겨울과 여름은 알 수 있다."라고 했고, 「소」에 "대회(大會)는 비록 일정한 시기가 없지만 봄을 당해서 오는 것이 바로 춘조(春朝)이고, 가을을 당해 오는 것이 바로 추

---

[175] 대조근(大朝覲): 제후들이 크게 회동하여 천자를 알현하는 것. 제후의 사시(四時)의 조근은 대조근이라 하지 않는다.

근(秋覲)이며, 여름을 당해 오는 것이 바로 하종(夏宗)이고, 겨울을 당해 오는 것이 바로 동우(冬遇)이다. 대동(大同)으로 말할 것 같으면 일정한 시기가 있으니, 봄에는 동방의 육복(六服)[176]이 모두 오고, 여름에는 서방의 육복이 모두 온다. 가을과 겨울 같은 경우에는 정사농이 "'봄과 가을을 들어서 말했으니, 겨울과 여름은 알 수 있다.'라고 했는데, 이는 경에서는 곧장 "대조근(大朝覲)"이라 하고 "종(宗)"과 "우(遇)"를 말하지 않았으나, "종(宗)"과 "우(遇)"가 있음을 알 수 있다는 것이다.'라고 했다. 나라에 있으면서 조례(朝禮)를 거행함을 마쳐야 이에 나라 밖에 단을 마련하고 그곳에서 일을 명하는 것이다."라고 했다.

又「大宗伯」, "時見曰會, 殷見曰同."「注」, "'時見'者, 言無常期. 諸侯有不順服者, 王將有征討之事, 則旣朝覲, 王爲壇於國外, 合諸侯而命事焉. 『春秋傳』曰: '有事而會, 不協而盟.' 是也. '殷'猶衆也. 十二歲, 王如不巡守, 則六服盡朝, 朝禮旣畢, 王亦爲壇, 合諸侯以命政焉. 所命之政, 如王巡守. 殷見, 四方四時分來, 終歲則徧."「疏」云: "若不當朝之歲, 則不須行朝覲於國中, 直壇朝而已. 其當朝之歲者, 則於國中春夏行朝宗於王朝, 受享於廟, 秋冬則一受之於廟也.「大行人」云: '十二歲, 王乃巡守殷國.' 若王無故則巡守, 若王有故, 六服衆皆同來." 是其禮也.

또 『주례』「춘관종백상·대종백」에 "사시로 뵙는 것을 회(會)라 하고, 여럿이 뵙는 것을 동(同)이라 한다."라고 했는데, 「주」에 "'사시로 뵙는대時見]'라는 것은 일정한 시기가 없다는 말이다. 제후 중에 순순히 복종하지 않는 자가 있어 왕이 정벌하거나 토벌하려는 일이 있으면 조근(朝覲)을 마치고 나서 나라 밖에 단을 설치하고 제후들을 모아 그곳에서 일을 명한다. 『춘추좌씨전』「소공」3년「전」에서 '일이 있으면 회동[會]하고, 화목하지 못하면 결맹(結盟)한다.'라고 한 것이 이것이다. '은(殷)'은 여럿[衆]이다. 12년째에 왕이 만약 순수(巡守)하지 않으면, 육복이 모두 조회하고, 조회의 예를 마치고 나면 왕은 또 단을 만들어 제후를 모아 그곳에서 정령(政令)을 명한다. 명하는 정령은 왕이 순수할 때와 같다. 여럿이 와서 뵙는 것[殷見]은 사방에서 사계절로 나누어 오니, 한 해가 끝나면 사방의 제후가 모두 와서 조현

---

176 육복(六服): 주나라 때 왕기(王畿)의 바깥에 있는 제후들의 방국(邦國)을 복(服)이라고 하는데, 육복이란, 후복(侯服), 전복(甸服), 남복(男服), 채복(采服), 위복(衛服), 만복(蠻服)이다.

(朝見)하는 예를 두루 다하게 된다."라고 했고, 「소」에 "만약 조근해야 하는 해에 해당되지 않으면 나라 안에서 조근을 행할 필요가 없이 곧장 단에서 조근할 뿐이다. 조근해야 하는 해에 해당되는 경우라면 나라 안에서 봄과 여름에 춘조와 추근을 왕의 조정[王朝]에서 거행하고 종묘에서 향(享)을 받으며, 가을과 겨울에는 사당에서 한 번 받는다. 『주례』「추관사구하·대행인」에 '12년마다 왕은 여러 나라를 순수한다.'라고 했으니, 만약 왕이 아무런 까닭이 없으면 순수를 하는 것이고, 만약 왕이 유고 시에는 육복의 여러 제후가 함께 와서 조근한다.'라고 했으니, 이것이 그 예이다.

凌氏曙『典故覈』云: "案鄭「注」云云, 蓋宗廟一事也, 會同二事也, 端章甫謂視朝, 三事也. 三者皆須相禮, 或擧地, 或擧事, 或擧服. 古人文法互見如此." 案, 此鄭誤注, 今不用也.
능서(凌曙)의 『사서전고핵』에 "정현의 「주」에서 운운한 것을 살펴보니, 종묘는 첫 번째 일이고, 회동은 두 번째 일이며, 현단복과 장보관은 시조(視朝)를 이르니, 세 번째 일이다. 세 가지는 모두 좌우에서 행례를 돕는 집례재[相禮]를 필요로 하는데, 혹은 땅을 거론하기도 하고, 혹은 일을 거론하기도 하며 혹은 복장을 거론하기도 한 것이다. 옛사람의 문법은 번갈아가며 드러내는 것이 이와 같다."라고 했다. 살펴보니 이것은 정현이 잘못 주석한 것이므로 지금은 쓰지 않는다.

"小相", 在主國曰擯, 賓國曰介, 擯·介統謂之相. 邢「疏」曰: "「聘禮」云: '卿爲上擯, 大夫爲承擯, 士爲紹擯.'「玉藻」云: '君入門, 介拂闑, 大夫中根與闑之間, 士介拂根.' 則卿爲上介, 大夫爲次介, 士爲末介也. 此云'願爲小相'者, 謙不敢爲上擯·上介之卿, 願爲承擯·紹擯·次介·末介之大夫士耳."
"작은 집례[小相]"는 주인의 나라에 있으면 빈(擯)이라 하고, 손님 나라에 있으면 개(介)라고 하는데, 빈과 개를 통틀어 집례[相]라고 한다. 형병의 「소」에 "『의례』「빙례」에 '경을 상빈(上擯)으로 삼고 대부를 승빈(承擯)으로 삼고 사를 소빈(紹擯)으로 삼는다.'라고 했고, 『예기』「옥조」에 '군주가 대문에 들어올 때 상개(上介)는 얼(闑)을 스치듯 서 있고, 대부로서 개나 빈이 된 자는 문설주[根]와 얼의 중간에 있고, 사로서 개나 빈이 된 자는 서쪽이나 동쪽의 문설주를 스치듯 서 있다.'라고 했으니, 그렇다면 경이 상개가 되고, 대부가 차개(次介)가 되며 사가 말개(末介)가 되는 것이다. 여기에서 '작은 집례가 되기를 원한다[願爲小相]'라고 한 것은, 겸손하여 감히 상빈이나 상개인 경이 되겠다는 것이 아니라, 승빈·소빈·차개·말개인 대부나 사가 되기를 원한다는 것일 뿐이다."라고 했다.

案, 依鄭「注」, 兼有朝祭之相. 「雜記」云: "大夫冕而祭於公, 士弁而祭於公." 此廟中之相也. 諸侯視朝之相無明文. 『周官』「大宰」"贊聽治"是大相, 「小司寇」"擯外朝", 「司士」"擯治朝", 「太僕」"正服位", 皆小相, 則諸侯視朝亦有相可知.

살펴보니, 정현의 「주」에 의거해 보면 조회나 제사의 집례를 겸하는 것이다. 『예기』「잡기」에 "대부는 면(冕)을 착용하고 공소(公所)에서 제사하고, 사는 변(弁)을 착용하고 공소에서 제사한다."라고 했는데, 이는 종묘 안에서의 집례이다. 제후가 조회를 볼 때의 집례에 대해서는 명백하게 기록된 문구가 없다. 『주례』「천관총재상·태재」에 "왕이 신하의 치적을 청취하는 것을 보좌한다[贊聽治]"라고 했는데, 이는 큰 집례[大相]이고, 『주례』「추관사구상·소사구」에 "치문(雉門) 밖에서 안내한다[擯外朝]"라고 했고, 「하관사마하·사사」에 "치조(治朝)[177]에서 안내한다[擯治朝]"라고 했으며, 「하관사마하·태복」에 "왕이 옷을 입는 격식과 서는 위치를 바로잡는다[正服位]"라고 했는데, 모두 작은 집례[小相]이니, 그렇다면 제후가 조회를 볼 때도 집례가 있었음을 알 수 있다.

"點! 爾何如?" 鼓瑟希, 【注】孔曰: "思所以對, 故音希." 鏗爾, 舍瑟而作, 對曰: "異乎三子者之撰." 【注】孔曰: "置瑟起對. '撰', 具也, 爲政之具. '鏗'者, 投瑟之聲." 子曰: "何傷乎? 亦各言其志也." 【注】孔曰: "各言己志, 於義無傷." 曰: "莫春者, 春服旣成, 冠者五六人, 童

---

177 치조(治朝): 천자가 정치를 듣는 곳. 천자는 내조(內朝)·치조(治朝)·연조(燕朝)의 3조(朝)가 있는데, 치조는 노문(路門) 밖에 있어 군신(群臣)이 정사를 보는 곳으로, 이것에서 매일 조회를 보고, 중조(中朝)라고 하여 사사(司士)가 장악한다.

子六七人, 浴乎沂, 風乎舞雩, 詠而歸." 【注】 包曰: "'莫春'者, 季
春, 三月也. '春服旣成', 衣單袷之時. 我欲得冠者五六人, 童子六七人, 浴乎沂
水之上, 風凉於舞雩之下, 歌詠先王之道, 而歸夫子之門." 夫子喟然歎曰:
"吾與點也." 【注】 周曰: "善點獨知時."

"점아, 너는 어떠하냐?" 비파 타는 소리가 줄어들더니, 【주】 공안국
이 말했다. "대답할 거리를 생각하고 있었기 때문에 비파 타는 소리가 줄어든 것이
다." 쨍그랑하고 비파를 놓으며 일어나 대답했다. "세 사람의 사리
가 잘 갖추어진 대답[撰]과는 다릅니다." 【주】 공안국이 말했다. "비파를
내려놓고서 일어나 대답한 것이다. '찬(撰)'은 갖춤[具]이니, 위정(爲政)을 갖춘 대답
이라는 말이다. '갱(鏗)'은 비파를 내려놓는 소리이다." 공자가 말했다. "무슨
꿀릴 것이 있겠느냐? 또한 각자 자기들의 뜻을 말한 것이다."
【주】 공안국이 말했다. "각자 자기들의 뜻을 말한 것이니, 의리에 꿀릴 것이 없다는
말이다." 점이 말했다. "늦봄이면 봄옷이 이미 완성되었을 터이니,
관을 쓴 사람 대여섯 명과 동자 예닐곱 명과 함께 기수(沂水)에서
씻고서 무우단(舞雩壇)에서 노래 부르고, 노래하면서 기우제를
지내겠습니다." 【주】 포함이 말했다. "모춘(莫春)'은 계춘(季春)이니 3월이다.
'봄옷이 이미 이루어졌다[春服旣成]'라는 것은 홑옷이나 겹옷을 입을 때라는 말이다.
나는 관을 쓴 사람 대여섯 명과 동자 예닐곱 명을 얻어 기수 가에서 목욕하고 무우단
아래에서 서늘한 바람 쐬다가, 선왕의 도를 노래하면서 선생님의 문하로 돌아오고
싶다는 말이다." 공자가 "아!" 하고 감탄하며 말했다. "나는 점을 인
정한다." 【주】 주생렬이 말했다. "점만이 홀로 때를 알고 있음을 갸륵하게 여긴
것이다."

원문 正義曰: 朱子『集注』云:“四子侍坐, 以齒爲序, 則點當次對. 以方鼓瑟,
故夫子先問求·赤, 而後及點也.”

역문 정의에서 말한다.

주자의 『논어집주』에 “네 사람이 모시고 앉음에 나이로 차례를 한다면 증점이 마땅히 두 번째로 대답해야 할 것이다. 그러나 막 비파를 타고 있었으므로 공자가 먼저 구와 적에게 물어본 뒤에 점에게 미친 것이다.”라고 했다.

원문 “鼓瑟希”者,『說文』云:“鼓, 郭也. 從中又, 又象其手擊之也.”『周官』, “小師掌教鼓·鞀·柷·敔·塤·簫·管·弦歌.”「注」, “出音曰鼓.” 此字虛實兩義, 毛晃·岳珂竝分“鼓舞”字從鼓, “鐘鼓”字從鼓, 非也.

역문 “비파 타는 소리가 줄어들었다[鼓瑟希]”라고 했는데,『설문해자』에 “고(鼓)는 밖의 테두리[郭]라는 뜻이다. 철(中)과 우(又)로 구성되었는데, 우(又)는 손으로 두드리는 모양을 형상한 것이다.”[178]라고 했다.『주례』「춘관종백하·소사」에 “소사는 고(鼓)와 도(鞀)와 축(柷)과 어(敔)와 훈(塤)과 소(簫)와 관(管)과 현(弦)의 노래를 가르치는 일을 관장한다.”라고 했는

---

178 『설문해자』 권5: 고(鼗)는 밖의 테두리[郭]라는 뜻이다. 춘분(春分)의 소리이니, 만물이 껍질을 깨고 나오기 때문에 고(鼓)라고 하였다. 주(壴)로 구성되었고 철(中)과 우(又)로 구성되었다. 철(中)은 늘어진 장식을 상형한 것이고, 우(又)는 그것을 손으로 두드리는 모양을 상형한 것이다.『주례』에 육고(六鼓)에 대하여 설명하기를 뇌고(靁鼓)는 여덟 면, 영고(靈鼓)는 여섯 면, 노고(路鼓)는 네 면, 분고(鼖鼓)와 고고(皐鼓)와 진고(晉鼓)는 모두 두 면이라고 했다. 모든 고(鼓)부에 속하는 한자는 다 고(鼓)의 의미를 따른다. 고(鼗)는 고(鼓)의 주문(籀文)인데, 고(古)로 구성되었으며, 고(古)가 발음을 나타낸다. 공(工)과 호(戶)의 반절음이다.[鼗, 郭也. 春分之音, 萬物郭皮甲而出, 故謂之鼓. 從壴從中又. 中象垂飾, 又象其手擊之也.『周禮』六鼓: 靁鼓八面, 靈鼓六面, 路鼓四面, 鼖鼓·皐鼓·晉鼓皆兩面. 凡鼓之屬皆從鼓. 鼗, 籀文鼓從古聲. 工戶切.]

데,「주」에 "소리를 내는 것을 고(鼓)라 한다."라고 했으니, 이 글자는 허실(虛實) 두 뜻이 있는데, 모황(毛晃)[179]과 악가(岳珂)[180]는 모두 "고무(鼓舞)" 자는 고(鼓)로 구성되었고, "종고(鍾鼓)" 자는 고(鼓)로 구성되었다고 구분하는데, 아니다.

원문 方氏觀旭『偶記』, "『爾雅』「釋樂」云: '徒鼓瑟謂之步.'「注」謂'獨作之', 曾點但鼓瑟, 未有鼓歌." 又云: "「少儀」云: '侍坐, 弗使不執琴瑟.' 則點之侍坐鼓瑟, 必由夫子使之." 其說竝是.

역문 방관욱(方觀旭)의 『우기』에 "『이아』「석악」에 '비파[瑟]만 연주하는 것을 보(步)라 한다.'라고 했는데,「주」에 '연주만 하는 것'이라고 했으니, 증점은 다만 비파만 연주하고 노래를 부르지는 않았다."라고 했다. 또 "『예기』「소의」에 '모시고 앉았을 때, 시키지 않으면 거문고나 비파를 잡지 않는다.'라고 했으니, 증점이 모시고 앉아 있으면서 비파를 연주한

---

179 모황(毛晃, ?~?): 송나라 구주(衢州) 강산(江山) 사람. 호는 철연(鐵硯)이다. 고종(高宗) 소흥(紹興) 연간에 진사가 되었다. 소흥 말에 진사에서 해면(解免)된 뒤 문을 걸어 잠그고 저술에 전념했는데, 제유(諸儒)들의 학설에 부화뇌동하지 않았다. 자학(字學)에 정통했다. 고정(考訂)한 것이 상세하고 신중했으며, 쓰던 벼루가 뚫릴 정도였다. 저서에 『우공지남(禹貢指南)』과 『증주예부운략(增注禮部韻略)』 등이 있다.

180 악가(岳珂, 1183~1234): 남송 상주(相州) 탕음[湯陰, 하남(河南)에 속함] 사람. 가흥(嘉興)에서 살았고, 자는 숙지(肅之)이며, 호는 역재(亦齋) 또는 권옹(倦翁)이다. 악림(岳霖)의 아들이고, 악비(岳飛)의 손자다. 영종(寧宗) 때 가흥군부(嘉興軍府)에 파견되었다가 관내권농사(管內勸農事)를 겸했다. 호부시랑(戶部侍郎)과 회동총령(淮東總領) 겸 제치사(制置使)에 이르렀다. 진회(秦檜)가 할아버지 악비를 함정에 몰아넣고 죽인 것을 한스럽게 여겨 『금타수편(金陀粹編)』과 『우천변무집(吁天辯誣集)』, 『천정록(天定錄)』을 지어 무고를 밝혔다. 그밖의 저서에 『당호시고(堂湖詩稿)』 1권과 『옥저집(玉楮集)』 8권 및 『간정구경삼전연혁제(刊正九經三傳沿革制)』, 『괴담록(愧郯錄)』, 『정사(程史)』, 『보진재서법찬(寶眞齋書法贊)』 등이 있다. 감상과 평가에 정교했고, 시문에도 능했다.

것은 반드시 공자가 시켰기 때문이다."라고 했는데, 이 말은 모두 옳다.

원문 "鏗爾", 『玉篇』引作"摼爾", 『廣雅』「釋言」, "鏗, 擊也." "摼"與"鏗"同. 『說文』小徐本"摼"下云: "讀若『論語』'鏗爾, 舍琴而作.'" 大徐本作"舍瑟". 段氏玉裁「注」依小徐本改正. 又"摼"下引此文, 段氏亦改"舍琴". 其說云: "「論語釋文」云: '鏗, 苦耕反. 投琴聲.' 是則陸氏本作'舍琴而作', 下文云 '本今作瑟'者, 後人所增語. 『廣韻』曰: '摼, 琴聲. 口莖切.' 『玉篇』曰: '摼, 口耕切, 琴聲.' 引『論語』'摼爾舍琴而作.'" 案, 由段所引, 是古本皆作"琴"字. 此文孔「注」云"投瑟之聲", "投瑟"必"投琴"之誤, 『釋文』所云"投琴", 卽本孔「注」也.

역문 "갱이(鏗爾)"는 『옥편』에 인용하면서 "갱이(摼爾)"로 썼고, 『광아』「석언」에 "갱(鏗)은 두드린다[擊]는 뜻이다."라고 했는데, "갱(摼)"과 "갱(鏗)"은 같은 글자이다. 『설문해자』소서본(小徐本)[181]에는 "경(摼)" 아래 "『논어』에서 '쨍그랑 하고[鏗爾] 거문고[琴]를 놓으며 일어났다.'라고 한 것처럼 읽어야 한다."[182]라고 했고, 대서본(大徐本)[183]에는 "비파를 놓으며[舍瑟]"로 되어 있다.[184] 단옥재의「주」는 소서본을 근거로 개정한 것이다.

---

181 소서본(小徐本): 남당(南唐) 때, 오대(五代) 말기 북송 초 때 광릉(廣陵) 사람인 서개(徐鍇, 920~974)가 그의 형인 서현(徐鉉, 917~992)이 송(宋) 태종(太宗)의 명으로 새로 교정한『설문해자』를 교주(校註)해서『설문계전(說文繫傳)』을 완성했는데, 이를 소서본이라고 한다.

182 『설문계전』권23: 경(摼)은 머리를 두드린다[擣頭]는 뜻이다. 수(手)로 구성되었고 견(堅)이 발음을 나타낸다. 『논어』에서 "쨍그랑 하고[鏗爾] 거문고[琴]를 놓으며 일어났다."라고 한 것처럼 읽어야 한다. 간(懇)과 경(耕)의 반절음이다.[摼, 擣頭也. 從手堅聲. 讀若『論語』, "鏗爾舍琴而作." 懇耕反.]

183 대서본(大徐本): 송 옹희(雍熙) 3년(986)에 태종은 문자학자인 서현에게『설문해자』를 새로 교정하도록 명하였는데 이에 따라 완성된 것이 이른바 '대서본'이다.

184 『설문해자』권12: 경(摼)은 머리를 두드린다[擣頭]는 뜻이다. 수(手)로 구성되었고 견(堅)이

또 "갱(鏗)" 아래에도 이 글을 인용했는데, 단씨가 역시 "사금(舍琴)"으로 고쳤다.[185] 단옥재의 말에 따르면 "『경전석문』「논어석문」에 '갱(鏗)은 고(苦)와 경(耕)의 반절음이다. 거문고를 내려놓는 소리이다.'라고 했는데, 이는 육덕명본에는 '거문고를 내려놓고 일어났다[舍琴而作]'로 되어 있다는 것이고, 그 아래 '판본에 따라 지금은 비파[瑟]로 되어 있다.'라는 것은 후대의 사람들이 보탠 말이다. 『광운』에 '갱(摼)은 거문고[琴] 소리이다. 구(口)와 경(莖)의 반절음이다.'라고 했고, 『옥편』에 '갱(摼)은 구(口)와 경(耕)의 반절음이고, 거문고 소리이다.'라고 하면서 『논어』를 인용해 '쨍그랑 하고[摼爾] 거문고를 내려놓고 일어났다[舍琴而作].'라고 했다."라고 했다.

　　살펴보니, 단옥재가 인용한 바에 따르면 고본에는 모두 "금(琴)" 자로 되어 있다. 이 글의 공안국「주」의 "비파를 내려놓는 소리[投瑟之聲]"에서 "투슬(投瑟)"은 필시 "투금(投琴)"의 오자(誤字)이고, 『경전석문』에서 "투금(投琴)"이라고 한 것이 바로 본래 공안국의 「주」인 것이다.

원문 "作", 起也. 「曲禮」云: "侍坐於君子, 君子問更端, 則起而對." 鄭「注」, "離席對, 敬異事也. 君子必令復坐." 此擧問異事, 當如前之敬. 蓋君子有問於己, 皆當起對, 對畢就坐. 若對未畢, 君子詔己坐, 亦得坐. 若夫子問六言六蔽, 子路起而對, 夫子復令之坐是也. 若然, 此三子承夫子之問, 竝

발음을 나타낸다. "쨍그랑 하고[鏗爾] 비파[瑟]를 놓으며 일어났다."라고 한 것처럼 읽어야 한다. 구(口)와 경(莖)의 반절음이다.[鏗, 擣頭也. 從手堅聲, 讀若"鏗爾舍瑟而作". 口莖切.]

185 『설문해자주(說文解字注)』에 "경(鏗)은 수레가 구를 때 나는 큰 소리이다. 『논어』에 '쨍그랑 하고[鏗爾] 거문고[琴]를 놓으며 일어났다.'라고 한 것처럼 읽어야 한다. 거문고[琴]는 각각의 판본마다 비파[瑟]라고 되어 있는데, 지금 바로잡는다.[鏗, 車鏗弘聲也. 讀若『論語』'鏗爾舍琴而作.' 琴各本作瑟, 今正.]"라고 했다.

應作而後對, 前不言者, 從可知也.

역문 "작(作)"은 일어남[起]이다. 『예기』「곡례상」에 "군자를 모시고 앉았을 때, 군자가 질문할 때에 그 화제(話題)를 바꾸면 일어나서 대답하는 것이다."라고 했는데, 정현의 「주」에 "자리를 옮겨서 대답하는 것은 다른 일을 공경하는 것이다. 군자는 반드시 다시 앉을 것을 명령한다."라고 했다. 여기서도 다른 일을 들어서 질문했으니, 앞에서 공경했던 것처럼 하는 것이 당연하다. 대체로 군자가 자기에게 묻는 것이 있으면 모두 마땅히 일어나 대답해야 하고, 대답을 마치면 자리로 나아가 앉는 것이다. 만약 대답을 아직 마치지 않았는데 군자가 자기를 불러 앉히면 역시 앉을 수 있다. 공자가 6언(六言)과 6폐(六蔽)를 물었을 때 자로가 일어나 대답하자 공자가 다시 앉도록 한 것[186]과 같은 것이 이것이다. 만약 그렇다면 여기에서 세 사람은 모두 응당 일어난 뒤에 대답을 했을 것이지만, 앞에서는 말하지 않았다는 것을 미루어 짐작할 수 있다.

원문 "撰", 鄭本作"僎", 云"'僎'讀曰詮", 詮之言善也. 案, 『廣韻』曰: "詮, 善言也." 本鄭義. <u>陳氏鱣</u>『古訓』曰: "「鄕飮酒禮」'遵者降席',「注」: '今文遵爲僎, 或爲全.' 是全·僎本通, 故讀僎爲詮, 非改字也."

역문 "찬(撰)"은 정현본에는 "선(僎)"으로 되어 있고, "'선(僎)'은 전(詮)의 뜻으로 읽어야 한다."라고 했는데, 전(詮)은 사리를 잘 갖추었다[善]는 말이다. 살펴보니, 『광운』에 "전(詮)은 사리를 잘 갖춘 말[善言]이다."라고 했는데, 정현의 뜻에 근거한 것이다. 진전(陳鱣)의 『논어고훈』에 "『의례』「향음주례」에 '준자(遵者)가 자리에서 내려가'라고 했는데,「주」에 '금문

---

186 『논어』「양화(陽貨)」.

(今文)에는 준(遵)이 선(僎)으로 되어 있고, 더러 전(全)으로 되어 있기도 하다.'라고 했으니, 전(全)과 선(僎)은 본래 통용되기 때문에 선(僎)을 전(詮)의 뜻으로 읽는 것이지, 글자를 고친 것이 아니다."라고 했다.

원문 案, 鄭以點爲謙言, 故夫子云"何傷"以解之. 若僞孔訓爲"爲政之具", 是正點自負, 有異三子, 視子路之率爾更有甚矣. 以此知鄭義精審, 多若此也.

역문 살펴보니, 정현은 증점이 말을 겸손하게 했기 때문에 공자가 "무슨 꿀릴 것이 있겠느냐"라고 하여 마음을 풀어 준 것이라고 여겼다. 만약 위공의 뜻풀이처럼 "위정을 갖춘 대답"이라면 이것이야말로 진짜 증점이 자부하는 것이어서 세 사람과 차이가 있었을 것으므로 자로의 경솔함보다 훨씬 더 심함이 있었을 것이다. 이런 점에서 정현의 뜻이 정밀하고 확실함이 이처럼 대단하다는 것을 알 수 있다.

원문 『釋文』云: "'亦各言其志', 一本作'亦各言其志也.'" 今皇 · 邢本皆有"也"字.

역문 『경전석문』에 "'역각언기지(亦各言其志)'는 어떤 판본에는 '역각언기지야(亦各言其志也)'로 되어 있다."라고 했다. 지금 황간본과 형병본에는 모두 "야(也)" 자가 있다.

원문 "莫春者", 擧時所値言之. 『釋文』本亦作"暮春". 『說文』無"暮"字, "莫"下云: "日且冥也. 從日在茻中." 引申爲遲晩之訓. 故此春盡言莫春也.

역문 "모춘자(莫春者)"는 만난 계절을 들어 말한 것이다. 『경전석문』본 역시 "모춘(暮春)"으로 되어 있다. 『설문해자』에는 "모(暮)" 자가 없고, "막(莫)" 아래 "날이 장차 어두워지려 한다는 뜻이다. 해가 우거진 숲 안에 있는 상형으로 구성되었다."[187]라고 했는데, 의미가 확장되어 더디고 늦다는 뜻이 되었다. 따라서 여기서는 봄이 다 지나간 것을 모춘이라고 한 것이다.

원문 皇本"冠者"上有"得"字.『儀禮』鄭「目錄」云: "童子任職居士位, 年二十而冠." 故「曲禮」云: "二十曰弱冠."『白虎通』「紼冕」云: "所以有冠者何? 冠者, 帣也, 所以帣持其髮也. 人懷五常, 莫不貴德示成, 禮有修飾文章, 故制冠以飾首, 別成人也. 禮所以十九見正而冠者何? 漸二十之人耳. 男子陽也, 成於陰, 故二十而冠.""童子"者, 人年十五以上爲成童, 此則未冠者也.

역문 황간본에는 "관자(冠者)" 앞에 "득(得)" 자가 있다.『의례』정현의 「목록」에 "동자(童子)가 직분을 받아 사의 지위에 있으면, 나이 20세에 관례를 치른다."라고 했다. 그러므로 「곡례상」에서 "스무 살을 약관(弱冠)이라고 한다."라고 한 것이다.『백호통의』「불면」에 "관(冠)을 쓰는 까닭은 무엇 때문인가? 관(冠)이란 말아 둔다[帣]는 뜻이니, 머리카락을 말아서 몸가짐을 지키기 위한 것이다. 사람은 오상(五常)을 품고 있어서 덕을 귀하게 여겨 완성을 보이지 않음이 없고, 예에는 수식(修飾)과 문장(文章)이 있기 때문에 관례(冠禮)을 제정해서 머리를 장식하여 성인(成人)을 구별하는 것이다. 예에서 바른 일을 알게 되는 19세에 관례를 치른 까닭은 무엇인가?[188] 나이가 20대로 접어들 사람이기 때문일 뿐이다. 남자는 양

---

187 『설문해자』권1: 막(莫)은 날이 장차 어두워지려 한다는 뜻이다. 해가 우거진 숲 안에 있는 상형으로 구성되었다. 막(莫)과 고(故)의 반절음이다. 또 모(慕)와 각(各)의 반절음이다.[莫, 日且冥也. 從日在茻中. 莫故切. 又慕各切.]

188 『설원』「건본(建本)」에 "주나라 소공의 나이 19세에 바른 품성이 드러나 관례(冠禮)를 행하니, 관례를 하면 제후의 방백(方伯)이 될 수 있다.[周召公年十九, 見正而冠, 冠則可以爲方伯

(陽)이지만 음(陰)에서 이루어지기 때문에 20세에 관례를 치르는 것이다.”라고 했다. “동자”란, 사람이 나이 15세 이상이 되면 성동(成童)이 되니, 이는 아직 관례를 치르지 않은 자이다.

원문 “浴乎沂, 風乎舞雩, 詠而歸”者, 鄭「注」云: “沂水出沂山, 沂水在魯城南, 雩壇在其上. 饋, 饋酒食也. 『魯』讀‘饋’爲‘歸’, 今從『古』.” 案, 『水經』「泗水」「注」, “沂水出魯城東南尼丘山西北, 平地發泉, 流經魯縣故城南. 沂水北對稷門, 亦曰雩門. 門南隔水有雩壇, 壇高三丈, 曾點所欲風舞處也.” 尼丘山卽鄭「注」所云“沂山”. 此水在魯城東南, 歷城南西, 右注泗水, 鄭「注」止云“魯城南”者, 就雩壇所在言之.

역문 “욕호기, 풍호무우, 영이귀(浴乎沂, 風乎舞雩, 詠而歸)”에 대해 정현의 「주」에 “기수는 기산(沂山)에서 나오니, 기수는 노나라 성(城)의 남쪽에 있고, 우단(雩壇)이 그 위쪽에 있다. 궤(饋)는 술이나 밥을 먹인다는 뜻이다. 『노논어』에서는 ‘궤(饋)’를 ‘귀(歸)’의 뜻으로 읽으니, 지금은 『고논어』를 따른다.”라고 했다. 살펴보니, 『수경』「사수」의 「주」에 “기수는 노나라 성 동남의 니구산(尼丘山) 서북쪽에서 나오는데 평지에서 샘이 발원하여, 노현(魯縣)의 옛 성터 남쪽을 경유하며 흐른다. 기수 북쪽은 직문(稷門)을 마주하고 있는데, 또 우문(雩門)이라고도 한다. 문 남쪽 물 건너에 우단이 있는데 단의 높이는 3길[三丈]로, 증점이 무우단에서 바람 쐬려던 곳이다.”라고 했다. 니구산은 바로 정현의 「주」에서 말한 “기산”이다. 이 물은 노나라 성 동남쪽에 있으면서 성의 서남쪽을 지나 오른쪽으로 사수(泗水)로 유입되는데, 정현의 「주」에서 단지 “노나라 성의 남쪽[魯城

諸侯矣.]”라고 했고, 「수문(修文)」에 “관례는 바른 품성이 드러나는[見正] 19세에 관례를 치르는 것이 고대(古代)에 통행하던 예이다.[冠禮, 十九見正而冠, 古之通禮也.]”라고 했다.

南"이라고만 말한 것은, 우단이 있는 곳만을 말했기 때문이다.

원문 顧氏棟高『春秋大事表』曰: "沂水在今曲阜縣南二里, 西入滋陽縣境, 合於泗水,『論語』所謂‘浴乎沂’卽此. 齊亦有沂水, 今沂州府沂水縣西北一百七十里, 雕崖山接蒙陰縣界, 南流至江南宿遷縣北, 匯爲駱馬湖, 又南入運河.『書』‘淮·沂其乂’是也. 又出武陽之冠石山者, 亦謂之沂水, 在今兗州府費縣, 俗呼小沂水. 「哀」二年‘取沂西田’是也." 案, 齊之沂水在東, 故『齊乘』以魯沂爲西沂水也.

역문 고동고(顧棟高)의『춘추대사표』에 "기수는 지금의 곡부현(曲阜縣)에서 남쪽으로 2리(里)에 있고, 서쪽으로 자양현(滋陽縣) 경계로 들어가 사수에 합류하는데,『논어』의 이른바 ‘기수에서 목욕한다[浴乎沂]’라고 한 곳이 바로 이곳이다. 제나라에도 기수(沂水)가 있는데, 지금의 기주부(沂州府) 기수현(沂水縣) 서북쪽 170리에 있고, 조애산(雕崖山)이 몽음현(蒙陰縣) 경계에 접해 있어서 남쪽으로 흘러 강남(江南) 숙천현(宿遷縣) 북쪽에 이르러 물이 휘돌아 모여 낙마호(駱馬湖)가 되었다가, 또 남쪽으로 운하(運河)에 유입된다.『서경』「하서·우공」의 ‘회수(淮水)와 기수가 다스려졌다’라고 한 곳이 이곳이다. 무양(武陽)의 관석산(冠石山)에서 나온 것을 또한 기수(沂水)라고 하는데, 연주부(兗州府) 비현(費縣)에 있고, 세속에서는 작은 기수[小沂水]라고 부른다.『춘추좌씨전』「애공」 2년에 ‘기수 서쪽의 땅을 취하였다[取沂西田]’라고 한 곳이 이곳이다."라고 했다. 살펴보니, 제나라의 기수는 동쪽에 있기 때문에『제승』에서는 노나라의 기수를 서기수(西沂水)라고 했다.

원문 雩壇者, 雩時爲壇設祭於此, 有樂舞, 故曰"舞雩".『爾雅』「釋訓」, "舞號, 雩也."『周官』「司巫」「疏」引『春秋考異郵』云: "雩者, ‘吁嗟’求雨之

聲."『說文』, "雩, 夏祭樂于赤帝, 以祈甘雨也. 從雨于聲. 䨣, 或從羽, 雩,
羽舞也."『周官』「司巫」云: "若國大旱, 則帥巫而舞雩." 又「女巫」云: "旱
暵則舞雩."「舞師」云: "敎皇舞, 帥而舞旱暵之事."「注」云: "旱暵之事, 謂
雩也. 鄭司農云: '皇舞, 蒙羽舞.' 玄謂皇析五采羽爲之, 亦如帗." 是雩祭有
樂舞也. 雩壇在沂水上, 鄭自擧目見言之.『水經』言"壇高三丈", 其遺跡也.

역문 우단이라는 것은 우제(雩祭)를 지낼 때 단을 마련하고 여기에서 제사
를 지내는 곳인데, 악무(樂舞)가 있기 때문에 "무우(舞雩)"라고 한 것이다.
『이아』「석훈」에 "무호(舞號)는 기우제[雩]이다."라고 했고,『주례』「춘관
종백하 · 사무」의 「소」에 『춘추고이우』를 인용해서 "우(雩)란, '우!, 아!'
하면서 비를 구하는 소리이다."189라고 했다.『설문해자』에 "우(雩)는, 여
름에 적제(赤帝)190에게 제악(祭樂)을 올리는 것이니, 단비를 구하는 것이
다. 우(雨)로 구성되었고 우(于)가 발음을 나타낸다. 우(䨣)는 우(雩)의 혹
체자인데 우(羽)로 구성되었다. 기우제[雩]에서는 우무(羽舞)191를 춘다."192
라고 했다.『주례』「춘관종백하 · 사무」에 "만약 나라에 큰 가뭄이 들면
무당을 거느리고서 춤추며 기우제를 지내게 한다."라고 했고, 또「여무」

---

189 『논어정의』에 "女巫"로 되어 있으나,『주례주소』의 가공언의 「소」에는 이러한 내용이 없고,
「사무(司巫)」의 「소」에, "『춘추위고이우』에 '우(雩)란 "우!" "아!" 하면서 비를 구하는 제사
이다.'라고 했다.[『春秋緯考異郵』云: '雩者, 呼嗟求雨之祭.']"라고 되어 있다.『주례주소』를
근거로 "司巫"로 고쳤다.

190 적제(赤帝): 다섯 천제(天帝)의 하나로 남방(南方)을 맡은 신.

191 우무(羽舞): 꿩 깃과 쇠꼬리를 손에 쥐고 추는 우모무(羽旄舞)를 말하는 것으로, 방패와 도
끼를 손에 쥐고 추는 무무(武舞)인 간척무(干戚舞)에 반해 문무(文舞)에 해당한다.

192 『설문해자』권11: 우(雩)는, 여름에 적제(赤帝)에게 제악(祭樂)을 올리는 것이니, 단비를 구
하는 것이다. 우(雨)로 구성되었고 우(于)가 발음을 나타낸다. 우(䨣)는 우(雩)의 혹체자인
데 우(羽)로 구성되었다. 기우제[雩]에서는 우무(羽舞)를 춘다. 우(羽)와 구(俱)의 반절음이
다.[雩, 夏祭樂于赤帝, 以祈甘雨也. 從雨于聲. 䨣, 或從羽. 雩, 羽舞也. 羽俱切.]

에 "가뭄이 매우 심하면 춤추며 기우제를 지낸다."라고 했으며, 「지관사도상·무사」에 "황무(皇舞)를 가르쳐서 인솔하여 가뭄이 매우 심할 때 기우제를 지내는데 춤추게 하는 일을 관장한다."라고 했는데, 「주」에 "한한지사(旱暵之事)는 기우제[雩]를 이른다. 정사농(鄭司農)이 이르길 '황무193는 깃털을 덮어쓰고 추는 춤이다.'라고 했으니, 내가(정현) 생각하기에 황(皇)은 오채(五采)의 깃털을 잘라서 만드는데, 또한 춤출 때 손에 드는 오색의 기[帗]와 같다."라고 했으니, 이는 기우제에 악무가 있었다는 말이다. 우단은 기수 가에 있으니 정현이 직접 눈으로 본 것을 들어서 말한 것이다. 『수경』에서 "단의 높이가 3길[丈]"이라고 한 것은 그 유적(遺跡)을 말한 것이다.

원문 "饋爲饋酒食"者, 『周官』「大宗伯」, "以饋食享先王." 鄭「注」, "言饋食者, 著有黍稷." 然則雩祭或亦用黍稷與. 鄭君此處「注」, 雖殘佚不完, 然以 "饋"訓酒食觀之, 當以雩祭有酒食事矣. "饋"·"歸"字通用, 『魯論』作"歸", 依本字釋之, 「少儀」"燕遊曰歸"是也. 『史記』「弟子列傳」"詠而歸", 徐廣曰: "一作'饋'." 史公采『古文論語』, 當本作"饋", 徐廣所見"一本"是也.

역문 "궤(饋)는 술이나 밥을 먹이는 것이다"

『주례』「춘관종백상·대종백」에 "기장밥을 올림[饋食]으로써 돌아가신 왕을 접대한다."라고 했는데, 정현의 「주」에 "궤식(饋食)을 말한 것은 기장[黍稷]이 있음을 보여 주는 것이다."라고 했으니, 그렇다면 기우제에서도 어쩌면 또한 기장을 사용했었던 것 같다. 정군의 이 구절의 「주」가 비록 손상되고 일실되어 완전하지는 않지만 "궤(饋)"를 술과 밥으로

---

193 황무(皇舞): 새의 깃털로 장식된 갓을 쓰고 추는 춤. 황(皇)의 본뜻은 오색 깃털로 장식된 모자이다.

풀어서 본다면 당연히 기우제는 술과 밥을 장만해서 지내는 제사였을 것이다. "궤(饋)"와 "귀(歸)"는 통용되는 글자인데, 『노논어』에 "귀(歸)"로 되어 있는 것은, 본자(本字)에 의거해서 해석한 것이니, 『예기』「소의」에 "잔치나 노닐다가 돌아오는 것을 귀(歸)라 한다"라고 한 것이 이것이다. 『사기』「중니제자열전」의 "노래하면서 제사를 지내겠다[詠而歸]"라고 한 것에 대해, 서광(徐廣)은 "어떤 본에는 '궤(饋)'로 되어 있다."라고 했는데, 태사공은 『고문논어』를 채록했으니, 본래는 "궤(饋)"로 되어 있는 것이 당연하니, 서광이 봤다는 "어떤 본[一本]"이 이것이다.

원문 『論衡』雩「明雩篇」解此文云: "魯設雩祭於沂水之上. '暮'者, 晩也, '春' 謂四月也. '春服旣成', 謂四月之服成也. '冠者'·'童子', 雩祭樂人也. '浴 乎沂', 涉沂水也, 象龍之從水中出也. '風乎舞雩', '風', 歌也. '詠而饋', '詠', 歌; '饋', 祭也, 歌詠而祭也. 說『論』之家, 以爲浴者, '浴'沂水中也. '風', 幹身也. 周之四月, 正歲二月也, 尙寒, 安得浴而風幹身? 由此言之, 涉水不浴, 雩祭審矣. 『春秋左氏傳』曰: '啓蟄而雩.' 又曰: '龍見而雩.' 啓 蟄·龍見, 皆二月也. 春二月雩, 秋八月亦雩. 春祈穀雨, 秋祈穀實. 當今靈 星, 秋之雩也. 春雩廢, 秋雩在, 故靈星之祀, 歲雩祭也. 孔子曰: '吾與點 也.' 善點之言, 欲以雩祭調和陰陽, 故與之也." 案, 『論衡』說與鄭君同異 不可知.

역문 『논형』에서는 기우제에 대해 「명우」에서 이 글을 해석하면서 "노나 라에서는 기우제를 기수 가에서 지냈다. '모(暮)'란 늦다[晩]는 뜻이며, '춘 (春)'은 4월이라는 말이다. '봄옷이 이미 이루어졌다'라는 말은 4월에 입 을 옷이 완성되었다는 말이다. '관을 쓴 사람'과 '동자'는 기우제에서 음 악을 연주하는 사람들이다. '욕호기(浴乎沂)'는 기수를 건넌다는 뜻이니, 물속에서 나온 용을 상징한다. '풍호무우(風乎舞雩)'라고 했는데, '풍(風)'

은 노래를 뜻한다. '영이궤(詠而饋)'라고 했는데, '영(詠)'은 노래[歌]이고 '궤(饋)'는 제사 지낸다[祭]는 뜻이니, 노래하면서 제사를 지내겠다는 말이다. 『논어』를 설명하는 학자들은 '욕(浴)'을 기수 물속에서의 목욕으로 여기고, '풍(風)'을 몸을 말리는 것이라고 여긴다. 하지만 주나라의 4월은 하(夏)나라의 책력인 정세(正歲)로 2월이니, 여전히 추운 날씨인데 어떻게 목욕을 하고 바람에 몸을 말릴 수 있겠는가? 이로 말미암아 보건대, 기수를 건넌 것이지 목욕을 한 것이 아니고, 기우제를 지낸 것이 분명하다. 『춘추좌씨전』에 '계칩(啓蟄)에 기우제를 지냈다.'라고 하기도 하고, 또 '용성(龍星)이 나타나면 기우제를 지낸다.'라고 했는데, 계칩과 용성은 모두 2월에 출현한다. 봄에는 2월에 기우제를 지내고, 가을에는 8월에 역시 기우제를 지낸다. 봄에는 곡식 생장에 필요한 비를 내려 주기를 기도하고, 가을에는 곡식이 잘 여물기를 기도한다. 오늘날 영성(靈星)에 대한 제사는 가을의 기우제에 해당한다. 그런데 봄 기우제는 폐지되고 가을 기우제만 남아 있었기 때문에 영성에 대한 제사가 1년의 기우제가 된 것이다. 그러므로 공자가 '나는 점을 인정한다.'라고 한 것은 증점을 갸륵하게 여긴 말이니, 기우제를 지냄으로써 음양을 조화시키려고 했기 때문에 증점을 인정했던 것이다."라고 했다. 살펴보니, 『논형』의 설명이 정군과 같은지 다른지 알 수가 없다.

원문 宋氏翔鳳『發微』, "按王仲任說『論語』此條最當. 其云'說『論』之家', 當指『魯論』, 當時『今文魯論』最盛也. 其以雩在正歲二月, 則非. 蒼龍昏見東方, 在正歲四月, 始舉雩祭. 故『左傳』'龍見而雩', 杜「注」以爲'建巳'. 若啓蟄, 則夏正郊天而非雩. 『論語』'暮春', 春盡爲暮, 已將四月, 故云'春服旣成', 言時已暖也. 然建巳之月, 亦不可浴水中而風幹身. '浴<u>沂</u>'. 言祓濯於<u>沂水</u>, 而後行雩祭. 蓋三子者之僎, 禮節民心也. <u>點</u>之志, 由鼓瑟以至風

舞詠饋, 樂和民聲也. 樂由中出, 禮自外作, 故孔子獨與點相契. 唯樂不可以僞爲, 故曾晳託志於此. 孔子問: '如或知爾, 則何以哉?' '何以', 言何以爲治. 若以『魯論』所說, 則點有遺世之意, 不特異三子, 竝與孔子問意反矣."

역문 송상봉의 『논어발미』에 "살펴보니, 『논어』의 이 조목은 왕중임[王仲任: 왕충(王充)]의 설명이 가장 합당하다. 그가 말한 '『논어』를 설명하는 학자들'은 당연히 『노논어』를 가리키는 것으로 당시에는 『금문논어』가 가장 융성했었다. 하지만 그가 기우제가 하나라 책력인 정세로 2월에 있었다는 것은 잘못이다. 창룡(蒼龍)은 저물녘에 동방에서 나타나는데 정세 4월에 있으니, 이때 비로소 기우제를 거행한다. 그러므로 『좌전』에서 '용성이 나타나면 기우제를 지낸다'라고 한 것에 대해 두예의 「주」에 '4월[建巳]'이라고 한 것이다. 계첩과 같은 경우는 하나라 책력인 정세로 정월(正月)이니 이때 지내는 제사는 남교(南郊)에서 하늘에 지내는 교제(郊祭)이지 기우제가 아니다. 『논어』의 '모춘'은 봄이 다하여 저문 것으로 이미 거의 4월이 다 되었기 때문에 '봄옷이 이미 완성되었을 터이니'라고 한 것이니, 계절이 이미 따뜻해졌다는 말이다. 그러나 4월[建巳之月]이라 하더라도 역시 물속에서 목욕하고 바람에 몸을 말릴 수는 없다. 따라서 '욕기(浴沂)'란 기수에서 몸을 씻고, 그런 뒤에 기우제를 거행하겠다는 말이다. 대체로 세 사람의 잘 갖추어진 대답은 예로 민중들의 마음을 절제시키는 것이다. 증점의 뜻은 비파를 연주하는 것으로부터 무우단에서 노래하고, 노래하면서 제사를 지내는 것이니, 음악으로 민중들의 소리를 조화롭게 하는 것이다. 음악은 마음속을 말미암아서 나오는 것이고, 예는 밖으로부터 일어나는 것이기 때문에 공자는 유독 증점과 뜻이 서로 맞았던 것이다. 오직 음악만큼은 거짓으로 할 수 없는 것이기 때문에 증석(曾晳)이 여기에 뜻을 맡겼던 것이다. 공자가 '만약

어떤 사람이 너희들을 알아준다면 무엇을 가지고 정치를 하겠느냐?[如或
知爾, 則何以哉?]라고 물었는데, '하이(何以)'는, 무엇을 가지고 정치를 하겠
느냐는 말이다. 만약 『노논어』에서 말한 것을 가지고 본다면, 증점은
세상을 버릴 뜻을 가지고 있었던 것이니, 세 사람과 다를 뿐만이 아니라
아울러 공자의 질문 의도와도 반대가 된다."라고 했다.

원문 又云: "『公羊』「桓」五年經, '秋大雩.'「注」, '使童男女各八人, 舞而呼
雩, 故謂之雩.'「疏」云: '『論語』"冠者五六人, 童子六七人."與此異者, 彼
言"暮春者, 春服旣成", 明魯人正雩, 故其數少, 復不言男女. 今此書見於
經, 非正雩也. 凡修雩者, 皆爲旱甚而作, 故其數多, 又兼男女矣. 是以「司
巫職」云"若大旱, 則帥巫而舞雩"是也. 『春秋』說云"冠者七八人, 童子八
九人"者, 蓋是天子雩也.' 又『周官』「司巫」「疏」云: '若四月正雩, 非直有
男巫女巫, 按『論語』曾晳云: "春服旣成, 童子六七人, 冠者五六人."兼有
此等.' 又『禮記』「月令」, '仲夏大雩帝, 用盛樂.'「注」: '雩, "吁嗟"求雨之
祭也. 雩帝, 爲壇南郊之地, 雩五精之帝, 配以先帝也. 自鼗·鞞至柷·敔
皆作曰"盛樂", 凡他雩用歌舞而已. 天子雩上帝, 諸侯以下雩上公.'「疏」
云: '正雩則非惟歌舞, 兼有餘樂. 故『論語』云"舞雩, 詠而歸"是也.' 以上
三事, 皆明『論語』'舞雩'爲雩祭."

역문 또 "『춘추공양전』「환공」5년의 경문에 '가을에 크게 기우제를 지냈
다.[秋大雩.]'라고 했는데, 「주」에 '동남동녀(童男童女) 각 8명으로 하여금
춤추면서 비 오기를 빌게 했기 때문에 이를 우(雩)라고 한다.'라고 했고,
「소」에 '『논어』에서 "관을 쓴 사람 대여섯 명과 동자 예닐곱 명."이라고
한 것은 이것과 차이가 나는데, 『논어』에서는 "늦봄에 봄옷이 이미 완
성되었을 터이니"라고 말하여, 노나라 사람들의 정상적인 기우제를 밝
힌 것이기 때문에 그 숫자가 적은 것이고, 다시 남녀를 말하지 않은 것

이다. 지금『춘추공양전』의 경문에 보이는 이 글은 정상적인 기우제가 아닌 것이다. 기우제를 정비하는 것은 모두 가뭄이 몹시 심해서 지낸 것이기 때문에 그 수가 많았던 것이고 또 남녀도 함께했던 것이다. 이런 까닭에『주례』「춘관종백하 · 사무직」에서 "만약 나라에 큰 가뭄이 들면 무당을 거느리고서 춤추며 기우제를 지내게 한다."라고 한 것이 이것이다.『춘추』에서 "관을 쓴 사람 일여덟 명, 동자 열아홉 명"이라고 하는 것은 대체로 천자의 기우제이다.'라고 했다. 또『주례』「춘관종백하 · 사무」의 「소」에 '4월에 지내는 정상적인 기우제 같은 경우에는 다만 남자 무당과 여자 무당만 있는 것이 아니니,『논어』에서 증석이 "봄옷이 이미 이루어지면 동자 예닐곱 명과 관을 쓴 사람 대여섯 명"이라고 한 것을 상고해 보면 이러한 등등의 사람들도 함께했던 것이다.'라고 했다. 또『예기』「월령」에 '중하(仲夏)의 달에 상제(上帝)에게 크게 기우제를 지내면서 성대한 음악을 사용한다.'라고 했는데, 「주」에 '우는 "우!, 아!" 하면서 비를 구하는 제사이다. 상제에게 기우제를 지낼 때는 남교(南郊)의 지역에 제단을 설치하고 오방성(五方星)의 상제[五精之帝]에게 기우제를 지내는데, 선제(先帝)를 배향한다. 작은북과 큰북[鞉鞞]에서부터 축(柷)과 어(敔)에 이르기까지 모두 연주하기 때문에 "성대한 음악"이라고 한 것이고, 대부분의 다른 기우제에서는 노래와 춤[歌舞]만 사용할 뿐이다. 천자는 상제에게 기우제를 지내고, 제후 이하는 상공(上公)에게 기우제를 지낸다.'라고 했고, 「소」에 '정상적인 기우제를 지낼 때는 노래와 춤만 사용할 뿐 아니라 나머지 음악도 함께 있다. 그러므로『논어』에서 "춤추며 기우제를 지내고, 노래하면서 제사 지낸다[詠而歸]"라고 한 것이 이것이다.'라고 했는데, 이상의 세 가지 일은 모두『논어』의 '무우(舞雩)'가 기우제[雩祭]임을 밝힌 것이다."라고 했다.

원문 今案, 宋說雩在正歲四月, 非二月, 甚是. 又以浴爲祓濯, 亦較『論衡』"涉水"之訓爲確.

역문 지금 살펴보니, 송상봉이 기우제는 하나라의 책력인 정세 4월에 있는 것이지, 2월이 아니라고 한 말은 매우 옳다. 또 목욕[浴]을 씻는다[祓濯]는 뜻으로 본 것 역시 『논형』에서 "물을 건너다[涉水]"의 뜻으로 본 것보다 명확하다.

원문 「月令」, "仲夏之月, 命有司爲民祈祀山川百源, 大雩帝, 用盛樂, 乃命百縣雩祀百辟卿士有益於民者, 以祈穀實." 此以雩正祀在五月, 不在四月. 鄭「注」以爲『禮』文有失, 又云: "凡周之秋三月之中而旱, 亦修雩禮以求雨." 則謂秋時因旱得用雩禮, 若不旱, 則不雩, 與『春秋』書秋雩之義合.

역문 『예기』「월령」에 "중하의 달에 유사에게 명하여 민중을 위해 산천의 온갖 수원(水源)에 기도하고 제사 지내게 하며, 상제에게 크게 기우제를 지내면서 성대한 음악을 사용하게 하고, 이에 모든 고을에 명해서 민중을 유익하게 해 준 여러 제후왕[百辟]과 경사(卿士)에게 기우제를 지내서 곡식이 잘 영글기를 기원하도록 한다."라고 했으니, 이로써 보면 기우제의 정상적인 제사[正祀]는 5월에 있었던 것이지, 4월에 있었던 것이 아니다. 정현의 「주」에서는 『예』의 문장 중에 일실됨이 있다고 여겼고, 또 "주나라의 가을 3개월 중에 가뭄이 들면 역시 기우제를 지내는 예로써 비를 구한다."라고 했으니, 그렇다면 가을에는 가뭄에 따라 기우제의 예를 사용할 수 있고, 만약 가뭄이 들지 않으면 기우제를 지내지 않는다는 말이니, 『춘추』에 기록된 가을 기우제의 뜻과 부합된다.

원문 而『論衡』謂周人一歲再祀, 春以二月, 秋以八月, 是謂秋有雩爲正祀, 則以漢禮誤解周制也. 又鄭注「月令」謂"周冬及春·夏雖旱, 禮有禱無雩." 此

說四月正雩之外, 若冬・春・夏有旱, 但用禱不雩, 惟秋旱得用雩禮. 而董氏『春秋繁露』「求雨篇」備列春・夏・季夏・秋・冬雩祭之法, 或董氏言旱甚則然. 鄭君言春・夏・冬用禱者, 指小旱言之, 若旱甚, 亦是用雩禮也.

역문 그런데 『논형』에서는 주나라 사람들은 1년에 두 번 제사를 지내는데, 봄에는 2월에 지내고 가을에는 8월에 지낸다고 했는데, 이는 가을에 있는 기우제가 정사(正祀)가 된다는 말이니, 그렇다면 이는 한나라 시대의 예를 가지고 주나라의 제도를 잘못 이해한 것이다. 또 정현은 「월령」을 주석하면서 "주나라에서는 겨울 및 봄과 여름에 비록 가뭄이 들더라도 예에 신명에게 기도만 드리지 기우제는 없었다."라고 했는데, 이 말은 4월에 지내는 정상적인 기우제 외에 만약 겨울이나 봄과 여름에 가뭄이 들면 단지 신명에게 기도만 드리지 기우제는 지내지 않고, 오직 가을에 가뭄이 들었을 때만 기우제를 지내는 예를 쓸 수 있다는 말이다. 그런데도 동씨(董氏)는 『춘추번로』「구우」에 봄・여름・늦여름[季夏: 음력 6월]・가을・겨울의 기우제 제사법을 갖추어 열거했으니, 아마도 동씨의 말은 가뭄이 심하면 그랬었다는 말인 듯싶다. 정군이 말한 봄과 여름과 가을에 기도를 드렸다는 것은 작은 가뭄을 가리켜서 한 말이고, 만약 가뭄이 심하게 들면 역시 기우제를 지내는 예를 사용했을 것이다.

원문 沈氏濤『孔注辨僞』解"龍見而雩"云: "案, 古以角・亢爲龍, 以星度考之, 龍星昏見, 蓋在三月. 『春秋左氏傳』: '凡土功, 龍見而畢務.' 「注」: '謂今九月, 周十一月, 龍星角・亢, 晨見東方.' 「周語」單子曰: '夫辰角見而雨畢.' 「注」曰: '辰角, 大辰蒼龍之角. 角, 星名也. 見者, 朝見東方建戌之初, 寒露節也.' '天根見而水涸.' 「注」曰: '天根, 亢・氐之間也, 謂寒露雨畢之後五日, 天根朝見.' '本見而草本節解.' 「注」曰: '本, 氐也, 謂寒露之後十日, 陽氣盡.' '駟見而隕霜.' 「注」曰: '駟, 天馬房星也, 謂建戌之中, 霜始

降.'‘火見而淸風戒寒.'「注」曰:‘謂霜降之後.'是蒼龍諸星皆在九月朝見,
每差五日, 其在三月昏見亦然. 故『左氏傳』梓愼曰:‘火見, 於夏爲三月, 於
商爲四月, 於周爲五月.'三月火見, 豈容龍見反在四月?「夏小正」,‘四月,
初昏, 南門正.'『大衍議』謂‘立夏在井四度, 昏角中, 南門右星入角, 距西
五度, 左星入角, 距東六度.'是四月角星昏中, 非初見也.『詩』「周頌 · 噫
嘻」「序」:‘春 · 夏祈穀於上帝也.'「箋」曰:‘「月令」孟春"祈穀於上帝", 夏
則"龍見而雩"是與.'『正義』曰:‘言"是與"者, 爲若不審之辭.'是鄭亦以四
月雩祭, 經無明文, 疑不能定. 考『漢舊儀』, 夏則龍星見而始雩, 蓋漢以四
月爲正雩, 故服 · 鄭因之. 據『左傳』‘龍見', 此經‘暮春', 則周之雩月, 夏正
三月也.”

역문 심도(沈濤)[194]의 『공주변위』에 “용성이 나타나면 기우제를 지낸다”라
는 말을 해설하면서 “살펴보니, 옛날에는 각성(角星)과 항성(亢星)을 용성
으로 삼았는데, 별이 운행하는 도수[星度]를 가지고 살펴보면 용성은 저
물녘에 보이니 대체로 3월에 나타난다. 『춘추좌씨전』에 ‘모든 토목공사
는 용성이 동방에 출현하면 농사일이 끝나니”라고 했는데, 「주」에 ‘지금
의 9월, 곧 주나라 책력으로 11월에는 용성인 각성과 항성이 새벽에 동
방에 나타난다.’라고 했다. 『국어』「주어」에 단자(單子)[195]가 말했다. ‘각성

---

194 심도(沈濤, ?~?): 청(淸)대 절강성(浙江省) 가흥(嘉興) 사람. 원명은 이정(爾政), 자는 서옹
  (西雍), 호는 포려(匏廬)이다. 저서에 『논어공주변의(論語孔注辨僞)』 2권과 『역음보유연설
  문고본고(易音補遺淵說文古本考)』가 있고, 이 외에도 시문집과 시화 등 여러 종이 있다.

195 단자(單子, ?~?): 춘추시대 주나라 사람인 단 양공(單襄公)이다. 이름은 조(朝)다. 주 정왕
  (周定王)의 경사(卿士)로, 식읍(食邑)이 단(單)이었다. 왕명을 받들어 송나라에 갔고, 또 길
  을 빌려 진(陳)나라를 지나 초나라에 갔다. 진나라의 강에 다리가 없고 밭이 황폐한 것을 보
  았다. 진나라에 이르렀는데, 진 영공(陳靈公)은 공녕(孔寧), 의행보(儀行父)와 하씨(夏氏)와
  음행을 벌이느라 손님은 내버려 두고 보지 않았다. 귀국하여 정왕에게 진나라는 반드시 망
  할 것이라고 보고했다. 과연 진 영공은 피살당하고 초나라가 진나라로 진입했다.

[辰角]이 새벽에 나타나면 우기(雨期)가 끝난다.'라고 했는데, 「주」에 '진각(辰角)은 대진(大辰)인 창룡성(蒼龍星)의 각성이다. 각성은 별의 이름이다. 나타난다[見]는 것은 한로절(寒露節)인 9월[建戌] 초순 아침에 동방에서 나타난다는 것이다.'라고 했다. 또 '천근성(天根星)이 새벽에 나타나면 물이 마른다.'라고 했는데, 「주」에 '천근성은, 항성과 저성(氐星)의 사이니, 한로절 우기가 끝난 뒤 5일째에 천근성이 아침에 나타난다.'라고 했다. 또 '저성[本]이 새벽에 나타나면 초목이 말라서 떨어진다.'라고 했는데, 「주」에 '본(本)은 저성이니, 한로 뒤 10일째로 양기(陽氣)가 다한 때이다.'라고 했다. 또 '방성(房星)이 새벽에 나타나면 서리가 내린다.'라고 했는데, 「주」에 '사(駟)는 천마(天馬)인 방성이니, 9월[建戌] 중에 서리가 비로소 내린다는 말이다.'라고 했다. 또 '대화심성(大火心星)이 새벽에 나타나면 장차 찬바람이 불어오니 추위를 대비해야 한다.'라고 했는데, 「주」에 '서리가 내린 뒤를 말한다.'라고 했으니, 창룡(蒼龍)의 여러 별은 모두 9월의 아침에 나타나고, 별마다 5일의 차이를 보이는데, 3월의 저녁에 보이는 것 역시 마찬가지다. 그러므로 『춘추좌씨전』에서 재신(梓愼)[196]이 말하길 '대화성(大火星)이 출현하는 시기가 하나라 책력으로는 3월이고, 상나라 책력으로는 4월이며, 주나라 책력으로는 5월이다.'라고 했으니, 3월은 대화성이 출현하는 시기인데, 어찌 창룡의 출현이 도리어 4월에 있을 수 있겠는가? 『대대례』「하소정」에 '4월, 초저녁에 남문(南門)이 바르다.'라고 했고, 『대연의』에 '입하절(立夏節)은 정성(井星)의 4도(度)에 있고, 저물녘에는 각수(角宿)의 한가운데 있으며, 남문 오른쪽의 별은 각성으로 들어가, 거성(距星) 서쪽 5도에 위치하고, 왼쪽의 별은 각성으로

---

196 재신(梓愼, ?~?): 춘추시대 노나라 대부. 술수에 밝았다.

들어가 거성 동쪽 6도에 위치한다.'라고 했는데, 이는 4월의 각성은 어두울 때 하늘의 중앙에 있다는 것으로 초저녁에 출현하는 것이 아니다. 『시경』「주송·희희」의「서」에 '봄과 여름에 곡식이 잘되기를 상제에게 기원한다.'라고 했는데,「전(箋)」에 '『예기』「월령」에 맹춘(孟春)에 "곡식이 잘되기를 상제에게 기원한다."라고 했으니, 여름에는 "용성이 나타나면 기우제를 지낸다"라는 것이 이것인 듯싶다'라고 했고,『모시정의』에 '"이것인 듯싶다"라는 말은 제대로 살피지 못한 말인 것 같다.'라고 했으니, 이는 정현 역시도 4월의 기우제는 경전에 확실한 문장이 없어서 의심스러워 확정 지을 수 없었던 것이다. 『한구의』를 살펴보니, 여름에 용성이 나타나면 비로소 기우제를 지낸다고 하니, 아마도 한대에는 4월을 정상적인 기우제로 여겼기 때문에 복건과 정현이 이를 따른 것 같다. 『춘추좌씨전』의 '용성의 출현'에 의거해 보면, 이 경전에서의 '모춘'은 바로 주나라가 기우제를 지내는 달이니, 하나라의 책력으로는 3월인 것이다."라고 했다.

原文 今案, 沈說甚核. 然『左傳』郊·雩·嘗·烝, 備列四時之祭, 則雩之正祭自在四月. 沈君以龍見在三月固是, 然三月初見, 至四月祭之, 未爲不可. 『經』云"龍見", 非云"始見".「月令」且云"仲夏大雩", 而謂周無夏雩, 豈其然乎?『詩』「序」"春·夏祈穀", 鄭以夏無祈穀, 故擧雩祀當之, 亦是暗據「月令」"仲夏大雩"之文, 而又未能定, 故云"與"以疑之, 非疑夏無雩祭也. 至沈君以"浴乎沂"爲浴土龍, 點言志爲欲逐季氏, 卽「昭」二十五年秋七月上辛·季辛兩雩, 此皆附會, 於義遠隔, 今竝削之, 不欲滋後世之疑也.

譯文 지금 살펴보니, 심도의 말이 매우 정확하다. 그러나 『춘추좌씨전』에 사시의 제사인 교제·우제·상제(嘗祭)·증제(烝祭)를 갖추어 나열했으니, 그렇다면 기우제의 정상적인 제사는 본래 4월에 있는 것이다. 심군

(沈君)이 용성의 출현을 3월에 있다고 본 것은 참으로 옳지만 3월 초에 나타나 4월에 이르러 제사를 지내니 안 될 것도 없다. 『경』에서 "용성이 나타나면"이라고 말한 것은, "처음으로 나타난다"라는 말이 아니다. 「월령」에서 또 "중하의 달에 크게 기우제를 지냈다"라고 하면서 주나라 시대에 여름 기우제가 없었다고 한다면 어찌 그럴 수 있겠는가? 『시경』 「서」에 "봄과 여름에 곡식이 잘 되기를 기원한다"라고 했는데, 정현이 여름에 곡식이 잘 되기를 기원함이 없기 때문에 기우제를 들어 거기에 해당시킨 것 역시 은연중에 「월령」의 "중하의 달에 크게 기우제를 지냈다"라는 글을 근거로 한 것이고, 또 확정 지을 수 없었기 때문에 "듯싶다[與]"라고 하여 의심한 것이지, 여름에 기우제가 없다고 의심한 것이 아니다. 심지어 심군이 "기수에서 목욕함[浴乎沂]"을 토룡(土龍)을 씻는 것으로 여기고, 증점이 자신의 뜻을 말한 것을 계씨를 따르는 것이라고 한 것, 즉 『춘추』 「소공」 25년 가을 7월 상순의 신일(辛日)과 하순의 신일에 기우제를 지낸 것을 따르는 것이라고 여긴 것, 이는 모두 견강부회로서 의리에서 멀리 떨어져 있으므로 지금은 모두 삭제하니, 후세의 의심을 불리고자 하지 않기 때문이다.

원문 予友柳氏興恩解此文, 亦從『論衡』, 云 "'春服旣成', 謂雩時所服也. 『國語』「楚語」, '在男曰覡, 在女曰巫. 是使制神之處位次主, 而爲之牲器時服.' 韋昭解, '時服, 四時服色所宜.' 又『春秋繁露』「求雨篇」言春雩之制, '祝服蒼衣, 小童八人, 服靑衣而舞之'是也." 今案, 由『繁露』文觀之, 此 "冠者"疑卽祝類, "童子"卽雩舞童子也.

역문 나의 벗 유흥은(柳興恩)[197]은 이 문장을 해석하면서 역시 『논형』을 따

---

197 유흥은(柳興恩, 1795~1880): 청나라 강소(江蘇) 단도(丹徒) 사람. 본명은 흥종(興宗)이고,

라 말하길 "'봄옷이 이미 이루어졌다'라는 것은 기우제를 지낼 때 입는 옷을 말하는 것이다. 『국어』「초어」에 '남자에 있어서는 격(覡)이라 하고, 여자에 있어서는 무(巫)라 한다. 이들에게 신(神)이 처하는 위치와 신주(神主)의 존비(尊卑)를 배치하는 일을 제정하고, 희생과 제기와 사시에 맞는 복색[時服]을 만들게 한다.'라고 했는데, 위소의 해설에 '시복(時服)은 사시에 마땅한 복색(服色)이다.'라고 했다. 또 『춘추번로』「구우」에 봄 기우제를 말하면서 '축(祝)은 창의(蒼衣)를 입고, 어린 동자 여덟 명은 청의(靑衣)를 입고 춤을 춘다'라고 한 것이 이것이다."라고 했다. 지금 살펴보니, 『춘추번로』의 글을 통해서 살펴보면, 여기에서의 "관을 쓴 사람[冠者]"은 아마도 축의 부류이고, "동자"는 바로 기우제에서 춤을 추는 동자인 듯싶다.

원문 "五六人"者, 或五人, 或六人也. "六七人"者, 或六人, 或七人也. 『太平御覽』「禮儀部」, "『漢舊儀』曰: '禮后稷於東南, 常以八月祭, 舞者七十二人, 冠者五六三十人, 童子六七四十二人, 爲民祈農報功.'" 然則冠者·童子, 皆是舞人, 而五六·六七, 則合七十二人之數. 又晉張協「洛禊賦」"童冠八九", 八九亦合七十二人. 疑漢·晉時雩禊之制, 本用七十二人, 而遂以『論語』所云"五六"·"六七"以巧合之也. 又『漢唐扶頌』, "四遠童冠, 摳

자는 빈숙(賓叔)이다. 도광(道光) 12년(1832) 거인(擧人)이 되었다. 완원에게 수학했고, 『모시(毛詩)』와 『춘추곡량전』에 조예가 깊었다. 가난했지만 학문을 좋아했다. 완원이 『황청경해(皇淸經解)』를 엮으면서 『춘추곡량전』을 누락시킨 것에 발분(發憤)하여 『곡량춘추대의술(穀梁春秋大義述)』을 저술했는데, 완원이 보고 칭송하며 서문을 지어 주었다. 그 밖의 저서에 『주역괘기보(周易卦氣補)』와 『우씨일상고(虞氏逸象考)』, 『상서편목고(尙書篇目考)』, 『의례관고변(儀禮釋官考辨)』, 『군경이의(群經異義)』, 『유향연보(劉向年譜)』, 『모시주소규보(毛詩注疏糾補)』, 『속시지고(續詩地考)』, 『설문해자교감기(說文解字校勘記)』 등이 있다.

衣受業, 五六・六七, 化導若神." 此以童冠爲曾點弟子, 是『魯論』之說. 而
『隸釋』載員興宗「答洪丞相書」指七十二子, 失之遠矣.

역문 "대여섯 명[五六人]"이란 혹은 다섯 명이거나 혹은 여섯 명이다. "예닐
곱 명[六七人]"이란 혹은 여섯 명이거나 혹은 일곱 명이다. 『태평어람』「예
의부」에서는 "『한구의』에서 말했다 '예(禮)에 후직(后稷)을 동남쪽에서
제사 지내되 항상 8월에 제사 지내는데, 춤추는 자가 72인, 즉 관을 쓴
사람 5×6=30인과 동자 6×7=42인이 민중을 위해 농사가 잘되기를 기원
하고 공덕에 보답한다.'"라고 했으니 그렇다면 관을 쓴 사람과 동자는
모두 춤추는 사람이고, 오륙(五六)과 육칠(六七)은 도합 72인의 숫자이다.
또 진(晉)나라 장협(張協)[198]의 「낙계부(洛禊賦)」에 "동자와 관을 쓴 사람
팔구[童冠八九]"라고 했는데, 팔구(八九) 역시 합이 72인이다. 의심컨대 한
나라 때나 진나라 때 기우제나 계(禊)제사의 제도는 본래 72인을 썼는
데, 마침내 『논어』에서 말한 "오륙"과 "칠팔"을 가지고 교묘하게 합치시
킨 듯하다. 또 『한당부송』에 "사방 먼 곳의 동자와 관을 쓴 자들이 옷을
추어 잡고[摳衣][199] 수업을 받은 자가 오륙 인과 육칠 인이었는데, 교화하

---

198 장협(張協, 255?~ 310?): 서진(西晉) 안평(安平) 사람. 자는 경양(景陽)이고, 장재(張載)의
동생이다. 어려서부터 명성을 얻어 형 장재, 동생 장항(張亢)과 함께 '삼장(三張)'으로 불렸
다. 처음에 공부연(公府掾)에 올랐고, 비서랑(秘書郞)을 지냈는데, 청렴하고 욕심 없이 정치
를 했다. 보화음령(補華陰令)으로 옮겼다가 중서시랑(中書侍郞)으로 전근했으며, 관직이 하
간내사(河間內史)에 이르렀다. 천하가 점점 혼란스러워지자 속세와 인연을 끊고 산천소택
(山川沼澤)에 은거하여 시문(詩文)을 지으면서 여생을 보냈다. 영가(永嘉) 초년(307년 전
후) 다시 황문시랑(黃門侍郞)에 천거되었지만 병을 핑계로 관직에 나가지 않았고 오래지 않
아 집에서 죽었다. 원래 문집 4권이 있지만 이미 없어졌고, 명나라 사람이 편집한 『장경양
집(張景陽集)』이 있다.

199 구의(摳衣): 옷의 앞자락을 들어 올려 경의를 나타낸다는 뜻으로 스승으로 섬김을 이르는
말. 『예기』「곡례상」에 "남의 신을 밟지 말아야 하며, 남의 좌석을 밟지 말아야 하며, 어른이

고 인도함이 신과 같았다."라고 했는데, 이는 동자와 관을 쓴 자들을 증점의 제자로 본 것이니, 이것은 『노논어』의 말이다. 그런데 『예석』에 실려 있는 원흥종(員興宗)[200]의 「답홍승상서(答洪丞相書)」에서는 72 제자를 지목했으니, 매우 잘못된 것이다.

원문 宋氏翔鳳『發微』云: "詠是歌『詩』, 所歌蓋「絲衣篇」也. 『毛詩』篇義曰: '「絲衣」, 繹賓尸. 高子曰: "靈星之尸也.""『論衡』以靈星爲龍星, 龍與靈聲之轉. 『漢書』「郊祀志」: '高祖詔御史, 令天下立靈星祠.' 張晏曰: '龍星左角曰天田, 則農祥也. 晨見而祭之.'『論衡』「祭意篇」曰: '靈星之祭, 祭水旱也, 於禮舊名曰雩. 雩之禮, 爲民祈穀實也. 春求雨, 秋求實, 一歲再祀, 蓋重穀也. 春以二月, 秋以八月.' 張晏以爲農祥晨見而祭, 王充以爲二月祭, 竝非稷正. 要之, 靈星之祭, 卽『左傳』'龍見而雩'. 雩祭有壇. 蔡邕『獨斷』, '壇謂築土起堂.' 何休『公羊』「莊」三年「傳」「注」, '土基三尺, 土階三等, 曰壇.' 故「絲衣篇」曰: '自堂徂基.' 又云: '自羊徂牛, 鼐鼎及鼒. 兕觥其觩, 旨酒思柔.' 皆饋酒食之事, 則高子之說, 當是『詩』古文家舊說也."

역문 송상봉의 『논어발미』에 "노래는 『시』를 부르는 것이며, 부르는 것은 대체로 『시경』「사의」이다. 『모시』 편의(篇義)에 '「사의」는 시(尸)에게 역빈(繹賓)[201]하는 시이다. 고자(高子)[202]가 말했다. "영성의 시이다.""라고

게신 방 안으로 들어갈 때는 옷자락을 공손히 치켜들고 실내 구석을 따라 빠른 걸음으로 가서 자리에 앉은 다음에 응대를 반드시 조심성 있게 해야 한다.[毋踐屨, 毋踖席, 摳衣趨隅, 必愼唯諾.]"라고 했다.

200 원흥종(員興宗, ?~1170): 중국 송대(宋代)의 학자. 자는 현도(顯道), 자호(自號)는 구화자(九華子)이다. 인수(仁壽) 사람으로 저서에 『구화집(九華集)』50권이 있다.

201 역빈(繹賓): 본 제사를 지낸 이튿날 다시 시(尸)에게 손님의 예(禮)로 역(繹)제사를 지내는 것을 말한다.

했는데, 『논형』에서는 영성을 용성이라고 했으니, 용(龍)과 영(靈)은 소리가 바뀐 것이다. 『한서』「교사지」에 '고조(高祖)가 어사(御史)에게 조서를 내려 천하에 영성사(靈星祠)를 세우게 했다.'라고 했는데, 장안(張晏)[203]이 말하길, '창룡성의 좌각(左角)을 천전성(天田星)이라고 하는데, 바로 농상(農祥)[204]이다. 새벽에 농상이 보이면 제사를 지낸다.'라고 했다. 『논형』「제의」에 '영성의 제사는 홍수와 가뭄을 제사 지내는 것이니, 예에서는 옛 이름을 기우제[雩]라고 했다. 기우제의 예는 민중을 위해 곡식이 잘 영글기를 기원하는 것이다. 봄에는 비를 구하고 가을에는 곡식이 영글기를 구하는 것으로 1년에 두 번 제사를 지낸 것은 곡식을 중히 여겼기 때문이다. 봄에는 2월, 가을에는 8월에 제사를 지냈다.'라고 했다. 장안은 농상(農祥)이 새벽에 보이면 제사 지낸다고 했고, 왕충은 2월에 제사 지낸다고 했으니, 모두 후직에 대한 정상적인 제사는 아니다.[205] 요컨대, 영성의 제사는 바로 『춘추좌씨전』의 '창룡성이 새벽에 나타나면 기우제

---

202 고자(高子, ?~?): 『맹자』「고자하」에 보이는 고수(高叟)이다. 『맹자』의 내용은 다음과 같다. 공손추(公孫丑)가 물었다. "제나라 사람 고자가 말하기를 '『시경』「소반(小弁)」의 시는 소인의 시이다.'라고 하였습니다." 맹자가 말하였다. "무엇을 가지고 그렇게 말하는가?" "원망했기 때문입니다." 맹자가 말했다. "고루(固陋)하구나, 고자의 시를 해석함이여!"[公孫丑問曰 "高子曰: '小弁小人之詩也.'" 孟子曰: "何以言之?" 曰: "怨." 曰: "固哉, 高叟之爲詩也."]

203 장안(張晏, ?~?): 원(元)나라 시대, 대덕(大德), 연우(延祐) 연간의 인물. 자는 언청(彥清)이며, 형태(邢台) 사하(沙河) 사람이다. 시호는 문정(文靖)으로 어사중승(御史中丞)을 역임했고, 섬서행성평장정사(陝西行省平章政事)에 추증되었고, 위국공(魏國公)에 봉해졌다. 『사기』를 주해(註解)하였다.

204 농상(農祥): 별 이름으로 방성(房星)을 말한다. 『국어』「주어상(周語上)」에 '농상신정(農祥晨正)'이라는 말이 나오는데, 위소의 주에 "농상은 방성이다. 신정은 입춘 날 새벽에 방성이 남쪽 하늘 한복판에 나타나는 것을 말한다. 농사를 시작할 시기를 알려 주기 때문에 농상이라고 한 것이다.[農祥房星也. 晨正, 謂立春之日晨中於午也. 農事之候, 故曰農祥.]"라고 하였다.

205 영성은 후직에 대한 대명(代名)으로도 쓰인다.

를 지낸다'라는 것이다. 기우제에는 제단(祭壇)이 있다. 채옹(蔡邕)의 『독단』에 '단(壇)이란 흙을 쌓아 사당을 세운 것이다.'라고 했다. 하휴의 『춘추공양전』 「장공」 3년 「전」의 「주」에 '흙으로 쌓은 기초의 높이가 석 자 [尺]이고, 흙으로 만든 층계가 3계단인 것을 단(壇)이라고 한다.'라고 했다. 그러므로 「사의」에서 '당(堂)으로부터 문(門)으로 간다.'라고 한 것과 또 '양을 살펴보고 나서 소를 살펴보며, 가마솥과 옹솥을 살펴본다. 외뿔소 잔이 굽어 있으니 맛있는 술이 부드럽다.'라고 한 것은 모두 술과 밥을 먹이는 일이니, 고자의 말은 당연히 『시경』 고문가(古文家)들의 낡은 설이다."라고 했다.

원문 今案, 靈星一歲再祀, 乃是漢制, <u>宋君</u>亦誤以爲周禮. 竊以 『古論』 解此節爲雩祀, 自是勤恤愛民之意. 其時或値天旱, 未行雩禮, 故<u>點</u>卽時言志, 以諷當時之不勤民者.

역문 지금 살펴보니, 영성에 1년에 두 번 제사 지내는 것은 바로 한대의 제도인데, 송군 역시 주대(周代)의 예로 오해를 하였다. 내가 『고논어』를 가지고 이 구절을 기우제로 해석한 것은 본래 민중을 위로하고 긍휼히 여기며 사랑하는 뜻에서이다. 그 당시에 어쩌면 가뭄이 닥쳤는데도 기우제 지내는 예를 거행하지 않았기 때문에 증점이 즉시 뜻을 말하여 당시에 민중을 위로하지 않은 자들을 풍자했던 것이다.

원문 『家語』 「弟子解」, "<u>曾點</u>疾時禮敎不行, 欲修之, <u>孔子</u>善焉, 『論語』所謂 '浴乎<u>沂</u>, 風乎舞雩之下.'" 以浴沂·風舞雩爲禮敎, 正與 『論衡』所云 "調和陰陽"之旨合. 乃<u>漢</u>人解此文, 又誤會 『古論』之義, 以禊當舞雩. 「月令」, "季春, 天子始乘舟." <u>蔡邕</u>『章句』, "乘舟, 禊於名川也. 『論語』 '暮春者, 浴乎<u>沂</u>.' 今三月上巳, 祓禊於水濱, 蓋出於此." <u>張協</u>『洛禊賦』, "顧新服之旣

成, 將祓除於水濱." 又云: "攜朋接黨, 童冠八九." 亦同蔡氏『章句』之說.

역문 『공자가어』「칠십이제자해」에 "증점이 당시 예교가 행해지지 않는 것을 질시해서 그것을 바로잡으려 하자 공자가 그를 갸륵하게 여겼으니, 『논어』의 이른바 '기수에서 씻고, 무우단 아래서 노래하겠다.'라는 것이다."라고 해서, 기수에서 목욕하는 것과 무우에서 노래하는 것을 예교로 보았으니, 바로 『논형』에서 말한 "음양을 조화시킨다"라는 취지와 일치한다. 하지만 한대의 사람들이 해설해 놓은 이 글은 또 『고논어』의 뜻을 오해하여 계제사를 무우에 해당시켰다. 「월령」에 "계춘에 천자가 비로소 배를 탄다."라고 했는데, 채옹의 『장구』에 "배를 탄다[乘舟]는 것은 이름난 내[川]에 계제사를 지내는 것이다. 『논어』에서 '늦봄에 기수에서 씻겠다.'라고 한 것은 지금의 3월 상사일(上巳日)[206]에 물가에서 불계제(祓禊祭)를 지내는 것으로, 아마도 여기에서 나온 것인 듯싶다."라고 했다. 장협의 「낙계부」에 "새 옷이 이미 이루어졌음을 돌아보고 장차 물가에서 상서롭지 못한 것을 깨끗이 제거[祓除]하리라."라고 했고, 또 "벗과 함께 무리 지어 동자와 관을 쓴 사람 팔구[八九] 명."이라고 했으니, 역시 채씨(蔡氏)의 『장구』의 설과 같다.

원문 沈氏濤『十經齋文集』云: "考祓禊之禮, 於古無徵. 『晉書』「束晳傳」言 '周公卜成洛邑, 因流水以泛酒. 秦昭王三月上巳, 置酒河曲.' 出吳均『續齊諧記』, 不足爲據. 『宋書』「禮志」・「續漢志」「注」補引『韓詩』曰: '鄭國之

---

206 상사일(上巳日): 음력 3월 첫째 사일(巳日). 예부터 이날에는 수계[修禊: 3월 상사일(上巳日)에 물가에서 지내는 제사]하는 풍속이 있었다. 『후한서(後漢書)』「예의지(禮儀志)」에 "이달 상사일에 관민(官民)이 다 동쪽으로 흘러가는 물가에서 '몸을 깨끗이 씻고 상서롭지 못한 것을 깨끗이 제거[祓除]하고, 묵은 때를 제거한다.'라고 하니, 크게 계제(禊祭)를 지내는 것이다.[是月上巳, 官民皆絜於東流水上曰: '洗濯祓除, 去宿垢.' 爲大絜.]"라고 했다.

俗, 三月上巳, 之溱·洧兩水之上, 招魂續魄, 秉蘭草, 祓除不祥.' 則亦以
爲溱·洧之淫俗, 非鄁·洛之盛典.『周禮』「女巫」'掌歲時祓除釁浴',「注」,
'歲時祓除, 如今三月上巳如水上之類.' 蓋鄭學漢法以況周制.『西京雜記』
載, '戚夫人正月上辰, 出池邊盥濯, 食蓬餌, 以祓妖邪, 三月上巳, 張樂於
流水.'『續漢』「禮儀志」: '是月上巳, 官民皆絜於東流水上, 曰"洗濯祓除,
去宿垢." 爲大絜.' 是西漢始於宮闈, 東京則沿爲民俗. 古祓禳皆除惡之祭.
「女巫」之'祓除', 卽「女祝」之'禬禳'.『禮』「月令」, '九門磔禳, 以畢春氣.'
「注」謂, '昴有積尸·大陵之氣, 伏則厲隨而出行, 磔牲以禳於四方之神,
所以畢止其災.'『周禮』「男巫」: '春招弭, 以除疾病.'「注」: '招, 招福也.
弭讀爲敉, 敉, 安也, 安凶禍也. 招弭皆有祀衍之禮.' 杜篤「祓禳賦」謂, '巫
咸之徒, 秉火祈福', 猶存古制. 魏·晉以後, 但以絲竹觴詠爲樂, 而蔡邕·
張協之徒, 且以『論語』'舞雩'當之, 匪特義異古訓, 抑更事乖前典."案, 沈
說是也.

역문 심도의『십경재문집』에 "불계(祓禊)의 예를 살펴보니 옛날에는 증거
가 없다.『진서』「속석전」에 '주공이 점을 쳐서 낙읍(洛邑)을 이루고 나
서 흐르는 물에 술잔을 띄워 마셨다. 진(秦)의 소왕(昭王)은 3월 상사일에
하곡(河曲)에서 주연을 베풀었다.'라고 했는데, 출전이 오균(吳均)[207]의

---

207 오균(吳均, 469~520): 남조 양(梁)나라 오흥(吳興) 고장(故鄣) 사람. 자는 숙상(叔庠)이다.
　　무제(武帝) 천감(天監) 초에 오흥태수(吳興太守) 유운(劉惲)이 불러 주부(主簿)로 삼았다.
　　날마다 시를 지었는데, 문체가 청발(淸拔)하고 고기(古氣)가 있어 당시 '오균체(吳均體)'로
　　불렸다. 관직은 봉조청(奉朝請)에 이르렀다.『제춘추(齊春秋)』를 지었는데, 무제가 내용이
　　부실하다고 하여 불태우고 그는 면직되었다. 얼마 뒤 황명을 받아『통사(通史)』를 편찬했는
　　데 마치지 못하고 죽었다. 산수시(山水詩)를 즐겨 썼다. 저서에 지괴소설집인『속제해기(續
　　齊諧記)』와『후한서주(後漢書注)』,『십이주기(十二洲記)』등이 있다. 명나라 사람이 편집
　　한『오조청집(吳朝請集)』이 있다.

『속제해기』이므로 근거로 삼기에는 부족하다. 『송서』「예지」와 「속한지」의 「주」에는 『한시』를 인용해서 보충하기를 '정나라의 풍속에 3월 상사일에는 진수(溱水)와 유수(洧水) 두 물가에 가서 혼백(魂魄)을 불러 난초(蘭草)를 잡고서 상서롭지 못한 것을 깨끗이 제거[祓除]하였다.'라고 했는데 역시 진수와 유수의 음란한 풍속으로 여긴 것이니, 호읍(鄗邑)이나 낙읍의 성전(盛典)이 아니다. 『주례』「춘관종백하·여무」에 '해마다 때가 되면 상서롭지 못한 것을 깨끗이 제거하고 향초로 목욕시키는 일을 관장한다[掌歲時祓除釁浴]'라고 했는데, 「주」에 '해마다 때가 되면 상서롭지 못한 것을 깨끗이 제거하는 일[歲時祓除]은 지금의 3월 상사일에 물가로 가는 종류와 같다.'라고 했으니, 아마도 정현이 한대의 법을 들어서 주나라의 제도를 추측한 것인 듯싶다. 『서경잡기』에 '척부인(戚夫人)[208]이 정월 상진일(上辰日)에 못가로 나아가 세수하고 쑥떡을 먹고서 요사스러움을 제거하고[209] 3월 상사일에 흐르는 물에서 음악[210]을 연주했다.'라고 하였고, 『속한서』「예의지」에 '이달 상사일에 관민(官民)이 다 동쪽으로 흘러가는 물가에서 "몸을 깨끗이 씻고 상서롭지 못한 것을 깨끗이 제거[祓除]하고, 묵은 때를 제거한다."라고 하니, 크게 계제(禊祭)를 지내는 것이다.'라고 했는데, 이는 서한(西漢)시대에는 궁중에서 시작되었고, 동경(東京)에서는 그대로 민속이 되었다. 옛날의 푸닥거리[祓禳]는 모두 악을 제거하는 제사였다. 「여무」의 '상서롭지 못한 것을 깨끗이 제거함[祓除]'은 바로 『주례』「천관총재하·여축」의 '역질을 오지 않게 하고 물

---

208 척부인(戚夫人): 중국 전한(前漢) 고조(高祖)의 총비(寵妃). 고조가 죽은 뒤 여후(呂后)에 의해 팔다리가 잘리고 눈이 뽑히며 벙어리·귀머거리가 된 채 측간에 갇혀 '사람 돼지[人彘]'라고 불림.
209 『논어정의』에는 "祓禊"로 되어 있다. 『서경잡기(西京雜記)』 권3을 근거로 "祓妖"로 고쳤다.
210 『논어정의』에는 "藥"으로 되어 있다. 『서경잡기』 권3을 근거로 "樂"으로 고쳤다.

리치는 푸닥거리[襘禳]'이다. 『예기』「월령」에 '구문(九門)에서 희생을 찢어 바쳐서 재앙을 없앰으로써 봄의 나쁜 기운을 그치게 한다.'라고 했는데, 「주」에서 이르길 '묘수(昴宿)에는 대릉(大陵)[211]과 적시(積尸)[212]의 기운이 있어서, 이 기운이 번갈아 일어나면 여귀(厲鬼)가 따라 나와서 유행하니, 희생을 찢어서 사방의 신에게 바치고 푸닥거리하는 것은 그 재앙을 그치게 하기 위한 것이다.'라고 했다. 『주례』「춘관종백하·남무」에 '봄에는 복을 불러서 질병을 제거한다.'라고 했는데, 「주」에 '초(招)는 복을 부른다[招福]는 뜻이다. 미(弭)는 미(敉)의 뜻으로 읽는데, 미(敉)는 편안하다[安]는 뜻이니, 흉한 재앙을 안정시킨다는 뜻이다. 복을 부르고 흉한 재앙을 안정시키는 것은 모두 지나친 제사의 예가 있다.'라고 했다. 두독(杜篤)[213]의 「불양부(祓禳賦)」에 '무함(巫咸)[214]의 무리가 불을 잡고 복을 기원했다'라고 했으니, 그래도 옛날의 제도를 보존하고 있는 셈이다. 위

---

211 대릉(大陵): 남방의 위수(胃宿)에 속한 8개의 별로서 죽음과 상례(喪禮)를 주관하고, 큰 무덤을 의미한다.

212 적시(積尸): 북방의 귀성(鬼星)에 딸린 별로서 오성(五星)으로 이루어져 있다. 이 별이 밝아지면 죽은 사람의 시신이 산처럼 쌓여 있다고 한다. 해가 묘수와 필수에 있으면 전염병이 유행하여 사람이 많이 죽는다고 한다.

213 두독(杜篤, ?~78): 후한 경조(京兆) 두릉(杜陵) 사람. 자는 계아(季雅)이다. 어려서부터 박학했고, 작은 예절에 얽매이지 않았다. 미양령(美陽令)에게 죄를 지어서 투옥되었다. 마침 대사마(大司馬) 오한(吳漢)이 죽어 옥중에서 뇌(誄)를 썼는데, 문장이 최고여서 광무제(光武帝)가 비단을 하사하고 사면했다. 나중에 군문학연(郡文學掾)이 되었다. 장제(章帝) 건초(建初) 3년(78) 종사중랑(從事中郎)으로 마방(馬防)이 서강(西羌)을 공격하는 데 종군했다가 전사했다. 저서에 『명세론(明世論)』과 「논도부(論都賦)」 등이 있다.

214 무함(巫咸): 고대의 신령한 무당으로, 은나라 중종(中宗) 때 하늘에서 내려왔다고 한다. 『서경』「군석(君奭)」에 "무함이 왕가를 다스렸다.[巫咸乂王家.]"라고 했다. 한유(韓愈)의 「조한수(嘲鼾睡)」에 "비록 무함을 시켜 불러도 혼백은 다시 돌아오기 어려워라.[雖令巫咸招, 魂爽難復在.]"라는 표현이 나온다.

(魏)・진(晉) 이후에는 다만 실과 대나무로 만든 악기를 연주하면서 잔을 들고 노래하는 것을 음악이라고 했는데, 채옹과 장협의 무리는 또 『논어』의 '무우'를 거기에 해당시켰으니, 비단 의(義)가 고훈(古訓)과 다를 뿐만 아니라 또한 일이 옛 법도에 더욱 어그러진다."라고 했다. 살펴보니, 심도의 말이 옳다.

원문 「月令」"磔禳", 卽春儺之禮; 後世"祓禊", 卽其遺俗, 與舞雩爲請雨祈穀實者各別, 此則蔡・張誤會『古論』之旨, 妄以"祓禊"當"舞雩"也.

역문 「월령」의 "희생을 찢어서 바치는 푸닥거리[磔禳]"는 바로 봄에 굿을 하는 예이고, 후세의 "불계"는 바로 그 남은 풍속이니, 무우가 비를 청하고 곡식이 잘 영글기를 기원하는 것과는 각각 구별되니, 이는 채옹과 장협이 『고논어』의 종지를 오해하고는 망령되게 "불계"를 "무우"에 해당시킨 것이다.

- 「注」, "思所以對, 故音希."
- 正義曰: 『說文』云: "稀, 疏也." 稀從希聲, 希有鮮少之義. 蓋點聞夫子問己, 而思所以對, 故鼓琴略緩, 而其音稀疏也.
○ 「주」의 "대답할 거리를 생각하고 있었기 때문에 비파 소리가 줄어든 것이다."
○ 정의에서 말한다.
  『설문해자』에 "희(稀)는 성기다[疏]는 뜻이다."[215]라고 했다. 희(稀)는 희(希)로 구성되었고, 또 희(希)가 발음을 나타내는데, 희(希)에는 드물고 적다는 뜻이 있다. 아마도 증점은 공자가 자기에게 하는 질문을 듣고 대답할 거리를 생각하고 있었기 때문에 거문고 연주를 약간 느슨

---

215 『설문해자』 권7: 희(稀)는 성기다[疏]는 뜻이다. 화(禾)로 구성되었고 희(希)가 발음을 나타낸다. 향(香)과 의(依)의 반절음이다.[稀, 疏也. 從禾希聲. 香依切.]

하게 해서 그 소리가 드문드문 줄어든 것인 듯싶다.

● 「注」, "置瑟"至"之聲".

● 正義曰:「注」以"置"訓"舍", "起"訓"作", 故云"置瑟起對"也. 『說文』, "僎, 具也." "僎"與"撰"同. 『周官』「大司馬」"撰車徒", 謂具車徒也. 具者, 備也. "鏗爾, 投瑟之聲"者, "投"亦置也. "投瑟", 當作"投琴".

○ 「주」의 "치슬(置瑟)"부터 "지성(之聲)"까지.

○ 정의에서 말한다.

「주」에서는 "치(置)"를 "버리다[舍]"의 뜻으로 새기고 "기(起)"를 "일어나다[作]"의 뜻으로 새겼기 때문에 "비파를 내려놓고서 일어나 대답한 것[置瑟起對]"이라고 한 것이다. 『설문해자』에 "선(僎)은 갖춘다[具]는 뜻이다."[216]라고 했으니, "선(僎)"과 "찬(撰)"은 같은 글자이다. 『주례』「하관사마상 · 대사마」에 "수레와 보병을 선발한다[撰車徒]"라고 했는데, 수레와 보병을 갖춘다[具]는 말이다. 구(具)는 갖춘다[備]는 뜻이다. "갱이(鏗爾)는 비파를 내려놓는 소리[投瑟之聲]"라고 했는데, "투(投)" 역시 내려놓는다는 뜻이다. "투슬(投瑟)"은 마땅히 "투금(投琴)"이 되어야 한다.

● 「注」, "包曰"至"之門".

● 正義曰:『筆解』引此「注」作"孔曰". "莫春爲季春三月"者, 莫, 晚也. 季, 少也. 凡四時首月爲孟, 次月爲仲, 末月爲季. 此三月是春末月, 故言"季春三月"也. 周正建子, 以十一月爲歲首, 而仍用夏令, 則莫春謂建辰月矣. "單袷"者, 「夏小正」云: "二月, 往耰黍, 襌." "襌"與"單"同. 「玉藻」云: "襌爲絅." 凡衣有裏曰袷, 無裏曰襌. 『說文』云: "袷, 衣無絮." 『史記』「匈奴傳」, "服繡袷綺衣." 「注」引『字林』, 與『說文』同. 今人稱袷衣, 亦袷之轉聲. 凡單袷皆是春服, 故「注」擧以言之.

○ 「주」의 "포왈(包曰)"부터 "지문(之門)"까지.

---

216 『설문해자』 권8: 선(僎)은 갖춘다[具]는 뜻이다. 인(人)으로 구성되었고 손(巽)이 발음을 나타낸다. 사(士)와 면(勉)의 반절음이다.[僎, 具也. 從人巽聲. 士勉切.]

○ 정의에서 말한다.

『논어필해』에서 인용한 이 「주」에는 "공왈(孔曰)"로 되어 있다.

"모춘은 계춘이니 3월이다.[莫春爲季春三月.]"라고 했는데, 모(莫)는 늦다[晚]는 뜻이다. 계(季)는 어리다[少]는 뜻이다. 네 계절의 첫 달은 맹(孟)이 되고, 그다음 달은 중(仲)이 되며 끝달은 계(季)가 된다. 여기서 3월은 봄의 끝 달이기 때문에 "계춘삼월(季春三月)"이라고 한 것이다. 주나라는 정월을 자월(子月)로 세워 11월을 세수(歲首)로 삼았지만 여전히 하나라의 월령(月令)을 사용했으니, 모춘이란 건진월(建辰月)²¹⁷이라는 말이다. "홑옷이나 겹옷[單袷]"이란 『대대례』「하소정」에 "2월에는 가서 기장을 심으니, 홑옷을 입는다[禪]."라고 했는데, "단(禪)"은 "단(單)"과 같다. 『예기』「옥조」에 "단(禪)으로 홑옷[絅]을 삼는다."라고 했으니, 무릇 안감이 있는 옷을 겹옷[袷]이라 하고 안감이 없는 옷을 홑옷[禪]이라고 한다. 『설문해자』에 "겹(袷)은 솜이 없는 옷이다."²¹⁸라고 했고, 『사기』「흉노전」에 "수놓은 것을 겉으로 하고 무늬 있는 비단을 안으로 한 겹옷을 입었다[服繡袷綺衣]"라고 한 구절의 「주」에 『자림』을 인용했는데, 『설문해자』와 같다. 지금 사람들이 겹의(袷衣)라고 일컫는 것도 겹(袷)의 소리가 전한 것[轉聲]이다. 홑옷이나 겹옷[單袷]은 모두 봄옷이기 때문에 「주」에서 들어서 말한 것이다.

"風凉於舞雩之下"者, 言魯人時正舞雩, 點往其下, 得風凉適體也. 『後漢書』「仲長統傳」, "仲長統欲卜居淸曠, 以樂其志, 論之曰: '諷於舞雩之下, 詠歸高堂之上.'" 與此包「注」意同, 爲『魯論』說也. 惟「風」字作"諷", 或係叚借. 李賢「注」以『古論』之義解之, 非也.

"무우단 아래에서 서늘한 바람을 쐰다"라고 했는데, 노나라 사람들이 당시에 무우단을 정비했으므로 증점이 그 아래로 가서 몸에 적당할 정도로 서늘한 바람을 쐴 수 있을 것이라는 말

---

217 건진월(建辰月): 음력 3월을 의미한다. 하나라의 월력으로 초저녁에 북두칠성(北斗七星)의 자루[柄]가, 12신[辰: 자(子)·축(丑)·인(寅)·묘(卯) 등의 열두 별자리]의 위치를 가리키는 방향에 따라 달수[月數]가 바뀌는데, 이것을 가리켜, 정월(正月)은 건인월(建寅月), 2월은 건묘월(建卯月), 3월은 건진월, 4월은 건사월(建巳月), 5월은 건오월(建午月) 등으로 불린다.

218 『설문해자』 권8: 겹(袷)은 솜이 없는 옷이다. 의(衣)로 구성되었고 합(合)이 발음을 나타낸다. 고(古)와 흡(洽)의 반절음이다.[袷, 衣無絮. 從衣合聲. 古洽切.]

이다. 『후한서』「중장통전」에 "중장통(仲長統)[219]이 깨끗하게 탁 트인 곳으로 거처를 옮겨 자기의 뜻을 즐기고자 하여 논하기를 '무우단 아래서 바람 쐬고 노래를 부르며 높은 당 위로 올라가리라.'라고 했다."라고 했는데, 이 단락의 포함「주」의 뜻과 똑같이『노논어』의 말로 본 것이다. 다만 "풍(風)" 자가 "풍(諷)"으로 되어 있는데, 아마도 가차(段借)와 관련된 것 같다. 이현(李賢)의『후한서』『주』에서는『고논어』의 뜻으로 해석했으니, 잘못이다.

- 「注」, "善點獨知時."
- 正義曰: 皇「疏」引李充云: "善其能樂道知時, 逍遙遊泳之至也."
- 「주」의 "점만이 홀로 때를 알고 있음을 갸륵하게 여긴 것이다."
- 정의에서 말한다.
  황간의 「소」에는 이충(李充)을 인용해서 "그가 능히 도를 즐기고 때를 알아 소요(逍遙)하면서 노닐고 노래할 수 있는 지극함을 갸륵하게 여긴 것이다."라고 했다.

三子者出, 曾晳後. 曾晳曰: "夫三子者之言何如?" 子曰: "亦各言其志也已矣." 曰: "夫子何哂由也?" 曰: "爲國以禮, 其言不讓, 是故哂之."【注】包曰: "爲國以禮, 禮貴讓. 子路言不讓, 故笑之."

---

219 중장통(仲長統, 179~220): 후한 산양(山陽) 고평(高平) 사람. 자는 공리(公理). 어려서 학문을 좋아해서 여러 서적을 두루 탐독했고 문사(文辭)에도 뛰어났다. 뜻이 크고 기개가 있어 직언(直言)을 서슴지 않으면서도 자신의 절개를 자랑하지 않아 당시의 사람들이 광생(狂生)이라 불렀다. 여러 곳에서 그를 군현(郡縣)에 임용하고자 했지만 매번 병을 핑계 대고 나가지 않았다. 헌제(獻帝) 때 상서랑(尙書郎) 순욱(荀彧)이 그의 명성을 듣고 재주를 기이하게 여겨 상서랑(尙書郎)으로 천거했다. 나중에는 조조(曹操)의 군사(軍師)로 참여했다. 고금(古今) 및 시속(時俗)의 일들을 설파할 때마다 발분탄식(發憤歎息)하여 글에 담았다. 저서에 『창언(昌言)』이 있는데, 36편 10여만 자다. 『창언』은 현재 대부분 없어졌지만, 『후한서』 본전 중에 「이란(理亂)」과 「손익(損益)」, 「법계(法誡)」 등의 몇 편이 실려 있다.

"唯求則非邦也與? 安見方六七十如五六十而非邦也者? 唯赤則非邦也與? 宗廟會同, 非諸侯而何?【注】孔曰: "明皆諸侯之事, 與子路同, 徒笑子路不讓." 赤也爲之小, 孰能爲之大?"【注】孔曰: "赤謙言'小相'耳, 誰能爲大相?"

세 사람은 나가고 증석이 뒤에 남아 있었다. 증석이 말했다. "저 세 사람의 말이 어떠한 것이었습니까?" 공자가 말했다. "또한 각자가 자기의 뜻을 말한 것일 뿐이다." "선생님께서는 무엇 때문에 유를 비웃으셨습니까?" "예로써 나라를 다스려야 하는데, 그의 말은 겸손하지 않았기 때문에 비웃은 것이다." 【주】포함이 말했다. "예로써 나라를 다스려야 하는데, 예는 겸손을 중요하게 여긴다. 그러나 자로의 말은 겸손하지 않았기 때문에 비웃은 것이다." "구가 말한 것이 나라를 다스리는 일이 아니겠느냐? 사방 6, 7십리 또는 5, 6십리 되는 땅 치고서 나라 아닌 것을 어디서 보겠느냐? 적이 말한 것이 나라를 다스리는 일이 아니겠느냐? 종묘의 일과 회동하는 일이 제후의 일이 아니고 무엇이겠느냐? 【주】공안국이 말했다. "모두 제후의 일인 것은 자로와 같으나, 다만 자로는 겸손하지 않았기 때문에 비웃었던 것임을 밝힌 것이다." 적이 작은 집례가 된다면 누가 큰 집례가 될 수 있겠느냐?" 【주】공안국이 말했다. "적은 겸손해서 '작은 집례[小相]'를 말한 것일 뿐이지, 적이 작은 집례라면 누가 큰 집례[大相]가 될 수 있겠는가?"

원문 正義曰: "夫子何哂由也?" 皇本"夫子"作"吾子". "曰爲國以禮", "曰"上有 "子"字. "唯求"·"唯赤"二語, 皇·邢「疏」皆謂"夫子語", 是也. 夫子以求·

赤所言, 皆爲邦之事, 而求只言能仕方六七十如五六十之小地, 赤祇言能
爲小相, 則所言皆讓, 與子路異, 故夫子反言以明之. 言方六七十如五六
十, 安見非邦, 宗廟會同, 皆諸侯之事, 安見不能爲大相, 而二子之言皆讓,
故無可譏議也.

역문 정의에서 말한다.

　"선생님께서는 무엇 때문에 유를 비웃으셨습니까?[夫子何哂由也]?"라고
했는데, 황간본에는 "선생님께서는[夫子]"이 "우리 선생님께서는[吾子]"으
로 되어 있다. "왈위국이례(曰爲國以禮)"는 "왈(曰)" 앞에 "자(子)" 자가 있
다. "유구(唯求)"와 "유적(唯赤)" 두 마디는 황간과 형병의 「소」에 모두
"공자의 말이다[夫子語]"라고 했는데, 옳다. 공자는 구와 적이 말한 것을
모두 나라를 다스리는 일이라고 여겼는데, 구의 경우에는 단지 사방 6,
7십 리 또는 5, 6십 리 되는 작은 땅을 다스릴 수 있다고 말했을 뿐이고,
적의 경우에는 다만 작은 집례가 될 수 있다고 말했을 뿐이니, 그들이
말한 것은 모두 겸손해서 자로와는 달랐기 때문에 공자가 반어법으로
말해서 밝힌 것이다. 사방 6, 7십 리 또는 5, 6십 리 되는 땅 치고서 나라
아닌 것을 어디서 보겠으며, 종묘의 일과 회동하는 일이 모두 제후의 일
이니, 큰 집례가 될 수 없음을 어디서 보겠느냐는 말이니, 두 사람의 말
이 모두 겸손하기 때문에 비난할 만한 의론이 없었던 것이다.

원문 "安見", 『釋文』作"焉見", 云: "焉, 於虔反, 本今無此字." 盧氏文弨『考
證』曰: "古焉·安二字通用." 『禮記』「三年問」"焉"字, 『荀子』「禮論篇」皆
作"安", 校者不知, 因云"今本無". 『釋文』又云: "宗廟會同, 本或作'宗廟之
事如會同', 非. 非諸侯而何, 一本作'非諸侯如之何'." 皇本·『唐石經』初
刻, 均與『釋文』"一本"同. 又皇本"小"·"大"下各有"相"字.

역문 "안견(安見)"은 『경전석문』에 "언견(焉見)"으로 되어 있는데, "언(焉)은

어(於)와 건(虔)의 반절음인데, 판본에 따라서 지금에는 이 글자가 없다."
라고 했고, 노문초의 『경전석문고증』에 "옛날에 언(焉)과 안(安) 두 글자
는 통용되었다."라고 했다. 『예기』「삼년문」의 "언(焉)" 자는 『순자』「예
론편」에 모두 "안(安)"으로 되어 있는데, 교정(校訂)하는 자들이 이를 알
지 못함으로 인해 "지금의 판본에는 없다"라고 한 것이다. 『경전석문』
에는 또 "종묘회동(求廟會同)은 판본에 따라 더러 '종묘지사여회동(宗廟之
事如會同)'으로 되어 있는데, 잘못이다. 비제후이하(非諸侯而何)[220]는, 어떤
판본에는 '비제후여지하(非諸侯如之何)'로 되어 있다."라고 했다. 황간본
과 『당석경』 초각(初刻)은 둘 다 『경전석문』의 "어떤 판본[一本]"과 똑같
다. 또 황간본에는 "소(小)"와 "대(大)" 아래 각각 "상(相)" 자가 있다.

---

220 『논어정의』에는 "非" 자가 빠져 있다. 『경전석문』을 근거로 보충하였다.

논어정의 권15

論語正義卷十五

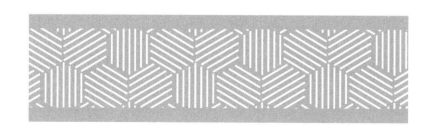

顔淵 第十二(안연 제12)

○●○

集解(집해)

○●○

凡二十四章(모두 14장이다)

원문 正義曰:『釋文』云: "'子路無宿諾', 或分此爲別章."

역문 정의에서 말한다.

『경전석문』에 "'자로(子路)는 승낙을 오래 묵힘이 없었다[子路無宿諾]'라는 구절은 간혹 이 편에서 나누어 별도의 장(章)으로 삼기도 한다."라고 했다.

12-1

顔淵問仁. 子曰: "'克己復禮爲仁.'【注】馬曰: "'克己', 約身." 孔曰: "'復', 反也, 身能反禮, 則爲仁矣." 一日克己復禮, 天下歸仁焉.【注】馬曰: "一日猶見歸, 况終身乎?" 爲仁由己, 而由人乎哉?"【注】孔曰: "行善在己, 不在人也."

안연(顔淵)이 인(仁)에 대해서 묻자, 공자(孔子)가 말했다. "자기를 다스려 예로 돌아가는 것이 인을 행하는 것이다.'라고 하는데, 【주】 마융(馬融)이 말했다. "극기(克己)'는 자신을 단속함[約身]이다." 공안국(孔安國)이 말했다. "'복(復)'은 돌아감[反]이니, 자신이 예로 돌아갈 수 있다면 인을 행하는 것이 될 것이다." 하루만이라도 자기를 다스려 예로 돌아가면 천하가 그를 인하다고 칭송할 것이다. 【주】 마융이 말했다. "하루 만에도 오히려 칭송을 받는데, 하물며 종신토록 극기복례를 함에 있어서이겠는가?" 인을 행하는 것이 자기에게 달려 있는 것이지 남에게 달려 있는 것이겠는가?" 【주】 공안국이 말했다. "선(善)을 행하는 것은 자기에게 달려 있지 남에게 달려 있지 않다."

원문 正義曰: "克", 皇本作"剋". 克己復禮, 所以爲仁. "爲"猶事也, 謂用力於仁也. 下句"爲仁由己"義同. 『左』「昭」十二年「傳」言楚右尹子革, 諷靈王以「祈招」之詩, "王揖而入, 饋不食, 寢不寐, 不能自克, 以及於難. 仲尼曰: '古也有志, "克己復禮, 仁也." 信善哉! 楚靈王若能如是, 豈其辱於乾谿?'" 是"克己復禮爲仁"乃古成語, 而夫子引之.

역문 정의에서 말한다.

"극(克)"은 황간본에는 "극(剋)"으로 되어 있다. 자기를 다스려 예로 돌아가는 것이 인을 행하는 방법이다. "위(爲)"는 일삼다[事]와 같으니, 인에 힘쓴다는 말이다. 아래 구절에 "인을 행하는 것이 자기에게 달려 있다[爲仁由己]"라고 한 문장의 뜻도 같다. 『춘추좌씨전』「소공」12년의 「전」에 초(楚)나라 우윤(右尹)인 자혁(子革)¹이 「기초」라는 시를 가지고 초나

---

1 자혁(子革, ?~?): 춘추시대 정(鄭)나라 사람 연단(然丹)으로 정단(鄭丹)이라고도 쓴다. 정 목

라 영왕(靈王)을 풍자하자, "초왕은 자혁에게 읍하고 들어가서는 음식을 올려도 먹지 않고, 잠자리에 들어도 잠을 이루지 못하였으나, 끝내 스스로 사심을 다스리지[克] 못하여 환난에 미치게 되었다. 중니가 말했다. '옛 기록에 "자기를 다스려 예로 돌아가는 것이 인을 행하는 것이다."라고 했으니, 참으로 훌륭한 말이다! 초나라의 영왕이 만약 이와 같이 할 수만 있었다면 어찌 건계(乾谿)에서 치욕을 당하였겠는가?"라고 했으니, 이 "자기를 다스려 예로 돌아가는 것이 인을 행하는 것[克己復禮爲仁]"이란 말은 바로 옛날의 성어(成語)인데 공자가 이것을 인용한 것이다.

원문 "一日克己復禮, 天下歸仁"者, 言己誠爲仁, 人必知之, 故能歸仁, 己得成名也. 言"天下"者, 大之也. <u>毛氏奇齡</u>『稽求篇』, "『禮記』「哀公問」, '百姓歸之名, 謂之"君子之子".' 則歸亦只是名謂之義. 先敎諭云: '漢長安令<u>楊興</u>說<u>史高</u>"將軍誠召置幕府, 學士歸仁." <u>後漢和帝</u>皇太后詔稱, "太尉<u>鄧彪</u>, 海內歸仁, 爲群賢首." 言甚誇大, 而不嫌於僭悖者, 只稱名也.'"

역문 "하루만이라도 자기를 다스려 예로 돌아가면 천하가 인하다고 칭송한다[仁歸]"라는 것은, 자기가 진실하게 인을 행하면 남은 반드시 그것을 알기 때문에 인하다고 칭송할 수 있고, 자기는 명성(名聲)을 이룰 수 있다는 말이다. "천하(天下)"라고 한 것은 확대해서 한 말이다. 모기령의 『논어계구편』에 "『예기』「애공문」에 '백성이 칭송하는[歸] 명칭인데, 그것을 일러 "군자의 아들"이라 한다.'²고 했으니, 귀(歸)란 또한 단지 명칭을 그

공(鄭穆公)의 손자다. 정자공(鄭子孔)이 정권을 쥐자 자전(子展)과 자서(子西)가 나라 사람을 이끌고 자공(子孔)을 죽였다. 수하의 갑사(甲士)들이 일찍이 자공의 경비를 섰는데, 화가 미칠까 두려워 초나라로 달아났다. 초 영왕 때 우윤을 지냈다. 영왕이 전쟁을 좋아해 나라 사람들이 고통스러워하자 간언하여 군대를 줄이자고 했지만 듣지 않았다. 건계(乾谿)의 난(難)이 닥쳤을 때 자살했다.

렇게 이른다는 뜻일 뿐이다. 예전에 가르침을 받기를 '한(漢)나라의 장안령(長安令)인 양홍(楊興)[3]이 사고(史高)[4]를 설득하기를 "장군께서 진실로 그를 막부로 불러들인다면 학사(學士)들이 인하다고 칭송할[歸仁] 것입니다."라고 했고, 후한(後漢)의 화제황태후(和帝皇太後)[5]가 조서를 내려, "태위(太尉)인 등표(鄧彪)[6]는 사해 안이 모두 인하다고 칭송하자[歸仁] 여러 현자 중의 우두머리로 삼았다."라고 칭찬을 했는데, 말이 심하게 과장되긴 했지만 분에 넘치거나 도리에 어그러짐에 혐의되지는 않는 것이니, 단지 명칭을 일컫는 것일 뿐이다.'라고 했다."라고 하였다.

원문 今案, 『漢書』「王莽傳」贊, "宗族稱孝, 師友歸仁." 『後漢書』「郎顗傳」, "昔顏子十八, 天下歸仁." 竝以"歸仁"爲稱仁. 『禮記』「禮器」云: "故君子有

---

2 『예기(禮記)』「애공문(哀公問)」: 애공이 말했다. "감히 묻겠습니다. 무엇을 일러 친(親)이라고 합니까?" 공자가 대답했다. "군자라고 하는 것은 남이 이루어 준 명칭입니다. 백성들이 칭송하는[歸] 명칭인데, 그것을 일러 '군자의 자식'이라고 하는 것입니다."[公曰: "敢問何謂成親?" 孔子對曰: "君子也者, 人之成名也. 百姓歸之名, 謂之君子之子."]

3 양홍(楊興, ?~?): 전한(前漢) 원제(元帝) 때의 사람. 자는 군란(君蘭)이다. 관직은 원제 때 장안령(長安令)을 지냈고, 성제(成帝) 때 부자사(部刺史)를 역임했다.

4 사고(史高, ?~기원전 43): 전한 노(魯) 사람. 두릉(杜陵)으로 옮겨 와 살았다. 선제(宣帝)의 할머니 사량(史良)의 조카다. 선제 때 구은(舊恩)으로 시중(侍中)이 되고, 나중에 대사마(大司馬) 곽우(霍禹)가 모반을 꾀하는 사실을 폭로해서 낙릉후(樂陵侯)에 봉해졌다. 선제의 병이 위중해지자 대사마와 거기장군(車騎將軍)이 되어 상서(尙書)의 일을 대행하면서 소망지(蕭望之)와 함께 유조(遺詔)를 받들어 수행했다. 원제가 즉위하자 단지 자리만 지킬 뿐이었다. 영광(永光) 원년에 사직하고 귀향했다. 시호는 안(安)이다.

5 화제황태후(和帝皇太后, ?~?): 후한의 효장황제(孝章皇帝) 유달(劉炟, 57~88)의 비(妃) 두황후(竇皇后)를 가리킨다.

6 등표(鄧彪, ?~93): 동한시대 남양(南陽)의 신야(新野) 사람. 자는 지백(智伯)이다. 벼슬은 발해태수(勃海太守)까지 올랐다. 화제(和帝) 때 태부(太傅), 계양태수(桂陽太守), 태위(太尉) 등을 역임했다. 관직에 있을 때 청백하여 백관 신료의 모범이 되었다.

禮, 則外諧而內無怨. 故物無不懷仁, 鬼神饗德." 鄭「注」以"懷仁"卽"歸仁", "懷"·"歸"竝訓稱也.

역문 이제 살펴보니 『한서』「왕망전」의 찬(贊)에 "종족(宗族)이 효를 칭찬하고, 사우(師友)가 인하다고 칭송했다."라고 했고, 『후한서』「낭의전」에 "옛날 안자(顏子)는 나이 열여덟 살에 천하가 인하다고 칭송했다."라고 했으니, 모두 "귀인(歸仁)"을 "인을 칭송함[稱仁]"이라고 한 것이다. 『예기』「예기(禮器)」에 "그러므로 군자가 예가 있으면 밖으로는 화합하고 안으로는 원망이 없다. 그러므로 사람이 그 인을 그리워하지 않는 이가 없고 귀신들이 그 덕을 흠향(歆饗)하는 것이다."라고 했는데, 정현(鄭玄)의 「주」에서는 "인을 그리워함[懷仁]"은 바로 "인을 칭송함[歸仁]"이라고 했으니, "회(懷)"와 "귀(歸)"를 모두 칭송함[稱]으로 뜻을 새긴 것이다.

- 「注」, "克己"至"仁矣".
- 正義曰: 『爾雅』「釋詁」, "克, 勝也." 又"勝, 克也." 轉相訓. 此訓"約"者, 引申之義. 顏子言"夫子博我以文, 約我以禮." "約"如"約束"之約, "約身"猶言修身也. 『後漢書』「安帝紀」, "夙夜克己, 憂心京京." 「鄧皇後紀」, "接撫同列, 常克己以下之." 「祭遵傳」, "克己奉公." 「何敞傳」, "宜當克己, 以醻四海之心." 凡言"克己", 皆如約身之訓.
- ○ 「주」의 "극기(克己)"부터 "인의(仁矣)"까지.
- ○ 정의에서 말한다.

『이아』「석고」에 "극(克)은 이김[勝]이다."라고 했고, 또 "승(勝)은 이김[克]이다."라고 했으니, 이리저리 번갈아 가며 서로서로 해석한 것이다. 여기에서 "단속함[約]"이라고 뜻을 새긴 것은 의미를 확대한 것이다. 안자가 "선생님께서는 문(文)으로써 나를 넓혀 주시고 예(禮)로써 나를 단속해 주셨다[博我以文, 約我以禮.]"라고 했는데, "약(約)"은 "단속해서 묶음[約束]"이라고 할 때의 약(約)과 같으니, "자신을 단속한다[約身]"라는 것은 수신(修身)이라는 말과 같다. 『후한서』「안제기」에 "아침 일찍부터 밤늦게까지 자기를 다스리느라[克己] 근심하는 마음 한이 없다."라고 했고, 「등황후기」에 "동렬(同列)과 가깝게 붙어 지내면서 항상 자신을 다스려 낮추었다."라고 했으며, 「제준전」에 "자신을 다스려 봉공(奉公)하였다."라고 했고, 「하창전」에 "의당 자기를 다스려 사해(四海)의 마음에 부응한다."라고 했는데, "극기(克己)" 를 말한 것은 모두 자신을 단속한다[約身]는 뜻과 같다.

『法言』謂 "勝己之私之謂克", 此又一義. 劉炫援以解『左傳』 "克己復禮"之文, 意指楚靈王多 嗜欲 · 誇功伐而言. 乃邢「疏」即援以解『論語』. 朱子『集注』又直訓 "己"爲 "私", 竝失之矣. "復反"者, "反"猶 "歸"也. 吾將有所視 · 聽 · 言 · 動, 而先反乎禮, 謂之復禮. 非謂己先有私, 己先無禮, 至此乃復也.

『법언』에 "자기의 사사로움을 이기는 것을 극(克)이라 한다"라고 했는데, 이것도 한 가지 뜻 이다. 유현(劉炫)은 이 뜻을 가져다 『춘추좌씨전』의 "극기복례(克己復禮)"라는 문장을 해석 했는데, 의미는 초나라 영왕이 욕심이 많고 공벌(功伐)을 과장하는 것을 가리켜서 한 말이 다. 이에 형병의 「소」에 바로 이 뜻을 가져다가 『논어』를 해석한 것이다. 주자의 『논어집주』 에도 곧바로 "기(己)"를 "사(私)"의 뜻으로 해석했는데 둘 다 잘못된 것이다. "복은 돌아감이 다[復反]"라고 했는데, 반(反)은 귀(歸)와 같다. 내가 장차 보고, 듣고, 말하고, 움직이는 것에 있어서 먼저 예로 돌아가는 것을 복례(復禮)라고 한다. 자기가 먼저는 사사로움이 있고, 자 기가 먼저는 예가 없다가 여기에 이르러 이에 돌아간다[復]는 말이 아니다.

顔淵曰: "請問其目." 【注】包曰: "知其必有條目, 故請問之." 子曰: "非禮勿視, 非禮勿聽, 非禮勿言, 非禮勿動." 【注】鄭曰: "此四者, 克己復禮之目." 顔淵曰: "回雖不敏, 請事斯語矣." 【注】王曰: "敬事 此語, 必行之."

안연이 말했다. "청컨대 그 조목을 묻겠습니다." 【주】 포함(包咸)이

말했다. "반드시 조목이 있을 것임을 알았기 때문에 그것을 청하여 물은 것이다." 공자가 말했다. "예가 아니면 보지 말며, 예가 아니면 듣지 말며, 예가 아니면 말하지 말며, 예가 아니면 행하지 말라."【주】정현이 말했다. "이 네 가지가 자기를 다스려 예로 돌아가는[克己復禮] 조목이다." 안연이 말했다. "제가 비록 민첩하지 못하지만 청컨대 이 말씀을 받들겠습니다."【주】왕숙(王肅)이 말했다. "이 말을 경건하게 받들어 반드시 실천하겠다는 말이다."

원문 正義曰: "勿"者, 禁止之辭. 視·聽·言·動, 皆在己不在人, 故爲仁由己, 不由人也. "動"猶行也, 謂所行事也. 『禮』「中庸」云: "齊明盛服, 非禮不動, 所以修身也." 蓋視·聽·言·動, 古人皆有禮以制之, 若「曲禮」·「少儀」·「內則」諸篇及『賈子容經』所載, 皆是其禮. 惟能克己復禮, 凡非禮之事, 所接於吾者, 自能有以制吾之目而勿視, 制吾之耳而勿聽, 制吾之口而勿言, 制吾之心而勿行, 所謂克己復禮者如此.

역문 정의에서 말한다.

"물(勿)"은 금지사(禁止辭)이다. 보고, 듣고, 말하고, 움직이는 것은 모두 자기에게 달려 있는 것이지 남에게 달려 있는 것이 아니기 때문에 인을 행함은 자기에게 달려 있지 남에게 달려 있는 것이 아니다. "동(動)"은 행함[行]과 같으니, 일을 행하는 것을 이른다. 『예기』「중용」에 "재계하고 깨끗이 하며, 의복을 갖추어 입고서 예가 아니면 행하지 않음은 몸을 닦는 것이다."7라고 했는데, 대체로 보고, 듣고, 말하고, 행동하는 것

---

7 『중용(中庸)』제20장.

을 옛사람들은 모두 예를 가지고 제어했으니,「곡례」·「소의」·「내칙」 등 여러 편과 『가자용경』에 실려 있는 것이 모두 그 예이다. 오직 자기를 단속하고 예로 돌아갈 수 있기 때문에, 나에게 닥쳐오는 예가 아닌 일들에 대해 스스로 나의 눈을 제어해서 보지 말도록 할 수 있고, 나의 귀를 제어해서 듣지 말도록 할 수 있으며, 나의 입을 제어해서 말하지 말도록 할 수 있고 나의 마음을 제어해서 행하지 말도록 할 수 있으니, 이른바 자기를 다스려 예로 돌아간다는 것이 이와 같은 것이다.

원문 『春秋繁露』「天道施篇」, "夫禮, 體情而防亂者也. 民之情, 不能制其欲, 使之度禮. 目視正色, 耳聽正聲, 口食正味, 身行正道, 非奪之情, 所以安其情也."「周語」<u>單子論晉侯事</u>曰: "步·言·視·聽, 必皆無讁, 則可以知德矣. 視遠, 曰絕其義; 足高, 曰棄其德; 言爽, 曰反其信; 聽淫, 曰離其名. 夫目以處義, 足以踐德, 口以庇信, 耳以聽名, 故不可不愼也."

역문 『춘추번로』「천도시」에 "예란 인정을 바탕으로 해서 혼란을 막는 것이다. 민중의 실정은 그들의 욕망을 제어할 수 없으므로 그들로 하여금 예를 행위의 척도로 삼게 하는 것이다. 눈으로는 바른 색을 보게 하고, 귀로는 바른 소리를 듣게 하며, 입으로는 바른 음식을 먹게 하고, 몸으로 바른길을 가게 하는 것은 인정을 침탈하는 것이 아니라 인정을 안정시키기 위한 것이다."라고 했다. 『국어』「주어」에 단자(單子)[8]가 진후(晉

---

8 단자(單子, ?~?): 춘추시대 주나라 사람인 단 양공(單襄公)을 가리킨다. 이름은 조(朝)이다. 주 정왕(周定王)의 경사(卿士)로, 식읍(食邑)이 단(單)이었다. 왕명을 받들어 송(宋)나라에 갔고, 또 길을 빌려 진(陳)나라를 지나 초나라에 갔다. 진나라의 강에 다리가 없고 밭이 황폐한 것을 보았다. 진나라에 이르렀는데, 진 영공(陳靈公)은 공녕(孔寧), 의행보(儀行父), 하씨(夏氏)와 음행을 벌이느라 손님은 내버려 두고 보지 않았다. 귀국하여 정왕에게 진나라는 반드시 망할 것이라고 보고했다. 과연 진 영공은 피살당하고 초나라가 진나라로 진입했다.

侯)⁹의 일을 논하기를 "걷고, 말하고, 보고, 듣는 것이 모두 절도에 맞아 나무랄 만한 결점이 없으면 임금이 지닐 덕행이 있음을 알 수 있습니다. 시선을 멀리 두면 날마다 알맞은 도리를 끊게 되고, 걸을 때 발을 높이 들면 날마다 덕을 버리게 되며, 말을 신의에 어긋나게 하면 날마다 신용을 어기게 되고, 음란한 말을 들으면 날마다 명성을 잃게 됩니다. 시선은 알맞은 도리를 처리하고, 발은 덕(德)을 실천하며, 입은 믿음을 감싸 지키고, 귀는 만물의 이름을 듣고 구별하는 것이기 때문에 삼가지 않을 수 없습니다."라고 했다.

원문 然則視・聽・言・動, 古人皆致愼之, 所以勉成德行, 而不使不仁者加乎其身也.「樂記」云: "是故君子反情以和其志, 比類以成其行. 奸聲亂色, 不畱聰明; 淫樂慝禮, 不接心術; 惰慢邪辟之氣, 不設於身體, 使耳・目・鼻・口・心知・百體, 皆由順正, 以行其義." 卽此文所嚴非禮諸事也.

역문 그렇다면 보고, 듣고, 말하고, 행동하는 것을 옛사람들이 모두 지극히 삼간 것은 덕행을 힘써 이루어 불인(不仁)한 것이 자기 자신에게 베풀어지지 못하게 하기 위한 것이다. 『예기』「악기」에 "이런 까닭에 군자는 성정(性情)의 바름을 회복하여 자기의 뜻을 조화롭게 하고 선류(善類)를 나란히 비교하여 지신의 행실을 완성한다. 그렇게 함으로써 간사한 소

9 　진후(晉侯): 춘추시대 진(晉)나라의 임금인 진 여공(晉厲公, ?~기원전 573)이다. 이름은 수만(壽曼)이고, 경공(景公)의 아들이다. 정나라가 진나라를 배신하고 초나라와 동맹을 맺자 여공 6년 군사를 이끌고 정벌했다. 초나라 사람들이 와서 구원하자 언릉(鄢陵)에서 초나라 군대를 대파했다. 이때부터 위명을 크게 떨쳤다. 나중에 교만하고 사치에 빠져 총희(寵姬)를 여럿 거느리고, 대부(大夫)들을 모두 내쫓고 총희의 형제들로 채웠다. 총희의 오빠 서동(胥童)을 경(卿)으로 삼고, 대부 극기(郤錡)와 극주(郤犫), 극지(郤至)를 살해했다. 결국 난서(欒書)와 중행언(中行偃)에게 살해당했다. 8년 동안 재위했다.

리와 어지러운 색을 귀와 눈에 머물러 두지 않으며, 음탕한 음악과 간사한 예(禮)를 마음속에 접하지 않으며, 태만하고 간사하며 사특한 기운을 몸에 베풀지 아니해서, 귀와 눈과 입과 코와 마음의 지각과 온몸으로 하여금 모두 순하고 바름을 따르게 하여 의를 행한다."라고 했는데, 바로 이 글에서 엄격하게 다루고 있는 예가 아닌 여러 가지 일인 것이다.

- 「注」, "知其必有條目, 故請問之."
- 正義曰: "目"者, 如人目有所識別也. 凡行事撮擧總要謂之"目". 「注」言"條目"者, 非止一目, 當有細數, 若木枝條也. 古人爲學, 皆有數記, 所以備循習, 戒遺忘. 故此「注」言"條目", 知必有之也. 鄭「注」云: "欲知其要. 顔回意以禮有三百三千, 卒難周備, 故請問其目." 是目爲事之要. 『周官』「簭人」, "四曰巫目." 「注」云: "目, 謂事衆, 筮其要所當也." 亦訓"目"爲"要".

○ 「주」의 "반드시 조목이 있을 것임을 알았기 때문에 청하여 물은 것이다."

○ 정의에서 말한다.

"목(目)"이라는 것은 사람이 눈으로 식별함이 있는 것과 같은 것이다. 대체로 일을 행함에 총체적 요점을 모아서 거론하는 것을 "목(目)"이라고 한다. 「주」에서 "조목(條目)"이라고 말한 것은 하나의 조목에 그치지 않고 당연히 자세한 수가 있어서 마치 나무에 가지가 있는 것과 같기 때문이다. 옛사람들은 학문을 함에 모두 일일이 수를 세었는데 순서에 따라 익히는 것에 대비하고 잊는 것을 경계하기 위한 것이었다. 그러므로 여기의 「주」에서 "조목"을 말한 것은 반드시 그것이 있다는 것을 알았기 때문이다. 정현의 「주」에 "그 요점을 알고자 한 것이다. 안회(顔回)는 예가 3백 3천 가지가 있으므로 졸지에 두루 갖추기는 어렵다고 생각했기 때문에 그 조목을 청하여 질문한 것이다."라고 했는데, 이때의 조목은 일을 행하는 요점이다. 『주례』「춘관종백하·서인」에 "넷째는 서목(巫目)[10]이다."라고 했는데, 「주」에 "목(目)은 일이 많을 때 그 요점이 마땅한지를 점친다는 말이다."라고 했으니, 역시 "목(目)"을 "요점

---

10 서목(巫目)에서 무(巫) 자는 서(筮)의 오자(誤字)이다.

[要]"의 뜻으로 새긴 것이다.

12-2

仲弓問仁. 子曰: "出門如見大賓, 使民如承大祭.' 【注】孔曰: "爲仁之道, 莫尚乎敬." 己所不欲, 勿施於人, 在邦無怨, 在家無怨." 【注】包曰: "'在邦', 爲諸侯; '在家', 爲卿·大夫." 仲弓曰: "雍雖不敏, 請事斯語矣."

중궁(仲弓)이 인에 대해서 묻자, 공자가 말했다. "'문을 나갔을 때는 큰 손님을 뵙듯이 하고, 백성을 부리기를 큰 제사를 받들듯이 한다.'라고 했으니, 【주】 공안국이 말했다. "인을 행하는 방법에는 경(敬)보다 더한 것이 없다." 자기가 원하지 않는 것을 남에게 베풀지 말아야 하고, 나라에 있어서도 원망함이 없고, 집에 있어서도 원망함이 없는 것이다." 【주】 포함이 말했다. "'재방(在邦)'은 제후(諸侯)가 되었다는 뜻이고, '재가(在家)'는 경(卿)이나 대부(大夫)가 되었다는 뜻이다." 중궁이 말했다. "제가 비록 민첩하지 못하지만 청컨대 이 말씀을 받들겠습니다."

원문 正義曰: 『史記』「弟子傳」作"仲弓問政". 馮氏登府『異文考證』以爲『古論』, 然前後章皆是問仁, 不應此爲問政, 『史記』誤也.

역문 정의에서 말한다.

『사기』「중니제자열전」에는 "중궁이 정치에 대해 물었다"라고 되어 있다. 풍등부(馮登府)의 『논어이문고증』에는 『고논어』라고 했으나, 앞

뒤 장이 모두 인을 질문하고 있으므로 응당 이 문장을 정치를 질문하는 것으로 보아서는 안 되니, 『사기』가 틀렸다.

원문 "出門", 謂出大門, 與人相接晤時也. "如見大賓", "見"謂往迎賓也. 賓位尊於己, 故稱"大"也. 凡迎賓之禮, 賓降等者於門內, 賓敵者或尊者皆於門外. 此言"出門", 又言"大賓", 故知是尊於己也.

역문 "출문(出門)"은 대문을 나가서 사람들과 서로 접촉하고 만나는 때라는 말이다. "큰 손님을 뵙듯이 한다"라고 했는데, "뵙는다[見]"라는 것은 가서 손님을 맞이한다는 말이다. 손님의 지위가 자기보다 높기 때문에 "크다[大]"라고 일컬은 것이다. 대체로 손님을 맞이하는 예는 주인보다 지위가 낮은 손님은 문안에서 맞이하고, 주인과 지위가 대등하거나 혹은 주인보다 지위가 높은 손님은 모두 문밖에서 맞이하는 것이다. 여기서는 "문을 나간다[出門]"라고 하고 또 "큰 손님[大賓]"이라고 했기 때문에 자기보다 존귀한 손님이라는 것을 알 수 있다.

원문 "承"者, 『說文』云: "承, 奉也, 受也." "如見大賓", "如承大祭", 言仁者能敬畏人, 故能愛人也. 『左』「僖」三十三年「傳」, "晉臼季曰: '臣聞之, 出門如賓, 承事如祭, 仁之則也.'" 亦古有此語, 而臼季及夫子引之. 「傳」言"承事", 此言"使民", 文略不同.

역문 "승(承)"에 대해서는 『설문해자』에 "승(承)은 받듦[奉]이고, 받음[受]이다."[11]라고 했다. "큰 손님을 뵙듯이 한다"와 "큰 제사를 받들듯이 한다"

---

11 『설문해자(說文解字)』 권12: 승(承)은 받든다[奉]는 뜻이고, 받는다[受]는 뜻이다. 수(手)로 구성되었고 절(卩)로 구성되었으며 공(収: 卄)으로 구성되었다. 서(署)와 능(陵)의 반절음이다.[承, 奉也. 受也. 從手從卩從収. 署陵切.]

라는 것은, 인자(仁者)는 사람을 경외(敬畏)할 수 있기 때문에 사람을 사랑할 수 있다는 말이다. 『춘추좌씨전』「희공」 33년의 「전」에 "진(晉)의 구계(臼季)[12]가 말했다. '신은 듣자 하니 문을 나서면 손님을 대하듯이 하고 일을 처리함에는 제사를 받들듯이 하는 것이 인의 법칙이라고 합니다.'"라고 했으니, 역시 옛날부터 이런 말이 있었던 것을 구계와 공자가 인용한 것이다. 그런데, 「전」에서는 "승사(承事)"라고 했고, 여기서는 "사민(使民)"이라고 했으니 글자가 약간은 같지 않다.

원문 "施"猶加也. 『韓詩外傳』, "己惡饑寒焉, 則知天下之欲衣食也: 己惡勞苦焉, 則知天下之欲安佚也: 己惡衰乏焉, 則知天下之欲富足也. 知此三者, 聖王所以不降席而匡天下. 故君子之道, 忠·恕而已矣." 由『外傳』此言觀之, "己所不欲, 勿施於人", 則己所欲, 必又當施諸人. 故『孟子』言"仁者得民之心有道, 所欲與之聚之, 所惡勿施爾也"是也.

역문 "시(施)"는 가함[加]과 같다. 『한시외전』에 "자기가 주림과 추위를 싫어한다면 천하가 옷과 음식을 바란다는 것을 알아주어야 하고, 자기가 수고롭고 괴로움을 싫어한다면 천하가 편안하기를 바란다는 것을 알아주어야 하며, 자기가 쇠약하고 궁핍함을 싫어한다면 천하가 부유하고 풍족하기를 바란다는 것을 알아주어야 한다. 이 세 가지를 알았기 때문에

---

12 구계(臼季, ?~?): 춘추시대 진(晉)나라 사람 서신(胥臣)이다. 성은 서(胥)이고, 이름은 신(臣)이다. 식읍(食邑)이 구(臼)고, 자가 계(季)여서 구계로 불린다. 사공계자(司空季子)로도 불린다. 문공(文公) 때 대부가 되어 사공에 임명되었다. 중이(重耳: 문공)를 따라 망명했다. 일찍이 사신으로 기(冀)를 지나가다가 기결(冀缺)을 보고 중이에게 추천했다. 진나라와 초나라의 성복(城濮) 전투에서 하군(下軍)을 거느리는 장수의 부관을 맡아 진(陳)나라와 채(蔡)나라의 군대를 만나 말에게 호피(虎皮)를 씌우고 싸워 궤멸시켰고, 초나라의 우사(右師) 역시 궤멸시켰다.

성왕(聖王)은 자리에서 내려오지 않고서도 천하를 바르게 다스릴 수 있었던 것이다. 그러므로 군자의 도는 충(忠)과 서(恕)일 따름인 것이다."라고 했다. 『한시외전』의 이 말에 따라 살펴보건대, "자기가 원하지 않는 것을 남에게 베풀지 말아야 한다"면 자기가 원하는 것은 반드시 그리고 마땅히 남에게 베풀어야 한다. 따라서 『맹자』에서 "인자가 백성들의 마음을 얻는 데에 방법이 있으니, 그들이 원하는 것을 주어서 모여들게 하고, 그들이 싫어하는 것을 베풀지 않을 뿐이다."[13]라고 한 것이 이것이다.

원문 翟氏灝『考異』, "『管子』「小問篇」引『語』曰: '非其所欲, 勿施於人, 仁也.' 是'勿施'二句亦古語. '在邦'謂仕於諸侯之邦, '在家'謂仕於卿·大夫家也. 觀下篇子張問士, 夫子告以'在邦'·'在家'可證. 包「注」以'在邦'指諸侯, '在家'指卿·大夫, 失之矣. 在邦·在家無怨者, 言仁者愛人, 故人亦愛之, 無可復怨也."

역문 적호(翟灝)의 『사서고이』에 "『관자』「소문」에 『논어』를 인용해서 '그가 원하지 않는 것을 남에게 베풀지 않는 것이 인이다.'라고 했는데, 이 '물시(勿施)' 두 구절 역시 옛말이다. '재방(在邦)'은 제후의 나라에서 벼슬한다는 말이고, '재가(在家)'는 경이나 대부의 집에서 벼슬한다는 말이다. 아래 「안연」에서 자장(子張)이 선비에 대해서 질문했을 때 공자가 '재방'과 '재가'를 가지고 일러 준 것을 보면 증명할 수 있다. 포함의 「주」에서는 '재방'은 제후를 가리키고 '재가'는 경이나 대부를 가리킨다고 했는데, 잘못이다. 나라에 있어서나 집에 있어서 원망함이 없다는 것은 인

---

13 『맹자(孟子)』「이루상(離婁上)」.

자는 남을 사랑하기 때문에 남도 역시 그를 사랑해서 다시 원망할 만한 것이 없다는 말이다."라고 했다.

12-3

司馬牛問仁. 子曰: "仁者, 其言也訒."【注】孔曰: "'訒', 難也. 牛, 宋人, 弟子司馬犁." 曰: "其言也訒, 斯謂之仁矣乎?" 子曰: "爲之難, 言之得無訒乎?"【注】孔曰: "行仁難, 言仁亦不得不難."

사마우(司馬牛)가 인에 대해 묻자, 공자가 말했다. "인이란 말하기를 차마 말하지 못할 듯이 하는 것이다."【주】공안국이 말했다. "인(訒)'은 어려움[難]이다. 우(牛)는 송(宋)나라 사람으로 제자인 사마리(司馬犁)이다." 사마우가 말했다. "말하기를 차마 말하지 못할 듯이 하면 바로 인이라고 하는 것입니까?" 공자가 말했다. "행하는 것이 어려운데, 말하기를 차마 말하지 못할 듯이 함이 없어서야 되겠느냐?"【주】공안국이 말했다. "인을 행하기 어려우니, 인을 말하는 것 역시 어렵지 않을 수 없다."

원문 正義曰: 『釋文』, "訒或作仭." 案, "仭"是叚借字, 『汗簡』引『古論』作 "訒". 鄭「注」云: "訒, 不忍言也." 此「注」文不備, 莫曉其義.

역문 정의에서 말한다.

『경전석문』에 "인(訒)은 더러 인(仭)으로 되어 있다."라고 했다. 살펴보니, "인(仭)"은 가차자(叚借字)이고, 『한간』에는 『고논어』를 인용했는데 "인(訒)"으로 되어 있다. 정현의 「주」에 "인(訒)은 차마 말하지 못한다는 뜻이다.”라고 했는데, 이 「주」는 문장이 갖추어지지 않아 그 뜻을 분명히 알 수가 없다.

원문 包氏愼言『溫故錄』, “『公羊』「宣」八年, ‘冬十月己丑, 葬我小君頃熊, 雨不克葬. 庚寅, 日中而克葬.’「傳」, ‘“而”者何? 難也. “乃”者何? 難也. 曷爲或言“而”·或言“乃”? “乃”難乎“而”也.’「注」, ‘孔子曰: “其爲之也難, 言之得無訒乎?” 皆所以起孝子之情也.’ 案, 依何氏意, 似訒者謂其辭之委曲煩重, 心有所不忍, 而不能徑遂其情, 故言之亦多重難. 鄭「注」云: ‘訒, 不忍言也.’ 說與何氏同. 生之兄桓魋, 有寵於宋景公, 而爲害於公, 生憂之. 情見乎辭, 兄弟怡怡, 不以義傷恩也. 而魋之不共, 上則禍國, 下致絶族, 爲之弟者, 必須涕泣而道. 徐邈明『公羊』「疏」申解『論語』云: ‘言難言之事, 必須而訒言之.’ 蓋訒而言, 正所以致其不忍之情, 故夫子以爲仁.”

역문 포신언(包愼言)의 『논어온고록』에는 “『춘추공양전』「선공」 8년에, ‘겨울 10월 기축일(己丑日)에 우리의 소군(小君) 경웅(頃熊)[14]을 장사 지내는데, 비가 내려 장사를 지내지 못했다. 경인일(庚寅日) 정오에 어렵게 장사 지낼 수 있었다.’라고 했는데 「전」에 ‘“일중이극장(日中而克葬)에서의 이(而)”는 무슨 뜻인가? 어렵다는 뜻이다. 그렇다면 “「정공」 15년 9월의 내극장(乃克葬)이라고 한 것의 내(乃)”는 무슨 뜻인가? 어렵다는 뜻이다. 어째서 혹은 “이(而)”라고 하고 혹은 “내(乃)”라고 하는가? “내(乃)”는 “이(而)”보다 더 어렵다는 뜻이다.’라고 했다. 「주」에 ‘공자가 말하길, “그것

---

14 경웅(頃熊, ?~?): 노 문공(魯文公)의 애첩으로, 선공(宣公)의 생모. 양중(襄仲)을 잘 섬긴 결과 양중이 태자인 악(惡)과 그의 동모제(同母弟)인 시(視)를 죽이고서 선공을 임금으로 세웠다. 『춘추좌씨전(春秋左氏傳)』에는 경영(敬嬴)으로 되어 있고, 『춘추공양전(春秋公羊傳)』과 『춘추곡량전(春秋穀梁傳)』에는 경웅(頃熊)으로 되어 있다.

을 행하기도 어려운데, 말하기를 차마 말하지 못할 듯이 함이 없어서야 되겠는가?"라고 했으니, 모두 효자의 뜻을 일으키기 위한 것이었다.'라고 했다. 살펴보니, 하씨[何氏: 하휴(何休)]의 뜻에 의거해 보면 인(訒)이란 그 말이 자세하고 곡진하며 번거롭고 중복되어 마음에 차마 하지 못하는 바가 있어 곧장 그 뜻을 이룰 수 없기 때문에, 말하는 것 역시 중언부언하면서 곤란함이 많은 것이다. 정현의 「주」에 '인(訒)은 차마 말하지 못한다는 뜻이다.'라고 했는데, 설명이 하씨와 같다. 사마우의 형인 환퇴(桓魋)는 송나라 경공(景公)의 총애를 받았으나 경공에게 위해를 가하자 사마우가 그것을 근심하였다. 그 마음이 말에 나타나니, 형제간에 화목하고 화락하여 의(義) 때문에 은혜를 해칠 수는 없는 노릇이었다. 하지만 환퇴의 불공(不恭)이 위로는 나라에 화(禍)를 불러일으켰고, 아래로는 혈족을 끊어 버리는 결과를 불러일으켰으니, 아우 된 자로서는 반드시 눈물을 흘리며 울면서 하소연을 했던 것이다. 서준명(徐遵明)[15]의 『춘추공양전』「소」에는 거듭 『논어』를 해석하면서 '말하기 어려운 일을 말할 때는 반드시 차마 말하지 못할 듯이[訒] 말해야 한다.'라고 했으니, 차마 말하지 못할 듯이 말하는 것은 바로 차마 하지 못하는 마음을 다하는 것이기 때문에 공자가 인(仁)이라고 여긴 것이다."라고 했다.

원문 案, 包說或得鄭義. 若然, 則"爲之"猶言處之也. "斯謂之仁矣乎", 皇本 "斯"下有"可"字, "矣乎"上有"已"字.

역문 살펴보니 포함의 설명은 어쩌면 정현의 뜻을 얻은 것인 듯싶다. 만약 그렇다면 "위지(爲之)"는 자처함[處之]과 같다. "사위지인의호(斯謂之仁矣

---

15 서준명(徐遵明, ?~?): 당나라 때 사람. 북위(北魏)의 서언(徐彦)이다. 현존하는 십삼경주소 (十三經注疏) 중의 『춘추공양전소(春秋公羊傳疏)』를 지었다.

乎)”는 황간본에는 “사(斯)” 아래 “가(可)” 자가 있고, “의호(矣乎)” 앞에 “이(已)” 자가 있다.

- 「注」, “訒, 難也. 生, 宋人, 弟子司馬犁.”
- 正義曰: 『說文』, “訒, 頓也.” “頓”與“鈍”同. 此訓難者, 引伸之義. 『荀子』「正名篇」, “外是者謂之訒.” 楊倞「注」, “認, 難也.” “認”與“訒”同. 犁爲宋桓魋弟, 故曰宋人. 『史記』「仲尼弟子傳」, “司馬耕, 字子牛.” 是生名耕, 不名犁, 此「注」不知何本.
- ○ 「주」의 “인(訒)은 어려움[難]이다. 우는 송나라 사람으로 제자인 사마리이다.”
- ○ 정의에서 말한다.

  『설문해자』에 “인(訒)은 둔(頓)이다.”[16]라고 했는데, “둔(頓)”은 “노둔함 [鈍]”과 같은 뜻이다. 여기서 어려움[難]으로 뜻을 새긴 것은 의미를 확장시킨 것이다. 『순자』「정명편」에 “이 밖의 것들은 어려운 것[訒]이라 이른다.”라고 했는데, 양경(楊倞)의 「주」에 “인(認)은 어렵다[難]는 뜻이다.”라고 했으니, “인(認)”과 “인(訒)”은 같은 뜻이다.

  사마리는 송나라 환퇴의 아우이기 때문에 송나라 사람이라고 한 것이다. 『사기』「중니제자열전」에 “사마경(司馬耕)은 자가 자우(子牛)이다.”라고 했는데, 이 우(牛)는 경(耕)이라고 이름을 부르고, 리(犁)라고 이름을 부르지 않으니, 이 「주」는 무엇을 근거로 한 것인지 모르겠다.

- 「注」, “行仁難, 言仁亦不得不難.”
- 正義曰: 此以“言”爲言仁, 則上文“其言也訒”, 謂仁者不輕言仁也. 皇「疏」引江熙曰: “『禮記』云: ‘仁之爲器重, 其爲道遠, 擧者莫能勝也, 行者莫能致也. 勉於仁者, 不亦難乎? 夫易言仁者, 不行之者也. 行仁然後知勉仁爲難, 故不敢輕言也.” 案, 此「注」亦通.

---

16 『설문해자』 권3: 인(訒)은 노둔하다[頓]는 뜻이다. 언(言)으로 구성되었고 인(刃)이 발음을 나타낸다. 『논어』에 “그 말을 노둔하게 하는 것이다.”라고 했다. 이(而)와 진(振)의 반절음이다.[訒, 頓也. 從言刃聲. 『論語』曰: “其言也訒.” 而振切.]

○「주」의 "인을 행하기 어려우니, 인을 말하는 것 역시 어렵지 않을 수 없다."

○ 정의에서 말한다.

이것은 "언(言)"을 인을 말함[言仁]으로 본 것이니, 그렇다면 앞글의 "기언야인(其言也訒)"은 인자는 인을 가볍게 말하지 않는다는 말이다. 황간(皇侃)의 「소」에는 강희(江熙)를 인용해서 "『예기』「표기」에 '인이라는 그릇은 무겁고 그 길은 멀어서, 들려는 자가 이루 들 수가 없고 길을 가려는 자가 이루 도달할 수가 없다. 그러하니 인을 힘써 행한다는 것이 또한 어렵지 않겠는가?'라고 했으니, 인을 쉽게 말하는 사람은 인을 행하지 않는 자이다. 인을 행한 뒤라야 인을 힘쓰는 것이 힘들다는 것을 알기 때문에 감히 인을 가벼이 말하지 못하는 것이다."라고 했다. 살펴보니, 이 「주」도 통한다.

12-4

司馬牛問君子. 子曰: "君子不憂不懼."【注】孔曰: "牛兄桓魋將爲亂, 牛自宋來學, 常憂懼, 故孔子解之." 曰: "不憂不懼, 斯謂之君子已乎?" 子曰: "內省不疚, 夫何憂何懼?"【注】包曰: "'疚', 病也. 自省無罪惡, 無可憂懼."

사마우가 군자에 대해서 묻자 공자가 말했다. "군자는 근심하지 않고 두려워하지 않는다."【주】공안국이 말했다. "사마우의 형 환퇴가 반란(叛亂)을 일으키려 하자, 송나라로부터 공자에게 와서 수학하던 사마우가 항상 근심하고 두려워했기 때문에 공자가 그의 근심과 두려움을 풀어 준 것이다." 사마우가 말했다. "근심하지 않고 두려워하지 않으면 바로 군자라고 하는 것입니까?" 공자가 말했다. "안으로 반성해서 병폐를 저지르지 않으니, 무엇을 근심하고 무엇을 두려워하겠느냐?"【주】포함이 말

했다. "'구(疚)'는 병폐[病]이다. 스스로 살펴보아 죄악이 없으니, 근심하거나 두려워할 만한 것이 없다."

正義曰: 皇本作"斯可謂君子已乎".

정의에서 말한다.

황간본에는 "바로 군자라고 이를 수 있습니까[斯可謂君子已乎]?"로 되어 있다.

- 「注」, "生兄"至"解之".
- 正義曰: "不憂不懼", 卽"仁者不憂·勇者不懼"之義. 「注」謂生憂懼, 夫子以不憂不懼解之. 夫桓魋謀亂, 有覆宗絶世之禍, 生爲之弟, 豈得漠然無動於心? 孟子謂"越人關弓射我, 我談笑而道之; 其兄關弓而射我, 則己垂涕泣而道之." 如此乃爲親親, 乃爲仁. 今生因兄爲亂, 常致憂懼, 乃人倫之變, 人情之所萬不能已者, 而夫子解以"不憂不懼", 是敎生以待越人者待兄也. 悖義傷敎, 遠失此經之旨. 云"自宋來學"者, 據桓魋未作亂, 司馬牛來學於夫子時也.

○ 「주」의 "우형(牛兄)"부터 "해지(解之)"까지.

○ 정의에서 말한다.

"근심하지 않고 두려워하지 않는다[不憂不懼]"라는 것은 바로 "인한 사람은 근심하지 않으며, 용맹한 사람은 두려워하지 않는다"[17]라는 뜻이다. 「주」에서 사마우의 근심과 두려움을 말했는데, 공자가 근심하지 않고 두려워하지 않음을 가지고 풀어 준 것이다. 환퇴가 반란을 도모했다가 종족을 망치고 대가 끊길 화를 입게 되었으니, 사마우가 그의 아우로서 어찌 전혀 마음의 동요가 없을 수 있겠는가? 맹자(孟子)가 말하길 "월(越)나라 사람이 활을 당겨 나를 쏘려 하면 나는 웃으면서 타이르고, 자기 형이 활을 당겨 나를 쏘려 하면 자기는 눈물을

---

17 『논어(論語)』「자한(子罕)」.

흘리며 타이른다."[18]라고 했으니, 이와 같이 해야 친척을 친히 여기는 것이 되며 인을 행하는 것이 된다. 지금 사마우는 형이 반란을 도모함으로 인해 항상 근심과 두려움을 맞닥뜨리게 되었으니 바로 인륜의 변고인 것이며 인정상 만부득이한 상황이었는데, 공자가 "근심하지 않고 두려워하지 않음"으로 사마우의 근심과 두려움을 해소시켜 준 것이라면, 이는 사마우로 하여금 월나라 사람을 대하는 심정으로 형을 대하도록 가르친 것이니, 의(義)를 어그러뜨리고 가르침을 해치는 것으로, 이 경문의 종지를 크게 잃은 것이다. "송나라로부터 와서 공자에게 수학했다"라고 한 것은 환퇴가 아직 반란을 일으키지 않았고, 사마우가 공자에게 와서 수학하던 때를 근거로 한 말이다.

- 「注」, "疚, 病也."
- 正義曰: "疚, 病", 『爾雅』「釋詁」文. 『禮』「中庸」云: "故君子內省不疚, 無惡於志, 君子之所不可及者, 其惟人之所不見乎?" 鄭「注」, "疚, 病也. 君子自省, 身無惡病."
○ 「주」의 "구(疚)는 병폐[病]이다."
○ 정의에서 말한다.
"구(疚)는 병폐[病]"라는 말은 『이아』「석고」의 글이다. 『예기』「중용」에 "그러므로 군자는 안으로 반성해서 병폐를 저지르지 않아 마음에 부끄러움이 없으니, 군자에게 미칠 수 없는 점은 오직 사람들이 보지 않는 곳에 있다."라고 했는데, 정현의 「주」에 "구(疚)는 병폐[病]이다. 군자는 스스로 반성하기 때문에 자신에게 허물과 병폐가 없다."라고 했다.

---

18 『맹자』「고자하(告子下)」: 월나라 사람이 활을 당겨 사람을 쏘려 하면 자기가 웃으면서 타이르는데, 이것은 다름이 아니라 그 사람이 소원하기 때문이고, 자기 형이 활을 당겨 사람을 쏘려 하면 자기가 눈물을 흘리며 타이르는데, 이것은 다름이 아니라 그가 친척이기 때문이다.[越人關弓而射之, 則己談笑而道之, 無他, 疏之也; 其兄關弓而射之, 則己垂涕泣而道之, 無他, 戚之也.]

司馬牛憂曰: "人皆有兄弟, 我獨無." 【注】 鄭曰: "牛兄桓魋行惡, 亡無日, '我爲無兄弟.'" 子夏曰: "商聞之矣, '死生有命, 富貴在天.' 君子敬而無失, 與人恭而有禮, 四海之內皆兄弟也, 君子何患乎無兄弟也?" 【注】 包曰: "君子疏惡而友賢, 九州之人, 皆可以禮親."

사마우가 근심하면서 말했다. "남들은 모두 형제가 있는데 나만 이 홀로 없게 되겠구나." 【주】 정현이 말했다. "사마우의 형 환퇴가 악을 자행하여 죽을 날이 얼마 남지 않았기 때문에 '나는 형제가 없게 되겠구나.'라고 한 것이다." 자하(子夏)가 말했다. "내가 듣자 하니, '죽음과 삶은 명(命)에 달려 있고, 부유함과 귀함은 하늘에 달려 있다.'라고 합니다. 군자가 경건한 마음을 가지고 과실이 없으며, 남과 더불어 있을 때 공손하면서도 예가 있으면, 사해 안의 사람이 다 형제인데 군자가 어찌 형제가 없음을 걱정하겠습니까?" 【주】 포함이 말했다. "군자가 악인을 멀리하고 현자(賢者)를 벗한다면 구주(九州)의 사람들이 모두 예로써 하나가 될 수 있을 것이다."

원문 正義曰: "商聞之", 謂聞諸夫子也. 錢氏大昕『潛研堂集』, "此文自'死生有命'至'四海之內皆兄弟也', 皆子夏述所聞之言. 蓋生以無兄弟爲憂, 故引 '四海皆兄弟'之文爲證, 乃以'何患無兄弟'足成之. 若但云'死生有命, 富貴在天', 則與無兄弟之憂何與焉?" 案, 錢說是也.『論衡』「命祿 · 辨祟篇」引此文, 皆作孔子語可證.

역문 정의에서 말한다.

"내가 듣자 하니[商聞之]'라고 한 것은 공자에게서 들었다는 말이다. 전대흔(錢大昕)의 『잠연당문집』에 "이 글은 '죽음과 삶은 명에 달려 있다[死生有命]'부터 '사해 안의 사람이 다 형제이다[四海之內皆兄弟也]'까지는 모두 자하가 들은 말을 전술한 것이다. 아마도 사마우가 형제가 없게 될 것을 근심했기 때문에 '사해 안의 사람이 모두 형제'라는 문장을 인용해서 증거로 삼고, 이내 '어찌 형제가 없음을 걱정하겠는가'라는 말을 가지고 채워서 완성시킨 듯하다. 만약 단지 '죽음과 삶은 명에 달려 있고, 부유함과 귀함은 하늘에 달려 있다'라고만 말했다면, 형제가 없게 될 것이라는 근심과 무슨 상관이 있는 것이겠는가?"라고 했다. 살펴보니, 전대흔의 말이 옳다. 『논형』「명록편」과 「변수편」에 인용된 이 글은 모두 공자의 말로 되어 있는데, 증거로 삼을 만하다.

원문 戴氏望『注』云: "生以魋故, 喪其世祿, 出奔他國, 故稱天言命, 以寬生之憂. 明有命當順受, 其正在天, 非人所能爲." 李氏惇『群經識小』, "案, 向魋旣奔衛, 生致邑與珪而適齊. 及魋復奔齊, 生復致邑而適吳, 吳人惡之而反. 趙簡子召之, 陳成子亦召之, 因過魯而卒於魯郭門之外. 此憂想當其時. 故死生・富貴, 子夏以解其意, 未幾而卒, 則或以憂而死矣."

역문 대망(戴望)의 『논어주』에 "사마우가 환퇴의 변고(變故)로 그 세록(世祿)을 잃고 다른 나라로 망명을 떠났기 때문에 하늘을 일컫고 명을 말하여 사마우의 근심을 위로해 준 것이다. 분명히 명이 있으면 마땅히 순응해서 받아들여야 하는데, 그 올바름은 하늘에 달려 있는 것이므로 사람이 어떻게 할 수 있는 것이 아니다."라고 했다. 이돈(李惇)의 『군경식소』에, "살펴보니, 상퇴(向魋)는 이미 위(衛)나라로 도망을 갔고, 사마우는 자기의 봉읍[邑] 홀[珪]을 되돌려주고서 제(齊)나라로 갔다. 환퇴가 다시 제나라로 도망가게 되자 사마우는 다시 자기의 봉읍을 제나라에 되돌려주고서 오(吳)나라로 갔는데, 오나라 사람들이 자기를 미워하자 송나라로 돌아왔다. 조 간자(趙簡子)가 그를 부르고 진 성자(陳成子)도 역시 그를 부르자, 그에 따라 노(魯)나라를 지나가다가 노나라 곽문(郭門) 밖에서 죽었다. 여기의 근심은 생각해 보면 그 당시에 해당되는 것이다. 따라서 죽음과 삶·부유함과 귀함에 대한 이야기를 가지고 자하가 그의 마음을 풀어 주려고 하였으나, 얼마 되지 않아 죽었으니, 그렇다면 아마도 근심 때문에 죽은 것인 듯싶다."라고 했다.

원문 "有命"謂祿命也. "有命"·"在天", 互文見義. "敬而無失", 謂修己以敬, 無所放失也.

역문 "명에 달려 있다[有命]"라는 것은 녹명(祿命)을 이르는 것이다. "명에 달려 있다[有命]"와 "하늘에 달려 있다[在天]"라는 표현은 호문(互文)으로 뜻을 나타낸 것이다. "경건한 마음을 가지고 잘못이 없다[敬而無失]"라는 것은 경건한 마음으로 자기를 수양해서 방만하게 저지르는 잘못이 없다는 말이다.

원문 "四海之內皆兄弟". 言四海之內皆與吾親, 如兄弟也.『大戴禮』「曾子制言」, "曾子門弟子或將之晉, 曰: '吾無知焉.' 曾子曰: '何必然? 往矣! 有知焉謂之友, 無知焉謂之主. 且夫君子執仁立志, 先行後言, 千里之外, 皆爲兄弟. 苟是之不爲, 則雖汝親, 庸孰能親汝乎?'"『說苑』「雜言篇」, "夫子曰: '敏其行, 修其禮, 千里之外, 親如兄弟. 若行不敏, 禮不合, 對門不通矣.'" 竝與此文義相發.

역문 "사해 안의 사람이 다 형제"라는 말은 사해 안의 사람들이 모두 나와 친척이며 형제와 같다는 말이다.『대대례』「증자제언」에 "증자(曾子) 문하의 제자 중에 장차 진(晉)나라로 가게 된 자가 말하길 '저는 그곳에 아는 사람이 없습니다.'라고 하자 증자가 말했다. '어찌 꼭 그리 생각하느냐? 가거라. 그곳에서 아는 사람이 있으면 그를 벗[友]이라 하는 것이고, 아는 사람이 없으면 그를 주인이라 하는 것이다. 또 군자는 인을 굳게 지키고 뜻을 세우며 실천을 앞세우고 말을 뒤로 하니, 그렇게 하면 천 리 밖에 있는 사람들도 모두 형제가 된다. 만약 이렇게 하지 않는다면 비록 너의 친척이라 할지라도 누가 너와 친해질 수 있겠느냐?"라고 했고, 『설원』「잡언」에 "공자가 말했다. '행동을 민첩하게 하고 예의를 닦으면 천 리 밖에 있는 사람도 형제처럼 친하게 될 것이다. 그러나 만일 행동을 민첩하게 하지 않고 하는 일이 예의에 맞지 않으면 서로 문을 마주하고 살더라도 왕래하지 않을 것이다.'"라고 했는데, 모두 이 글과 뜻이 서로 발명된다.

원문 皇本"皆"下有"爲"字. 阮氏元『校勘記』, "『鹽鐵論』「和親章」及『文選』「蘇子卿古詩」「注」並引此文, 有'爲'字."

역문 황간본에는 "개(皆)" 아래 "위(爲)" 자가 있다. 완원(阮元)의 『십삼경주소교감기』에 "『염철론』「화친장」 및 『문선』「소자경고시」의 「주」에도 나란히 이 글을 인용했는데, '위(爲)' 자가 있다."라고 했다.

- 「注」, "<u>生兄桓魋</u>行惡亡無日, '我爲無兄弟'."
- 正義曰: 邢「疏」云: "案, 「哀」十四年『左傳』云: '<u>宋桓魋</u>之寵·害於公, 公將討之. 未及, <u>魋</u>先謀公, 公知之, 召<u>皇司馬子仲</u>及<u>左師向巢</u>, 以命其徒攻<u>桓氏</u>, <u>向魋</u>遂入於曹以叛. 民叛之. 而奔<u>衛</u>, 遂奔<u>齊</u>.' 是其行惡死亡之事也." 案, <u>魋</u>弟尚有<u>子頎</u>·<u>子車</u>並黨惡, <u>魋</u>兄<u>向巢</u>伐<u>魋</u>不克, 欲質大夫以入, 不能, 亦入于曹, 後遂來奔, 故曰"我爲無兄弟", 明不專指<u>魋</u>一人言.
- 「주」의 "사마우의 형 환퇴가 악을 자행하여 죽을 날이 얼마 남지 않았기 때문에 '나는 형제가

없게 되겠구나.'라고 한 것이다."

○ 정의에서 말한다.

형병의 「소」에 "살펴보니, 『춘추좌씨전』「애공」14년에 '송나라 환퇴에 대한 총애가 오히려 송나라 경공(景公)에게 위해가 되자 경공이 그를 토벌하려 했다.[19] 연향일(宴饗日)이 되기 전에 환퇴가 먼저 경공을 공격할 것을 꾀하였으나, 경공이 음모를 알아차리고 사마(司馬)인 황자중(皇子仲)과 좌사(左師)인 상소(向巢)를 불러 그들의 사병에게 명하여 환씨(桓氏)를 공격하게 하자, 상퇴는 마침내 조읍(曹邑)으로 들어가 반란을 일으켰다. 그러나 조읍의 민중들이 배반하자 위나라로 도주하였다가 마침내 제나라로 도주했다.'라고 했으니, 이것이 환퇴가 악행을 저질러 죽게 된 일이다."라고 했다. 살펴보니, 환퇴의 아우 중에 오히려 자기(子頎)와 자거(子車)는 나란히 악의 무리가 되었고, 환퇴의 형인 상소는 환퇴를 토벌하게 했으나 이기지 못해서 대부들을 인질(人質)로 데리고서 조읍으로 들어가려고 했지만, 대부들을 인질로 삼을 수 없자, 그 또한 조읍으로 들어갔다가 뒤에 마침내 노나라로 도망해 왔기 때문에 "나는 형제가 없게 되겠구나."라고 한 것이니, 분명 오로지 환퇴 한 사람만을 가리켜서 한 말은 아니다.

● 「注」, "君子"至"禮親".

● 正義曰: 「注」以與人雖當恭而有禮, 然人不皆賢, 又生正以兄弟不賢爲憂, 故以"疏惡"・"友賢"言之. "九州"者, 周仍夏制, 有九州, 見「職方氏」. 「注」以經言"四海", 嫌有四夷荒遠, 故但擧中國, 以"九州"言之.

○ 「주」의 "군자(君子)"부터 "예친(禮親)"까지.

○ 정의에서 말한다.

「주」에서는 남과 더불어 있을 때는 비록 공손하면서도 예가 있는 것이 당연하지만, 그러나 사람들이 모두가 어진 것은 아니고, 또 사마우는 정말로 형제가 어질지 않음을 근심한 것이기 때문에 "악인을 멀리한다"든가 "어진 사람을 벗한다"라는 것을 가지고 말한 것이다. "구

---

19 경공이 그의 모친에게 급히 향연(享宴)을 열어 환퇴를 접대하기를 청하고서, 그 기회를 이용해 환퇴를 주살하려 했던 것이다.

주"란, 주(周)나라는 하(夏)나라의 제도를 따랐으므로 구주가 있는 것이니, 『주례』「하관사마하 · 직방씨」에 보인다. 「주」에서는 경전에 "사해"라고 말한 것이, 사방 오랑캐와 멀리 떨어진 궁벽한 곳[荒遠]까지 포함할 혐의가 있기 때문에 단지 중국(中國)만을 들어 "구주"를 가지고 말한 것이다.

12-6

子張問明, 子曰: "浸潤之譖, 膚受之愬, 不行焉, 可謂明也已矣. 【注】鄭曰: "譖人之言, 如水之浸潤, 漸以成之." 馬曰: "'膚受之愬', 皮膚外語, 非其內實." 浸潤之譖, 膚受之愬, 不行焉, 可謂遠也已矣."
【注】馬曰: "無此二者, 非但爲明, 其德行高遠, 人莫能及."

자장이 현명함에 대해서 묻자, 공자가 말했다. "서서히 젖어 드는 참소와 피부(皮膚)로 받는 하소연이 행해지지 않으면 현명하다고 할 수 있다. 【주】정현이 말했다. "남을 참소하는 말은 마치 물이 서서히 젖어 드는 것과 같이 점차적으로 이루어진다." 마융이 말했다. "'피부로 받는 하소연'이란 피부 밖의 말이니, 내면에 실제로 담고 있는 것이 아니다." 서서히 젖어 드는 참소와 피부로 받는 하소연이 행해지지 않으면 현명함이 먼 곳까지 미친다고 할 수 있다."【주】마융이 말했다. "이 두 가지가 없으면 비단 현명함이 될 뿐만 아니라, 그 덕행이 높고 원대해서 사람들이 미칠 수 없다."

원문 正義曰: "明"者, 言任用賢人, 能不疑也. 『荀子』「解蔽篇」, "傳曰: '知賢之謂明.'" 『春秋繁露』「五行五事篇」, "視曰明. 明者知賢不肖者, 分明黑

白也." 『漢書』 「五行志」, "故堯·舜舉群賢而命之朝, 遠四佞而放諸壄. 孔子曰: '浸潤之譖, 膚受之訴, 不行焉, 可謂明矣.'" 觀班 「志」 所言, 是明謂知人.

역문 정의에서 말한다.

"명(明)"이란 현명한 사람을 임용하면서 능히 의심하지 않는다는 말이다. 『순자』 「해폐편」에 "전해 오는 말에 '현명한 사람을 아는 것을 명(明)이라 한다.'라고 했다." 하였고, 『춘추번로』 「오행오사」에 "보는 것은 밝아야 한다[視曰明].[20] 밝다는 것은 현명한 자와 불초한 자를 아는 것이며, 검은 것과 하얀 것을 나누어 분명히 한다는 뜻이다."라고 했다. 『한서』 「오행지」에 "그러므로 요(堯)와 순(舜)은 여러 현명한 자들을 등용해서 조정에 명하였고, 4흉[四佞][21]을 멀리 들판으로 추방했던 것이다. 공자가 말했다. '서서히 젖어 드는 참소와 피부로 받는 하소연이 행해지지 않으면 현명하다고 할 수 있다.'"라고 했는데, 반고(班固)의 『한서』 「예문지」를 살펴보면 여기서 말하는 현명함[明]이란 사람을 아는 것을 말한다.

원문 『周書』 「謚法解」, "譖訴不行曰明." 然則夫子答子張亦是舉明謚告之矣. 『說文』, "譖, 愬也. 從言朁聲. 譖, 告也. 從言朁聲. 諦, 譖或從言朔; 愬, 譖或從朔心." 「五行志」 引 『論語』 "愬" 作 "訴", 當爲 "譖" 或體.

---

20 『서경(書經)』 「주서(周書)·홍범(洪範)」: 두 번째는 오사(五事)이니, 첫째는 모습이고, 둘째는 말이고, 셋째는 보는 것이고, 넷째는 듣는 것이고, 다섯째는 생각하는 것이다. 모습은 공손하고, 말은 순종하고, 보는 것은 밝고, 듣는 것은 귀 밝고, 생각하는 것은 슬기로워야 한다.[二五事; 一曰貌, 二曰言, 三曰視, 四曰聽, 五曰思. 貌曰恭, 言曰從, 視曰明, 聽曰聰, 思曰睿.]

21 사녕(四佞): 순임금 때 4인의 악인(惡人). 공공(共工)·환도(驩兜)·삼묘(三苗)·곤(鯀), 사흉(四凶)을 말한다.

역문 『주서』「시법해」에 "참소와 하소연이 행해지지 않음을 명(明)이라 한다."라고 했으니, 그렇다면 공자가 자장에게 답한 것도 역시 명(明)이라는 시호를 들어서 일러 준 것일 것이다. 『설문해자』에 "참(譖)은 하소연[愬]이다. 언(言)으로 구성되었고 참(朁)이 발음을 나타낸다.[22] 소(愬)는 알린다[告]는 뜻이다. 언(言)으로 구성되었고 척(㡿)이 발음을 나타낸다. 소(謏)는 소(愬)의 혹체자인데 언(言)과 삭(朔)으로 구성되었고, 소(愬)는 소(愬)의 혹체자인데 삭(朔)과 심(心)으로 구성되었다.[23]"라고 했다. 『한서』「오행지」에는 『논어』를 인용하면서 "소(愬)"를 "소(訴)"로 썼으니, 당연히 "소(謏)"의 혹체자가 된다.

원문 "遠"者, 言明之所及者遠, 凡民情事, 無不周知也. 『漢書』「劉向傳」, "讒邪之所以並進者, 由上多疑心. 既已用賢人而行善政, 如或譖之, 則賢人退而善政還. 夫執狐疑之心者, 來讒賊之口; 持不斷之意者, 開群枉之門, 讒邪進則衆賢退, 群枉盛則正士消." 由向此言觀之, 凡人君信譖愬之言, 皆由君心多疑所致, 多疑卽是不明也.

역문 "원(遠)"이란 현명함이 미치는 곳이 멀어서 모든 민중의 사정을 두루 알지 못함이 없다는 말이다. 『한서』「유향전」에 "참소하는 자와 간사한 자가 아울러 등용되는 까닭은 윗사람이 의심이 많기 때문입니다. 이미

---

22 『설문해자』권3: 참(譖)은 하소연[愬]이다. 언(言)으로 구성되었고 참(朁)이 발음을 나타낸다. 장(莊)과 음(蔭)의 반절음이다.[譖, 愬也. 從言朁聲. 莊蔭切.]

23 『설문해자』권3: 소(愬)는 알린다[告]는 뜻이다. 언(言)으로 구성되었고 척(㡿)이 발음을 나타낸다. 『논어』에 "자로(子路)를 계손(季孫)에게 참소했다."라고 했다. 소(謏)는 소(訴)의 혹체자인데 언(言)과 삭(朔)으로 구성되었고, 소(愬)는 소(訴)의 혹체자인데 삭(朔)과 심(心)으로 구성되었다. 상(桑)과 고(故)의 반절음이다.[愬, 告也. 從言, 㡿聲. 『論語』曰: "訴子路於季孫." 謏, 訴或從朔; 愬, 訴或從朔心. 桑故切.]

현인(賢人)을 등용해서 선정을 시행하고 있는데, 만일 혹시라도 참소가 자행된다면 현인이 물러나고 선정이 거두어지게 됩니다. 여우처럼 지독하게 의심하는 마음을 품은 자는 참소하고 해치는 주둥이를 놀리고, 우유부단한 마음을 가진 자는 여러 부정한 문을 열어 놓으니, 참소하는 자와 간사한 자가 등용되면 많은 현인이 물러나고, 여러 부정한 자들이 왕성해지면 올바른 선비가 사라집니다."라고 했다. 유향의 이 말을 따라 살펴보면 모든 임금이 참소하고 하소연하는 말을 믿는 것은 모두 임금의 마음에 의심이 많음을 말미암은 소치이니, 의심이 많다는 것은 현명하지 못하다는 것이다.

원문 『荀子』「致士篇」, "衡聽·顯幽·重明·退奸·進良之術. 朋黨比周之譽, 君子不聽; 殘賊加累之譖, 君子不用; 隱忌雍蔽之人, 君子不近: 貨財禽犢之請, 君子不許. 凡流言·流說·流事·流謀·流譽·流愬, 不官而衡至者, 君子愼之." 是衡聽·顯幽, 乃絶譖愬之萌.

역문 『순자』「치사편」에, "공평하게 듣고, 숨은 인재를 드러내며, 이미 밝은 것을 거듭 밝히고, 간사한 사람을 물리치며, 어진 인재를 등용하는 방법은 다음과 같다. 붕당을 만들어서 서로 친하게 어울리는 자들끼리 하는 칭찬을 군자는 듣지 않고, 남을 해치거나 죄악으로 누를 끼치고 무고를 가하는 참소를 군자는 채택하지 않으며, 현명한 사람을 감추고 질투하며 막고 가리는 사람을 군자는 가까이하지 않고, 재물이나 짐승, 가축으로 뇌물을 쓰는 청탁을 군자는 허용하지 않는다. 모든 근거 없는 말[流言]과 근거 없는 학설[流說]과 근거 없는 일[流事]과 근거 없는 모략[流謀]과 근거 없는 칭찬[流譽]과 근거 없는 하소연[流愬]처럼 주관하는 자가 없이 멋대로 이르는 것을 군자는 삼간다."라고 했는데, 이 공평하게 듣는 것[衡聽]과 숨은 인재를 드러내는 것[顯幽]이 바로 참소와 하소연의 싹을 잘라 버리는 방법인 것이다.

원문 『漢書』「梅福傳」, "博覽兼聽, 謀及疏賤, 令深者不隱, 遠者不塞, 所謂 '辟四門·明四目'也." 如此, 則讒賊奚由而至? 卽有一二宵小, 妄施譖愬, 而人君知人之明終不可欺掩之也.

역문 『한서』「매복전」에 "널리 보고 두루 들으시어, 도모함이 소원하고 천근한 자에까지 미치게 하여 깊숙이 들어앉은 자들을 숨지 않게 하고, 멀리 있는 자들이 막히지 않게 함이 이른바 '사방의 문을 활짝 열어 놓고 사방의 눈을 밝힌다.'[24]라는 것입니다."라고 했으니, 이와 같이 하면 남을 참소하고 이간질하는 말이 무슨 연유로 이르겠는가? 즉 한두 명의 소인이 망령되게 참소와 하소연을 퍼뜨리더라도 사람을 알아보는 임금의 현명함은 끝내 속이거나 가릴 수 없는 것이다.

● 「注」, "譖人"至"內實".
● 正義曰: 『說文』 "寖"本水名, 此作"浸", 卽"寖"之省. 『廣雅』 「釋詁」, "寖, 漬也. 寖, 積也. 潤, 益也, 漬也." 『漢書』 「高五王傳」, "事寖淫聞於上." 顔師古 「注」, "浸淫, 猶言浙染也." 此言 "譖"者, 徐徐用言來說己, 如水漸漬, 久之生潤濕, 令人常不覺也.
○ 「주」의 "참인(譖人)"부터 "내실(內實)"까지.
○ 정의에서 말한다.
　『설문해자』에서의 "침(寖)"은 본래 물 이름인데,[25] 여기에 "침(浸)"으로 되어 있는 것은 바로

---

24 『서경』「우서(虞書)·순전(舜典)」: 사악(四岳)에게 물어 사방의 문을 열어 놓고 사방의 눈을 밝히고 사방의 귀를 통하게 하셨다.[詢于四岳, 闢四門, 明四目, 達四聰.]
25 『설문해자』권11: 침(寖)은 물[水]이다. 위군(魏郡) 무안(武安)에서 발원해서 동북쪽으로 호타수(呼沱水)로 들어간다. 수(水)로 구성되었고 침(𥧲)이 발음을 나타낸다. 침(𥧲)은 침(𥧲)

"침(㳠)"의 생략된 자형이다. 『광아』「석고」에 "침(濅)은 적신다[漬]²⁶는 뜻이다. 침(濅)은 쌓는대[積]는 뜻이다. 윤(潤)은 더한대[益]는 뜻이며, 적신대[漬]는 뜻이다."라고 했다. 『한서』「고오왕전」에 "일이 점점 번지더니 왕에게까지 알려졌다.[事浸²⁷淫聞於上.]"라고 했는데, 안사고(顏師古)의 「주」에 "침음(浸淫)은 점점 물든다[浙染]는 말과 같다."라고 했다. 여기에서 "참소[譖]"라고 말한 것은 서서히 말을 해서 자기에게 다가온다는 것이니, 예를 들면 물에 점점 젖어서 오래되매 물기가 촉촉해져 사람으로 하여금 자각하지 못하게 하는 것과 같은 것이다.

"皮膚外語, 非其內實"者, 『說文』, "臚, 皮也. 膚, 籀文臚." 『釋名』「釋形體」, "膚, 布也, 布在表也." "愬"者本無情實, 而徒爲皮膚外語, 故曰"膚受". 以其在外所受, 非內實如此. 『文選』「東京賦」, "末學膚受." 「注」, "膚受, 謂皮傅之, 不經于心匈." 卽馬義也. 陳氏鱣『古訓』曰: "『後漢』「戴憑傳」「注」, '『論語』孔子曰: "膚受之訴." 「注」云: "謂受人之訴辭, 皮膚之, 不深知其情核也."'" 按, 此與馬說小異, 似是鄭「注」." 今案, 皇「疏」亦謂"馬此「注」與鄭不類", 而未引鄭「注」之文.

"피부 밖의 말이니 내면에 실제로 담고 있는 것이 아니다."라고 했는데, 『설문해자』에 "여(臚)는 거죽[皮]이다. 부(膚)는 여(臚)의 주문(籀文)이다."²⁸라고 했고, 『석명』「석형체」에 "부(膚)는 베[布]이니, 베가 겉에 있는 것이다."라고 했다. "하소연[愬]"이란 본래 실정이 없는 것이고, 다만 피부 밖의 말이기 때문에 "피부로 받는다[膚受]"라고 한 것이다. 밖에 있는 것

자의 주문(籀文)이다. 자(子)와 짐(鴆)의 반절음이다.[㴲, 水. 出魏郡武安, 東北入呼沱水. 從水㝠聲. 㝠, 籀文寖字. 子鴆切.]

26 지(漬)는 『집운(集韻)』에 "지(瀆)의 본래 글자[瀆本字]"라고 했다.

27 『논어정의(論語正義)』에는 "浸"으로 되어 있으나, 『전한서(前漢書)』 권38, 「고오왕전(高五王傳)」에는 "濅"으로 되어 있고, 안사고의 「주」에 "침(濅)은 침(浸)의 옛 글자이다[濅, 古浸字也.]"라고 했다. 『전한서』「고오왕전」을 근거로 고쳤다.

28 『설문해자』 권4: 여(臚)는 거죽[皮]이다. 육(肉)으로 구성되었고 노(盧)가 발음을 나타낸다. 부(膚)는 여(臚)의 주문(籀文)이다. 역(力)과 거(居)의 반절음이다.[臚, 皮也. 從肉盧聲. 膚, 籀文臚. 力居切.]

으로 받는 것이지, 내면에 실제로 담고 있는 것이 아닌 것이 이와 같다. 『문선』「동경부」에 "말학(末學)을 피부로 받는다[膚受]."라고 했는데, 「주」에 "피부로 받는다[膚受]는 것은 살갗에만 닿고 마음속을 거치지 않는다는 말이다."라고 했으니, 바로 마융이 말한 뜻이다. 진전(陳鱣)의 『논어고훈』에 "『후한서』「대빙전」의 「주」에 '『논어』에서 공자가 "피부로 받는 하소연"이라고 했는데, 「주」에 "남이 하소연하는 말을 받아들일 때 피부로 받아들여 그 뜻의 핵심을 깊이 알지 못한다는 말이다."라고 했다.'라고 했다. 상고해 보건대, 이것과 마융의 설이 조금 다른데, 정현의 「주」인 듯싶다."라고 했다. 지금 살펴보니, 황간의 「소」에도 "마융의 이 「주」와 정현의 「주」는 유사하지 않다"라고 하면서 정현 「주」의 문장을 인용하지 않았다.

今「戴憑傳」「注」以"受"爲聽者所受, 『後漢』「張法滕馮度楊傳」「論」, "膚受之言互及." 李賢「注」, "謂得皮膚之言而受之, 不知其情核者也." 正「戴憑傳」「注」所引『論語』「注」之義. 此與馬「注」"膚受"爲喩言不同, 故皇氏·陳氏皆各辨之. 然聽者旣已受之, 奚有不行之明? 終是馬義勝也.

지금 「대빙전」의 「주」에서는 "받음[受]"을 듣는 자가 받는 것이라고 했는데, 『후한서』「장법등풍도양전」의 「논」에 "피부로 받는 말이 번갈아 미친다."라고 한 구절의 이현(李賢)의 「주」에 "살갗에 닿는 말을 얻어서 받아들여 그 뜻의 핵심을 알지 못한다는 말이다."라고 했으니, 바로 「대빙전」의 「주」에서 인용한 『논어』「주」의 뜻이다. 이것과 마융 「주」의 "피부로 받음[膚受]"이 비유하는 말이 같지 않기 때문에 황씨(皇氏)와 진씨(陳氏) 모두 각각이 변별한 것이다. 그러나 듣는 자가 이미 받아들였다면 어찌 행해지지 않는 현명함이 있겠는가? 결국은 마융의 뜻이 더 낫다.

12-7

子貢問政, 子曰: "足食, 足兵, 民信之矣." 子貢曰: "必不得已而去, 於斯三者何先?" 曰: "去兵." 子貢曰: "必不得已而去, 於

斯二者何先," 曰: "去食. 自古皆有死, 民無信不立."【注】孔曰:

"死者, 古今常道, 人皆有之. 治邦不可失信."

자공(子貢)이 정치에 대해 묻자 공자가 말했다. "식량을 풍족하게 하는 것, 군대를 풍족하게 하는 것, 민중이 신뢰하게 하는 것이다." 자공이 말했다. "반드시 부득이해서 버려야 한다면, 이 세 가지 중에서 무엇을 먼저 버려야 합니까?" "군대를 버려야 한다." 자공이 말했다. "반드시 부득이해서 버려야 한다면, 이 두 가지 중에서 무엇을 먼저 버려야 합니까?" "식량을 버려야 한다. 예로부터 누구나 죽지만 민중이 신뢰함이 없으면 나라가 서지 못한다."【주】공안국이 말했다. "죽음은 고금의 상도(常道)이니 사람은 모두 죽음이 있다. 나라를 다스림에는 신뢰를 잃어서는 안 된다."

원문 正義曰: "足食"者, 『禮』「王制」云: "塚宰制國用, 必於歲之杪, 五穀皆入, 然後制國用. 用地小大, 視年之豊耗, 以三十年之通制國用, 量入以爲出." 又云: "國無九年之蓄曰不足, 無六年之蓄曰急, 無三年之蓄曰國非其國也." 『荀子』「富國篇」云: "足國之道, 節用裕民, 而善臧其餘." 是"足食"由於能制國用, 有餘蓄, 則藏穀以備凶荒. 『周官』「倉人」云: "掌粟入之藏, 有餘則藏之, 以待凶而頒之." 是也.

역문 정의에서 말한다.

"식량을 풍족하게 함[足食]"

『예기』「왕제」에 "총재가 국가의 비용을 제정할 때 반드시 전년 말에 오곡이 모두 들어온 뒤에 국가의 비용을 제정한다. 땅의 크고 작음을 따르며 1년 농사의 풍작과 흉작[豐耗]을 살펴서 30년의 통계를 가지고 국가의 비용을 책정하고, 수입을 헤아려 지출을 정한다."라고 했고, 또, "나라에 9년의 비축이 없으면 부족하다고 하고, 6년의 비축이 없으면 급하다고 하고, 3년의 비축이 없으면 나라가 나라다운 나라가 아니라고 한다."라고 했다. 『순자』「부국편」에 "나라를 풍족하게 하는 방법은 비용을 절약해서 민중을 넉넉하게 하며 남은 물자를 잘 보관하는 것이다."라고 했으니, "식량을 풍족하게 함"은 나라의 비용을 잘 책정해서 남은 비축이 있으면 곡식을 보관해서 흉년을 대비하는 데 달려 있다. 『주례』「지관사도하 · 창인」에 "수입된 곡식의 저장을 관장하여 쓰고 여유가 있으면 저축해 두었다가 흉년이 들면 나누어 줄 때를 대비한다."라고 한 것이 이것이다.

원문 "足兵"者, 『說文』云: "兵, 械也. 從廾持斤, 竝力之貌." 『周官』「司右」 "五兵"「注」引「司馬法」曰: "弓矢圉, 殳矛守, 戈戟助." 兵本戰器, 因而執兵之人亦曰兵. 『左』「隱」四年, "諸侯之師, 敗鄭徒兵." 又「襄」元年, "敗其徒兵於洧上." 皆謂士卒也. 此文"足兵" · "去兵", 兼有兵器與人. 顧氏炎武 『日知錄』謂"以執兵之人爲兵, 始於秦 · 漢", 非也.

역문 "군대를 풍족하게 함[足兵]"

『설문해자』에 "병(兵)은 병기[械]이다. 두 손을 모아[廾] 도끼를 잡고 나란히 힘쓰는 모양으로 구성되었다."[29]라고 했다. 『주례』「하관사마하 ·

---

29 『설문해자』 권3: 병(兵)은 병기[械]이다. 두 손을 모아[廾] 도끼를 잡고 나란히 힘쓰는 모양으로 구성되었다. 병(俖)은 병(兵)의 고문(古文)인데 인(人)과 공(廾)과 간(干)으로 구성되었다. 병(晨)은 병(兵)의 주문(籒文)이다. 보(補)와 명(明)의 반절음이다.[兵, 械也. 從廾持斤, 竝力之貌. 俖, 古文兵, 從人廾干. 晨, 籒文. 補明切.]

사우」 "다섯 가지 무기[五兵]"의 「주」에 「사마법」을 인용해서 "활과 살[弓
矢]은 성곽을 에워쌀 때 쓰고, 수모(殳矛)는 성벽을 지킬 때 쓰며, 과극(戈
戟)은 에워싸고 지킬 때 돕는 병기로 쓴다."라고 했으니, 병(兵)은 본래
전쟁의 무기[噐]인데, 이를 따라서 무기를 잡은 사람도 병(兵)이라고 한
다. 『춘추좌씨전』「은공」 4년에, "제후의 군대가 정(鄭)나라 보병(步兵)을
패퇴시켰다."라고 했고, 또 「양공」 원년에, "정나라의 도병을 유수(洧水)
가에서 패퇴시켰다."라고 했는데, 이때의 병(兵)은 모두 사졸(士卒)을 말
한다. 따라서 이 단락에서의 "족병(足兵)"과 "거병(去兵)"의 병(兵)은 병장
기와 사람을 아울러서 말한 것이다. 고염무(顧炎武)의 『일지록』에 "병기
를 잡고 있는 사람을 병(兵)이라고 하는 것은 진(秦)과 한(漢)에서 비롯되
었다."라고 했는데, 아니다.

원문 『春秋穀梁傳』, "天子有六軍, 諸侯上國三軍, 次國二軍, 下國一軍." 金
氏鶚『禮說』, "天子六軍, 出於六鄉; 大國三軍, 出於三鄉. 蓋家出一人爲兵
也. 又三遂亦有三軍, 三鄉爲正卒, 三遂爲副卒, 鄉·遂出兵而不出車,
都·鄙出車而不出兵. 孔仲達「成」元年'丘甲'「疏」云: '古者天子用兵, 先
用六鄉, 六鄉不足, 取六遂, 六遂不足, 取都·鄙及諸侯. 若諸侯出兵, 先盡
三鄉三遂, 鄉·遂不足, 然後徧徵境內.' 賈公彦「小司徒」「疏」亦云: '大國
三軍, 次國二軍, 小國一軍, 皆出於鄉遂. 猶不止, 徧境出之.'"

역문 『춘추곡량전』에 "천자는 육군(六軍)[30]을 두고, 제후로서 상국(上國)은
삼군(三軍)을 두며, 그다음 나라는 이군을 두고 하국(下國)은 일군을 둔

---

30 육군(六軍): 중국 주나라 때의 군제로서, 천자(天子)가 통솔한 여섯 개의 군(軍). 다섯 명을
오(五), 5오를 양(兩), 4양을 졸(卒), 5졸을 여(旅), 5여를 사(師), 5사를 군이라 했다. 1군은
12,500명이므로 6군은 75,000명이다.

다."했고, 김악(金鶚)의 『예설』에 "천자의 육군은 육향(六鄕),[31] 대국의 삼군은 삼향(三鄕)에서 나온다. 대체로 한 집에서 한 사람만을 차출(差出)해서 병사로 만든다. 또 삼수(三遂)[32]마다 또한 삼군을 두었는데, 삼향이 정졸(正卒)이 되고, 삼수가 부졸(副卒)이 되니, 향과 수에서는 군을 내지 전차를 내지 않고, 도(都)·비(鄙)에서는 전차를 내지 군사[兵]를 내지 않는다. 공중달(孔仲達)은 성공(成公) 원년 '구갑(丘甲)'에 대한 「소」에서 '옛날 천자가 군사를 쓸 때, 우선 육향에서 차출하여 쓰되, 육향으로 부족하면, 육수(六遂)에서 취하여 썼으며, 육수로도 부족할 땐 도·비 및 제후(諸侯)에게서 취하여 썼다. 만약 제후가 군사를 쓸 경우라면 우선 삼향과 삼수의 군사를 다 차출하여 쓰고, 향과 수의 군사로 부족한 뒤에 경내(境內)에서 두루 징집하였다.'라고 했다. 가공언의 「소사도」「소」에도 역시 '대국은 삼군이고 그다음 나라는 이군이며 작은 나라는 일군인데, 모두 향과 수에서 차출하였으며, 이에 그치지 않고 온 나라에서 차출하였다.'라고 했다."라고 하였다.

원문 今案, 兵制咸有定額, 所以患不足者, 容民貧竄, 不及出軍之數. 又平時武事多未講, 車甲朽頓, 備防不設, 此雖空有兵籍, 實則不足. 觀公孫輒言

---

31 육향(六鄕): 주나라의 천자(天子)가 국성(國城) 밖에 설치한 구역 제도로 향수법(鄕遂法)을 말한다. 즉 국성 또는 왕성(王城)에서 50~100리 이내의 땅으로, 대사도(大司徒)의 소관(所管), 5가(家)가 비(比), 5비가 여(閭), 4여가 족(族), 5족(族)은 당(黨), 5당이 주(州), 5주(五洲)가 향(鄕)으로 모두 75,000가(家)를 이룬다.

32 수(遂): 주나라의 행정 구역으로, 교외 밖의 지역. 즉 국성 밖 100리에서 200리까지를 수(遂)라 하여 이를 6수(六遂)로 나누었다. 5호(戶)를 1비(比)로 삼고 5비를 1여(閭)로 삼았으며, 100호인 4여를 1찬(酇)으로 삼고 500호인 5찬을 1비(鄙)로 삼았다. 그리고 5비를 1현(縣)으로 삼고 5현을 1수로 삼았다. 6수는 경성 밖 100리에서 200리 사이를 여섯으로 나누어 6수로 했는데, 수인(遂人)이 정령(政令)을 관장하였다.

"魯有名而無情", 而"晉車千乘", "衛車甫及其半", 皆由兵不足之故. 故"騋牝三千", 詩人以美衛文, "公車千乘, 公徒三萬", 閟宮又美魯僖, 可見當時兵多不能足也.

역문 지금 살펴보니, 군대의 제도는 모두 정해진 인원이 있는데도 군사의 부족을 근심하는 까닭은 백성 중에서 가난하거나 홀로된 자들을 용납할 경우 군에 차출하는 인원수에 미치지 못하기 때문이다. 또 평상시에는 전투와 관련된 사항을 대부분 익히지 못해서 병거(兵車)와 병장기들이 훼손되어 경비와 방어태세가 세워지지 않으니, 이렇게 되면 비록 부질 없이 병적부(兵籍簿)는 있을지라도 실제로는 부족하기 때문이다. 공손첩(公孫輒)[33]이 "노나라는 대국이라는 이름만 있지 실상은 없다"라고 한 것이나, "진(晉)나라의 병거 천승(千乘)"이라고 한 것, "위나라의 병거는 진나라 병거의 반을 상대할 수 있다"[34]라고 한 것을 살펴보면 모두 군대가 부족하기 때문에 그런 것이다. 따라서 "큰 암말이 3천 필이나 된다[騋牝三千]"[35]라고 한 것은, 시인(詩人)이 위나라 문공(文公)을 찬미한 시이고, "공(公)의 병거가 천승이고, 공의 보병이 3만(三萬)이다"[36]라고 한 것은 깊게 닫혀 있는 사당[閟宮]인데 또 노나라 희공(僖公)을 찬미한 것이지만, 당시의 군대가 대부분 풍족하지 못했다는 것을 알 수 있다.

원문 "民信之"者, "民"字當略讀. "信"謂上予民以信也. 『大戴禮』「主言」云: "其禮可守, 其信可復, 其跡可履. 其於信也, 如四時春秋冬夏, 其博有萬民

---

33 『춘추좌씨전』「애공(哀公)」 9년의 「전」에는 "叔孫輒"으로 되어 있다.

34 『논어정의』에는 "甫及"으로 되어 있으나, 『춘추좌씨전』「정공(定公)」 9년의 「전(傳)」에는 "當"으로 되어 있다.

35 『시경(詩經)』「국풍(國風)·용(鄘)·정지방중(定之方中)」에 보인다.

36 『시경』「송(頌)·노송(魯頌)·비궁(閟宮)」에 보인다.

也, 如饑而食, 如渴而飮. 下土之人信之夫, 暑熱凍寒, 遠若邇, 非道邇也, 及其明德也. 是以兵革不動而威, 用利不施而親, 此之謂明王之守也. 折沖乎千里之外, 此之謂也.” 又「晉語」箕鄭對晉文公曰: “信於君心, 信於名, 信於令, 信於事. 信於君心, 則美惡不踰; 信於名, 則上下不干; 信於令, 則時無廢功; 信於事, 則民從事有業.” 咸以信爲政要. 故夫子言“道千乘之國”, 亦云“敬事而信”也.

역문 “민중이 신뢰하게 하는 것”

　“민(民)” 자는 생략하고 읽는 것이 마땅하다. “신(信)”은 윗사람이 민중에게 신뢰를 준다는 말이다. 『대대례』「주언」에 “그 예를 지킬 수 있고, 그 신뢰를 반복할 수 있으며, 그 자취를 밟을 수 있다. 그 신뢰함에 있어서는 마치 네 계절인 봄·여름·가을·겨울과 같아서 넓게는 모든 민중을 소유함이, 마치 주릴 때 먹는 것과 같고, 목마를 때 음료를 마시는 것과 같다. 낮은 곳의 사람들이 신뢰하는 것이야말로 뜨거운 무더위와 차가운 추위가 멀지만 가까운 것과 같은데, 길이 가깝다는 것이 아니라 그 밝은 덕에 미친다는 것이다. 이런 까닭에 군대와 병장기를 움직이지 않아도 위엄이 서고, 이익을 베풀지 않아도 친애하니, 이를 일러 현명한 임금의 수비라 한다. 천 리 밖에서 적을 제압하여 승리한다[折沖]는 것은 이것을 말하는 것이다.”라고 했다.

　또 『국어』「진어」에서 기정(箕鄭)[37]이 진 문공(晉文公)에게 대답하기를 “임금의 마음에 있어서 신뢰가 있어야 하고, 명분에 있어서 신뢰가 있어야 하며, 정령에 있어서 신뢰가 있어야 하고, 민중의 일에 신뢰가 있어야 합니다. 임금의 마음에 있어서 신뢰가 있으면 아름다움과 추악함이

37　기정(箕鄭, ?~?): 춘추시대 진(晉)나라 대부. 진나라에 기근이 들어 군주가 기근 해결책을 기정에게 묻자, 기정이 백성들에게 신뢰받는 것의 중요함을 강조했다.

서로를 넘지 않을 것이고, 명분에 있어서 신뢰가 있으면 위와 아래가 서로 침범하지 않을 것이며, 정령에 있어서 신뢰가 있으면 어느 때이건 성공을 폐함이 없을 것이고, 민중의 일에 있어서 신뢰가 있으면 민중이 일에 종사함에 차례가 있게 될 것입니다."라고 했는데, 모두 신뢰를 정치의 요체로 삼은 것이다. 그러므로 공자는 "천승의 나라를 다스리는 것"을 말하면서 "일 처리를 엄숙하고 신중하게 하며, 백성을 성실과 신뢰로 대해야 한다."[38]라고 한 것이다.

원문 "民信之"與"足食"·"足兵"爲三政, 故子貢言"於斯三者". 鄭「注」云: "政有此三者, 則國强也." 言"國强"者, 明夫子此言爲國貧弱言之. 若本强國, 但須民信之, 不煩言"足食·足兵"矣.

역문 "민중이 신뢰하게 하는 것[民信之]"과 "식량을 풍족하게 하는 것[足食]"·"군대를 풍족하게 하는 것[足兵]"이 세 가지 정책이 되기 때문에 자공이 "이 세 가지[於斯三者]"라고 한 것이다. 정현의 「주」에 "정책에 이 세 가지가 있으면 나라가 강대한 것이다."라고 했는데, "나라가 강대하다[國强]"라고 말한 것은, 공자의 이 말이 나라가 빈약하기 때문에 말한 것임을 밝힌 것이다. 만약 본래 강대한 나라였다면 다만 민중이 신뢰하게 하는 것만 말했을 뿐, 번거롭게 "식량을 풍족하게 하는 것과 군대를 풍족하게 하는 것"은 말하지 않았을 것이다.

원문 "不得已而去"者, 言三者本不宜去, 若不得已, 如國凶札禍裁之類, 政不及備者乃去也.

---

38 『논어』「학이(學而)」.

역문 "부득이해서 버려야 한다"라는 것은 세 가지를 본래는 마땅히 버리지 않아야 하지만, 만약 나라에 흉년이나 기근이 들고 질병이 돌거나 재앙이 일어나서 정책을 미처 갖추지 못한 것처럼 부득이한 경우에 결국 버린다는 말이다.

원문 "去兵"謂去力役之征. 『周書』「糴匡解」, "年饑則兵備不制." 又云: "男守疆, 戎禁不出." 是凶歲去兵. 其時雖輕徭薄賦, 然食政猶未去, 所謂"凶年則寡取之"者也. 去兵而有食與信, 與民固守, 自足立國也.

역문 "군대를 버려야 한다[去兵]"라는 것은 부역의 징세를 버린다는 말이다. 『주서』「적광해」에 "기근이 든 해에는 군대의 비용을 책정하지 않는다."라고 했고, 또 "남자가 국경을 지킬 경우 금위[戎禁]에 차출되지 않는다."라고 했는데, 이것이 흉년에 군대를 버려야 한다는 것이다. 그때는 비록 요역을 줄이고 세납을 감하지만 식량에 대한 정책은 그래도 버리지 않아야 하는 것이니 이른바 "흉년에는 적게 거둬 간다"[39]라는 것이다. 군대는 버리더라도 식량과 신뢰가 있어야 민중과 함께 굳게 지켜 스스로 충분히 나라를 세울 수 있는 것이다.

원문 "去食"者, 謂去兵之後, 勢猶難已, 凡賦稅皆蠲除, 『周官』「均人」所謂 "凶札, 則無力政, 無財賦, 不收地守地職." 又發倉廩以振貧窮, 『周書』「大匡解」, "農廩分鄕, 鄕命受糧, 成年不償, 信誠匡助, 以輔殖財." 是凶荒去

---

39 『맹자』「등문공상(滕文公上)」: 공(貢)은 몇 년 동안 수확량의 중간치를 비교하여 일정한 수를 세금으로 내게 하니, 풍년에는 곡식이 흔하여 세금을 많이 거둬 가도 포악함이 되지 않는데 적게 거둬 가고, 흉년에는 밭에 거름주기에도 부족한데 반드시 일정량을 채워서 세금을 거둬 간다.[貢者, 校數歲之中, 以爲常, 樂歲, 粒米狼戾, 多取之而不爲虐, 則寡取之, 凶年, 糞其田而不足, 則必取盈焉.]

食也.

역문 "식량을 버려야 한다[去食]"라는 것은 군대를 버리고 난 뒤에도 형세가 여전히 그치기 어려운 지경이라면 모든 부세를 다 탕감해 준다는 말이니, 『주례』「지관사도하·균인」의 이른바 "흉년과 기근이 들고 질병이 도는 해에는 부역이 없고, 재물로 거두는 세금이 없으며, 지수(地守)[40]와 지직(地職)[41]을 거두지 않는다."라고 했다. 또 창고와 곳간을 열어 가난하고 궁핍함을 구휼해 주는 것이니, 『주서』「대광해」에 "농작물을 보관하는 곳간을 여러 고을에 나누어 두고, 고을에서는 식량을 받아 가되 풍년에도 갚지 않아도 된다고 명하여 진실로 정성껏 구제하고 도와주어 재물을 불릴 수 있도록 도와주어야 한다."라고 했으니, 이것이 흉년에 식량을 버려야 한다는 것이다.

원문 若信則終不可去, 故曰"自古皆有死, 民無信不立." 明去兵·去食, 極其禍難, 不過人君國滅身死, 然自古人皆有死, 死而君德無所可譏, 民心終未能忘, 雖死之日, 猶生之年, 況民戴其上, 如手足之衛身, 子弟之衛父兄, 雖值危難, 其猶可以濟. 是故信者, 上所以治民之準也. 苟無信, 雖足兵·足食, 猶不能守, 況更值不得已, 而兵食皆將去之乎?

역문 신뢰로 말할 것 같으면 죽어도 버려서는 안 되는 것이기 때문에 "예로부터 누구나 죽지만 민중이 신뢰함이 없으면 나라가 서지 못한다."라고 한 것이니, 군대를 버리고 식량을 버려서 그 화난(禍難)을 극에 달하게 하다 보면 임금은 나라가 멸망하고 몸은 죽지만 예로부터 사람은 누구

---

40 지수(地守): 산림(山林)·천택(川澤)을 지키는 천형(川衡)·임형(林衡)·택우(澤虞)·산우(山虞) 등인데, 여기서는 그 세(稅)를 말한다.

41 지직(地職): 농포(農圃)의 등속인데, 여기서는 그 세를 말한다.

나 죽는 것에 불과하고, 죽더라도 임금의 덕이 비난할 만한 것이 없으면, 민중의 마음은 끝내 잊지 못해서 비록 죽는 날일지라도 오히려 살아 있는 해와 같고, 더구나 민중이 그 윗사람을 떠받듦이 마치 손과 발이 몸을 지키듯 하고 자제가 부형을 호위하듯 하니, 비록 위태롭고 어려운 때를 만난다고 하더라도 오히려 구원받을 수 있음을 밝힌 것이다. 이런 까닭에 신뢰란 윗사람이 민중을 다스리는 준칙인 것이다. 진실로 신뢰가 없다면 비록 군대를 풍족하게 하고 식량을 풍족하게 하더라도 오히려 지킬 수 없는데, 하물며 다시 부득이한 경우를 만나 군대와 식량을 모두 버려야 함에 있어서이겠는가?

원문 「晉語」云: "晉饑, 公問於箕鄭曰: '救饑何以?' 對曰: '信.'"又云: "於是乎民知君心, 貧而不懼, 藏出如入, 何匱之有?" 可知信能立國, 雖箕鄭亦知此義矣. 鄭此「注」云: "言人所特急者, 食也, 自古皆有死, 必不得已, 食又可去也." "民無信不立", 言民所最急者, 信也. 皇「疏」引李充曰: "朝聞道, 夕死, 孔子之所貴. 舍生取義, 孟軻之所尙. 自古有不亡之道, 而無有不死之人. 故有殺身非喪己, 苟存非不亡己也."

역문 『국어』「진어」에 "진나라에 기근이 들자 문공이 기정에게 '무엇으로 기근을 구제해야 하겠소?' 하고 묻자 기정이 대답했다. '신뢰입니다.'"라고 했고, 또 "이에 민중이 임금의 마음을 알게 되면 가난해도 두려워하지 않아서 창고에 보관해 두었던 것을 내놓기를 마치 집에 들여놓는 것처럼 할 것이니, 무슨 궁핍함이 있겠습니까!"라고 했으니, 신뢰는 나라를 서게 할 수 있음을 알 수 있고, 비록 기정이라 할지라도 또한 이 의리를 알았던 것이다. 정현은 이 단락의 「주」에서 "사람에게 특별히 시급한 것이 식량이지만, 예로부터 누구나 죽으니 반드시 부득이한 경우에는 식량도 버릴 수 있다는 말이다."라고 했다. "민중이 신뢰함이 없으면 나라가 서지 못한다"라는 것은 민중에게 가장 시급한 것이 신뢰라는 말이다. 황간의 「소」에는 이충(李充)을 인용해서 "아침에 도를 들으면 저녁에 죽어도 괜찮다는 것은 공자가 귀하게 여기는 것이다. 삶을 버리고 의(義)를 취하는 것은 맹가(孟軻)가 숭상하는 것이다. 예로부터 없어지지 않는 도는 있지만 죽지 않는 사람은 없다. 그러므로 몸을 죽이더라도 자기를 잃는 것이 아닌 경우가 있고, 진실로 살아남았더라도 자기를 잃지 않는 것이 아닌 경우가 있다."라고 했다.

원문 皇本"民信"上有"令"字. 『釋文』, "'於斯三者'一讀, '而去於斯'爲絶句." 又"去兵"下"子貢曰", 皇本無"子貢"二字, "無信"作"不信".

역문 황간본에는 "민신(民信)" 앞에 "영(令)" 자가 있다. 『경전석문』에는 "'어사삼자(於斯三者)'는 한 번에 읽고, '이거어사(而去於斯)'에서 구두를 떼야 한다."라고 했다. 또 "병거(去兵)" 아래 "자공왈(子貢曰)"은 황간본에는 "자공" 두 글자가 없고, "무신(無信)"은 "불신(不信)"으로 되어 있다.

12-8

棘子成曰: "君子質而已矣, 何以文爲?" 【注】 鄭曰: "舊說云: '棘子成, 衛大夫.'" 子貢曰: "惜乎! 夫子之說君子也. 駟不及舌. 【注】 鄭曰: "惜乎! 夫子之說君子也. 過言一出, 駟馬追之不及." 文猶質也, 質猶文也. 虎豹之鞟, 猶犬羊之鞟." 【注】 孔曰: "皮去毛曰鞟. 虎·豹與犬·羊別, 正以毛文異耳. 今使文質同者, 何以別虎豹與犬羊耶?"

극자성(棘子成)이 말했다. "군자는 바탕[質]에 힘쓸 뿐이니, 문채

[文]를 뭣에 쓰겠는가?"【주】정현이 말했다. "구설(舊說)에 '극자성은 위나라 대부이다.'라고 했다." 자공이 말했다. "애석하구나! 저 사람이 군자를 설명함이. 네 마리 말이 끄는 수레도 혓바닥을 따라잡지 못한다. 【주】정현이 말했다. "애석하구나! 저 사람이 군자를 설명함이. 잘못된 말이 한번 나오면 네 마리 말이 끄는 수레로 뒤쫓아도 따라잡을 수 없다." 문채는 바탕과 같고 바탕은 문채와 같으니, 호랑이와 표범의 털 없는 가죽[鞹]은 개와 양의 털 없는 가죽과 같다."【주】공안국이 말했다. "털을 제거한 가죽을 '곽(鞹)'이라 한다. 호랑이와 표범, 그리고 개와 양의 구별은 바로 털의 문채가 다르기 때문일 뿐이다. 지금 가령 문채와 바탕이 같다면 무엇을 가지고 호랑이와 표범과 개와 양을 구별하겠는가?"

원문 正義曰: "棘子成", 皇本"成"作"城". "何以文爲", "以", 用也; "爲", 語助辭, 說見王氏引之『經傳釋詞』. 下篇"雖多亦奚以爲?", "何以伐爲", "無以爲也", 訓義並同.

역문 정의에서 말한다.

"극자성(棘子成)"은 황간본에는 "성(成)"이 "성(城)"으로 되어 있다. "하이문위(何以文爲)"에서 "이(以)"는 씀[用]이고, "위(爲)"는 어조사이니, 설명이 왕인지(王引之)의 『경전석사』에 보인다. 아래 「자로」에서 "비록 많이 외운다 한들 어디에 쓰겠는가[雖多亦奚以爲]?"라고 한 것이나, 「계씨」에서 "정벌을 뭣에 쓰겠는가[何以伐爲]?"라고 한 것, 그리고 「자장」에서 "그러지 말라[無以爲也]"라고 한 것은 훈의(訓義)가 모두 같다.

원문 夫子言"文質彬彬, 然後君子." 棘子成或聞其語, 妄以君子但當尙質, 不必用文, 故子貢惜其說君子爲易言, 雖追悔之, 無及於舌也.

역문 공자는 "문채와 바탕이 잘 갖추어진 후에야 군자이다."[42]라고 했는데, 극자성이 아마도 그 말을 듣고 함부로 군자는 바탕을 숭상함이 마땅할 뿐 문채를 쓸 필요가 없다고 생각했기 때문에, 자공이 그가 군자를 설명함에 말을 쉽게 해서 비록 뒤늦게 후회한들 헛바닥을 따라잡을 수 없음을 안타까워한 것이다.

원문 "文猶質, 質猶文"者, 禮無本不立, 無文不行, 是文·質皆所宜用, 其輕重等也. "虎豹"·"犬羊", 皆獸名. 鄭「注」云: "鞹, 革也. 革者, 皮也." 『詩』「載驅」「正義」引『說文』, "鞹, 革也." 今本『說文』作"鞟", 云"皮去毛也", 與『詩』「疏」所引異. 然"鞹"爲"革", 凡去毛不去毛, 皆得稱之, 不必專主去毛一訓. 『周易』「象下傳」, "大人虎變, 其文炳也. 君子豹變, 其文蔚也." 此文"虎豹之鞹"喻文, "犬羊之鞹"喻質. 虎豹·犬羊, 其皮各有所用, 如文·質二者不宜偏有廢置也. 皇本作"鞟", 『說文』亦引作"鞴". 又"犬羊之鞹"下, 皇本有"也"字.

역문 "문채는 바탕과 같고 바탕은 문채와 같다"

예(禮)는 근본이 없으면 성립하지 않고, 문채가 없으면 시행되지 않으므로 이에 문채와 바탕을 모두 마땅히 써야 하니, 그 경중(輕重)은 똑같은 것이다. "호랑이와 표범[虎豹]"·"개와 양[犬羊]"은 모두 짐승의 이름이다. 정현의 「주」에 "곽(鞹)은 혁(革)이고, 혁(革)은 가죽[皮]이다."라고 했다. 『시경』「재구」의 「정의」에는 『설문해자』를 인용해서 "곽(鞹)은 가죽[革]이다."라고 했다. 지금 판본의 『설문해자』에는 "곽(鞟)"으로 되어 있고, "털을 제거한 가죽[皮去毛]이다"라고 했으니,[43] 『시경』의 「소」에서

---

42 『논어』「옹야(雍也)」.

43 『설문해자』 권3: 곽(鞟)은 털을 제거한 가죽[去毛皮]이다. 『논어』에 "호랑이와 표범의 털없

인용한 것과는 다르다. 그러나 "곽(鞹)"도 "가죽[革]"이니, 털을 제거했든 제거하지 않았든 모두 곽(鞹)이라고 칭할 수 있으니, 오로지 털을 제거한 것이라는 한 가지 뜻만 주장할 필요는 없다. 『주역』「혁괘」의 구오(九五)와 상육(上六)의 「상」에 "대인(大人)이 범처럼 변할 수 있는 것은 그 문채가 빛나기[炳] 때문이다. 군자가 표범처럼 변하는 것은 그 문채가 성하기[蔚] 때문이다."라고 했는데, 이 글의 "호랑이와 표범의 털 없는 가죽[虎豹之鞹]"은 문채[文]를 비유한 것이고, "개와 양의 털 없는 가죽[犬羊之鞹]"은 바탕[質]을 비유한 것이다. 호랑이와 표범·개와 양은 그 가죽이 각각 용도가 있으니, 마치 문채와 바탕 두 가지가 마땅히 치우쳐 폐지되거나 세움이 있어서는 안 되는 것과 같다. 황간본에는 "곽(鞹)"으로 되어 있고, 『설문해자』에도 역시 "곽(鞹)"으로 되어 있다. 또 "견양지곽(犬羊之鞹)" 아래 황간본에는 "야(也)" 자가 있다.

- 「注」, "舊說云: 棘子成, 衛大夫."
- 正義曰: 稱"舊說"者, 著所自也. 『漢書』「古今人表」·『三國志』「秦宓傳」作"革子成", "棘"·"革"通用. 如『詩』"匪棘其欲", 「禮器」作"匪革其猶". 『列子』「湯問篇」"殷湯問於夏革", 『莊子』「逍遙遊」"湯之問棘也", 皆可證. 「莊子釋文」引"李云: '湯時賢人.' 又云: '是棘子.'" 『鹽鐵論』「相刺篇」, "紂之時, 內有微·箕二子, 外有膠鬲·棘子." 疑棘子本殷人, 衛居殷都, 棘子成卽棘子後也. 知爲大夫者, 以子夏云"夫子", 當時稱大夫皆爲"夫子"也.
○ 「주」의 "구설에 '극자성은 위나라 대부이다.'라고 했다."
○ 정의에서 말한다.

는 가죽[虎豹之鞹]"이라고 했다. 혁(革)으로 구성되었고 곽(郭)이 발음을 나타낸다. 고(苦)와 곽(郭)의 반절음이다.[鞹, 去毛皮也. 『論語』曰: "虎豹之鞹." 從革郭聲. 苦郭切.] 『논어정의』에는 "皮去毛"로 되어 있으나, 『설문해자』에는 "去毛皮"로 되어 있다.

"구설"이라고 한 것은, 출처를 밝힌 것이다. 『한서』「고금인표」와 『삼국지』「진복전」에는 "극자성(革子成)"으로 되어 있는데, "극(棘)"과 "극(革)"은 통용된다. 예를 들면 『시경』「대아·문왕유성」의 "그 욕망을 빨리 이루려는 것이 아니다[匪棘其欲]"가 『예기』「예기」에는 "비극기유(匪革其猶)"로 되어 있는 것과 같다. 『열자』「탕문」에 "은(殷)나라 탕(湯)왕이 하극(夏革)에게 물었다."라고 한 것이나, 『장자』「소요유」에 "탕왕이 극(棘)에게 물은 것도"라고 했으니, 모두 증거가 될 만하다. 『경전석문』「장자석문」에는 "이이(李頤)가 이르길 '탕왕 때의 현인[湯時賢人]'이라고 했다. 또 '이 사람이 극자(棘子)이다.'라고 했다."라고 한 것을 인용했다. 『염철론』「상자」에 "은나라 주(紂)왕 때 안으로는 미자(微子)와 기자(箕子), 두 인자(仁者)가 있었고, 밖으로는 교격(膠鬲)과 극자가 있었다."라고 했으니, 아마도 극자는 본래 은나라 사람이고, 위나라는 은나라의 유민(遺民)을 기반으로 도읍했으니,[44] 극자성은 바로 극자의 후예인 듯싶다. 대부임을 알 수 있는 것은 자하가 "부자(夫子)"라고 했기 때문이니, 당시에는 대부를 일컬어 모두 "부자"라고 했다.

- 「注」, "惜乎"至"不及".
- 正義曰: 『說文』云: "駟, 一乘也." 『詩』「淸人」「箋」, "駟, 四馬也." 言出於舌, 過誤一成, 雖駕馬追之, 亦無及也. 「緇衣」「注」云: "駟馬不能及, 不可得悔也."
- 「주」의 "석호(惜乎)"부터 "불급(不及)"까지.
- 정의에서 말한다.
  『설문해자』에 "사(駟)는 1승(一乘)이다."[45]라고 했고, 『시경』「청인」의 「전(箋)」에 "사(駟)는 네 필의 말이다[四馬].'라고 했으니, 말이 혓바닥에서 나와 과오가 한 번 이루어지면 비록 말에 멍에를 하고 쫓아가더라도 따라잡을 수 없다는 뜻이다. 『예기』「치의」의 「주」에 "네 마리 말이 끄는 수레로도 따라잡을 수 없으니 뉘우칠 수 없는 것이다."라고 했다.

---

44 위나라는 무왕이 죽은 뒤 주공(周公)이 반란을 일으킨 은나라의 유민을 정벌하고 강숙을 은나라의 구도(舊都)인 조가[朝歌: 하남성(河南省) 기현(基縣)]에 봉(封)하여 나라 이름을 위(衛)라 하였다.

45 『설문해자』 권10: 사(駟)는 1승(一乘)이다. 마(馬)로 구성되었고 사(四)가 발음을 나타낸다. 식(息)과 이(利)의 반절음이다.[駟, 一乘也. 從馬四聲. 息利切.]

- 「注」, "皮去"至"羊耶".
- 正義曰:「注」以"文猶質・質猶文"卽說棘子, 故解爲"文質同". 謂棘子成同文於質, 無所分別, 故喩以虎豹・犬羊, 咸去毛則皮亦無所別也. 然棘子棄文用質, 非有文質同之見,「注」此義失之.
○「주」의 "피거(皮去)"부터 "양야(羊耶)"까지.
○ 정의에서 말한다.

「주」에서는 "문채는 바탕과 같고 바탕은 문채와 같다"라는 것을 극자를 말하는 것이라고 보았기 때문에 "문채와 바탕이 같다[文質同]"라고 해석한 것이다. 이를테면 극자성은 문채가 바탕과 같아서 분별이 없기 때문에 호랑이와 표범・개와 양이 모두 털을 제거하면 가죽 또한 구별이 없다는 것으로 비유했다는 말이다. 그러나 극자성은 문채를 버리고 바탕을 썼으니 문채와 바탕을 똑같이 본 것이 아니니,「주」의 이 뜻은 잘못된 것이다.

12-9

哀公問於有若曰: "年饑, 用不足, 如之何?" 有若對曰: "盍徹乎?"【注】鄭曰: "'盍', 何不也. 周法, 什一而稅謂之徹. '徹', 通也. 爲天下之通法." 曰: "二, 吾猶不足, 如之何其徹也?"【注】孔曰: "二謂什二而稅." 對曰: "百姓足, 君孰與不足? 百姓不足, 君孰與足?"【注】孔曰: "'孰', 誰也."

애공(哀公)이 유약(有若)에게 물었다. "올해 기근이 들어서 나라의 재용(財用)이 부족하니 어찌해야 하겠습니까?" 유약이 대답했다. "어찌 철법(徹法)⁴⁶을 쓰지 않으십니까?"【주】정현이 말했다. "'합(盍)'은 어찌 아니함[何不]이다. 주나라 세법에 소출의 1/10을 징세하는 것을 철(徹)

이라 했다. '철(徹)'은 통(通)한다는 뜻이니, 천하에 널리 통용되는 법이라는 뜻이다."
애공이 말했다. "10분의 2를 징세해도 내가 오히려 부족한데, 어떻게 철법을 쓰겠습니까?" 【주】 공안국이 말했다. "2(二)는 2/10를 징세함을 이른다." 유약이 대답했다. "백성이 풍족하면 임금께 누가 부족함을 끼치겠으며, 백성이 부족하면 임금께 누가 풍족함을 선사하겠습니까?" 【주】 공안국이 말했다. "'숙(孰)'은 누구[誰]이다."

원문 正義曰: 『釋文』云: "饑, 鄭本作飢." 舊有一說云: 哀公十二年 · 十三年, 皆有螽, 連年用兵於邾, 又有齊警, 此所以年饑而用不足也. 愚謂此問當在十二年用田賦之前, 故云"二, 吾猶不足", 明據宣公稅畝爲用二也. 但哀公十二年以前, 『春秋』未書年饑, 疑當是穀收歉薄, 未至成災, 抑因用不足, 故爲此言. 若在哀十二年後, 則與"二, 吾猶不足"之文不合, 殆未然也.

역문 정의에서 말한다.

『경전석문』에 "기(饑)는 정현본에는 기(飢)로 되어 있다."라고 했다. 옛날에 또 다른 설이 있었는데, "애공 12년과 13년에, 모두 누리 떼[蝗蟲]의 재해가 발생한 데다가 해를 이어 주(邾) 땅에 병력(兵力)을 동원하였으며, 또 제나라의 침공이 있었으니, 이것이 '올해 기근이 들어 나라의 재용이 부족했던' 이유이다."라고 했다. 내가 생각하기에 이 질문은 마땅히 애공 12년 전묘(田畝)에 따라 부세하는 제도[田賦]를 시행하기 전에 있었기 때문에 "10분의 2도 내가 오히려 부족하다"라고 한 것 같으니, 선공(宣公)의 전묘를 실측해서 징세한 것[47]을 근거로 10분의 2를 부세하

---

46 철법(徹法): 소출의 10분의 1을 세금으로 거두는 법.

는 제도를 적용했음이 분명하다. 다만 애공 12년 이전에는 『춘추』에 기근이 든 해를 기록하지 않았으니, 어쩌면 당연히 곡물의 수확이야 적었겠지만 아직 재해의 수준까지는 이르지 않았거나, 아니면 나라의 재용이 부족했기 때문에 이 말을 한 듯싶다. 만약 애공 12년 이후였다면 "10분의 2도 내가 오히려 부족하다"라는 글과는 부합되지 않으니, 아마도 그렇지는 않은 듯하다.

원문 兪氏正燮『癸巳類稿』, "哀公言'年饑, 用不足', 用者, 布縷之征, 力役之征. 民有食而後能輸賦役, 有若請留民食以裕國用. 蓋徹者, 米粟之征. 言徹, 則年饑之民庶足食, 君孰與不足用也? 宣公十五年, '初稅畝.'『左傳』云: '非禮也. 穀出不過藉, 以豊財也.' 亦言民足食則賦役之用供, 故爲豊財之禮. 荒政務在使民得食, 君卿從無年饑不足食之事, 惟必欲取二, 則民散賦缺, 不足用耳. 「大司徒」'荒政十二', '二曰薄征.' 故有若於饑年言徹足用, 此籌國老謀至計, 蓋用非米粟也, 徹非賦役也."

역문 유정섭(兪正燮)의 『계사류고』에 "애공이 '올해 기근이 들어 나라의 재용이 부족하다'라고 말했는데, 재용[用]이란, 삼베와 실에 대한 세금과 부역에 대한 세금이다. 백성들은 먹을 것이 있은 뒤라야 부역을 바칠 수 있으므로, 유약이 백성들의 먹거리를 남겨서 나라의 재용을 넉넉히 할 것을 청한 것이다. 철법[徹]이라는 것은 쌀이나 곡식에 대한 세금이다. 철법이라고 말했으니, 그렇다면 기근이 든 해일지라도 백성이 거의 풍족하게 먹을 수 있는데, 임금에게 누가 재용의 부족함을 끼치겠는가? 선공 15년에 '처음으로 전묘를 실측해서 징세를 했는데'『춘추좌씨전』에

---

47 『춘추(春秋)』「선공(宣公)」 15년. 노(魯)나라가 처음으로 전부(田賦)의 제도(制度)를 고쳐 2/10를 징세하는 제도를 만든 것이다.

'예가 아니다. 세곡(稅穀)은 공전(公田)의 소출을 징수하는 데 지나지 않았으니, 이는 백성들의 재산을 풍족하게 하기 위함이었다.'라고 했는데, 역시 백성들의 먹거리를 풍족하게 하면 부역의 재용에 이바지할 수 있기 때문에 재산을 풍족하게 하는 예를 시행했던 것이다. 구황(救荒) 정책은 백성들로 하여금 먹거리를 얻게 하는 데 힘써야 하고, 군주와 경은 기근이 들어도 먹거리가 부족함이 없도록 하는 일에 종사해야 하는데, 오직 반드시 10분의 2를 취하려 한다면 백성들이 뿔뿔이 흩어져 부세가 모자라 재용이 부족해질 뿐이다. 『주례』「지관사도상·대사도」에 '구황 정책은 12가지가 있다.' 하고, '둘째는 세금을 가볍게 하는 것[薄征]이다.'라고 했다. 그러므로 유약이 기근이 든 해에는 철법이 재용을 풍족하게 한다고 했으니, 이것이 나라를 경영하는 노련한 계획과 지극한 계책으로 재용은 쌀이나 곡식이 아니며, 철법은 부역이 아닌 것이다."라고 했다.

원문 "百姓"者, 『說文』云: "姓, 人所生也." 民不一姓, 故稱百焉. "百姓足, 君孰與不足"者, 言貨財皆出於民, 百姓足用, 君亦足用也. "百姓不足, 君孰與足"者, 言百姓不足用, 君亦不足也. "與", 如"取與"之與. 『漢書』「穀永傳」"與"作"予", 通用字.

역문 "백성(百姓)"

『설문해자』에 "성(姓)은 사람이 태어난 곳이다."[48] 민중은 성이 똑같지

---

48 『설문해자』 권12: 성(姓)은 사람이 태어난 곳이다. 옛날 신성(神聖)의 어머니가 하늘에 감응하여 아들을 낳았기 때문에 천자(天子)라 칭하였다. 여(女)로 구성되었고, 생(生)으로 구성되었으며, 생(生)이 또한 발음을 나타낸다. 『춘추전』에 "천자는 제후가 출생한 지명을 따라 그의 성(姓)으로 정해 주었다[天子因生以賜姓.]"라고 했다. 식(息)과 정(正)의 반절음이다.[姓, 人所生也. 古之神聖母, 感天而生子, 故稱天子. 從女從生, 生亦聲. 『春秋傳』曰: "天子因生以賜姓." 息正切.]

않기 때문에 백(百)이라고 일컫은 것이다. "백성이 풍족하면 임금께 누가 부족함을 끼치겠는가"라는 말은 재화(貨財)는 모두 민중에게서 나오니, 백성들이 재화가 풍족하면 임금 역시 재화가 풍족해질 것이라는 말이다. "백성이 부족하면 임금께 누가 풍족함을 선사하겠느냐"라는 말은 백성들이 재화가 부족하면 임금 역시 재화가 부족해질 것이라는 말이다. "여(與)"는 "취하고 줌[取與]"이라고 할 때의 여(與)와 같다. 『한서』「곡영전」에는 "여(與)"가 "여(予)"로 되어 있는데, 통용되는 글자이다.

원문 『荀子』「富國篇」, "下貧則上貧; 下富則上富. 故田野縣鄙者, 財之本也; 垣窌倉廩者, 財之末也. 百姓時和, 事業得敍者, 貨之源也; 等賦府庫者, 貨之流也. 故明主必謹養其和, 節其流, 開其源, 而時斟酌焉. 潢然使天下必有餘, 而上不憂不足. 如是, 則上下俱富, 交無所藏之, 是知國計之極也. 故禹十年水, 湯七年旱, 而天下無菜色者, 十年之後, 年穀復孰, 而陳積有餘, 是無它故焉, 知本末源流之謂也." 『淮南子』「主術訓」, "夫民之爲生也, 一人蹠耒而耕, 不過十畝. 中田之獲, 卒歲之收, 不過畝四石. 妻子老弱, 仰而食之. 時有涔旱災害之患, 無以給上之征賦・車馬・兵革之費, 由此觀之, 則人之生憫矣. 夫天地之大計, 三年耕而餘一年之食, 率九年而有三年之畜; 十八年而有六年之積, 二十七年而有九年之儲, 雖涔旱災害之殃, 民莫困窮流亡也. 故國無九年之畜謂之不足, 無六年之積謂之憫急, 無三年之畜謂之窮乏. 故有仁君明王, 其取下有節, 自養有度, 則得承受於天地, 而不離饑寒之患矣. 若貪主暴君撓於其下, 侵漁其民, 以適無窮之欲, 則百姓無以被天和而履地德矣." 二文竝足發明此文之旨.

역문 『순자』「부국편」에 "백성이 가난하면 군주도 가난하고, 백성이 부유하면 군주도 부유하다. 그러므로 밭과 들판과 시골 마을들은 재물의 근본이고, 나라의 창고나 곳간은 재물의 말단이다. 백성이 때맞게 농사짓고 화합해서 일들이 순서대로 되어 가는 것이 재화의 근원이고, 등급에 따라 세금을 거두어 창고를 채우는 것은 재화의 말류다. 그러므로 현명한 군주는 반드시 삼가서 백성의 화합을 기르고, 백성의 말단을 절제하며, 백성의 근원이 되는 것을 개척하되, 상황에 맞게 모든 것을 헤아려 적절히 조절한다. 그러면 널리 천하로 하여금 반드시 넉넉해지도록 해서 군주는 부족을 걱정하지 않아도 된다. 이와 같이 하면 군주와 백성이 모두 부유해져 서로 재물을 보관할 장소가 없을 정도가 될 것이니, 이것이 나라 재정 계획의 극치를 아는 것이다. 그러므로 우왕 때는 10년 동안 장마가 이어지고, 탕왕 때는 7년 동안 가뭄이 이어졌음에도 천하에 굶주려 얼굴빛이 풀빛처럼 파랗게 질린 자가 없었으며, 10년이 지난 뒤에는 풍년이 들어 곡식이 다시 잘 익어 들에는 볏가리가 늘어지고 노적가리가 쌓여 여유롭게 되었으니, 이는 다른 까닭이 있어서가 아니라, 이를테면 근본과 말단, 근원과 말류를 잘 알았기 때문이다."라고 했다.

『회남자』「주술훈」에 "민중이 삶을 영위하는 데는 한 사람이 쟁기질을 해서 가는 밭이라야 10묘(十畝)에 지나지 않는다. 중전(中田)에서 거두어들이는 수확은 한 해를 끝내고 거두어들이는 것이 1묘(一畝)당 4석(四石)에 지나지 않는다. 처자나 노약자들은 여기에 의지해 먹고 산다. 계절에 따라 큰 홍수나 가뭄이 들어 재해의 근심이 있게 되면 위에서 부과하는 세금과 수레와 말과 병기의 비용을 공급할 수도 없게 된다. 이러한 것을 말미암아 살펴보면 사람들의 삶이란 가엾기 짝이 없다. 천지의 큰 계책으로도 3년을 경작해야 1년의 먹거리가 남게 되니, 대략 9년이면 3년의 저축이 있게 되고, 18년이 되면 6년의 저축이 있게 되며, 27년이면 9년의 저축이 있게 되어 비록 큰 홍수나 가뭄, 재해와 같은 재앙이 있게 되더라도, 민중은 곤궁해서 유리걸식하다가 굶어 죽는 일이 없게 되는 것이다. 그러므로 나라에 9년의 저축이 없는 것을 부족(不足)이라

고 하고, 6년의 저축이 없는 것을 민급(憫急)이라고 이르며, 3년의 저축
이 없는 것을 궁핍(窮乏)이라고 이르는 것이다. 따라서 인(仁)한 군주와
현명한 왕이 있어서 그 아래의 백성들에게 취하는 것이 절도가 있고, 스
스로 수양해서 법도가 있으면 천지의 은택을 이어받아 굶어 죽고 얼어
죽는 근심을 떨쳐 버릴 수 있다. 만약 탐욕스러운 군주나 폭군이 아랫사
람들을 어지럽혀 백성들을 침탈하고 노략질해서 끝없는 욕심을 채우려
한다면 백성들은 하늘의 온화한 기운을 입고서 땅의 덕을 밟을 수 없
다."라고 했는데, 두 글이 모두 이 단락의 종지를 충분히 발명해 준다.

원문 『說苑』「政理篇」, "魯哀公問政於孔子. 對曰: '政有使民富.' 哀公曰: '何
謂也?' 孔子曰: '薄賦斂, 則民富矣.' 公曰: '若是, 則寡人貧.' 孔子曰: '『詩』
云: "凱悌君子, 民之父母." 未見其子富而父母貧者也.'" 與此章問答正同.

역문 『설원』「정리」에 "노나라 애공이 공자에게 정치에 대해서 묻자, 공자
가 대답했다. '정치란 백성들을 부유하게 하는 데 달려 있습니다.' 애공
이 말했다. '어떻게 해야 된다는 말씀입니까?' 공자가 말했다. '세금을 적
게 거두면 백성이 부유해질 것입니다.' 애공이 말했다. '이렇게 하면 과
인(寡人)이 가난해집니다.' 공자가 말했다. '『시경』「대아·형작」에 "화
락한 군자여! 백성의 부모로다."라 하였으니, 그 아들이 부유한데 부모
가 가난한 사람은 아직 보지 못했습니다."라고 했는데, 이 장의 문답과
정말로 같다.

- 「注」, "周法"至"通法".
- 正義曰: 邢「疏」云: "『公羊傳』曰: '古者什一而藉. 什一者, 天下之中正也. 多乎什一, 大桀小
  桀. 寡乎什一, 大貉小貉. 什一者, 天下之中正也. 什一行而頌聲作矣.' 『穀梁傳』亦云: '古者

什一而藉.'『孟子』云: '夏后氏五十而貢, 殷人七十而助, 周人百畝而徹, 其實皆什一也.' 趙

岐「注」云: '民耕五十畝者, 貢上五畝; 耕七十畝者, 以七畝助公家; 耕百畝者, 徹取十畝以爲

賦. 雖異名而多少同, 故云皆什一也.'『書傳』云'十一'者多矣, 故杜預云: '古者公田之法, 十

取其一.' 謂十畝內取一. 舊法旣已十畝取一矣,『春秋』魯宣公十五年'初稅畝', 又履其餘畝,

更復十收其一, 乃是十取其二. 故此哀公曰'二, 吾猶不足', 謂十內稅二, 猶尙不足. 則從宣公

之後, 遂以十二爲常, 故曰'初', 言初稅十二, 自宣公始也. 諸書皆言十一而稅, 而『周禮』「載

師」云: '凡任地, 近郊十一, 遠郊二十而三, 甸·稍·縣·都皆無過十二, 漆林之征二十而五.'

者, 彼謂王畿之內所共多, 故賦稅重, 諸書所言'什一.' 皆謂畿外之國. 故此鄭玄云: '什一而

稅謂之徹. 徹, 通也, 爲天下之通法.' 言天下皆'什一'耳, 不言畿內亦什一也."

○「주」의 "주법(周法)"부터 "통법(通法)"까지.

○ 정의에서 말한다.

형병의 「소」에 『춘추공양전』「선공」 15년에 '옛날에는 1/10로 해서 조세를 받았는데, 1/10이 천하의 중정(中正)이었다. 1/10보다 많이 받는 것은 대걸(大桀)에 소걸(小桀)이고, 1/10보다 적게 받는 것은 대맥(大貉)에 소맥(小貉)이다.[49] 1/10이란 천하의 중정이며 1/10의 제도가 행해지니 칭송하는 소리가 일어난다.'라고 했고, 『춘추곡량전』에서도 '옛날에는 1/10로 해서 조세를 받았다.'라고 했으며, 『맹자』「등문공상」에 '하후씨(夏后氏)는 한 가장에게 50묘(畝)를 나누어 주고 공법(貢法)을 시행하였고, 은나라는 한 가장에게 70묘를 나누어 주고 조법(助法)을 시행하였으며, 주나라는 한 가장에게 100묘를 나누어 주고 철법을 시행하였는데, 사실은 모두 1/10을 세금으로 거둔 것이다.'라고 했는데, 조기(趙岐)의 「주」에 '백성 중에서 50묘를 경농(耕農)하는 자는 공법에 따라 5묘에서 수확한 곡물을 조세로 진상하고, 70묘를 경농하는 자는 7묘에서 수확한 곡물로써 공가(公家)를 도우며 100묘를 경작하는 자는 철법에 따라 10묘에서 수확한 곡물을 취해서 부세로 하였다. 비록 명칭은 다르나 많고 적음은

---

49 『맹자』「고자하」: 요순의 도보다 세금을 경감하고자 하는 자는 큰 맥국과 작은 맥국이요, 요순의 도보다 무겁게 하고자 하는 자는 큰 걸왕과 작은 걸왕이다.[欲輕之於堯舜之道者, 大貉小貉也; 欲重之於堯舜之道者, 大桀小桀也.]" 이에 대해서 주희(朱熹)는 "10분의 1의 세법은 요순의 도이니, 이보다 많게 하면 폭군 걸의 방법이 되고, 이보다 적게 하면 맥국의 방법이 된다.[什一而稅, 堯舜之道也, 多則桀, 寡則貉.]"라고 했다.

같기 때문에 모두 1/10이라고 한 것이다.'라고 했다. 『서전』의 전적(典籍)에 '1/10'을 말한 곳이 많다. 그러므로 두예(杜預)가 '옛날 공전(公田)의 법은 1/10을 부세로 취하였다.'라고 하였으니, 10묘에서 1묘의 소출을 부세로 징수했다는 말이다. 옛날의 법은 이미 10묘 안에서 공전으로 정한 1묘의 소출을 부세로 취하였는데,『춘추』에 의하면 노나라 선공 15년에 '처음으로 전묘를 실측해 징세하였으며', 또 그 나머지 사전(私田) 9묘[餘畝]를 실측해 다시 1/10을 징수하였으니, 이것이 바로 10분의 2를 부세로 징수한 것이다. 따라서 여기에서 애공이 '2/10도 나는 오히려 부족하다.'라고 한 것은 2/10를 징세하는 것도 오히려 부족하게 여긴다는 말이다. 그렇다면 선공 이후부터는 마침내 2/10를 징수하는 것을 상규(常規)로 삼은 것이기 때문에 '처음'이라고 한 것이니, 처음으로 2/10를 징수하기 시작한 것은 선공으로부터 비롯되었음을 말한 것이다. 여러 서적에는 모두 1/10을 징세하였다고 했으나, 『주례』「재사」에서 '무릇 토지의 비옥함과 척박함에 따라 세액을 정하되[任地], 근교에서는 1/10을 징세하고, 멀리 떨어진 교외에서는 3/20을 징세하고, 전(旬)과 초(稍)와 현(縣)과 도(都)에서는 모두 2/10를 초과하지 않으며, 옻나무 숲의 징세는 5/20이다.'라고 했는데, 이것은 왕이 직접 다스리는 경기[王畿] 안에는 이바지할 곳이 많기 때문에 부세가 중한 것이고, 여러 서적에 말한 '10분의 1 징세'는 모두 경기 밖의 나라를 말한 것이다. 그러므로 여기에서 정현이 '1/10을 징세하는 것을 철(徹)이라 한다. 철(徹)은 통(通)한다는 뜻이니, 천하에 널리 통용되는 법이라는 뜻이다.'라고 했으니, 천하가 모두 '1/10'이라고 말한 것일 뿐, 경기 안이 '1/10'이라고 말한 것은 아니다."라고 했다.

『詩』「甫田」孔「疏」云: "周制有貢有助. 助者, 九夫而稅一夫之田; 貢者, 什一而貢一夫之穀. 通之二十夫而稅二夫, 是爲什中稅一也. 故「冬官·匠人」「注」廣引經傳而論之云: '周制, 畿內用夏之貢法, 稅夫, 無公田. 邦國用殷之助法, 制公田, 不稅夫. 貢者, 自治其所受田, 貢其稅穀; 助者, 借民之力, 以治公田, 又使收斂焉. 諸侯謂之徹者, 通其率以什一爲正. 孟子云: "野九夫而稅一, 國中什一." 是邦國亦異外內之法耳.' 是鄭解通率爲什一之事也. 孟子又云: '方里而井, 井九百畝, 其中爲公田. 八家皆私百畝, 同養公田, 公事畢, 然後敢治私事, 所以別野人也.' 是說助法井別一夫以入公也. 云'別野人'者, 別野人之法, 使與國中不同也. 助法旣言百畝爲公田, 則使自賦者, 明是自治其田, 貢其稅穀也. 助則九而助一, 貢則什一而貢一, 通率爲什一也.

『시경』「보전」공영달의 「소」에 "주나라의 조세제도에는 공법이 있고 조법이 있는데, 조법은 9부(夫)⁵⁰에서 1부의 전지(田地)의 소출을 부세로 징수하는 것이고, 공법은 1/10에서 그 1부의 곡물을 부세로 징수하는 것이다. 통틀어서 20부에서 2부를 징세하니 이것이 10 가운데 1을 징수하는 것이 되는 것이다. 그러므로 『주례』「동관고공기하 · 장인」의 「주」에 널리 경전을 인용해서 이것을 논하기를 '주나라의 제도는 경기 안에서는 하나라의 공법을 썼으니, 부(夫)에게 세를 거두었고, 공전은 없었다. 방국(邦國)에는 은나라 때의 조법을 써서 공전을 만들었으므로 별도로 세를 거두지 않았다. 공(貢)이란 농부들이 스스로 받은 전지를 농사해서 세(稅)로 곡식을 바치는 것이고, 조(助)란, 백성의 힘을 빌려서 공전을 농사하고 또 거두도록 하는 것이다. 제후에 있어서 철법으로 했다는 말은, 그 비율을 통계 내어 1/10로 법을 삼았다는 말이다. 맹자는 "지방에서는 9부에서 1부를 부세로 징세하고, 서울에서는 1/10을 징세한다."⁵¹라고 했으니, 이는 방국에서도 경기 안과 밖의 법을 달리했다는 것일 뿐이다.'라고 했는데, 이것이 정현이 비율을 통계 내어 1/10로 법을 삼은 일을 해석한 것이다. 맹자는 또 '사방 1리의 토지가 1정(井)인데, 1정은 900묘이고, 그 가운데가 공전이 된다. 여덟 집에서 모두 100묘씩을 사전으로 받아서 공전을 함께 가꾸고, 공전의 일을 끝마친 다음에 사전의 일을 다스리게 해야 하니, 이는 지방인을 구별하기 위한 것이다.'⁵²라고 했는데, 이는 조법에서는 1정에서 1부를 별도로 떼어 공전에 넣는다는 설명이다. '지방인을 구별한다'라는 말은, 지방인을 구별하는 법을 제정해서 서울과 같지 않게 한다는 것이다. 조법에서 이미 100묘를 공전으로 삼는다고 했으니, 그렇다면 직접 납부하게 한다는 것은 농부들이 스스로 받은 전지를 농사해서 세로 곡식을 바치게 하는 것임이 분명하다. 조는 9부에서 1부의 소출을 부세

---

50 9부(九夫): 『전한서(前漢書)』 권24상, 「식화지(食貨志)」에 "1정(井)은 사방 1리(里)인데 이것이 9부(夫)이다. 여덟 가구가 공동으로 경작해서 각각 사전(私田) 100묘(畮)를 소유한다. [井, 方一里, 是爲九夫. 八家共之, 各受私田百畮.]"라고 했다.

51 『맹자』「등문공상(滕文公上)」: 청컨대 지방에는 9분의 1 세법을 써서 조법을 시행하고, 수도(首都)에는 10분의 1 세법을 써서 직접 납부하게 하십시오.[請野, 九一而助; 國中, 什一, 使自賦.]

52 『맹자』「등문공상」.

로 징수하는 것이고, 공은 1/10의 세법을 써서 1을 징수하는 것이니, 비율을 통계 내면 1/10이 되는 것이다.

如鄭之言, 邦國亦異外內, 則諸侯郊內貢·郊外助矣. 而鄭正言畿內用貢法, 邦國用助法, 以爲諸侯皆助者, 以諸侯郊內之地少, 郊外助者多, 故以邦國爲助, 對畿內之貢爲異外內也. 史傳說助貢之法, 惟『孟子』爲明. 鄭據其言, 以什一而徹爲通外內之率, 理則然矣. 而「食貨志」云: '井方一里, 是九夫. 八家共之, 各受私田百畝, 公田十畝, 是爲八百八十畝, 餘二十畝爲廬舍.' 其言取『孟子』爲說, 而失其本旨. 班固旣有此言, 由是群儒遂謬. 何休之注『公羊』, 范寧之解『穀梁』, 趙岐之注『孟子』, 宋均之說『樂緯』, 咸以爲然, 皆義異於鄭, 理不可通. 何則? 言'井九百畝, 其中爲公田', 則中央百畝, 共爲公田, 不得家取十畝也. 又言'八家皆私百畝', 則百畝皆屬公矣, 何得復以二十畝爲廬舍也? 言'同養公田', 是八家共理公事, 何得家分十畝自治之也? 若家取十畝各自治之, 安得謂之'同養'也? 若二十畝爲廬舍, 則家二畝半亦入私矣. 則家別私有百二畝半, 何得爲八家皆私百畝也? 此皆諸儒之謬. 鄭於「匠人」「注」云'野九夫而稅一', 此「箋」云'井稅一夫, 其田百畝', 是鄭意無家別公田十畝及二畝半爲廬舍之事. 俗以鄭說同於諸儒, 是又失鄭旨矣."

정현의 말대로 방국에도 경기 안과 경기 밖의 법을 달리했다면, 제후의 교내에서는 공법을 썼을 것이고 교외에는 조법을 썼을 것이다. 그러나 정현이 바로 경기 안에는 공법을 쓰고 방국에서는 조법을 썼다고 하여 제후들이 모두 조법을 썼다고 여긴 것은, 제후의 교내의 땅이 협소하고, 교외에는 돕는 자가 많기 때문에 방국에서 조법을 쓴 것을 가지고 경기 안의 공법에 상대해서 경기 안과 경기 밖의 세법을 달리한 것이라고 여긴 것이다. 역사나 전기에서 말하는 조법과 공법은 오로지 『맹자』에만 자세하게 보인다. 정현은 『맹자』의 언급을 근거로 하여 1/10의 세법을 경기 밖과 경기 안을 통계하는 비율로 삼았는데 이치는 그럴듯하다. 그런데, 『한서』「식화지」에 '1정은 사방 1리인데 이것이 9부이다. 여덟 가구가 공유해서 각각 사전 100묘와 공전 10을 받으니, 합하면 880묘가 되고, 나머지 20묘로는 여사(廬舍)를 짓는다.'라고 했는데, 이 말은 『맹자』를 취해서 한 말이지만 그 본래의 취지를 잃었다. 반고가 이미 이 말을 하는 바람에 많은 유학자가 결국은 오류를 범하게 된 것이다. 하휴가 주석한 『춘추공양전』과 범녕(范寧)이 해석한 『춘추곡량전』, 조기가 주석한 『맹자』, 송균(宋均)[53]이

설명한 『악위』[54]에서 다 그렇게 생각하는데, 모두 의미가 정현과는 다르니, 이치상 통할 수가 없다. 왜인가? '1정은 900묘이고 그 가운데가 공전이 된다'라고 했으니, 그렇다면 중앙의 100묘가 모두 공전이 되니 집마다 10묘씩 취할 수가 없는 것이다. 또 '여덟 집에서 모두 100묘씩을 사전으로 받는다'라고 했으니, 그렇다면 100묘는 모두 공전에 귀속되는 것이니, 어떻게 다시 20묘를 가지고 여사를 지을 수 있겠는가? '공전을 함께 가꾼다'라고 했는데, 이는 여덟 집이 함께 공전의 일을 처리한다는 말이니 어떻게 집마다 10묘씩 나누어 주어 직접 경작하게 할 수 있겠는가? 만약 집마다 10묘씩 취해서 각자 직접 경작할 수 있었다면 어떻게 그것을 '함께 가꾼다[同養]'라고 할 수 있겠는가? 만약 20묘를 가지고 여사를 지었다면 집마다 2묘 반씩이 또 사전으로 들어가게 된다. 그렇다면 집마다 별도로 사전 100묘 반을 소유하게 되니, 어떻게 여덟 집이 모두 사전 100묘를 가진 것이 될 수 있겠는가? 이 모든 것이 여러 유학자의 오류인 것이다. 정현은 「장인」의 「주」에서 '지방에서는 9부에서 1부를 부세로 징세한다'라고 했는데, 이 대목의 「전(箋)」에 '1정에서 1부의 소출을 부세로 징수하는데, 그 전지는 100묘이다'라고 했으니, 이는 정현이 집마다 별도로 공전 10묘 및 2묘 반으로 여사를 지은 일이 없다고 생각한 것이다. 세속에서는 정현의 말이 여러 유학자의 말과 같다고 생각하는데, 이는 또 정현의 취지를 잘못 알고 있는 것이다."라고 했다.

案, 『詩』「疏」引申鄭義甚詳辨, 然鄭氏以徹法爲諸侯郊內貢, 郊外助, 因訓"徹"爲"通", 近儒亦不從之, 而多以趙岐『孟子』「注」爲然. 劉熙注『孟子』云: "家耕百畝, 徹取十畝以爲賦也." 與趙岐義同. 案, 『說文』則"徹"本訓通, "勶"下云"發也". 趙·劉以"徹"爲取, 或卽"勶"之叚字.

---

53 송균(宋均, ?~76): 후한 남양(南陽) 안중[安衆, 하남성 남양(南陽)] 사람. 자는 숙상(叔庠)이다. 『시경』과 『예기』에 능통했고, 진양장(辰陽長)과 하내태수(河內太守) 등을 지냈다. 진양장으로 있을 때 학교를 세워 그 지역의 경학을 활성화시키는 데 크게 기여했다.

54 『악위(樂緯)』: 위서(緯書)의 일종. 수서(隋書) 경적지(經籍志)에는 "『악위(樂緯)』 3권이 있었다." 하였다. 즉 동성의(動聲儀)·계요가(稽耀嘉)·협도징(叶圖徵) 등이 있었는데 대부분 없어지고 다만 그 일부분이 『고미서(古微書)』·『옥함산방집일서(玉函山房輯佚書)』에 들어있다. 위서는 경의(經義)에 가탁(假托)하여 길흉화복(吉凶禍福)을 예언하는 따위의 도참(圖讖)으로 볼 수 있는데, 역위(易緯)·서위(書緯)·시위(詩緯)·예위(禮緯)·춘추위(春秋緯)·효경위(孝經緯) 등과 아울러 이른바 칠위서(七緯書)로 불린다.

然『孟子』云"徹者, 徹也." 就本字爲訓, 似不煩叚藉, 則鄭義爲長. 「司稼職」云, "巡野觀稼. 以年之上下出斂法." 姚氏文田『求是齋稿』謂"斂法卽徹法".

살펴보니, 『시경』의 「소」에서 정현의 뜻을 매우 자세하게 분별해서 확대 인용했는데, 하지만 정씨는 철법을 제후의 교내에서는 공법이고 교외에서는 조법이라고 생각해서 이로 인해 "철(徹)"을 "통함[通]"의 뜻으로 새겼지만, 근래의 유학자들까지도 이 뜻을 따르지 않았고 대부분 조기의 『맹자』「주」를 옳다고 여긴다. 유희(劉熙)는 『맹자』를 주석하면서 "집마다 100묘를 경작하는데, 철법의 세법에 10묘를 취해 부세로 삼는다."라고 했으니 조기의 뜻과 같다. 살펴보니, 『설문해자』에서는 "철(徹)"의 본래 뜻풀이가 통함[通]이고,[55] "철(勶)" 아래 "쏟다[發]는 뜻이다"[56]라고 했는데, 조기와 유희는 "철(徹)"의 뜻을 취하였으니, 어쩌면 바로 "철(勶)"의 가차자인 듯싶다. 그러나 맹자는 『맹자』「등문공상」에서 "철(徹)이란 통한다[徹]는 뜻이다."라고 하여 본래 글자를 따라 뜻풀이를 했는데, 번거롭게 가차자를 빌려다 쓴 것 같지는 않으니, 그렇다면 정현의 뜻이 더 좋다. 『주례』「지관사도하·사가직」에 "지방에 심은 곡식을 순시하며 농사를 살펴서 그해에 작황의 상하(上下)를 판단해서 세금을 징수하는 법[斂法]을 내게 한다."라고 했는데, 요문전(姚文田)[57]의 『구시재고』에 "염법(斂法)은 바로

---

55 『설문해자』권3: 철(𢕦)은 통한다[通]는 뜻이다. 척(彳)으로 구성되었고 복(攴)으로 구성되었으며 육(育)으로 구성되었다. 철(徹)은 철(𢕦)의 고문이다. 축(丑)와 열(列)의 반절음이다.[𢕦, 通也. 從彳從攴從育. 徹, 古文𢕦. 丑列切.]

56 『설문해자』권13: 철(勶)은 쏟다[發]는 뜻이다. 역(力)으로 구성되었고 철(徹)로 구성되었으며, 철(徹)이 또한 발음을 나타낸다. 축(丑)과 열(列)의 반절음이다.[勶, 發也. 從力從徹, 徹亦聲. 丑列切.]

57 요문전(姚文田, 1758~1827): 청나라 절강(浙江) 귀안(歸安) 사람. 자는 추농(秋農)이고, 시호는 문희(文僖)이다. 가경(嘉慶) 4년(1789) 진사(進士)가 되고, 수찬(修撰)에 올랐다. 거듭 승진하여 내각중서(內閣中書)와 예부상서(禮部尙書) 등을 지냈다. 완원을 사사했고, 학문을 논할 때는 송유(宋儒)의 의리(義理)를 따르고 경전을 연구할 때는 한유(漢儒)를 추종했다. 일찍부터 팔고문(八股文)을 잘 지어 유명했지만, 나중에는 그 폐단에 대해 성토했다. 식견이 열렸고 넓었다. 『설문해자』에 정밀하여 엄가균(嚴可均)과 함께 『설문각의(說文斠議)』와 『설문고이(說文考異)』를 편찬했다. 저서에 『설문성계(說文聲系)』와 『설문교의(說文校義)』, 『고음해(古音諧)』, 『사성이지록(四聲易知錄)』, 『학역토원(學易討原)』, 『사서쇄어(四書瑣語)』, 『춘추경전삭윤표(春秋經傳朔閏表)』, 『수아당학고록(邃雅堂學古錄)』 등이 있다.

철법이다"라고 했다.

蓋徹無常額, 惟通豊凶及君民計之, 合百畝, 而以十畝之入爲稅, 此"徹"訓通之義. 鄭君但言
"通率什一"者, 欲明徹制與貢・助相通. 其取於民, 無不通計可知. 至郊內貢・郊外助, 不獨
文見『孟子』, 卽以「載師」"任地"證之, 王畿內外, 旣斂法各異, 則謂諸侯郊內・郊外, 斂法
不同, 亦奚疑也?『後漢書』「陸康傳」, "夫什一而稅, 周謂之徹. 徹者, 通也. 言其法度可通
萬世而行也." 此與鄭君訓同義異, 且未言徹制何若, 其義終難明也.

아마도 철법은 일정한 액수는 없고 오직 풍년과 흉년 및 군주와 백성을 통계해서 계산하여
100묘를 합하고 10묘의 수입을 부세로 삼은 듯하니, 이래서 "철(徹)"을 통함[通]의 뜻으로 풀
이한 것 같다. 정군(鄭君)이 다만 "비율을 통계 내어 1/10로 한다"라고 말한 것은, 철법의 제
도와 공법과 조법의 제도가 서로 통함을 밝히고자 한 것이다. 백성에게서 징수한 것은 통계
를 내지 않음이 없음을 알 수 있다. 심지어 교내의 공법과 교외의 조법은『맹자』에만 보일
뿐만이 아니니, 바로『주례』「재사」에서 "무릇 토지의 비옥함과 척박함에 따라 세액을 정한
다[任地]"라고 한 것으로 증명할 수 있고, 왕기(王畿)의 안과 밖은 이미 세금을 거두는 법[斂
法]이 각기 다르니, 제후의 교내와 교외의 세금 거두는 법이 같지 않다는 말도 어찌 의심하겠
는가?『후한서』「육강전」에 "1/10의 조세를 징수하는 것을 주나라에서는 철(徹)이라 한다.
철(徹)이란 통한다[通]는 뜻이니, 그 법도가 만세에 통하여 행해질 수 있다는 말이다."라고
했는데, 이는 정군과 새김은 같으나 뜻이 다르고, 또 철법의 제도가 어떠한지 말하지 않았으
니, 그 뜻은 결국 분명하게 알기가 어렵다.

- 「注」, "孔曰: '二謂什二而稅.'"
○ 正義曰:「匠人」「疏」引此「注」作"鄭曰", 或鄭亦有「注」, 而僞孔襲之. 據鄭上「注」云: "周制
什一而稅." 則此"二"爲什而取二矣. 此卽指宣公稅畝之事. 至哀公違有子之諫, 復用田賦, 比
什二爲盆重. 宜乎至孟子時, 亟亟以薄賦斂爲仁政也.
○「주」의 "공안국이 말했다. '2는 2/10를 징세함을 이른다.'"
○ 정의에서 말한다.
　『주례』「동관고공기하・장인」의 「소」에 이 「주」를 인용했는데, "정왈(鄭曰)"로 되어 있으

니, 아마도 정현 역시 「주」가 있는데, 위찬(僞撰)된 공안국의 「주」에서 이어받은 것인 듯싶다. 정현이 앞의 「주」에서 "주나라의 제도는 소출의 1/10을 징세한다."라고 한 말에 의거해 보면 이 "2"는 10에서 2를 취하는 것이니, 이것은 바로 선공의 전묘를 실측해서 징세한 것을 가리키는 것이다. 애공 때 이르러 유자(有子)의 간언을 어기고 다시 전묘에 따라 부세하는 제도[田賦]를 썼는데, 2/10에 비해 더욱 무겁게 징수한 것이니, 맹자 때 이르러 세금을 가볍게 하는 것을 인정(仁政)으로 삼을 것을 재촉한 것이 마땅하다.

12-10

子張問崇德辨惑.【注】孔曰: "'辨', 別也." 子曰: "主忠信, 徙義, 崇德也.【注】包曰: "'徙義', 見義則徙意而從之." 愛之欲其生, 惡之欲其死. 旣欲其生, 又欲其死, 是惑也.【注】包曰: "愛·惡當有常, 一欲生之, 一欲死之, 是心惑也." '誠不以富, 亦祇以異.'"【注】鄭曰: "此『詩』「小雅」也. '祇', 適也. 言此行誠不可以致富, 適足以爲異耳. 取此詩之 '異'義以非之."

자장이 덕을 높이고 미혹됨을 분별하는 것에 대하여 묻자, 【주】 공안국이 말했다. "'변(辨)'은 분별함[別]이다." 공자가 말했다. "성실하고 진실한 사람과 가까이하고 의로 옮겨 가는 것이 덕을 높이는 것이다. 【주】 포함이 말했다. "'의로 옮겨 가는 것[徙義]'은 의를 보면 뜻을 바꾸어 따른다는 뜻이다." 사랑스러울 땐 살기를 바라다가 미워지면 죽기를 바라니, 이미 살기를 바라면서 또 죽기를 바라는 것이 미혹됨이다. 【주】 포함이 말했다. "사랑과 미움은 마땅히 일정함이 있어야 하니, 한편으로는 살기를 바라면서 한편으로는 죽기를 바라는 것은 마음이 미혹된 것이다." '진실로

부유하게도 하지 못하고 또한 단지 인도(人道)에서 어긋나기만 할 뿐이다.'"【주】정현이 말했다. "이 말은『시경』「소아」의 시구(詩句)이다. '기(祇)'는 다만[適]이라는 뜻이다. 이런 행위로는 진실로 부(富)를 이룰 수 없고, 단지 인도에서 어긋나기만 할 뿐이라는 말이다. 이 시에서 말한 '이(異)' 자의 뜻을 취해서 비난한 것이다."

원문 正義曰: 吳氏嘉賓『說』, "'克己復禮', '崇德辨惑', 皆古之言也. 古訓多協韻, 以便蒙誦." 案, "崇德"者, 『爾雅』「釋詁」, "崇, 高也." 謂於人之有德, 尊崇之也. "主忠信"者, 鄭於「學而篇」「注」云: "主, 親也." 言於忠信之人, 親近之也.

역문 정의에서 말한다.

오가빈(吳嘉賓)의『사서설』에 "'극기복례(克己復禮)'와 '숭덕변혹(崇德辨惑)'은 모두 옛말이다. 고훈(古訓)은 협운(協韻)이 많아 편리하게 암송할 수 있다."라고 했다. 살펴보니, "숭덕(崇德)"은『이아』「석고」에 "숭(崇)은 높다[高]는 뜻이다."라고 했으니, 남이 가지고 있는 덕(德)을 높인다[尊崇]는 말이다. "주충신(主忠信)"은 정현이 「학이」의「주」에서 "주(主)는 가까이함[親]이다."라고 했으니, 성실하고 진실한 사람과 가까이한다는 말이다.

원문 "愛之欲其生, 惡之欲其死"者, 言其人非有可愛可惡之實, 己但任情愛惡之也. 先從叔丹徒君『騈枝』曰: "愛之欲其生, 惡之欲其死, 猶之'進人若將加諸膝, 退人若將隊諸淵.' 皆形容譬況之辭. 旣欲其生, 又欲其死, 覆擧上文而迫笮其詞, 以起'惑'字, 非兩意也."

역문 "사랑스러울 땐 살기를 바라다가 미워지면 죽기를 바란다"라는 것은,

그 사람이 사랑할 만하고 미워할 만한 사실을 가지고 있는 것이 아닌데, 단지 자기 마음대로 사랑하고 미워한다는 말이다. 돌아가신 종숙 단도군(丹徒君)의 『논어변지』에 "사랑스러울 땐 살기를 바라다가 미워지니 죽기를 바란다는 것은, 마치 '사람을 쓸 때는 장차 그를 무릎 위에 올려놓을 것처럼 하다가, 사람을 물리칠 때는 장차 그를 연못에 떨어뜨릴 것처럼 한다.'[58]라는 말과 같으니, 모두 상황을 비유하는 말이다. '이미 살기를 바라면서 또 죽기를 바란다'라는 것은 앞의 말을 반대로 거론하면서 그 말을 다그쳐 '혹(惑)' 자를 세운 것이니, 뜻을 두 가지로 나누어서 말한 것이 아니다."라고 했다.

원문 又云: "人情之偏, 愛・惡爲甚. 內無知人之明, 外有毀譽之蔽, 鮮有能至當而不易者." 謹案, 「樂記」云: "著則賢不肖別矣." "著"猶"明"也. 孔「疏」云: "所好得其善, 所惡得其惡, 則賢不肖自然分別矣." 今此忽愛忽惡, 是好惡未著, 故賢不肖亦不能辨, 非惑而何?

역문 또 말하길 "인정의 치우침은 사랑과 미움에서 더욱 심해진다. 안으로 사람을 알아보는 밝은 지혜가 없고, 밖으로 명예(名譽)를 훼손하는 폐단이 있으면서, 결코 바꿀 수 없는 지극히 타당한 법도는 거의 없다."라고 했다. 삼가 살펴보니, 『예기』「악기」에 "좋아하고 미워함이 드러나면 어짊과 불초함이 구별된다."라고 했는데, "드러남[著]"은 "밝음[明]"과 같다. 공영달의 「소」에 "좋아하는 것이 그 선을 얻는 것이며, 미워하는 것이 그 악을 얻는 것이면 어짊과 불초함이 저절로 분별될 것이다."라고 했다. 지금 이처럼 갑자기 사랑하다가 갑자기 미워한다면, 이는 좋아함과

---

58 『예기』「단궁하(檀弓下)」.

미워함이 분명치 않기 때문에 어짊과 불초함도 변별하지 못하는 것이니, 미혹된 것이 아니고 무엇이겠는가?

원문 『釋文』云: “惑, 本亦作或.” 案『說文』, “惑, 亂也.” “惑”·“或”爲古今字. 皇本“崇德也”無“也”字, “愛之欲其生”三句下各有“也”字. “誠”, 『毛詩』作 “成”.

역문 『경전석문』에 “혹(惑)은 판본에 따라 혹(或)으로도 되어 있다.”라고 했다. 『설문해자』를 살펴보니, “혹(惑)은 어지럽다[亂]는 뜻이다.”[59]라고 했는데, “혹(惑)”과 “혹(或)”은 고금자(古今字)의 관계이다. 황간본에는 “숭덕야(崇德也)”에서 “야(也)” 자가 없고, “애지욕기생(愛之欲其生)”의 세 구절 아래 각각 “야(也)” 자가 있다. “성(誠)”은 『모시』에 “성(成)”으로 되어 있다.

- 「注」, “辨, 別也.”
- 正義曰: “辨, 別”亦常訓. 『說文』, “辨, 判也.” 判 · 別義同.
- 「주」의 “변(辨)은 분별함[別]이다.”
- 정의에서 말한다.
  “변(辨)은 분별함[別]”은 역시 일반적인 해석이다. 『설문해자』에 “변(辨)은 분별함[判]이다.”[60]라고 했으니, 판(判)과 별(別)은 뜻이 같다.
- 「注」, “愛惡”至“惑也”.
- 正義曰: “愛惡當有常”者, 言愛惡不失其理, 則能有常, 不至變異也. “一欲生之, 一欲死之”,

---

59 『설문해자』 권10: 혹(惑)은 어지럽다[亂]는 뜻이다. 심(心)으로 구성되었고 혹(或)이 발음을 나타낸다. 호(胡)와 국(國)의 반절음이다.[惑, 亂也. 從心或聲. 胡國切.]
60 『설문해자』 권4: 변(辨)은 분별함[判]이다. 도(刀)로 구성되었고 변(𠦬)이 발음을 나타낸다. 포(蒲)와 현(莧)의 반절음이다.[辨, 判也. 從刀𠦬聲. 蒲莧切.]

謂一念欲生之, 一念欲死之. 此總釋經文"愛之欲其生"四句之意. 『漢書』「王尊傳」公乘興等
訟王尊曰: "尊以京師廢亂, 群盜並興, 選賢徵用, 起家爲卿, 賊亂旣除, 豪猾伏辜, 卽以佞巧
廢黜. 一尊之身, 三期之間, 乍賢乍佞, 豈不甚哉? 孔子曰: '愛之欲其生, 惡之欲其死, 是惑
也.'" 觀此文所引, 其義益明.

○「주」의 "애오(愛惡)"부터 "혹야(惑也)"까지.

○ 정의에서 말한다.

"사랑과 미움은 마땅히 일정함이 있어야 한다."라는 것은 사랑하고 미워함에 그 도리를 잃지
않으면 일정함이 있어 변고와 인도에서 어긋나는 데 이르지 않을 수 있다는 말이다. "한편으
로는 살기를 바라면서 한편으로는 죽기를 바란다"라는 것은 한편의 생각으로는 살기를 바라
면서 한편의 생각으로는 죽기를 바란다는 말이다. 이것은 경문의 "사랑하면 살기를 바란다"
라고 한 4구절의 뜻을 총괄적으로 풀이한 것이다. 『한서』「왕존전」에 공승흥(公乘興)[61] 등이
왕존(王尊)[62]을 송사하기를 "왕존은 경사(京師)가 황폐하고 어지러워져 여러 도적이 한꺼번
에 일어났을 때 현명한 자들을 선발하고 백성을 징용하였고, 벼슬에 올라 경이 되자 도적의
난리를 이미 제거하니, 호강(豪强)하고 교활한 자가 죄를 받았는데, 곧바로 간사하고 교활하
다 하여 그를 파직하여 내쳤습니다. 일개 왕존의 몸인데 3년 동안에 어질기도 하고 간사하기

---

61 공승흥(公乘興, ?~?): 전한 말기의 관료. 당시 호현(湖縣)의 삼로(三老)로 알려져 있다.

62 왕존(王尊, ?~?): 전한 말기의 관료. 자는 자공(子贛)이며 탁군 고양현(高陽縣) 사람이다. 어
    려서 부모를 여의고, 친척 집에서 양을 치며 살았다. 몰래 공부하여 열세 살에 옥리(獄吏)가
    되었고, 몇 년 후 태수부(太守府)에서 일할 때 능력을 인정받아 임용되었다. 이후 병으로 사
    직하여 군문학(郡文學)의 밑에서 『서경』・『논어』를 익혀, 다시 임용되어 유주종사(幽州從
    事)로 천거되었다. 초원 연간에 천거되어 괵령(虢令)이 되었고, 괴리령(槐里令)・미양령(美
    陽令)을 겸하였다. 원제가 천하를 순시하여 괵을 지났을 때, 응대를 성실히 하여 안정태수로
    승진하였다. 호강장군(護羌將軍)의 전교위(轉校尉)가 되었다가, 탁군태수 서명(徐明)의 천
    거로 미령(郿令)이 되었고, 익주자사로 승진하였다. 경조윤에서 도적이 창궐하여, 왕봉의
    천거로 간대부(諫大夫)・수경보도위(守京輔都尉)・행경조윤사(行京兆尹事)가 되었고, 한
    달 만에 도적을 소탕하여 광록대부・수(守)경조윤으로 승진하였다가 이듬해에 정식으로 부
    임하였다. 그러나 하평 2년(기원전 27년)에 황제의 사자를 무례하게 대하여 파면되었다. 백
    성 중에서 왕존의 파면을 슬퍼한 이가 많았고, 호삼로(湖三老) 공승흥 등이 왕존의 공적을
    칭송하였으므로 다시 조정의 부름을 받아 서주자사・동군태수를 역임하였다.

도 하였다는 것이니, 어찌 심하지 않습니까? 공자께서 '사랑스러울 땐 살기를 바라다가 미워지면 죽기를 바라는 것이 미혹됨이다.'라고 하셨습니다."라고 했는데, 이 글에 인용된 것을 보면 그 뜻이 더욱 분명하다.

- 「注」, "此詩"至"非之".
- 正義曰: 『詩』「關雎」「疏」引此「注」首句云: "此『詩』「小雅」'我行其野'之句也." 文較備. "祇, 適", 毛「傳」文. 鄭彼「箋」云: "女不以禮爲室家成事, 不足以得富也; 女亦適以此自異於人道, 言可惡也." "不足以得富", 卽此「注」"不可以致富", 惟"成"·"誠"二字各就文爲訓, 其實『毛詩』作"成", 亦"誠"之叚借. 自異人道卽是惑, 故取其義, 以非此之惑也.

○ 「주」의 "차시(此詩)"부터 "비지(非之)"까지.

○ 정의에서 말한다.

『시경』「관저」의 「소」에 이 「주」의 첫 구절을 인용하면서 "이것은 『시경』「소아」의 '내가 들판을 걸어간다[我行其野]'라는 구절이다."[63]라고 했는데, 글자를 따져서 갖추어 놓은 것이다. "기(祇)는 다만[適]이라는 뜻이다"라고 한 것은 모형(毛亨)의 「전(傳)」의 글이다. 정현은 이 구절의 「전(箋)」에서 "네가 예로써 실가(室家)를 만들고 일을 성사시키지 않으면 충분히 부를 얻을 수 없고, 네가 또한 다만 이 때문에 스스로 인도에서 어긋나게 된다면 미워할 만하다고 말할 것이다."[64]라고 했는데, "충분히 부를 얻을 수 없다[不足以得富]"라는 것은 바로 이 「주」의 "부를 이룰 수 없다[不可以致富]"이고, 오직 "성(成)"과 "성(誠)" 두 글자는 각각 글자에 입각해서 뜻을 새긴 것이긴 하지만 실은 『모시』에 "성(成)"으로 되어 있는 것 역시도 "성(誠)"의 가차자이다. 스스로 인도에서 어긋나는 것이 바로 미혹됨이기 때문에 그 뜻을 취하여 이것이 미혹된 것임을 비난한 것이다.

---

63 『모시주소(毛詩注疏)』 권1, 「국풍(國風)·주남(周南)·관저(關雎)」 공영달의 「소」에는 "『논어』「주」에 '이것은 "내가 들판을 걸어간다"라는 구절이다.'라고 했는데, 옳다.[『論語』「注」云: '此, "我行其野"之句.' 是也.]"라고 하여 "此詩小雅" 네 글자는 없다.

64 『모시주소』 권18, 「기부지십(祈父之什)·아행기야(我行其野)」 정현의 「전」에는 "女亦" 두 글자가 없다.

12-11

齊景公問政於孔子, 孔子對曰: "君君, 臣臣, 父父, 子子."

【注】 孔曰: "當此之時, 陳恒制齊, 君不君, 臣不臣, 父不父, 子不子, 故以對."

公曰: "善哉! 信如君不君, 臣不臣, 父不父, 子不子, 雖有粟, 吾得而食諸?"【注】 孔曰: "言將危也, 陳氏果滅齊."

제나라 경공(景公)이 공자에게 정치를 묻자, 공자가 대답했다. "임금은 임금답고 신하는 신하다우며, 아비는 아비답고 자식은 자식다워야 합니다."【주】 공안국이 말했다. "이때를 당하여 진항(陳恒)이 제나라의 국정을 전제(專制)하니, 임금이 임금답지 못하고 신하가 신하답지 못하며, 아비가 아비답지 못하고 자식이 자식답지 못했기 때문에 이 말로 대답한 것이다." 경공이 말했다. "훌륭한 말씀이십니다! 진실로 임금이 임금답지 못하고 신하가 신하답지 못하며, 아비가 아비답지 못하고 자식이 자식답지 못하다면 비록 곡식이 있다 한들 내가 그것을 먹을 수나 있겠습니까?"【주】 공안국이 말했다. "장차 위태로워질 것이라는 말이니, 진씨(陳氏)가 과연 제나라를 멸망시켰다."

원문 正義曰: 景公名杵臼, 莊公異母弟, 見『史記』「齊太公世家」. 『周書』「諡法解」, "布義行剛曰景." "君君·臣臣·父父·子子", 言君當思所以爲君, 臣當思所以爲臣, 父當思所以爲父, 子當思所以爲子, 乃深察名號之大者.

역문 정의에서 말한다.

경공은 이름이 저구(杵臼)이고 장공(莊公)의 이복동생인데,『사기』「제태공세가」에 보인다. 『주서』「시법해」에 "의를 펴고 굳세게 행한 것[布

義行剛]을 '경(景)'이라 한다."라고 했다. "임금이 임금답고 신하가 신하다 우며, 아비가 아비답고 자식이 자식답다"라는 것은 임금은 마땅히 임금 노릇 할 것을 생각하고, 신하는 마땅히 신하 노릇 할 것을 생각해야 하며, 아비는 마땅히 아비 노릇 할 것을 생각하고 자식은 마땅히 자식 노릇 할 것을 생각해야 하니, 바로 명호(名號)의 중대함을 깊이 살펴야 한다는 말이다.

원문 『白虎通』「三綱六紀篇」, "君臣者, 何謂也? 君, 群也, 下之所歸心; 臣者, 繵堅也, 屬志自堅固. 父子者, 何謂也? 父者, 矩也, 以法度敎子; 子者, 孳孳無已也. 故『孝經』曰: '父有爭子, 則身不陷於不義.'" 此君·臣·父·子稱名之實也.

역문 『백호통의』「삼강육기」에 "군신(君臣)이란 무엇을 말하는 것인가? 군(君)은 무리[群]라는 뜻이니, 신분이 낮은 사람들이 마음을 귀의하는 대상이고, 신(臣)이란 단단히 묶는다[繵堅]는 뜻이니, 뜻을 맡겨 스스로 견고해진다는 뜻이다. 부자(父子)란 무엇을 말하는 것인가? 부(父)는 법도[矩]이니, 법도로써 자식을 가르친다는 뜻이고, 자(子)는 부지런하다[孳]는 뜻이니, 부지런히 노력해 마지않는다는 뜻이다. 그러므로 『효경』에서 말했다. '아버지에게 간쟁하는 자식이 있으면 그 몸이 불의(不義)에 빠지지 않을 것이다.'"라고 했으니, 이것이 군(君)·신(臣)·부(父)·자(子)라는 명칭의 실정이다.

원문 『呂氏春秋』「處方篇」, "凡爲治必先定分, 君·臣·父·子·夫·婦, 六者當位, 則下不踰節, 而上不苟爲矣; 少不悍辟, 而長不簡慢矣." 又云: "同異之分, 貴賤之別, 長幼之義, 此先王之所愼, 而治亂之紀也."

역문 『여씨춘추』「처방」에 "무릇 통치를 할 때는 반드시 먼저 신분을 정해야 하니, 임금·신하·아비·자식·지아비·아내의 이 여섯 신분이 자기의 위치를 마땅하게 지키면 신분이 낮은 사람들이 규칙을 벗어나지 않고, 신분이 높은 사람들도 내키는 대로 행동하지 않으며, 젊은이가 사나워지거나 사악해지지 않고, 어른들도 경솔해지거나 해이해지지 않는다."라고 했고, 또 "같음과 다름을 구분하고, 귀함과 천함을 구별하며, 어른과 아이를 올바르게 하는 것, 이러한 것들이 바로 선대의 임금들이 신중히 다룬 것이었고, 다스려짐과 혼란함의 실마리였던 것이다."라고 했다.

원문 『左』「昭」二十六年「傳」, "齊侯與晏子坐於路寢, 公歎曰: '美哉, 室! 其誰有此乎?' 對曰: '其陳氏乎. 陳氏雖無大德, 而有施於民. 後世若少惰, 陳氏而不亡, 則國其國也已.' 公曰: '善哉! 是可若何?' 對曰: '唯禮可以已之. 在禮, 家施不及國.'" 又曰: "君令臣共, 父慈子孝, 兄愛弟敬, 夫和妻柔, 姑慈婦聽, 禮也, 君令而不違, 臣共而不貳, 父慈而敬, 子孝而箴, 兄愛而友, 弟敬而順, 夫和而義, 妻柔而正, 姑慈而從, 歸聽而婉, 禮之善物也." 晏子所言, 正與夫子答齊侯意同.

역문 『춘추좌씨전』「소공」 26년의 「전」에 "제후(齊侯)가 안자(晏子)와 함께 노침(路寢)에 앉았을 때 경공이 '아름답구나, 방이! 장차 누가 소유하게 될까?'라고 탄식하자, 안자가 대답했다. '아마도 이 방은 진씨가 차지하게 될 것입니다. 진씨가 비록 큰 덕은 없으나 백성들에게 은혜를 베푸니, 앞으로 임금님의 후손이 조금 태만해지고 진씨가 멸망하지 않는다면 제나라는 진씨의 나라가 될 것입니다.' 경공이 말했다. '좋은 말씀입니다! 이 일을 어찌하면 좋겠습니까?' 안자가 대답했다 '오직 예(禮)만이 진씨의 나라가 되는 것을 방지할 수 있습니다. 예에 의거하게 된다면 대부 집안의 시혜가 제후의 나라에 미치지 않습니다.'"라고 했고, 또 "임금은 명령하고 신하는 공손하며, 아비는 자애하고 자식은 효도하며, 형은 사랑하고 아우는 공경하며, 지아비는 온화하고 아내는 유순하며, 시어미는 자애하고 며느리는 순종하는 것이 예이니, 임금은 명령을 내리면서도 도리에 어긋나지 않게 하고 신하는 공손하면서도 두 마음을 품지 않으며, 아비는 자애하면서도 가르치고, 자식은 효도하면서도 간언[箴]하며, 형은 사랑하면서도 우애하고, 아우는 공경하면서도 순종하며, 지아비는 온화하면서도 의롭고, 아내는 유순하면서도 바른길로 남편을 섬기며, 시어미는 자애하면서도 며느리를 따르고, 며느리는 순종하면서도 시어미에게 어여삐 하는 것이 예 중에 좋은 일입니다."라고 했으니, 안자가 한 말이 바로 공자가 제후에게 대답한 의미와 같다.

원문 阮氏元『校勘記』云: "皇本 · 高麗本'吾'下有'豈'字. 『釋文』出'吾焉得而食諸', 云: '本亦作"焉得而食諸", "焉", 於虔反. 本今作"吾得而食諸".'案, 『史記』「仲尼世家」及『漢書』「武五子傳」並作'豈', 與皇本合. 『太平御覽』二十二引'吾惡得而食諸', '豈', '焉' · '惡'二字義皆相近, 疑今本'吾'下有脫字."

역문 완원의 『십삼경주소교감기』에 "황간본과 고려본에는 '오(吾)' 아래 '기(豈)' 자가 있다. 『경전석문』에 '내가 어찌 그것을 먹을 수 있겠는가[吾焉得而食諸]'라고 되어 있고, 그 아래 '판본에 따라 "어찌 그것을 먹을 수 있겠는가[焉得而食諸]"라고 되어 있는데, "언(焉)"은 어(於)와 건(虔)의 반절음이다. 판본에 따라 지금은 "내가 그것을 먹을 수 있겠는가[吾得而食諸]"로 되어 있다.'라고 했다. 살펴보니, 『사기』「중니세가」 및 『한서』「무오자전」에는 모두 '기(豈)'로 되어 있으니, 황간본과 일치한다. 『태평어람』권22에 '내가 어찌 그것을 먹을 수 있겠는가[吾惡得而食諸]'로 인용되어 있는데, '기(豈)'는 '언(焉)'과 '오(惡)' 두 글자와 뜻이 모두 서로 가까우니, 아마도 지금의 판본은 '오(吾)' 아래 빠진 글자가 있는 듯하다."라고 했다.

- 「注」, "當此之時, 陳恒制齊."
- 正義曰: 黃氏式三『後案』引狄惺菴曰: "孔子至齊, 在景公三十一年, 當魯昭公二十五年. 踰年, 卽反魯. 是時陳氏爲武子開, 字子彊, 見昭二十六年『左傳』. 無宇之子, 乞之兄也. 乞卒, 子代之, 乃爲陳恒." 案, 狄說本「孔子世家」, 觀此, 益知僞孔之謬.

○ 「주」의 "이때를 당하여 진항이 제나라의 국정을 전제했다."

○ 정의에서 말한다.

황식삼(黃式三)의 『논어후안』에는 적성암(狄惺菴)[65]이 "공자가 제나라에 이른 것은 경공 31년에 있었던 일이니, 노나라 소공(昭公) 25년에 해당한다. 해를 넘기고는 즉시 노나라로 돌아왔다. 이때 당시 진씨라면 진무자(陳武子)인 개(開)인데, 자는 자강(子彊)으로 소공 26년의 『춘추좌씨전』에 보인다. 진무우(陳無宇)의 아들이며, 걸(乞)의 형이다. 걸이 죽자 아들이 대를 이었는데 그가 진항이다."라고 한 것을 인용했다. 살펴보니, 적성암의 말은 「공자세가」에 근거한 것이다. 이것을 보니, 위공(僞孔)의 오류를 더욱 알 수 있다.

- 「注」, "言將危也, 陳氏果滅齊."
- 正義曰: 顏師古『漢書』「武五子傳」言, "父子・君臣之道不立, 則國必危亡. 倉廩雖多, 吾不得食也." 卽此「注」"將危"之意. 陳氏至太公和遷齊康公海上, 自立爲齊侯, 是陳氏滅齊也. 景公時, 其兆已見, 故「注」云然.

○ 「주」의 "장차 위태로워질 것이라는 말이니, 진씨가 과연 제나라를 멸망시켰다."

○ 정의에서 말한다.

안사고는 『한서』「무오자전」에서, "부자와 군신의 도가 서지 않으면 나라는 반드시 위태로워

---

65 적성암(狄惺菴, ?~?): 청나라 가경(嘉慶)・도광(道光) 때의 학자. 이름은 자기(子奇)이고, 성암(惺菴)은 그의 자인데, 성원(惺垣)이라 하기도 하고, 숙영(叔穎)이라 하기도 한다. 대대로 유학자인 집안에서 태어났다. 저서에 『사서질의(四書質疑)』 40권과 『사서석지변의(四書釋地辨疑)』・『향당도고변의(鄕黨圖考辨疑)』 각 1권이 있으며, 정은택(程恩澤)과 함께 편찬한 『전국책지명고(戰國策地名考)』 20권이 있고, 이 외에 잘 알려진 『공자편년(孔子編年)』과 『맹자편년(孟子編年)』이 각각 4권씩 있는데, 합해서 『공맹편년(孔孟編年)』이라고 한다.

지고 망하게 되니 창름(倉廩)이 비록 많더라도 내가 먹을 수가 없다."라고 했는데, 바로 여기 「주」의 "장차 위태로워질 것[將危]"이라는 뜻이다. 진씨는 태공(太公) 전화(田和)[66] 때에 이르러 제나라 강공(康公)을 해상(海上)으로 옮기고 스스로 즉위하여 제후(齊侯)가 되었으니, 이것이 바로 진씨가 제나라를 멸망시킨 것이다. 경공 때 그 조짐이 이미 보였기 때문에 「주」에서 그렇게 말한 것이다.

12-12

子曰: "片言可以折獄者, 其由也與?" 【注】孔曰: "'片', 猶偏也. 聽訟必須兩辭以定是非, 偏信一言以折獄者, 惟子路可."

공자가 말했다. "한쪽의 말만을 듣고도 옥사(獄事)를 결단할 수 있는 자는 아마도 유(由)일 것이다." 【주】공안국이 말했다. "'편(片)'은 한쪽[偏]과 같다. 송사(訟事)를 처리할 때는 반드시 양쪽의 말을 기다려 시비를 판정해야 하는데, 한쪽의 한 마디 말만을 믿고서 옥사를 결단하는 것은 오직 자로만이 가능하다."

---

66 전화(田和, ?~기원전 384): 전국시대 제나라 사람 제 태공(齊太公)이다. 성은 규(嬀), 씨는 전(田), 이름이 화(和)다. 전상(田常)의 증손이다. 제나라에서 벼슬하여 경이 되었다. 제 강공(齊康公)이 주색에 빠져 정치를 돌보지 않았다. 태공이 그를 바닷가로 내쫓고 성 하나를 식읍으로 주어 조상 제사를 모시도록 했다. 강공 16년(기원전 389년), 탁택에서 당시의 패자로 인정받는 위 문후(魏文侯, ?~기원전 396)와 회견해 주 왕실에 자신을 제후로 정식 인준해 줄 것을 요청했다. 문후는 주 왕실에 이를 요청했고, 당시 동주 안왕의 허락을 받아, 강공 19년(기원전 386년) 전화가 강공을 대신하여 제후(齊侯)가 되어 주실(周室)과 나란히 서니, 기원 원년으로 삼았다. 2년 동안 재위했다. 이후의 제나라는 망할 때까지 태공 화의 자손이 다스려, "전씨의 제나라"라는 의미로 "전제"라고도 한다.

원문 正義曰:『釋文』引鄭「注」云: "片, 牛也. 『魯』讀折爲制, 今從『古』." 『御
覽』六百三十九引鄭「注」云: "片讀爲牛, 牛言爲單詞. 折, 斷也. 惟子路能
取信, 所言必直, 故可令斷獄也." 案, 『說文』, "片, 判木也. 從牛木."
"片"·"牛"一音之轉, 故鄭「注」卽讀"片"爲"牛". 『漢書』「李陵傳」, "令軍士
人持一牛冰." 「注」引如淳曰"牛讀曰片", 此其證也. "片"旣讀"牛", 義亦從
之. 故『釋文』所載"片, 牛"之訓, 卽是檃括鄭義, 非鄭別有注也.

역문 정의에서 말한다.

『경전석문』에 정현의 「주」를 인용해서 "편(片)은 반(牛)이다. 『노논어』
에서는 절(折)을 제(制)의 뜻으로 읽는데, 지금은 『고논어』를 따른다."라
고 했고, 『태평어람』 권639에는 정현의 「주」에서 "편(片)은 반(牛)의 뜻
으로 읽어야 하니, 반언(牛言)은 한쪽 편의 말[單詞]이라는 뜻이다. 절(折)
은 쪼갠다[斷]는 뜻이다. 오직 자로만이 신뢰를 받아 말하는 것이 반드시
정직할 수 있었기 때문에 옥사를 결단하게 할 수 있었던 것이다."라고
한 것을 인용했다. 살펴보니, 『설문해자』에 "편(片)은 나무를 쪼갠다[判
木]는 뜻이다. 반(牛)과 목(木)으로 구성되었다."[67]라고 했으니, "편(片)"과
"반(牛)"은 하나의 발음이었다가 바뀌어 달라진 것이기 때문에 정현의
「주」에서 바로 "편(片)"은 "반(牛)"의 뜻으로 읽어야 한다고 한 것이다. 『한
서』「이릉전」에, "군사들로 하여금 갈중에 대비해 반 조각의 얼음을 지
니도록 했다."라고 했는데, 「주」에 여순(如淳)을 인용해 "반(牛)은 편(片)
이라고 읽어야 한다."라고 했으니, 이것이 그 증거이다. "편(片)"을 이미
"반(牛)"의 뜻으로 읽었다면, 뜻도 그대로 따라야 한다. 그러므로 『경전

---

67 『설문해자』 권7: 편(片)은 나무를 쪼갠다[判木]는 뜻이다. 반(牛)과 목(木)으로 구성되었다.
모든 편(片)부에 속하는 한자는 다 편(片)의 뜻을 따른다. 필(匹)과 견(見)의 반절음이다.[片,
判木也. 從牛木. 凡片之屬皆從片. 匹見切.]

석문』에 실려 있는 "편(片)은 반(半)이다"라는 뜻풀이는 바로 정현의 뜻을 고쳐서 바로잡은[糾括] 것이지, 정현이 별도로 주석한 것이 있었던 것은 아니다.

원문 "半言爲單辭"者, 『書』「呂刑」云: "明淸于單辭, 民之亂, 罔不中, 聽獄之兩辭." 是獄辭有單·有兩. "兩"者, 兩造具備也; 單則一人具辭. 『後漢』「光武紀」, "永平三年詔曰: '明察單辭.'"「朱浮傳」, "有人單辭告浮事者." "單辭"皆謂片言也.

역문 "반언은 한쪽 편의 말이다[半言爲單辭]"

『서경』「여형」에 "한쪽 편의 진술에 대해 분명하고 맑게 살피기만 하더라도 민중을 다스리는 데 정확하지 않음이 없을 것이지만, 옥사에는 양쪽의 진술을 다 들어야 한다."라고 했으니, 이는 옥사의 진술에는 한쪽 편의 진술과 양쪽[兩]의 진술이 있다는 말이다. "양쪽[兩]"이란 원고와 피고[兩造]를 모두 갖추었다는 말이고, 한쪽 편[單]은 한 사람만 갖추었다는 말이다. 『후한서』「광무기」에 "영평(永平) 3년의 조서에 '한쪽 편의 진술[單辭]을 분명히 살피라.' 하였다."라고 했고, 「주부전」에 "어떤 사람이 한쪽 편의 말[單辭]⁶⁸로만 주부의 일을 고변하는 자가 있었다."라고 했는데, "단사(單辭)"는 모두 한쪽 편의 말을 이르는 것이다.

원문 "折斷"者, 『說文』, "斯, 斷也. 從斤㡭艸. 譚長說, '折, 篆文斯從手.'"

역문 "절단(折斷)"

---

68 『후한서(後漢書)』권63, 「주부전(朱浮傳)」의 주에 "단사(單辭)는 올바른 근거[正據]가 없다는 말이다. 『서경』에 '올바른 근거가 없는 말을 분명하고 맑게 살핀다.'라고 했다.[單辭, 謂無正據也. 『書』曰: '明淸于單辭.']"라고 했다.

『설문해자』에 "절(斱)은 쪼갠다[斷는 뜻이다. 근(斤)과 절(𢇍)[69]과 초(艸)로 구성되었다. 담장(譚長)은 '절(折)은 절(斱)의 전문(篆文)으로 수(手)로 구성되었다.'라고 했다."[70]라고 하였다.

원문 "『魯』讀折爲制, 今從『古』"者,「呂刑」"制以刑",『墨子』「尙同中篇」引作"折則刑", 是"折"·"制"字通.『說文』,"刺, 裁也. 從刀末. 剌, 古文制如此." 此與"折斷"音訓相近.『廣雅』「釋詁」, "制, 折也."『大戴禮』「保傅篇」"不中於制獄", 卽折獄也. 鄭以作"折"·作"制"義同, 而『古論』出自壁中, 無煩改讀, 故定從『古』也.

역문 "『노논어』에서는 절(折)을 제(制)의 뜻으로 읽는데, 지금은『고논어』를 따른다[『魯』讀折爲制, 今從『古』]."

『서경』「여형」에 "형벌로 제재한다[制以刑]"라고 했는데,『묵자』「상동중」의 인용문에는 "형벌로써 제재한다[折則刑]"라고 되어 있으니, "절(折)"과 "제(制)"는 통용되는 글자이다.『설문해자』에 "제(刺)는 마름질[裁]이다. 도(刀)와 미(未)로 구성되었다. 제(剌)는 제(制)의 고문(古文)인데 이와 같다."[71]라고 했으니, 이것과 "절단(折斷)"은 음과 훈이 서로 가깝다.『광아』「석고」에 "제(制)는 쪼갠다[折는 뜻이다."라고 했다.『대대례』「보

---

69 "𢇍"는『설문해자주』에 "절(絕) 자의 고문(古文)[古文絕字]"이라고 했다.

70 『설문해자』권1: 절(斱)은 쪼갠다[斷는 뜻이다. 근(斤)과 절(𢇍)과 초(艸)로 구성되었다. 담장은 "절(折)은 절(斱)의 전문(篆文)으로 수(手)로 구성되었다."라고 했다. 식(食)과 열(列)의 반절음이다.[斱, 斷也. 從斤𢇍艸. 譚長說, "折, 篆文斱從手." 食列切.]

71 『설문해자』권4: 제(刺)는 마름질[裁]이다. 도(刀)로 구성되었고 미(未)로 구성되었다. 미(未)로 구성된 것은 사물이 성숙하면 더욱 맛이 들어 재단할 만하기 때문이다. 일설에는 '그친다[止]는 뜻'이라고 했다. 제(剌)는 제(制)의 고문(古文)인데 이와 같다. 정(征)과 예(例)의 반절음이다.[刺, 裁也. 從刀從未. 未, 物成有滋味, 可裁斷. 一曰止也. 剌, 古文制如此. 征例切.]

부」에 "옥사를 결단함에 정확하지 않다[不中於制獄]"라고 했으니, 바로 옥사를 결단한다[折獄]는 뜻이다. 정현은 "절(折)"로 되어 있는 것과 "제(制)"로 되어 있는 것의 뜻이 같다고 했는데,『고논어』는 담벼락에서 나온 것이어서 번거롭게 고쳐서 읽을 필요가 없기 때문에『고논어』를 따르기로 정한 것이다.

원문 "惟子路能取信"者, 言子路忠信, 能取信於人也; "所言必直, 故可令斷獄"者, 言人旣信子路, 自不敢欺, 故雖片言, 必是直理, 卽可令依此斷獄也.『說文』, "獄, 確也. 從㹜從言. 二犬, 所以守也." 鄭『異義駁』云: "獄者, 埆也, 囚證於角核之處.『周禮』謂之圜土." 此云"斷獄"謂決斷獄中所訟事也.

역문 "오직 자로만이 신뢰를 받을 수 있다"라는 것은 자로가 성실하고 진실해서 남에게서 신뢰를 얻을 수 있다는 말이고, "말하는 것이 반드시 정직했기 때문에 옥사를 결단하게 할 수 있었다"라는 것은 사람들이 이미 자로를 믿어서 스스로 감히 속일 수 없기 때문에 비록 한쪽 편의 말일지라도 반드시 정직하게 도리를 따랐으니, 바로 여기에 의거해서 옥사를 결단하게 할 수 있었다는 말이다.『설문해자』에 "옥(獄)은 확고하다[確]는 뜻이다. 은(㹜)으로 구성되었고 언(言)으로 구성되었다. 두 마리의 개[㹜]는 지키는 것을 나타낸다."[72]라고 했고, 정현의『박오경이의』에 "옥(獄)이란 험하다[埆]는 뜻이니, 증거를 후미진 깊숙한 곳에 가두어 두는 곳이다.『주례』에서는 그것을 감옥[圜土]이라고 했다."라고 했는데, 여기

---

72 『설문해자』 권10: 옥(獄)은 확고하다[確]는 뜻이다. 은(㹜)으로 구성되었고 언(言)으로 구성되었다. 두 마리의 개[㹜]는 지키는 것을 나타낸다. 어(魚)와 욕(欲)의 반절음이다.[獄, 确也. 從㹜從言. 二犬, 所以守也. 魚欲切.]

에서 말한 "단옥(斷獄)"은 감옥 안에서 송사 중인 일을 결단한다는 말이다.

원문 毛氏奇齡『四書改錯』, "古折民獄訟, 必用兩辭, 故『周官』「司寇」'以兩
劑禁民獄.' 先取兩劵而合之, 使兩造獄詞各書其半, 卽今告牒與牒也. 及
聽獄後, 復具一書契而兩分之, 使各錄其辯答之辭於其中, 卽今兩造兩口
供也. 是折獄之法, 前劵後契, 必得兩具, 劵不兩具, 卽謂之單詞. 單詞不
治, 如司寇禁凡不贊劵, 卽自坐不直, 不俟上於朝而遽斥之是也. 契不兩
具, 則謂之'不能擧契', 亦不治, 如『春秋』晉聽王訟, '王叔氏不能擧其契,
王叔奔晉'是也. 是半劵半契, 總無折理, 惟子路明決, 單辭可斷, 在他人豈
能之?"

역문 모기령(毛奇齡)의 『사서개착』에 "옛날 백성들의 옥사와 송사를 결단할
때 반드시 양쪽의 말을 청취해야 하기 때문에 『주례』「추관사구상·대
사구」에 '원고와 피고 양쪽의 문서[兩劑]를 가지고 백성들의 옥사를 처리
한다.'라고 한 것이니, 먼저 원고와 피고 양쪽의 문서를 취합해서 원고
와 피고로 하여금 사건 내용을 각각 그 반씩 쓰게 하는 것으로, 지금의
고소장[告牒]이나 소장[牒]과 같은 것이다. 옥사를 청취한 뒤에는 다시 하
나의 서류를 갖추어 둘로 나누고 각각으로 하여금 그 안에다 변론과 답
변하는 말을 기록하게 하니, 바로 지금의 원고와 피고 양쪽의 구두 진술
[口供]인 셈이다. 이것이 옥사를 결단하는 법도로 앞의 문서[劵]와 뒤의 서
류[契]를 반드시 얻어 양쪽 모두의 것을 갖추어야 하는 것인데, 문서가
양쪽 모두 갖추어지지 않았을 경우, 바로 그것을 한쪽 편의 진술[單詞]이
라고 한다. 한쪽 편의 진술로는 처리가 되지 않지만 만일 사구(司寇)가
무릇 문서를 제출하지 않은 것으로 처리하면, 즉시 스스로 정직하지 않
은 것에 연좌해서 조정에 보고할 필요도 없이 대번에 제척(除斥)하는 것
이 옳다. 서류[契]가 양쪽 모두 갖추어지지 않았을 경우에는 그것을 일러

'서류[契]를 제출하지 못한 경우'라고 하는데, 역시 처리되지 않으니,『춘추』의 진(晉)나라에서 왕숙(王叔)의 송사를 처리한 것과 같은 것이니,[73] '왕숙씨(王叔氏)가 증거서류를 제출하지 못하였고, 왕숙이 진나라로 도망갔다.'[74]라고 한 것이 이것이다. 이러한 경우는 한쪽 편의 문서와 한쪽 편의 증거서류이므로 아예 판결할 도리가 없지만, 오직 자로만큼은 명쾌하게 결판을 내릴 수 있었던 것이니, 한쪽 편의 진술만으로도 단정 지을 수 있는 것이 다른 사람에 있어서라면 어찌 가능할 수 있겠는가?'라고 했다.

원문 案, 毛說與鄭義略同. 然鄭言"子路能取信, 故所言必直." 本非誣控, 故無須對質如此, 乃可令斷獄, 明子路以忠信感人, 不止如毛氏所云"明決"已也. 原鄭之意, 亦以片言折獄, 不可爲法, 故若所言必直, 方可令斷獄, 否則仍須兩辭矣. 僞孔「注」亦與鄭同. 孔穎達『書』「呂刑」「疏」引此文說之云: "子路行直聞於天下, 不敢自道其長, 妄稱彼短. 得其單辭, 卽可斷獄者, 惟子路爾, 凡人少能然也." 此與『論語』皇「疏」所載孫綽說同. 焦氏循『補疏』卽依爲說, 義涉迂曲, 所不敢從.

역문 살펴보니, 모기령의 말이 정현의 뜻과 대략 같다. 그러나 정현이 "자

---

73 『춘추좌씨전』「양공」 10년에 "왕숙(王叔) 진생(陳生)과 백여(伯輿)가 정권을 다투니, 주왕(周王)은 백여의 편을 들었다. 그러자 왕숙 진생이 노하여 국외로 도망가려고 경사(京師)를 나가서 황하에 이르렀을 때 주왕은 그를 되돌아오게 하기 위해 사교(史狡)를 죽여 그를 기쁘게 하였으나, 돌아오지 않자 마침내 그곳에 머물게 하였다. 진후(晉侯)가 사개(士匄)를 보내어 왕실의 분쟁을 화해시키게 하니, 왕숙과 백여가 사개에게 소송을 제기하였다.[王叔陳生與伯輿爭政, 王右伯輿. 王叔陳生怒而出奔, 及河, 王復之, 殺史狡以說焉, 不入, 遂處之. 晉侯使士匄平王室, 王叔與伯輿訟焉.]"라고 했다.

74 『춘추좌씨전』「양공」 10년.

로만이 신뢰를 받아 말하는 것이 반드시 정직할 수 있었다."라고 한 것은, 본래 무고 사건이 아니기 때문에 굳이 이처럼 대질조사를 할 필요가 없어서 이내 옥사를 결단하게 할 수 있었던 것이니, 자로가 성실함과 진실함으로 사람들을 감동시킨 것이 모씨(毛氏)가 말한 "명쾌한 결판[明決]과 같은 것에 그칠 뿐만이 아님은 분명하다. 정현의 생각을 근원해 보아도 역시 한쪽 편의 말로 옥사를 결단하는 것은 법이 될 수 없기 때문에 만약 말한 것이 반드시 정직하다면 그때야 비로소 옥사를 결단하게 할 수 있는 것이지, 그렇지 않다면 그대로 피고와 원고 양쪽 편의 진술을 기다려야 할 것이다. 위공의 「주」역시 정현과 같다. 공영달(孔穎達)은 『서경』「여형」의 「소」에서 이 글을 인용해서 말하기를 "자로는 행실이 정직하기로 천하에 유명해서 감히 스스로 자신의 장점을 말하거나 남의 단점을 함부로 일컫지 못하였다. 한쪽 편의 진술만 가지고도 즉시 옥사를 단정할 수 있는 자는 오직 자로뿐이니, 대부분 그렇게 할 수 있는 사람은 적다."라고 했는데, 이 말은 『논어』황간의 「소」에 실려 있는 손작(孫綽)의 말과 같다. 초순(焦循)의 『논어보소』는 바로 여기에 의거해서 말했는데, 뜻이 현실성이 떨어지고 왜곡되었기 때문에 감히 따르지 못하는 바이다.

子路無宿諾. 【注】 "宿", 猶豫也. 子路篤信, 恐臨時多故, 故不豫諾.

자로는 승낙을 오래 묵힘이 없었다. 【주】 "숙(宿)"은 미리[豫]와 같다. 자로는 신의를 돈독히 하였으므로 판결할 때 가서 변고가 많을까 두려웠기 때문에 미리 승낙하지 않은 것이다.

원문 正義曰: 『說文』, "宿, 止也." 引申之有久義. 『漢書』「韓安國傳」, "孝文寙於兵之不可宿."「注」, "宿, 久留也." "諾"者, 應也. 子路有聞卽行, 故無留諾, 其於折獄亦然. 蓋折獄一定, 卽予開釋, 不使訟者受羈累之苦. 此子路忠信之事, 故記者類記於此.

역문 정의에서 말한다.

『설문해자』에 "숙(宿)은 머무른다[止]는 뜻이다."[75]라고 했는데, 이 뜻이 확대되어 오래되다[久]라는 뜻을 갖는다. 『한서』「한안국전」에, "효문황제(孝文皇帝)는 군대가 오래 머무를 수 없음을 깨달았다.[孝文寙於兵之不可宿.]"라고 했는데, 「주」에 "숙(宿)은 오래 머무름[久留]이다."라고 했다. "낙(諾)"은 응함[應]이다. 자로는 들은 것이 있으면 즉시 실천했기 때문에 승낙을 오래 묵힘이 없었고, 옥사를 결단함에 있어서도 역시 그랬다. 대체로 옥사를 결단함이 한번 결정되면 즉시 무고를 당한 사람은 풀어 주어 소송을 당한 사람으로 하여금 죄의 굴레에 얽매이는 고통을 받지 않게 해 주어야 한다. 이것이 자로의 성실하고 진실한 일이었기 때문에 기록하는 자들이 여기에다가 분류해서 기록한 것이다.

원문 『大戴禮』「子張問入官篇」, "行事勿留."「注」, "凡行政事, 勿稽留之." 卽此義. 『釋文』云: "子路無宿諾, 或分此爲別章." 『文選』「江淹雜體詩」「注」引上有"子曰"字, 與『釋文』所載或本合. 然夫子口中不應稱"子路", 或本非.

역문 『대대례』「자장문입관」에 "일을 행함에 묵히지 말라[行事勿留]."라고

---

75 『설문해자』 권7: 숙(宿)은 머무른다[止]는 뜻이다. 면(宀)으로 구성되었고 숙(佰)이 발음을 나타낸다. 숙(佰)은 숙(夙)의 고문(古文)이다. 식(息)과 축(逐)의 반절음이다.[宿, 止也. 從宀佰聲. 佰, 古文夙. 息逐切.]

했는데,「주」에 "정사를 행할 때 오랫동안 묵혀 두지 말라는 뜻이다."라고 했으니, 바로 이 뜻이다. 『경전석문』에 "'자로는 승낙을 오래 묵힘이 없었다[子路無宿諾]'라는 구절은 어떤 본에는 이 구절을 나누어 별도의 장으로 삼기도 한다."라고 했다. 『문선』「강엄잡체시」의 「주」에 인용한 구절에는 앞에 "자왈(子曰)" 자가 있는데, 『경전석문』에 기재된 어떤 본과 일치한다. 그러나 공자의 입으로는 응당 "자로"라고 일컫지 않으니, 어떤 본이 틀렸다.

- 「注」, "宿猶"至"豫諾".
- 正義曰:『管子』「地圜篇」, "宿定所征伐之國."「注」, "宿猶先也."『公羊』「桓」元年「傳」「注」, "宿者, 先誡之辭." 並與豫義相近. 毛氏奇齡『四書改錯』, "『集解』作'不豫諾', 謂不先許也, 正所謂'然諾不苟'者, 急則輕諾矣. 據『左傳』小邾射要子路盟, 而子路辭之, 是不許諾也. 及季康子使冉有謂曰: '千乘之國, 不信其盟, 而信子之言, 子何辱焉?' 對曰, '魯有事於小邾, 不敢問故, 死城下可也, 彼不臣, 而濟其言, 是義之也, 由弗能.' 是終不許諾也, 此正不豫諾之證." 案, 此「注」亦通, 但與折獄事無涉, 故不用以釋經.
- ○「주」의 "숙유(宿猶)"부터 "예낙(豫諾)"까지.
- ○ 정의에서 말한다.

  『관자』「지환」에 "정벌할 나라를 먼저 정한다[宿定]."라고 했는데,「주」에 "숙(宿)은 먼저[先]와 같다."라고 했다. 『춘추공양전』「환공」원년 「전」의 「주」에 "숙(宿)은 먼저 경계한다[先誡]는 말이다."라고 했는데 모두 미리[豫]라는 뜻과 서로 가깝다. 모기령의 『사서개착』에 "『집해』에는 '불예낙(不豫諾)'으로 되어 있는데, 먼저 승낙하지 않는다는 말이니, 참으로 이른바 '승낙을 구차하게 하지 않는다'라는 것은 급하면 가볍게 승낙하기 때문이다. 『춘추좌씨전』에 의거해 보면 소주(小邾)의 역(射)이 자로의 맹약을 요구하자 자로가 사절했으니, 이것이 허락하지 않은 것이다. 계강자(季康子)가 염유(冉有)를 자로에게 보내면서 '노나라는 천승(千乘)의 나라인데, 노나라의 맹약을 믿지 않고 그대의 한 마디 말을 믿겠다고 하는데, 그대는 어찌 치욕으로 여기십니까?'라고 하자 자로가 대답했다. '노나라가 소주국(小邾國)과 전쟁을 한다면 감히 그 까닭을 묻지 않고 그 성 아래에서 싸우다가 죽을 수 있지만 저 사람은 신하로서 신하의 도리를 다하지 않았는데 그 말을 들어준다면 이는 그의 행위를 옳게 여기는 것이니, 나는 그리할 수 없습니다.'라고 한 것에 미치면 이는 끝끝내 허락하지 않은 것이니, 이것이 바로 미리 허락하지 않았다는 증거이다."라고 했다. 살펴보니, 이「주」역시 통하긴 하나, 다만 옥사를 결단하는 것과는 관계가 없기 때문에 경문을 해석하는 데는 적용하지 않기로 한다.

12-13

子曰: "聽訟, 吾猶人也, 【注】包曰: "與人等." 必也使無訟乎!"
【注】王曰: "化之在前."

공자가 말했다. "소송을 듣고 판결하는 것은 나도 남과 같지만,
【주】포함이 말했다. "남들과 같다." 반드시 소송이 없어지게 할 것이다!"
【주】왕숙이 말했다. "사전에 교화하겠다는 뜻이다."

원문 正義曰: "聽訟"者, 言聽其所訟之辭, 以判曲直也. 『周官』「小司寇」云: "以五聲聽獄訟, 求民情: 一曰辭聽, 二曰色聽, 三曰氣聽, 四曰耳聽, 五曰目聽." 此皆聽訟之法.

역문 정의에서 말한다.
　"청송(聽訟)"이란 그 소송을 벌이는 말을 듣고서 곡직(曲直)을 판결한다는 말이다. 『주례』「추관사구상·소사구」에 "오성(五聲)으로 옥사와 소

송을 판결해서 백성의 뜻을 구하니, 첫째는 그의 말을 듣고 판결하는 것이고, 둘째는 그의 안색을 살펴서 판결하는 것이며, 셋째는 그의 숨소리를 듣고서 판결하는 것이고, 넷째는 그가 듣는 것을 살펴서 판결하는 것이며, 다섯째는 그의 눈동자를 살펴서 판결하는 것이다."라고 했는데, 이 모든 것이 소송을 판결하는 방법이다.

원문 "吾猶人"者, 言己與人同, 但能聽訟, 不能使無訟也. 『禮記』「大學」云: "子曰: '聽訟, 吾猶人也, 必也使無訟乎! 無情者不得盡其辭, 大畏民志'" 鄭「注」, "情猶實也. 無實者多虛誕之辭, 聖人之聽訟與人同耳, 必使民無實者不敢盡其辭, 大畏其心志, 使誠其意不敢訟."

역문 "나도 남과 같다[吾猶人]"라는 것은 자기도 남과 똑같이 하지만 단지 소송을 듣고서 판결할 수 있을 뿐 소송이 없게 할 수는 없다는 말이다. 『예기』「대학」에 "공자가 말했다. '소송을 듣고 판결하는 것은 나도 남과 같지만, 반드시 소송이 없어지게 할 것이다! 실정이 없는 자에게 말을 다하지 못하게 하는 것은, 백성들의 마음을 크게 두렵게 하기 때문이다.'"[76]라고 했는데, 정현의 「주」에 "정(情)은 실정[實]과 같다. 실정이 없는 자는 허탄한 말을 많이 하고, 성인이 소송을 듣고 판결하는 것도 남과 같을 뿐이지만, 반드시 실정이 없는 백성으로 하여금 감히 그 말을 다 하지 못하게 하는 것은 백성들의 마음을 크게 두렵게 하기 때문이니, 그의 뜻을 정성스럽게 하도록 해서 감히 소송하지 못하게 해야 한다."라고 했다.

원문 『大戴禮』「禮察篇」, "凡人之知, 能見已然, 不能見將然. 禮者, 禁將然

---

76 『대학(大學)』 전4장.

之前, 而法者, 禁於已然之後. 是故法之用易見, 而禮之所爲生難知也. 若
夫慶賞以勸善, 刑罰以懲惡, 先王執此之正, 堅如金石; 行此之信, 順如四
時; 處此之功, 無私如天地爾, 豈顧不用哉? 然如曰'禮云禮云', 貴絶惡於
未萌, 而起敬於微眇, 使人日徙善遠罪, 而不自知也. <u>孔子</u>曰: '聽訟, 吾猶
人也. 必也使無訟乎!' 此之謂也."

역문 『대대례』「예찰」에 "대개 사람의 지혜는 지난 일은 볼 수 있지만 앞으
로 다가올 일은 보지 못한다. 예(禮)는 앞으로 일어나기 전에 미리 금하
고, 법은 이미 그렇게 되고 난 뒤에 금하는 것이다. 그러므로 법이 쓰이
는 까닭은 알기가 쉽고, 예가 생겨나는 까닭은 알기가 어렵다. 경사스러
운 상(賞)으로써 선을 권하고 형벌로써 악을 징계하는 것으로 말할 것
같으면, 선왕은 이 바른 것을 잡음이 금석(金石)처럼 견고하였고, 이 진
실함을 행함이 사시(四時)처럼 순서를 거스르지 않았으며, 이 공적을 처
리함이 천지와 같이 사사로움이 없었을 뿐이니, 어찌 이것을 사용하지
않을 것을 생각했겠는가? 그러나 '예이니, 예이니' 하는 것과 같은 것은
악이 싹트기 전에 근절하여 미묘한 데서 경건함[77]을 일으키는 것을 귀하
게 여기고, 백성으로 하여금 자기도 모르는 사이에 날마다 선(善)으로
옮겨 가고 죄를 멀리하게 해야 한다. 공자가 말하길 '소송을 듣고 판결
하는 것은 나도 남과 같지만, 반드시 소송이 없어지게 할 것이다!'라고
했으니, 이것을 말하는 것이다."라고 했다.

원문 『潛夫論』「德化篇」, "是故上聖故不務治民事, 而務治民心. 故曰: '聽
訟, 吾猶人也, 必也使無訟乎!' 導之以德, 齊之以禮.' 務厚其情而明則務
義, 民親愛則無相害傷之意, 動思義則無奸邪之心. 夫若此者, 非律之所使

---

77 『대대례(大戴禮)』「예찰(禮察)」에는 "教"로 되어 있다.

也, 非威刑之所强也, 此乃教化之所致." 二文竝言無訟由於德教, 此最是
難能, 正如勝殘去殺, 必俟百年, 王者必世而後仁, 皆須以歲年, 非可一朝
能者, 故只言"必也"以期之.

역문 『잠부론』「덕화」에 "그런 까닭에 훌륭한 성인은 의도적으로 민중의
일을 다스리는 데 힘을 쓰는 것이 아니라, 민중의 마음을 다스리는 데
힘쓰는 것이다. 그러므로 '소송을 듣고 판결하는 것은 나도 남과 같지
만, 반드시 소송이 없어지게 할 것이다!'라고 한 것이며, '덕으로써 인도
하고 예로써 가지런하게 하겠다.'라고 한 것이다. 그 마음을 두터이 하
는 데 힘쓰면서 원칙을 밝히고 의를 힘써 백성들이 서로 친애하면 서로
를 해치려는 마음이 없어질 것이며, 언제나 의를 생각하면 간사한 마음
이 없어질 것이다. 이러한 것으로 말할 것 같으면 법률로 시킬 수 없는
것이며, 형벌로도 강제할 수 없는 것이니, 이는 바로 교화가 이루는 것
이다."라고 했는데, 두 글이 모두 소송을 없애는 것은 덕의 교화를 말미
암음을 말한 것으로, 이것이 가장 능하기 어려운 것이다. 참으로 잔혹한
자를 교화시키고 살육을 없애는 것과 같은 것은 반드시 백 년을 기다려
야 하고, 왕도를 실천하는 사람이 있더라도 반드시 한 세대 이후에야 백
성들이 인(仁)해지는 것이니, 모두 여러 해를 기다려야 하는 것이지 하
루아침에 할 수 있는 것이 아니기 때문에 단지 "반드시[必也]"라고만 말
해서 기약한 것이다.

원문 顏師古『漢書』「賈誼傳」「注」, "言使吾聽訟, 與衆人等, 然能先以德義化
之, 使其無訟." 又「酷吏傳」「注」, "言使我聽獄訟, 猶凡人耳, 然而立政施
德, 則能使其絶於爭訟." 竝以"無訟"爲夫子自許, 失聖意矣.

역문 안사고의 『한서』「가의전」의 「주」에 "만일 내가 소송을 듣고 판결한
다면 여러 사람과 같게 하겠지만 먼저 덕의(德義)로 교화시킬 수만 있다

면 소송이 없게 하겠다는 말이다."라고 했고, 또 「혹리전」의 「주」에 "나에게 옥사와 소송을 듣고 판결하게 한다면[78] 다른 모든 사람과 같게 할 뿐이지만, 그러나 정책을 수립하고 덕을 베푼다면 다툼과 소송이 끊어지게 할 수 있다는 말이다."라고 했는데, 모두 "소송을 없애겠다[無訟]"라는 것을 공자가 자처한 것이라고 했으니, 성인의 뜻을 잃지 않은 것이다.

- 「注」, "與人等."
- 正義曰: 言聽訟吾與人同, 無異能異法也. 『史記』「孔子世家」云: "孔子在位聽訟, 文辭有可與人共者, 弗獨有也." 是"與人等"可知.
- ○「주」의 "남들과 같다."
- ○ 정의에서 말한다.

  소송을 듣고 판결하는 것은 내가 남과 같고 다른 능력이나 다른 방법은 없다는 말이다. 『사기』「공자세가」에 "공자가 벼슬에 있으면서 소송을 듣고 판결할 때 사법 문서도 다른 사람과 공동으로 할 수 있는 것이 있었고, 혼자 판단하지 않았다."라고 했으니, 이것이 "남들과 같다[與人等]"라는 것임을 알 수 있다.

12-14

子張問政. 子曰: "居之無倦, 行之以忠."【注】王曰: "言爲政之道, 居之於身, 無得懈倦, 行之於民, 必以忠信."

---

78 『전한서』권90, 「혹리전(酷吏傳)」에는 "使我聽獄訟"이라고 되어 있다. 『전한서』를 근거로 "聽" 자를 보충해서 해석했다.

자장이 정치에 대해서 묻자, 공자가 말했다. "정치적 지위에 거처함에 게으름이 없어야 하고, 백성들에게 정치를 시행함에 진실함을 가지고 해야 한다." 【주】 왕숙이 말했다. "정치를 하는 도리는 정치를 자기 자신에게 해당시킬 때는 나태함과 게으름이 없어야 하고, 백성에게 정치를 시행할 때는 반드시 성실함과 진실함을 가지고 해야 한다는 말이다."

원문 正義曰: 『北堂書鈔』三十六引鄭此「注」云: "身居正位, 不可懈卷." 是鄭以"居"爲居位, "卷"爲倦之省. 『釋文』云: "倦亦作桊." 鄭君「考工記」「注」, "桊, 今倦字也." 疑『書鈔』所引鄭「注」本是"懈桊", 轉寫爲"懈卷"也. 『詩』「假樂」云: "不懈于位, 民之攸墍." 『管子』「形勢解」, "解惰簡慢, 以之事主則不忠, 以之起事則不成."

역문 정의에서 말한다.

『북당서초』권36에 정현의 이 단락에 대한 「주」를 인용하기를 "자기 자신은 바른 지위에 있으면서 나태하고 게을러서는 안 된다."라고 했으니, 이는 정현이 "거(居)"를 지위에 있는 것으로 본 것이고, "권(卷)"은 권(倦)의 생략형으로 본 것이다. 『경전석문』에 "권(倦)은 또한 권(桊)으로도 되어 있다."라고 했다. 정군은 『주례』「동관고공기상·주인」의 「주」에 "권(桊)은 지금의 권(倦) 자이다."라고 했는데, 아마도 『북당서초』에서 인용한 정현의 「주」는 본래는 "해권(懈桊)"이었는데, 옮겨서 베끼는 과정에서 "해권(懈卷)"이 된 것인 듯싶다. 『시경』「가락」에 "지위에 태만하지 아니하여 백성들이 편안히 쉬게 되리라."라고 했고, 『관자』「형세해」에 "해이하고 게으르며 단순하고 거만함으로 군주를 섬기면 충성하는 것이 아니며 일을 하면 이루어지지 않는다."라고 했다.

- 「注」, "行之於民, 必以忠信."

- 正義曰:『大戴禮』「子張問入官」云: "故不先以身, 雖行必隣也: 不以道御之, 雖服必强矣. 故 非忠信, 則無可以取親於百姓矣; 外內不相應, 則無可取信者矣."

○ 「주」의 "백성에게 정치를 시행할 때는 반드시 성실함과 진실함으로써 해야 한다."

○ 정의에서 말한다.

『대대례』「자장문입관」에 "그러므로 몸소 솔선하지 않으면 비록 행하더라도 반드시 머뭇거 리게 되고,[79] 도로써 다스리지 않으면 비록 복종하더라도 반드시 억지로 복종하게 될 것이 다. 그러므로 성실함과 진실함이 아니면 백성들에게서 친함을 취할 수 없고, 안과 밖이 서로 응하지 않으면 진실한 사람을 취할 수 없을 것이다."라고 했다.

12-15

子曰: "博學於文, 約之以禮, 亦可以弗畔矣夫!"【注】鄭曰: "'弗 畔', 不違道."

공자가 말했다. "옛 성현이 남긴 전적을 널리 배우고, 예로써 그 것을 단속하면 또한 도(道)에 위배되지 않을 것이다.【주】정현이 말했다. "불반(弗畔)'은 도에 위배되지 않는다는 뜻이다."

원문 正義曰:『釋文』云: "'博學於文', 一本作'君子博學於文'." 案, 皇本有"君

---

79 『대대례』「자장문입관(子張問入官)」의 주에 "隣"은 "遴"의 잘못이라고 하였으므로 "遴"의 뜻 으로 해석하였다.

子", 皆因前篇致誤.

역문 정의에서 말한다.

『경전석문』에 "'옛 성현이 남긴 전적을 널리 배움[博學於文]'은 어떤 판본에는 '군자가 옛 성현이 남긴 전적을 널리 배움[君子博學於文]'으로 되어 있다."라고 했다. 살펴보니, 황간본에 "군자(君子)"가 있으니 모두 앞의 「옹야」로 인해 잘못된 것이다.

12-16

子曰: "君子成人之美, 不成人之惡. 小人反是."

공자가 말했다. "군자는 남의 아름다움은 이루어 주고 남의 추악함은 이루어 주지 않는다. 소인은 이것을 반대로 한다."

원문 正義曰: 『穀梁』「隱」元年「傳」, "『春秋』成人之美, 不成人之惡." 『大戴禮』「曾子立事篇」, "君子己善, 亦樂人之善也; 己能, 亦樂人之能也. 君子不說人之過, 成人之美, 存往者, 在來者, 朝有過夕改則與之, 夕有過朝改則與之." 孔氏廣森『補注』, "彼有過者, 方畏人非議, 我從而爲之辭說, 則彼將無意於改, 是成人之惡矣. 故君子不爲也."

역문 정의에서 말한다.

『춘추곡량전』「은공」 원년의 「전」에 "『춘추』는 남의 아름다움은 이루어 주고 남의 추악함은 이루어 주지 않는다."라고 했고, 『대대례』「증자입사」에 "군자는 자기가 선(善)하기 때문에 역시 남의 선도 즐거워하

고, 자기가 유능하기 때문에 역시 남의 능력도 즐거워한다. 군자는 남의
과오를 기뻐하지 않고 남의 아름다움을 이루어 주며, 지나간 허물을 마
음에 새기고 앞으로 선으로 옮겨 갈 것을 마음에 두며,[80] 아침에 허물이
있더라도 저녁에 고치면 허용해 주고 저녁에 허물이 있더라도 아침에
고치면 허용해 준다."라고 했다. 공광삼(孔廣森)의 『대대례기보주』에
"저 허물이 있는 자들은 바야흐로 남이 시비하는 의론을 두려워하는데,
따라서 내가 그를 위해 변명을 해 주면 저 사람은 장차 고치려는 마음이
없어질 것이니, 이것이 남의 추악함을 이루어 주는 것이다. 그러므로 군
자는 하지 않는 것이다."라고 했다.

12-17

季康子問政於孔子, 孔子對曰: "政者, 正也. 子帥以正, 孰敢
不正?"【注】鄭曰: "康子, 魯上卿, 諸臣之帥也."

계강자가 공자에게 정치를 묻자, 공자가 대답했다. "정(政)이란
바르다[正]는 뜻이니, 그대가 올바름으로 인솔한다면 누가 감히
올바르지 않겠습니까?"【주】정현이 말했다. "계강자는 노나라 상경(上卿)이
니, 모든 신하의 우두머리[帥]이다."

원문 正義曰: "子帥以正", 趙岐 『孟子章指』・『史記』「平津侯主父列傳」「贊」

---

80 『대대례』「증자입사(曾子立事)」의 「주」에 "在"는 "存"과 같다고 했다.

引此文, 竝作"子率而正". 皇本亦作"而正". 『說文』, "達, 先道也." 經傳省作"率", 叚借作"帥". 帥, 佩巾也, 別一義.

역문 정의에서 말한다.

　"자솔이정(子帥以正)"은 조기의 『맹자장지』와 『사기』 「평진후주부열전」의 「찬」에 이 글을 인용했는데, 모두 "자솔이정(子率而正)"으로 되어 있다. 황간본에도 "이정(而正)"으로 되어 있다. 『설문해자』에 "솔(達)은 앞에서 인도한다[先道]는 뜻이다."[81]라고 했는데, 경전에서는 자형을 생략해서 "솔(率)"로 쓰거나, 가차해서 "솔(帥)"로 쓴다. 『설문해자』에 따르면 솔(帥)은 허리에 차는 수건[佩巾][82]이라고 하니, 일반적인 의미와는 다르다.

원문 『大戴禮』 「哀公問篇」, "公曰: '敢問何謂爲政?' 孔子對曰: '政者, 正也. 君爲正, 則百姓從政矣. 君之所爲, 百姓之所從也, 君所不爲, 百姓何從?'" 又 「主言篇」, "上者, 民之表也, 表正, 則何物不正? 故君先立於仁, 則大夫忠而士信, 民敦, 工樸, 商愨, 女憧, 婦悾悾." 竝與此章義相發.

역문 『대대례』 「애공문」에 "공이 말했다. '감히 묻겠습니다. 무엇을 정치[政]라고 하는 것입니까?' 공자가 대답했다. '정치[政]란 바르다[正]는 뜻입니다. 임금이 올바름을 행하면 백성이 정치를 따를 것입니다. 임금이 행하는 것을 백성이 따르는 것이니, 임금이 행하지 않는 것을 백성이 어찌 따르겠습니까?'"라고 했고, 또 「주언」에 "윗사람은 민중의 사표(師表)이니 사표가 바르면 무엇인들 바르지 않겠는가? 그러므로 임금이 먼저 인

81　『설문해자』 권2: 솔(達)은 앞에서 인도한다[先道]는 뜻이다. 착(辵)으로 구성되었고 솔(率)이 발음을 나타낸다. 소(疏)와 밀(密)의 반절음이다.[達, 先道也. 從辵率聲. 疏密切.]

82　『설문해자』 권7: 솔(帥)은 허리에 차는 수건[佩巾]이다. 건(巾)과 퇴(自)로 구성되었다. 세(帨)는 솔(帥)의 혹체자인데 태(兌)로 구성되었고 또 발음이 세(稅)이다. 소(所)와 율(律)의 반절음이다.[帥, 佩巾也. 從巾自. 帨, 帥或從兌, 又音稅. 所律切.]

(仁)에 서면 대부는 성실해지고 사(士)는 진실해지며 민중은 돈독해지고 기술자는 질박해지며 상인은 성실해지고 여자는 백치미를 지니게 되며 부인은 정성스러워진다."라고 했는데, 모두 이 장과 뜻이 서로 발명된다.

- 「注」, "康子, 魯上卿, 諸臣之帥也."
- 正義曰: 魯有三卿, 季孫爲司徒, 是上卿, 故爲諸臣之帥. 言此者, 明帥諸臣同歸於正, 百姓孰敢不正也. 『史記』「平津侯主父列傳」「贊」, "夫三公者, 百寮之率, 萬民之表也. 未有樹直表而得曲影者也." 卽此「注」義.
- 「주」의 "계강자는 노나라 상경이니, 모든 신하의 우두머리[帥]이다."
- 정의에서 말한다.

  노나라에는 삼경이 있었는데, 계손(季孫)이 사도(司徒)가 되었으니, 이들이 상경이었으므로 모든 신하의 우두머리가 되었던 것이다. 이것을 말한 것은 모든 신하를 인솔해서 함께 올바름으로 돌아간다면 백성 중에 누가 감히 바르게 되지 않겠는가를 밝힌 것이다. 『사기』「평진후주부열전」의 「찬」에 "삼공(公)이란 모든 신료의 우두머리이며 만민의 사표이다. 사표를 곧게 세웠는데 구부러진 그림자를 얻는 경우는 아직 없었다."라고 했는데, 바로 이 「주」의 뜻이다.

12-18

季康子患盜, 問於孔子, 孔子對曰: "苟子之不欲, 雖賞之不竊."【注】孔曰: "'欲', 多情欲. 言民化於上, 不從其令, 從其所好."

계강자가 도둑을 걱정해서 공자에게 묻자, 공자가 대답했다. "진

실로 당신이 욕심을 부리지 않는다면, 비록 상을 준다고 하더라도 훔치지 않을 것입니다." 【주】 공안국이 말했다. "'욕(欲)'은 정욕(情慾)이 많음이다. 백성들이 윗사람에게 감화되는 것은 윗사람의 명령을 따르는 것이 아니라, 윗사람이 좋아하는 것을 따른다는 말이다."

원문 正義曰: 『說文』云: "盜, 私利物也." 『左』 「文」 十八年 「傳」, "竊賄爲盜." 當康子時, 魯國多盜, 故康子患之. "雖賞之不竊" 者, 『說文』, "賞, 賜有功也." 盜自中出曰竊. 上言 "盜", 此言 "竊" 者, 互相訓.

역문 정의에서 말한다.

『설문해자』에 "도(盜)는 몰래 남의 물건에서 이로움을 취한다[私利物]는 뜻이다."[83]라고 했고, 『춘추좌씨전』 「문공」 18년의 「전」에 "재물을 훔치는 자를 도(盜)라 한다."라고 했다. 계강자 당시에 노나라에 절도가 많았기 때문에 강자가 그것을 걱정한 것이다. "비록 상을 준다고 하더라도 훔치지 않을 것"이란 말은, 『설문해자』에 "상(賞)은 공로가 있는 자에게 하사하는 것[賜有功]을 뜻한다."[84]라고 했다. 자신의 마음속에서 나오는 도둑질을 절(竊)이라 한다.[85] 앞에서는 "도(盜)"라 하고 뒤에서는 "절

---

83 『설문해자』 권8: 도(盜)는 몰래 남의 물건에서 이로움을 취한다[私利物]는 뜻이다. 연(次)으로 구성되었는데, 그릇을 탐내어 침을 흘리는 것이다. 도(徒)와 도(到)의 반절음이다.[盜, 私利物也. 從次, 次, 欲皿者. 徒到切.]

84 『설문해자』 권6: 상(賞)은 공로가 있는 자에게 하사하는 것[賜有功]을 뜻한다. 패(貝)로 구성되었고 상(尙)이 발음을 나타낸다. 서(書)와 양(兩)의 반절음이다.[賞, 賜有功也. 從貝尙聲. 書兩切.]

85 『설문해자』 권7: 절(竊)은 자신의 마음속에서 나오는 도둑질을 절(竊)이라 한다. 혈(穴)로 구성되었고 미(米)로 구성되었으며, 설(离)과 질(廿)은 모두 발음을 나타낸다. 질(廿)은 질(疾)의 고문(古文)이다. 설(离)은 설(偰)의 고문이다. 천(千)과 결(結)의 반절음이다.[竊, 盜

(竊)"이라고 했는데, 새김이 서로 통한다.

원문 『說苑』「貴德篇」, "周天子使家父毛伯求金於諸侯, 『春秋』譏之. 故天子好利, 則諸侯貪; 諸侯貪, 則大夫鄙, 大夫鄙, 則庶人盜. 上之變下, 猶風之靡草也." 然則民之竊盜, 正由上之多欲. 故夫子以"不欲"勖康子也.

역문 『설원』「귀덕」에 "주나라 천자가 가보(家父)[86]와 모백(毛伯)[87]을 파견해서 제후에게 금품을 요구하니, 『춘추』에서 이 일을 넌지시 비난하였다. 그래서 천자가 이익을 좋아하면 제후는 탐욕을 부리고 제후가 탐욕을 부리면 대부는 비루해지며, 대부가 비루해지면 서민은 도둑질하게 된다. 위에 있는 사람이 아랫사람을 변화시키는 것은 마치 바람이 풀을 눕게 하는 것과 같다."라고 했으니, 그렇다면 백성들이 절도를 저지르는 것은 바로 위에 있는 사람이 욕심이 많음에 연유한 것이다. 그러므로 공자가 "욕심을 부리지 않음[不欲]"을 가지고 계강자를 힘쓰게 한 것이다.

원문 『荀子』「君子篇」, "聖王在上, 分義行乎下, 則士大夫無流淫之行, 百吏庶人無怠慢之事, 衆庶百姓無奸怪之俗, 無盜賊之罪, 莫敢犯大上之禁. 天下曉然皆知夫盜竊之人不可以爲富也, 皆知夫賊害之人不可以爲壽也, 皆知夫犯上之禁不可以爲安也. 由其道, 則人得其所好焉; 不由其道, 則必遇其所惡焉. 是故刑罰綦省而威行如流." 與此章義相發.

역문 『순자』「군자편」에 "성왕이 위에 있으면서 의(義)를 나누어 아래에까

自中出曰竊. 從穴從米, 离, 廿皆聲. 廿, 古文疾. 离. 古文偰. 千結切.]

86　가보(家父, ?~?): 서주(西周) 때 사람. 유왕(幽王) 때 대부를 지냈다. 일찍이 「절남산(節南山)」이라는 시를 지어 유왕을 풍자했다.

87　모백(毛伯, ?~?): 주나라 때 사람. 대부를 지냈다. 백위(伯衛)로도 불린다. 경왕(景王)이 죽은 뒤 난을 일으킨 왕자조(王子朝), 소백(召伯)과 함께 초나라로 도망쳤지만 죽임을 당했다.

지 행해지면 사대부들은 음란함으로 흐르는 행위가 없고, 모든 관리와 여러 사람은 태만히 하는 일이 없으며, 모든 백성은 간사하고 괴이한 풍속이 없고 도적질을 하는 죄가 없을 것이니, 감히 천자의 금령을 범함이 없을 것이다. 천하는 밝아져서 도적질하고 훔치는 사람이 부자가 될 수 없음을 모두가 다 알고, 남을 해치는 사람은 천수를 누릴 수 없음을 모두가 다 알며, 천자의 금령을 범하면 편안해질 수 없다는 것을 모두가 다 안다. 성왕의 도를 따르면 사람들은 자기가 좋아하는 것을 얻게 되며, 도를 따르지 않으면 반드시 자기들이 싫어하는 것을 만나게 된다. 그러므로 형벌이 지극히 생략되어도 위엄이 흐르는 물처럼 행해지는 것이다."라고 했는데, 이 장의 뜻과 서로 발명된다.

원문 張栻『論語解』引張橫渠曰: "假設以子不欲之物, 賞子使竊, 子必不竊. 故爲政者, 先乎足民, 使民無所不足, 則不見可欲, 而盜心息矣. 蓋盜生於欲之不足, 使之足乎此, 則不欲乎彼. 此古人弭盜之原也." 案, 此說卽『孟子』"民有菽粟如水火, 焉有不仁?"之意, 於義亦通. 皇本"不欲"上無"之"字.

역문 장식(張栻)의 『논어해』에는 장횡거(張橫渠)[88]가 "가령 당신이 욕심내지

---

88 장횡거(張橫渠, 1020~1077): 북송 봉상(鳳翔) 미현(郿縣) 사람. 이름은 장재(張載)이며, 자는 자후(子厚), 횡거(橫渠)는 그의 호이다. 시호는 명공(明公)이다. 인종(仁宗) 가우(嘉祐) 2년(1058) 진사가 되고, 운암령(雲巖令)이 되었다. 신종(神宗) 희녕(熙寧) 초에 숭문원교서(崇文院校書)에 올랐다. 얼마 뒤 병으로 사직하고 남산(南山) 아래서 지내면서 독서와 강학을 병행했다. 희녕 10년(1077) 여대방(呂大防)의 천거로 지태상례원(知太常禮院)이 되었지만 병으로 사직하고 돌아오는 도중 죽었다. 문인들이 명성(明誠)이라 시호를 하려고 했지만, 나중에 헌(獻)으로 정해졌다. 영종(寧宗) 가정(嘉定) 때 명공이란 시호가 내려졌다. 송나라 이학(理學)을 창시한 오현(五賢) 가운데 한 사람으로 관중(關中)에서 강학했기 때문에 학문을 관학(關學)이라 부른다. 정호(程顥), 정이(程頤) 형제와 함께 『주역』을 강론했고, 이단을 버리고 『주역』과 『중용』을 정밀히 탐구하여 신유학의 기초를 세웠다. 기일원론(氣一元論)

않는 물건을 가지고 당신에게 상을 주면서 훔치게 한다면 당신은 반드시 훔치지 않을 것이다. 그러므로 정치를 한다는 것은 백성을 풍족하게 함을 우선으로 삼으니, 백성들로 하여금 부족한 것이 없게 하면 욕심낼 만한 것을 보지 않을 것이고 도둑질하려는 마음이 사라질 것이다. 도둑질은 욕구가 충족되지 않는 데서 생겨나니, 그로 하여금 여기에 만족하게 해 주면 저것을 욕심내지 않을 것이다. 이것이 옛사람이 도둑질을 근절시키는 원칙이었다."라고 한 말을 인용했다. 살펴보니, 이 말은 바로 『맹자』「진심상」에서 "백성들이 콩과 곡식을 물과 불처럼 풍족하게 소유한다면 어찌 불인(不仁)한 자가 있겠는가?"라고 한 뜻이니, 뜻에 역시 통한다. 황간본에는 "불욕(不欲)" 앞에 "지(之)" 자가 없다.

- 「注」, "欲多"至"所好".

- 正義曰: 欲生於情, 故『說文』云: "情, 人之陰氣有欲者也." "慾"字『說文』不載. 此云"情欲"者, 從俗作之. 邢「疏」云: "『大學』曰: '堯·舜率天下以仁, 而民從之: 桀·紂率天下以暴, 而民從之, 其所令反其所好, 而民不從.'「注」云: '言民化君行也. 君若好貨, 而禁民淫於財利, 不能正也.'" 案,「緇衣篇」亦云: "下之事上也, 不從其所令, 從其所行. 上好是物, 下必有甚者矣."

○ 「주」의 "욕다(欲多)"부터 "소호(所好)"까지.

○ 정의에서 말한다.

　욕심은 정(情)에서 생겨나기 때문에 『설문해자』에 "정(情)은 사람의 음기(陰氣)로서 욕심을 가지고 있는 것이다."[89]라고 했고, "욕(慾)" 자는 『설문해자』에 실려 있지 않다. 여기에서 "정

은 왕정상(王廷相), 왕부지(王夫之), 대진(戴震) 등에 의해 계승 발전되었고, 인성론(人性論)은 주희(朱熹)에 의해 계승 발전되었다. 저서에 『정몽(正蒙)』과 『횡거역설(橫渠易說)』, 『경학이굴(經學理窟)』, 『장자전서(張子全書)』가 있다.

89　『설문해자』 권10: 정(情)은 사람의 음기로서 욕심을 가지고 있는 것이다. 심(心)으로 구성

욕(情欲)"이라고 한 것은 세속을 따라 그렇게 쓴 것이다. 형병의 「소」에 "『대학』에 '요와 순이 천하를 인으로 거느리자 백성들이 그를 따랐고, 걸(桀)과 주(紂)가 천하를 포악함으로 다스리자 백성들이 그를 따랐으니, 임금이 명령하는 것이 임금 자신이 좋아하는 것과 상반되면, 백성들은 그 명령을 따르지 않는다.'라고 했는데, 「주」에 '백성들이 임금의 행실에 감화됨을 말한 것이다. 임금이 만약 재화를 좋아하면서 백성들이 재물상의 이익을 지나치게 추구하는 것을 금지하면 바르게 할 수가 없다.'라고 했다."라고 하였다. 살펴보니, 『예기』「치의」에도 "아랫사람이 윗사람을 섬길 때 윗사람의 명령을 따르는 것이 아니라 윗사람의 행실을 따른다. 윗사람이 이 물건을 좋아하면 아래는 반드시 그보다 더 심함이 있다."라고 했다.

12-19

季康子問政於孔子曰: "如殺無道, 以就有道, 何如?" 【注】孔曰: "'就', 成也. 欲多殺以止姦." 孔子對曰: "子爲政, 焉用殺? 子欲善而民善矣. 君子之德風, 小人之德草. 草上之風, 必偃." 【注】孔曰: "亦欲令康子先自正. '偃', 仆也. 加草以風, 無不仆者, 猶民之化於上."

계강자가 공자에게 정치에 대하여 물으며 말했다. "만일 무도한 자를 죽여서 도가 있는 자를 성취시켜 주면 어떻겠습니까?" 【주】공안국이 말했다. "'취(就)'는 이룬다[成]는 뜻이다. 많이 죽여서 간사함을 그치게 하고 싶다는 말이다." 공자가 대답했다. "당신은 정치를 하면서 어찌 살육을 쓰십니까? 당신이 선해지려고 하면 백성들이 선해질 것입니

되었고 청(靑)이 발음을 나타낸다. 질(疾)과 영(盈)의 반절음이다.[㥁, 人之陰氣有欲者. 從心靑聲. 疾盈切.]

다. 군자의 덕은 바람이고 소인의 덕은 풀이니, 풀 위에 바람이
불면 반드시 쓰러집니다.”【주】공안국이 말했다. “역시 계강자로 하여금 먼
저 자신을 바르게 하고자 한 것이다. ‘언(偃)’은 쓰러짐[仆]이다. 풀에 바람이 가해지
면, 쓰러지지 않는 풀이 없는 것이, 마치 백성이 윗사람에게 교화되는 것과 같다.”

원문 正義曰:『說文』, “殺, 戮也.”『釋名』「喪制」云: “罪人曰殺. 殺, 竄也, 埋
竄之, 使不復見也.”

역문 정의에서 말한다.

『설문해자』에 “살(殺)은 죽인다[戮]는 뜻이다.”[90]라고 했다. 『석명』「상
제」에 “사람에게 죄주는 것을 살(殺)이라 한다. 살(殺)은 숨긴다[竄]는 뜻
이니, 파묻고 숨겨서 다시 보이지 않도록 하는 것이다.”라고 했다.

원문 “子爲政, 焉用殺”者, 言子爲政, 當以德化民, 不當先用殺也.『說苑』「理
政篇」引此經說之云: “王者尙其德而希其刑, 霸者刑德竝湊, 强國先刑而
後德.”『鹽鐵論』「疾貪篇」, “百姓不治, 有司之罪也. 『春秋』刺譏不及庶
人, 責其率也.” 又云: “政敎闇而不著, 百姓顚蹶而不扶, 猶赤子臨井焉, 聽
其入也. 若此, 則何以爲民父母? 故君子急於敎, 緩於刑.” 又「申韓篇」,
“所貴良吏者, 貴其絶惡於未萌, 使之不爲非, 非貴其拘之囹圄而刑殺之

---

90 『설문해자』권3: 살(殺)은 죽인다[戮]는 뜻이다. 수(殳)로 구성되었고 살(杀)이 발음을 나타
낸다. 모든 살(殺)부에 속하는 한자는 다 살(殺)의 뜻을 따른다. 살(殺)은 살(殺)의 고문이
다. 살(殺)은 살(殺)의 고문이다. 살(殺)은 살(殺)의 고문이다. 살(殺)은 살(殺)의 고문이다.
소(所)와 팔(八)의 반절이다.[殺, 戮也. 從殳杀聲. 凡殺之屬皆從殺. 殺, 古文殺. 殺, 古文
殺. 殺, 古文殺. 殺, 古文殺. 所八切.]

也." 皆言爲民上不貴用殺也.

역문 "당신은 정치를 하면서 어찌 살육을 쓰십니까?"라는 것은 당신은 정치를 함에 있어 덕으로 백성을 감화시킴이 마땅하지 먼저 살육을 사용하는 것은 마땅하지 않다는 말이다. 『설원』「이정」에 이 경문의 말을 인용해서 "왕자(王者)는 덕교를 숭상하고 형벌은 적게 쓰며, 패자(霸者)는 덕교와 형벌을 아울러 쓰고, 강포(强暴)한 나라는 형벌을 먼저 쓰고 덕교는 뒤에 쓴다." 했고, 『염철론』「질탐」에 "백성이 다스려지지 않음은 유사(有司)의 죄이다. 『춘추』에는 풍자와 비난이 서인(庶人)에게까지 미치지 않고, 그들을 잘 이끌 것을 요구했다."라고 하였고, 또 "정치와 교령이 어둡고 분명하지 않아서 백성이 자빠지고 넘어지는데도 부축하지 않는 것은 갓난아기가 우물에 다가갈 때 들어가는 소리를 듣고만 있는 것과 같다. 이와 같이 하면 어떻게 백성들의 부모가 될 수 있겠는가? 그러므로 군자는 교화를 급선무로 여기고 형벌을 느슨히 하는 것이다."라고 했으며, 또 「신한」에 "선량한 관리를 귀하게 여기는 것은 악이 아직 싹트지 않았을 때 끊어 버려 잘못을 저지르지 않도록 함을 귀하게 여기는 것이지, 감옥에 잡아 가두어 형벌로 죽이는 것을 귀하게 여기는 것이 아니다."라고 했는데, 모두 백성들의 윗사람이 되어서 죽이는 것을 사용함을 귀하게 여기지 않음을 말한 것이다.

원문 "子欲善而民善"者, 言子苟欲善, 雖無道之民, 亦化而爲善, 復申言不必用殺之效也. 賈誼『新書』「大政下」云: "王者有易政而無易國; 有易吏而無易民. 故因是國也而爲安, 因是民也而爲治." 又云: "故君能爲善, 則吏必能爲善矣; 吏能爲善, 則民必能爲善矣." 是其義也.

역문 "당신이 선해지려고 하면 백성들이 선해질 것"이란 당신이 진실로 선해지려고 하면 비록 무도한 백성일지라도 감화되어 선하게 될 것이라는 말이니, 죽이는 효과를 쓸 필요가 없음을 거듭 말한 것이다. 가의(賈誼)의 『신서』 「대정하」에 "왕자는 정책을 바꾸는 경우는 있지만 나라를 바꾸는 경우는 없으며, 관리를 바꾸는 경우는 있지만 백성을 바꾸는 경우는 없다. 그러므로 이 나라로 인해 편안해지며 이 백성으로 인해 정치가 실현된다."라고 했고, 또 "그러므로 임금이 선해질 수만 있으면 관리도 반드시 선해질 수 있고, 관리가 선해질 수 있으면 백성들도 반드시 선해질 수 있는 것이다."라고 했는데, 이것이 바로 그 뜻이다.

원문 "君子之德風, 小人之德草"者, 邢「疏」, "此爲康子設譬也. 在上君子, 爲政之德若風; 在下小人, 從化之德如草." 『韓詩外傳』, "傳曰: '魯有父子訟者, 康子欲殺之, 孔子曰: "未可殺也. 夫民爲不善, 則是上失其道. 上陳之敎而先服之, 則百姓從風矣."'" 疑父子訟卽此康子所指"無道"之事. 然『荀子』「宥坐」則在夫子爲司寇時, 傳聞異辭, 要亦爲此文合證也.

역문 "군자의 덕은 바람이고 소인의 덕은 풀이다"

형병의 「소」에 "이것은 계강자를 위해 비유한 것이다. 위에 있는 군자가 정치를 하는 덕은 바람과 같고, 아래에 있는 소인이 교화를 따르는 덕은 풀과 같다." 했고, 『한시외전』에 "다음과 같이 전해 오는 말이 있다. '노나라에 아비와 자식 간에 소송을 벌이는 자가 있었는데, 강자(康子)가 그들을 죽이려 하자 공자가 말했다. "아직은 죽일 수 없습니다. 백성들이 선하지 않게 되는 것은 윗사람이 도리를 잃었기 때문입니다. 부자간에 소송하는 일이 좋지 않은 것임을 모른 지 오래되었으니, 이는 윗사람의 잘못입니다. 윗사람이 가르침을 베풀면서 자신이 먼저 실행하면 백성들은 바람에 풀이 쓰러지듯이 따를 것입니다.""라고 했으니, 아마도 아비와 자식 간의 소송이 바로 계강자가 지적한 "무도(無道)"한 일인 듯싶다. 그러나 『순자』 「유좌」에는 공자가 사구(司寇)가 되었을 때 있었던 일이라고 하는데, 전해 들은 것과는 말이 다르니, 요컨대 이 글과 합해서 증명을 해 보아야 한다.

원문 皇本"德風"·"德草"下竝有"也"字. 『釋文』云: "尙, 本或作上." 案, 『孟子』「滕文公篇」亦作"尙".

역문 황간본에는 "덕풍(德風)"과 "덕초(德草)" 아래 모두 "야(也)" 자가 있다. 『경전석문』에 "상(尙)은 판본에 따라 더러 상(上)으로 되어 있다."라고 했다. 살펴보니, 『맹자』「등문공상」에도 "상(尙)"으로 되어 있다.

- 「注」, "偃仆"至"於上".
- 正義曰: 趙注『孟子』云: "偃, 伏也." "仆"·"伏"義同. 趙云: "尙, 加也." 以風加草, 莫不偃伏也. 此「注」云"加草以風", 亦訓"上"爲加也. 『說苑』「君道篇」, "夫上之化下, 猶風靡草, 東風則草靡而西; 西風則草靡而東."

○ 「주」의 "언복(偃仆)"부터 "어상(於上)"까지.
○ 정의에서 말한다.

조기는 『맹자』를 주석하면서 "언(偃)은 엎어진다[伏]는 뜻이다."라고 했으니, "복(仆)"과 "복(伏)"은 뜻이 같다. 조기는 "상(尙)은 가한다[加]는 뜻이다."라고 했으니, 바람을 풀에다 가하면 쓰러지지 않는 것이 없다. 여기의 「주」에서 "풀에 바람이 가해지면[加草以風]"이라고 했으니, 역시 "상(上)"을 가한다[加]는 뜻으로 풀이한 것이다. 『설원』「군도」에 "윗사람이 아랫사람을 교화하는 것은 마치 바람이 풀을 쓰러뜨리는 것과 같아서, 동풍이 불면 풀이 서쪽으로 쓰러지고, 서풍이 불면 풀이 동쪽으로 쓰러진다."라고 했다.

子張問, "士何如斯可謂之達矣?" 子曰: "何哉, 爾所謂達者?"
子張對曰: "在邦必聞, 在家必聞."【注】鄭曰: "言士之所在, 皆能有
名譽." 子曰: "是聞也, 非達也. 夫達也者, 質直而好義, 察言而
觀色, 慮以下人.【注】馬曰: "常有謙退之志, 察言語, 見顏色, 知其所欲,
其志慮常欲以下人." 在邦必達, 在家必達.【注】馬曰: "謙, 尊而光, 卑
而不可踰." 夫聞也者, 色取仁而行違, 居之不疑,【注】馬曰: "此言
佞人假仁者之色, 行之則違, 安居其僞而不自疑." 在邦必聞, 在家必聞."
【注】馬曰: "佞人黨多."

자장이 물었다. "선비가 어떻게 하면 통달했다고 할 수 있습니
까?" 공자가 말했다. "무엇이냐, 네가 말하는 통달이란?" 자장이
대답했다. "나라에 있어도 반드시 소문이 나며 집에 있어도 반드
시 소문이 나는 것입니다."【주】정현이 말했다. "선비가 있는 곳마다 모두
명예가 있을 수 있다는 말이다." 공자가 말했다. "그것은 소문이지 통달
이 아니다. 통달이란 질박하고 정직하면서 의를 좋아하며, 말을
살피면서 얼굴빛을 관찰하고, 남에게 자기 자신을 낮출 것을 생
각하는 것이다.【주】마융이 말했다. "항상 겸손하고 사양하는 뜻을 가지고서
언어를 살피고 안색을 관찰해서 그 사람이 원하는 것을 알고, 그의 뜻이 생각하는 것
은 항상 남에게 자신을 낮추고자 하는 것이다." 이렇게 하면 나라에 있어서
도 반드시 통달하며, 집안에 있어서도 반드시 통달한다.【주】마융
이 말했다. "겸손한 자는 자신을 낮추고 겸양할수록 더욱 빛나며, 낮아도 그를 타 넘
을 수 없다.91" 소문이라는 것은 얼굴빛은 인을 취하지만 행실은 위
배되는데도 인을 자처하면서 의심해 보지도 않는 것이니,【주】마

융이 말했다. "이것은 말재주를 피우는 사람[佞人]이 인자(仁者)의 얼굴빛을 가장하지만 행실은 위배되고, 그 거짓을 편안히 자처하면서 스스로 의심하지 않는다는 말이다." 나라에 있어서도 반드시 소문이 나며, 집에 있어서도 반드시 소문이 난다." 【주】 마융이 말했다. "말재주를 피우는 사람은 붕당(朋黨)이 많다."

원문 正義曰: "達"者, 通也. 通於處人·處己之道, 故行之無所違阻, 所謂"忠信篤敬, 蠻貊可行", 卽達義也. "在邦"·"在家", 謂士之仕於邦家者也. "質直而好義"者, 謂達者之爲人樸質正直, 而行事知好義也. "察言而觀色, 慮以下人"者, 言心存敬畏, 不敢忤慢人也. 如此, 則攸往咸宜, 雖不求名譽, 名必歸之.

역문 정의에서 말한다.

"달(達)"이란 통달함[通]이다. 남에게 대처하고 자기를 처신하는 도리에 통달했기 때문에 행함에 위배되거나 막힘이 없는 것이니 이른바 "성실하고 진실하며[忠信] 돈독하고 경건하면[篤敬] 오랑캐[蠻貊]의 나라라 하더라도 행할 수 있다"[92]라는 것이 바로 통달[達]의 의미이다. "재방(在邦)"과 "재가(在家)"는 사가 천자나 제후의 나라[邦]나 대부의 집안[家]에서 벼슬하는 것을 이른다. "질박하고 정직하면서 의를 좋아한다[質直而好義]"라는 것은 통달한 자의 사람 됨됨이가 질박하고 정직하면서 일을 행함에 지혜롭고 의를 좋아한다는 말이다. "말을 살피면서 얼굴빛을 관찰하

---

91 『주역(周易)』「겸(謙)·단(象)」: 겸손한 자는 자신을 낮추고 겸양할수록 더욱 높고 빛나고, 낮아도 그를 타 넘을 수 없으니, 군자의 끝마침이다.[謙, 尊而光, 卑而不可踰, 君子之終也.]

92 『논어』「위령공(衛靈公)」.

며, 남에게 자신을 낮출 것을 생각한다[察言而觀色, 慮以下人]"라는 것은 경외(敬畏)하는 마음을 간직해서 감히 남에게 오만(傲慢)하게 굴지 않는다는 말이다. 이와 같이 하면 가는 곳마다 모두 마땅해서 비록 명예를 구하지 않더라도 명예가 반드시 그에게 돌아간다.

원문 『大戴禮』「曾子制言上」, "弟子問於曾子曰: '夫士何如則可以爲達矣?' 曾子曰: '不能則學, 疑則問, 欲行則比賢, 雖有險道, 循行達矣. 今之弟子, 病下人, 不知事賢, 恥不知而又不問, 欲作則其知不足. 是以惑闇, 惑闇終其世而已矣, 是謂窮民也.'" 曾子之論達, 與夫子略同, 皆謂謹身篤行, 不求聲聞者也. 若夫聞者, 多是虛僞. 故以仁之美德而色取之, 不顧其行違也, 身居於仁, 而若無所疑也. 如此以得名譽, 是之謂聞.

역문 『대대례』「증자제언상」에 "제자(弟子)가 증자에게 물었다. '선비가 어떻게 하면 통달할 수 있습니까?' 증자가 말했다. '능하지 못하면 배우고, 의심스러우면 질문하며, 행하고자 하면 현명한 사람과 친밀하게 지내어 비록 험한 길이 있더라도 따라서 행하면 통달할 것이다. 지금의 제자들은 남에게 자신을 낮추는 것을 병통으로 여기고, 현자를 섬길 줄 모르며, 모르는 것을 수치로 여기면서도 질문도 하지 않고, 일을 하려고 하면 그 지혜가 부족하다. 이런 까닭에 미혹되고 어두우니, 미혹되고 어두운 채로 생애를 마칠 뿐이라면, 이런 사람을 일러 궁민(窮民)이라고 하는 것이다.'"라고 했는데, 증자가 통달[達]을 논한 것이 공자와 대략 같으니, 모두 몸을 삼가고 행실을 돈독히 함을 말한 것이지 명성과 소문을 추구하는 것이 아니다. 소문[聞]으로 말할 것 같으면 대부분이 허위(虛僞)이다. 그러므로 인의 미덕을 얼굴빛으로만 취하고 그 행실이 위배됨을 되돌아보지 않고, 몸소 인을 자처하면서 의심해 봄이 없는 것 같은 것이다. 이렇게 해서 얻는 명예, 그것을 소문[聞]이라고 하는 것이다.

원문 『荀子』「宥坐篇」, "孔子爲魯攝相, 朝七日而誅少正卯. 門人進問曰: ‘夫 少正卯, 魯之聞人也, 夫子爲政而始誅之, 得無失乎?’ 孔子曰: ‘人有惡者 五, 而盜竊不與焉. 一曰心達而險, 二曰行辟而堅, 三曰言僞而辯, 四曰記 醜而博, 五曰順非而澤. 此五者, 有一於人, 則不得免於君子之誅, 而少正 卯兼有之, 故居處足以聚徒成群, 言談足以飾邪營衆, 强足以反是獨立, 此 小人之桀雄也, 不可不誅也.’" 觀此, 則聞乃聖人所深惡.

역문 『순자』「유좌편」에 "공자가 노나라의 섭상이 되어 7일 만에 소정묘(少 正卯)[93]를 베었다. 문인이 앞으로 나아가 물었다. ‘소정묘는 노나라의 유 명한 사람인데, 지금 선생님께서 정무를 맡아 처음 하신 일이 그를 죽인 일이니, 실수하신 것은 없으신지요?’ 공자가 말했다. ‘사람이 가지고 있 는 악(惡)이 다섯 가지인데, 도둑질은 여기에 들지 않는다. 첫째는 마음 은 통달했으나 음험한 것이고, 둘째는 행동이 사벽(邪辟)하면서 고집스 러운 것이고, 셋째는 말이 거짓되면서 교묘한 것이고, 넷째는 추악한 것 을 잘 기억하면서 박식한 것이고, 다섯째는 잘못된 것을 따르면서 그럴 듯하게 꾸미는 것이다. 이 다섯 가지 중 한 가지라도 있는 사람은 군자 의 주벌을 면치 못하는데, 소정묘는 이것을 모두 겸하여 가지고 있었다. 그러므로 그의 거처는 족히 반란의 패거리를 모아 당파를 이룰 수 있고, 말솜씨는 충분히 사특함을 꾸며 무리를 운영하며, 강팍(强愎)함은 충분

---

93 소정묘(少正卯, ?~기원전 496): 춘추시대 말기 노나라 사람. 묘(卯)가 이름이고, 소정(少正) 은 복성(複姓)인데, 관직명이라고도 한다. 노 정공(魯定公) 때 대부를 지냈다. 전하는 말로 공자와 같은 시기에 강학(講學)했는데, 여러 차례 공자의 제자들을 자기 문하로 흡입하여 공자의 문하가 세 번 찼다가 세 번 비었다고 한다. 천하의 5 대악(大惡), 즉 마음속으로 거슬 러서 위험하고, 간사함을 행하며 고체(固滯)하고, 거짓말을 하면서 변명하고, 추악한 것을 기억하면서 박식하다 하고, 그른 것을 쫓아서 번드르르하게 꾸며 나라 정치를 어지럽혔기 때문에 공자가 섭정(攝政)할 당시 주살(誅殺)했다.

히 옳은 것을 뒤집어 독립시킬 수가 있으니, 이러한 자는 소인배들에게
는 걸출한 영웅이니, 베지 않을 수 없었던 것이다.'"라고 했는데, 이것을
살펴보면 소문[聞]은 성인이 매우 싫어했던 것이다.

원문 『漢書』「王莽傳」「贊」, "王莽始起外戚, 折節力行, 以要名譽, 宗族稱孝,
師友歸仁. 及其居位輔政, 成·哀之際, 勤勞國家, 直道而行, 動見稱述. 豈
所謂'在家必聞, 在國必聞', '色取仁而行違'者耶?" 以莽之奸邪, 亦是好爲
聞人, 故讒說殄行, 不免震驚朕師也.

역문 『한서』「왕망부」의 「찬」에 "왕망(王莽)은 처음에 외척(外戚)으로 일어
나 몸을 낮추고 행실을 힘써 명예를 구하니, 종족(宗族)이 효를 칭찬하
고, 사우(師友)가 인하다고 칭송했다. 높은 지위에 올라 정사를 보필함에
미쳐서는 성제(成帝)와 애제(哀齊) 때에 국가의 일에 힘을 다하여 정직한
도(道)로 행하여 항상 칭송을 받았으니, 어찌 이른바 '나라에 있어서도
반드시 소문이 나며, 집에 있어서도 반드시 소문이 난다.'라거나 '얼굴빛
은 인을 취하나 행실은 위배된다.'라는 것이 아니겠는가?"라고 했으니,
간사한 왕망 역시 유명한 사람[聞人]이 되기를 좋아했기 때문에 참설(讒
說)로 선행을 끊어 버려 임금의 무리를 진동하고 놀라게 함을 면치 못한
것이다.

원문 子張堂堂, 難與爲仁, 夫子恐其於仁亦是色取. 故於聞者亟斥之, 且恐其
以聞卽爲達也. 皇本"夫達"·"夫聞"下無"也"字.

역문 자장은 당당(堂堂)했지만 함께 인을 행하기 어려웠기 때문에 공자는
그가 인에 대해 역시 얼굴빛으로만 인을 취할까 걱정했다. 그러므로 소
문[聞]에 대해 급히 배척하고, 또 그가 소문을 통달[達]이라고 여길까 걱
정했던 것이다. 황간본에는 "부달(夫達)"과 "부문(夫聞)" 아래 "야(也)" 자

가 없다.

- 「注」, "常有"至"下人".
- 正義曰: "謙退"者, 言達者常有謙退之志, 故能察言觀色, 更下人也. "知其所欲"者, 言於人旣
  察觀而知之, 當順情以施也. "知慮"者, 志之所慮也. 察言觀色, 不敢有加於人, 是常欲以下
  人, 所謂"君子無衆寡 · 無小大 · 無敢慢"者也.
- 「주」의 "상유(常有)"부터 "하인(下人)"까지.
- 정의에서 말한다.
  "겸손하고 사양한다[謙退]"라는 것은 통달한 자는 항상 겸손하고 사양하는 뜻을 가지고 있기
  때문에 언어를 살피고 안색을 관찰해서 더욱 남에게 자신을 낮출 수 있다는 말이다. "그 사
  람이 원하는 것을 안다"라는 것은 사람에 대해서 이미 관찰해서 알았으면 당연히 실정에 따
  라 시행한다는 말이다. "지려[志慮]"[94]란, 뜻이 생각하는 것이다. 언어를 살피고 안색을 관찰
  해서 감히 남에게 가함이 있을 수 없는 것은 항상 남에게 자신을 낮추고자 함이니 이른바 "군
  자는 많거나 적거나 크거나 작거나에 관계없이 감히 오만하게 대함이 없다"[95]라는 것이다.

  俞氏樾『平議』云: "按, 『廣雅』「釋訓」曰: '無慮, 都凡也.' 『漢書』「食貨志」曰: '天下大氐無慮
  皆鑄金錢矣.' '無慮'與'大氐'同, 古人自有復語耳. 亦或止言'慮'. 『賈誼傳』, '慮無不帝制而天
  子自爲者.' 慮卽無慮, 亦猶大氐也. '慮以下人'之'慮', 乃無慮之慮, 言察言觀色, 大氐以下人
  也. 馬以'志慮'說之, 非是. 『太玄』「玄瑩篇」, '故君子內正而外馴, 每以下人.' 其句法卽本之
  此." 案, 俞說甚是, 然馬「注」亦未誤, 此當竝存.
  유월(俞樾)의 『군경평의』에 "살펴보니, 『광아』「석훈」에 '무려(無慮)는 모두[都凡]라는 뜻이
  다.'라고 했고, 『한서』「식화지」에 '천하의 사람들 전부[大氐] 무려 모두가 금전을 주조했기
  때문이다.'라고 했는데, '무려'는 '대저(大氐)'와 같은 뜻이니, 옛사람들이 습관적으로 표현하

---

94 마융의 주에는 "知慮"로 되어 있는데, 유보남은 이를 "志慮"의 뜻으로 여긴 듯하다.
95 『논어』「요왈(堯曰)」.

는 동어반복일 뿐이다. 또 더러는 '여(慮)'라고만 하고 그치기도 한다. 「가의전」에 '모두가 황제의 제도를 만들어 스스로 천자를 자처하지 않을 자가 없다.'라고 했는데, 여는 곧 무려이니, 역시 대저와 같은 표현이다. '여이하인(慮以下人)'이라고 할 때의 '여'는 바로 무려라고 할 때의 여이니, 말을 살피면서 얼굴빛을 관찰하여 모조리 남에게 자신을 낮추었다는 말이다. 마융은 '지려(志慮)'의 뜻으로 말했는데 옳지 않다. 『태현경』「현형」에 '그러므로 군자는 내면을 바르고 외모를 길들여 항상 남에게 자기를 낮춘다.'라고 했으니, 그 구법(句法)이 바로 여기에서 근거한 것이다."라고 했다. 살펴보니, 유월의 말이 매우 옳지만, 그렇다고 마융의 「주」역시 잘못은 아니니 이는 둘 다 남겨 두는 것이 마땅하다.

- ●「注」, "謙尊而光, 卑而不可踰."
- ● 正義曰: 此『易』「謙卦」象辭. 尊者, 卑約也. 「曲禮」云: "故君子恭敬, 撙節退讓以明禮." 『荀子』「仲尼篇」, "恭敬而僔." 楊倞「注」, "僔與撙同, 卑退也." 尊‧撙‧僔音義竝同.
- ○「주」의 "자신을 낮추고 겸양할수록 더욱 빛나며, 낮아도 그를 타 넘을 수 없다."
- ○ 정의에서 말한다.

  이것은 『주역』「겸괘」의 단사(彖辭)이다. 존(尊)은 낮추고 단속한다[卑約]는 뜻이다. 『예기』「곡례상」에 "군자는 공손하고 경건하며, 겸손하고 절제하며, 사양하고 겸양함으로써 예를 밝힌다."라고 했고, 『순자』「중니편」에 "공손하고 경건하면서도 겸손하다.[恭敬而僔.]"라고 했는데, 양경의 「주」에 "준(僔)과 준(撙)은 같은 뜻이니 겸손하고 사양한다[卑退]는 뜻이다."라고 했으니, 존(尊)과 준(撙)과‧준(僔)은 발음과 뜻이 모두 같다.

- ●「注」, "佞人黨多."
- ● 正義曰: 此解邦家必聞之故, 言所所稱譽之者, 皆是佞黨, 若君子則衆好必察, 不致爲所惑也. 顏師古「王莽傳」「注」, "朋黨比周, 故能在家在國皆有名譽." 卽本馬義.
- ○「주」의 "말재주를 피우는 사람은 붕당이 많다."
- ○ 정의에서 말한다.

  이는 나라에 있어서나 집안에 있어서 반드시 소문이 나는 까닭을 풀이한 것으로, 곳곳에서 칭찬하고 기리는 자들이 모두 말재주를 피우며 붕당을 짓는다는 말이니, 만약 군자라면 대중이 좋아하더라도 반드시 살펴서 미혹됨에 이르지 않을 것이다. 안사고의 『전한서』「왕망전」

「주」에 "당파를 결성하여 사리(私利)를 도모하고 자기와 의견이 다른 자를 배척했기 때문에 집안에 있어서나 나라에 있어서 모두 명예를 차지할 수 있었던 것이다."라고 했는데, 바로 마융의 뜻에 근거한 것이다.

12-21

樊遲從遊於舞雩之下,【注】包曰: "舞雩之處, 有壇墠樹木, 故下可遊焉." 曰: "敢問'崇德, 脩慝, 辨惑.'"【注】孔曰: "'慝', 惡也,. '脩', 治也, 治惡爲善." 子曰: "善哉, 問! 先事後得, 非崇德與?【注】孔曰: "先勞於事, 然後得報." 攻其惡, 無攻人之惡, 非脩慝與? 一朝之忿, 忘其身, 以及其親, 非惑與?"

번지(樊遲)가 공자를 따라서 무우단(舞雩壇)의 아래서 놀다가 【주】 포함이 말했다. "무우단이 있는 곳[舞雩之處]에는 흙을 쌓아 올려 평평하게 다져 놓은 제단과 나무가 있기 때문에 그 아래가 노닐 만하다." 말했다. "감히 '덕을 높이고, 사악함을 닦고, 미혹됨을 분별한다.'라는 것에 대하여 묻겠습니다." 【주】 공안국이 말했다. "'특(慝)'은 사악함[惡]이고, '수(脩)'는 다스림[治]이니, 사악함을 다스려 선(善)하게 함이다." 공자가 말했다. "좋구나, 질문이! 일을 먼저하고 얻는 것을 뒤로하는 것이 덕을 높이는 것이 아니겠느냐? 【주】 공안국이 말했다. "먼저 일에 힘쓰고, 그런 뒤에 보답을 얻는 것이다." 자기의 악을 책망하고 남의 악을 책망하지 않는 것이 사악함을 닦는 것이 아니겠느냐? 하루아침의 분노로 자기 몸을 잃고 화가 자기의 부모에게까지 연루되도록 하는 것이 미혹됨이

원문 正義曰: 言"舞雩之下"者, 明時魯雩祭, 樊遲從夫子往遊其下也. "崇德 · 脩慝 · 辨惑"者, 此當是雩禱之辭. 以德 · 慝 · 惑爲韻, 如湯禱桑林, 以六事自責也. "攻其惡, 無攻人之惡"者, "攻"猶責也. 『春秋繁露』「仁義法篇」解此文謂"君子以仁造人, 義造我." 所謂"躬自厚而薄責於外"也. "忿"者, 『廣雅』「釋詁」云"怒"也.

역문 정의에서 말한다.

"무우단 아래[舞雩之下]"라고 말한 것은 당시 노나라에서 기우제(祈雨祭)를 지냈는데, 번지가 공자를 좇아서 그 아래로 가서 논 것을 밝힌 것이다. "덕을 높이고[崇德], 사악함을 닦고[修慝], 미혹됨을 분별한다[辨惑]"라는 것, 이것은 당시 기우제에서 송축하던 말이다. 덕(德)과 특(慝)과 혹(惑)을 운자(韻字)로 삼았으니, 마치 탕왕이 상림(桑林)에서 기우제를 지낼 때 6가지 일로써 자책한 것과 같다.[96] "자기의 악을 책망하고 남의 악을 책망하지 않는 것"에서 "공(攻)"은 자책[責]과 같은 말이다. 『춘추번로』「인의법」에 이 글을 풀이하면서 "군자는 인으로써 남을 나아가게 하고 의로써 자신을 나아가게 한다."라고 했는데, 이른바 "자신을 책망하기를 후하게 하고, 남을 책망하기를 적게 한다"[97]라는 것이다. "분(忿)"이란 『광

---

96 은나라의 탕왕은 7년 동안 큰 가뭄이 들자, 스스로 제물이 되어 상림이라는 들에서 기우제를 지내며 6가지 일을 가지고 스스로 꾸짖었는데, "정치가 절도가 없는가[政不節歟], 백성들이 직업을 잃었는가[民失職歟], 궁실이 너무 높고 화려한가[宮室崇歟], 궁중의 여인들이 권력을 농간하고 청탁을 받는가[女謁盛歟], 뇌물이 성행하는가[苞苴行歟], 남을 모함하는 사람이 많은가[讒夫昌歟]"를 가지고 자책하자 큰비가 내렸다고 한다.

97 『논어』「위령공」.

아』「석고」에서 "분노[怒]"라고 했다.

원문 "以及其親"者,『春秋』「桓」二年, "宋督弒其君與夷及其大夫孔父."『公
羊傳』云: "及者何? 累也."『論衡』「明雩篇」, "樊遲從遊, 感雩而問, 刺魯
不能崇德而徒雩也." 戴氏望『論語注』云: "『春秋』「昭」卄五年, '秋七月上
辛, 大雩. 季辛, 又雩.'「傳」曰: '又雩者, 非雩也, 聚衆以逐季氏也.' 樊遲
從遊, 有感昭公孫齊之事, 因以發問. 事, 勤也. 先勤求賢者, 任之以政, 乃
能得民. 昭公不用子家羈, 失民失政, 以致出奔, 是不能崇德也. 子家駒曰:
'諸侯僭於天子, 大夫僭於諸侯.' 公曰: '吾何僭乎哉?' 是攻人之惡, 不知攻
其惡也. 昭公不從其言, 終弒之而敗焉, 走之齊.' 是不忍一朝之忿, 忘身以
及宗廟, 惑之甚也. 時哀公亦欲去三家, 故微其辭以危其事." 案, 戴氏此
說, 本之宋氏翔鳳『發微』, 與『論衡』刺魯之義極合.

역문 "자기의 부모에게까지 미치게 함"

『춘추』「환공」2년에, "송독[宋督: 화보독(華父督)]이 그 임금 여이(與夷)
와 대부 공보(孔父)를 죽였다."라고 했는데,『춘추공양전』에 "급(及)이란
무슨 뜻인가? 연루[累]된다는 뜻이다."라고 했다.『논형』「명우」에 "번지
가 공자를 좇아서 놀다가 기우제에 대한 소감이 있어 질문한 것은, 노나
라에서 덕을 높이지 못하면서 한갓 기우제만 지내는 것을 풍자한 것이
다."라고 했다. 대망의『논어주』에 "『춘추』「소공」25년에 '가을 7월 상
순의 신일(辛日)에 기우제를 지내고, 하순의 신일에 또 기우제를 지냈
다.'라고 했는데,「춘추공양전」에 '또 기우제를 지낸 것은 기우제를 지
낸 것이 아니라 기우제에 모인 민중을 모아 계씨(季氏)를 내쫓은 것이
다.'라고 했다. 번지가 공자를 좇아서 놀다가 소공이 제나라로 도망간
일에 느끼는 바가 있어 이로 인해 질문을 했던 것이다. 사(事)는 부지런
함[勤]이다. 먼저 부지런히 현자(賢者)를 구하는 것은 그에게 정치를 맡겨

야 이에 백성을 얻을 수 있기 때문이다. 소공은 자가기(子家羈)를 등용하지 못해서 백성을 잃고 정권도 잃어 도망가는 지경에 이르게 되었으니, 이것이 덕을 높이지 못한 것이다. 자가구(子家駒)가 말하길 '제후가 천자를 참람하고 대부가 제후를 참람한 지 오래되었습니다.'라고 하자, 소공이 '내가 무엇을 참람했습니까?'라고 했는데, 이는 남의 악을 책망한 것이지, 자기의 악을 책망할 줄 몰랐던 것이다. '소공은 자가구의 말을 따르지 않고 마침내 계씨를 죽이려다 실패하고 제나라로 달아났다.'라고 했는데, 이는 하루아침의 분노를 참지 못해서 자기 몸을 잃고 화가 종묘에까지 연루되도록 한 것이니 미혹됨이 심한 것이다. 당시에 애공 역시도 세 대부의 집안을 제거하려 했기 때문에 그 말을 은미하게 해서 그 일을 위태롭게 한 것이다."라고 했다. 살펴보니, 대씨(戴氏)의 이 말은 송상봉(宋翔鳳)의 『논어발미』와 『논형』에서 노나라를 풍자한 뜻과 지극히 일치한다.

원문 皇本, "無攻人之惡", "無"作"毋".

역문 황간본에는 "남의 악을 책망하지 않음[無攻人之惡]"에서 "무(無)"가 "무(毋)"로 되어 있다.

- 「注」, "舞雩之處, 有壇墠樹木."
- 正義曰: 『禮』「祭法」「注」云: "封土曰壇, 除地曰墠." 又"雩禜"「注」云: "水旱壇." 「月令」"雩帝"「注」云: "爲壇於南郊之旁." 『水經』「泗水」「注」言, "魯雩壇高三丈, 在魯縣故城南, 雩門之外." 此「注」兼言"墠"者, 壇外平地, 時亦除治之, 即爲墠也. 知有樹木者, 『周官』「大司徒」言"設社稷之壝, 樹之田主, 各以其野之所宜木." 社稷是壇, 有所宜之木, 此雩壇亦當有樹木可知.

○ 「주」의 "무우단이 있는 곳[舞雩之處]에는 흙을 쌓아 올려 평평하게 다져 놓은 제단과 나무가 있다."

○ 정의에서 말한다.

『예기』「제법」의 「주」에 "흙을 쌓아 올린 것을 '단(壇)'이라 하고, 땅을 조금 제거한 것을 '선(墠)'이라 한다."라고 했고, 또 "우영(雩禜)"의 「주」에 "홍수나 한발을 막기 위해 비는 제단[水旱壇]"이라고 했다. 「월령」 "우제(雩帝)"의 「주」에 "남쪽 교외의 곁에 제단을 마련한다." 했고, 『수경』「사수」의 「주」에 "노나라의 기우제를 지내는 제단[雩壇]의 높이는 3길[丈]인데, 노현(魯縣)의 옛 성 남쪽 우문(雩門) 밖에 있다."라고 했는데, 여기의 「주」에서 "선(墠)"을 아울러 말한 것은, 단(壇)의 바깥쪽은 평지인 데다가 당시엔 역시 땅을 제거해서 다져 놓았으니, 바로 선(墠)이 되기 때문이다. 나무가 있음을 알 수 있는 것은 『주례』「지관사도상 · 대사도」에 "사직의 제단을 설치하고 전주(田主)를 심는데, 각각 그 들의 토양에 맞는 나무를 사용한다."라고 했으니, 사직의 이 제단에는 그 들의 토양에 맞는 나무가 있으니, 여기의 우단(雩壇)에도 역시 당연히 나무가 있다는 것을 알 수 있는 것이다.

● 「注」, "慝, 惡也. 脩, 治也."

● 正義曰: 『左』「僖」十五年「傳」, "於是展氏有隱慝焉." 杜「注」, "隱惡, 非法所得." 『周官』「環人」"察軍慝"「注」, "慝, 陰奸也." "脩"與"修"同. 『廣雅』「釋詁」, "修, 治也." 此常訓.

○ 「주」의 "특(慝)은 사악함[惡]이고, 수(脩)는 다스림[治]이다."

○ 정의에서 말한다.

『춘추좌씨전』「희공」 15년 「전」에 "이때에 전씨(展氏)에게 남이 모르는 죄악이 있었다."라고 했는데, 두예의 「주」에 "남이 모르는 죄악[隱惡]은 법으로 형벌할 수 없다."라고 했다. 『주례』「하관사마상 · 환인」에 "군대 안에서 몰래 꾸미는 간특한 일을 살핀다[察軍慝]"라고 한 대목의 「주」에 "특(慝)은 몰래 꾸미는 간특한 일[陰奸]이다."라고 했다. "수(脩)"는 "수(修)"와 같은 뜻이다. 『광아』「석고」에 "수(修)는 다스림[治]이다."라고 했는데, 이것이 일반적인 해석이다.

● 「注」, "先勞於事, 然後得報."

- 正義曰:「注」說非. 解"後"字爲自然之辭, 尤不合.

○「주」의 "먼저 일에 힘쓰고, 그런 뒤에 보답을 얻는 것이다."

○ 정의에서 말한다.

「주」의 말이 틀렸다. "후(後)" 자를 풀이하면서 자연스러운 말이라고 한 것은 더욱 합당하지 않다.

12-22

樊遲問仁. 子曰: "愛人." 問知. 子曰: "知人." 樊遲未達. 子曰: "擧直錯諸枉, 能使枉者直."【注】包曰: "擧正直之人用之, 廢置邪枉之人, 則皆化爲直." 樊遲退, 見子夏曰: "鄕也吾見於夫子而問知, 子曰: '擧直錯諸枉, 能使枉者直.' 何謂也?" 子夏曰: "富哉, 言乎!【注】孔曰: "'富', 盛也." 舜有天下, 選於衆, 擧皐陶, 不仁者遠矣; 湯有天下, 選於聚, 擧伊尹, 不仁者遠矣."【注】孔曰: "言舜·湯有天下, 選擇於衆, 擧皐陶·伊尹, 則不仁者遠矣, 仁者至矣."

번지가 인(仁)에 대해 묻자, 공자가 말했다. "사람을 사랑하는 것이다." 지(知)에 대해 묻자, 공자가 말했다. "사람을 아는 것이다." 번지가 깨닫지 못하자, 공자가 말하였다. "정직한 사람을 등용해서 왜곡된 사람의 위에 두면, 왜곡된 사람으로 하여금 정직하게 할 수 있다."【주】포함이 말했다. "정직한 사람을 들어 쓰고, 간사하고 왜곡된 사람을 버려 두면 모두 감화하여 정직하게 된다." 번지가 물러 나와 자하를 만나 보고 말했다. "아까 내가 선생님을 만나 뵙고 지에 대해 물었더니 선생님께서 '정직한 사람을 등용해서 왜곡된 사람 위에

놓으면 왜곡된 사람으로 하여금 정직하게 할 수 있다.'라고 하셨는데 무엇을 말씀하신 것일까요?" 자하가 말했다. "갖추어진 것에 대한 것이로군요, 선생님의 말씀은! 【주】 공안국이 말했다. "부(富)'는 성대(盛大)함이다." 순임금이 천하를 소유하였을 때, 여러 사람 중에서 뽑아서 고요(皐陶)를 등용하니 불인(不仁)한 자들이 멀리 떠나갔으며, 탕왕이 천하를 소유하였을 때 여러 사람 중에서 이윤(伊尹)을 등용하니, 불인한 자들이 멀리 떠나갔습니다. 【주】 공안국이 말했다. "순임금과 탕왕이 천하를 소유하고서 많은 사람 중에서 선택하여 고요와 이윤을 등용하니 불인한 자들이 멀리 떠나고 인자(仁者)가 이르렀다."

원문 正義曰:『大戴禮』「王言篇」, "孔子曰: '仁者莫大於愛人; 知者莫大於知賢.'"『荀子』「子道篇」, "子貢對夫子問曰: '知者知人, 仁者愛人.'" 是愛人·知人爲仁·知之大用.

역문 정의에서 말한다.

『대대례』「왕언」에 "공자가 말했다. '인은 사람을 사랑하는 것보다 큰 것이 없고, 지는 현인(賢人)을 알아보는 것보다 큰 것이 없다.'" 했고, 『순자』「자도편」에 "자공이 공자의 질문에 대답하여 말했다. '지란 사람을 아는 것이고, 인이란 사람을 사랑하는 것입니다.'"라고 했으니, 이 사람을 사랑하고 사람을 아는 것이 인과 지의 큰 작용이 된다.

원문 "樊遲未達"者, 宋氏翔鳳『發微』云: "『書』曰: '知人則哲, 能官人.' 自世卿專國, 其君雖知人而不能官人. 遲之未達, 職此之由." 案, 遲未達, 當更有問辭, 今無文者, 略也.

역문 "번지가 깨닫지 못하자"

송상봉의 『논어발미』에 "『서경』 「우서·고요모」에 '사람을 알면 지혜가 명철해져서 사람을 관직에 임용할 수 있다.'라고 했는데, 세습한 경이 국정을 전횡함으로부터는 그 군주가 비록 사람을 알아보는 능력이 있어도 사람을 관직에 임용할 수 없었다. 번지가 깨닫지 못한 것은 단지 이러한 연유에서였다."라고 했다. 살펴보니, 번지가 깨닫지 못하였다면 다시 질문하는 말이 있어야 마땅한데, 지금 그러한 글이 없는 것은 생략된 것이다.

원문 "擧直錯諸枉, 能使枉者直"者, 言擧爾所知之直者, 錯諸枉者之上, 卽是知人也. "錯", 『釋文』引"或本作措." 樊遲又未達夫子所言之理, 不敢復問, 故退見子夏告之也.

역문 "정직한 사람을 등용해서 왜곡된 사람의 위에 두면, 왜곡된 사람으로 하여금 정직하게 할 수 있다."라는 것은 네가 알고 있는 정직한 사람을 들어서 왜곡된 사람의 위에 두는 것이 바로 사람을 아는 것이라는 말이다. "조(錯)"는 『경전석문』에 "간혹 판본에 따라 조(措)로 되어 있다."라고 인용했다. 번지가 또 공자가 말한 이치를 깨닫지 못했으나, 감히 다시 질문하지 못했기 때문에 물러 나와 자하를 만나 보고 물어본 것이다.

원문 "鄕", 皇本作"嚮". 『釋文』, "鄕, 又作曏, 同." 『說文』云: "曏, 不久也." 不久者, 言日近也. 阮氏元『校勘記』, "曏正字, 向俗字, 鄕叚借字." "富哉言乎", 皇本"言"上有"是"字.

역문 "향(鄕)"은 황간본에는 "향(嚮)"으로 되어 있다. 『경전석문』에 "향(鄕)은 또 향(曏)으로도 되어 있는데, 같은 글자이다."라고 했다. 『설문해자』에 "향(曏)은 오래지 않다[不久]는 뜻이다."[98]라고 했으니, 날이 가깝다는 말이다. 완원의 『십삼경주소교감기』에 "향(曏)이 정자(正字)이고, 향(向)

은 속자(俗字)이며, 향(鄕)은 가차자이다."라고 했다. "부재언호(富哉言乎)"
는 황간본에 "언(言)" 앞에 "시(是)" 자가 있다.

원문 鄭「注」云: "皐陶爲士師, 號曰庭堅." 案,『書』「舜典」, "命皐陶曰: '汝作
士.'"『孟子』「盡心上」亦云, "皐陶爲士." 不名士師也, 疑"師"字誤衍.『周
官』有"士師", 屬大司寇, 以下大夫爲之.『左』「文」五年「傳」, "皐陶・庭
堅", 又十八年「傳」高陽氏才子八人, 有庭堅. 杜「注」, "庭堅卽皐陶字." 是
皐陶號庭堅也.

역문 정현의 「주」에 "고요가 사사(士師)가 되었는데, 정견(庭堅)이라 불렀
다."라고 했다. 살펴보니,『서경』「순전」에 "고요에게 명하였다. '너를
사로 삼는다.'"라고 했고,『맹자』「진심상」에도 "고요가 사가 되었다면."
이라고 했는데, 사사라고 하지 않았으니, 아마도 "사(師)" 자는 잘못 붙어
난 글자인 듯하다.『주례』「추관사구상」에 "사사(士師)"가 있는데, 대사
구(大司寇)에 소속되고, 이하는 대부가 맡는다.『춘추좌씨전』「문공」5년
의 「전」에 "고요정견(皐陶庭堅)"이라고 했고, 또 18년의 「전」에 고양씨
(高陽氏)에게 재덕(才德)이 있는 아들 여덟이 있었는데, 그중에 정견이 있
고, 두예의 「주」에 "정견은 고요의 자(字)이다."라고 했으니, 고요는 정
견을 부르는 말이다.

원문 "伊尹", 湯臣.『說文』"伊"字「注」, "殷聖人阿衡, 尹治天下者. 從人從
尹." 疑"伊"是氏, "尹"是名.『說文』所云"尹治"者, 就文說之, 若『白虎通』

---

98 『설문해자』권7: 향(曏)은 오래지 않다[不久]는 뜻이다. 일(日)로 구성되었고 향(鄕)이 발음
을 나타낸다.『춘추좌씨전』에 "지난번 전쟁이 있기 3개월 전[曩役之三月]."이라고 하였다.
허(許)와 양(雨)의 반절음이다.[曏, 不久也. 從日鄕聲.『春秋傳』曰: "曩役之三月." 許雨切.]

說“顓頊·帝嚳·堯·舜, 皆有聖德之義.”是也. 鄭注『尙書』謂“伊尹名摯”,
與『孫子』「用間篇」合. 摯爲名, 則尹爲字, 可信也.

역문 “이윤”은 탕왕의 신하이다. 『설문해자』의 “이(伊)” 자에 대한 「주」에
“은나라의 성인(聖人)인 아형(阿衡)인데, 윤(尹)은 천하를 다스린 자라는
뜻이다. 인(人)으로 구성되었고 윤(尹)으로 구성되었다.”99라고 했으니,
아마도 “이(伊)”는 씨(氏)이고 “윤(尹)”이 이름인 듯싶다. 『설문해자』에서
말한 “윤치(尹治)”라는 것은 글자에 입각해서 말한 것이니, 『백호통의』
에서 “전욱(顓頊)·제곡(帝嚳)·요·순은 모두 성스러운 덕을 가지고 있
다는 뜻이다.”라고 말한 것 같은 것이 이것이다. 정현은 『상서』를 주석
하면서 “이윤은 이름이 지(摯)이다.”라고 했는데, 『손자』「용간」과 일치
한다. 지(摯)가 이름이라면 윤(尹)은 자가 되니, 믿을 만하다.

원문 宋氏翔鳳『發微』云: “子夏知孔子之意, 必堯·舜·禹·湯之爲君, 而後
能盡用人之道, 以垂百世之法. 故言選擧之事曰”云云. 『公羊』「隱」元年何
休說, “當春秋時, 廢選擧之務, 置不肖於位, 輒退絶之, 以生過失, 至於君
臣忿爭出奔, 國家之所以昏亂, 社稷之所以危亡, 故皆錄之.”

역문 송상봉의 『논어발미』에 “자하100는 공자의 의도가 요·순·우(禹)·탕
(湯)이 임금이 된 뒤에 사람을 등용하는 도리를 다해서 백세의 법을 드
리울 수 있었던 것을 기필하는 것임을 알았다. 그러므로 선발하고 등용

---

99 『설문해자』 권8: 이(伊)는 은나라의 성인 아형(阿衡)인데, 윤(尹)은 천하를 다스린 자라는
뜻이다. 인(人)으로 구성되었고 윤(尹)으로 구성되었다. 이(㲋)는 이(伊)의 고문인데, 사(死)
의 고문으로 구성되었다. 어(於)와 지(脂)의 반절음이다.[伊, 殷聖人阿衡, 尹治天下者. 從人
從尹. 㲋, 古文伊從古文死. 於脂切.]

100 『논어정의』에는 “子貢”으로 되어 있으나, 문맥상 맞지 않다. 번지와 자하 사이의 대화이므
로 당연히, 자하가 되어야 옳다.

하는 일을 말하여"라고 운운했다. 『춘추공양전』「은공」 원년에 하휴가 말하길 "춘추시대를 당하여 인재를 선발해서 등용하는 일이 폐하여지자 불초한 자를 지위에 두었다가 문득 용퇴시키거나 그만두게 해서 과실이 생겨났으며, 심지어는 임금과 신하 사이에 분쟁(忿爭)을 벌이다가 나라를 떠나거나 달아나는 지경에 이르렀으니, 이것이 나라와 집안이 혼란해진 까닭이며, 사직이 위태로워 망하게 된 까닭이기 때문에 모두 기록한 것이다."라고 했다.

원문 「隱」三年何休說, "禮, 公·卿·大夫·士, 皆選賢而用之. 卿大夫任重職大, 不當世, 爲其秉政久, 恩德廣大, 小人居之, 必奪君子威權. 故尹氏世, 立王子朝; 齊崔氏世, 弑其君光. 君子疾其末, 則正其本, 見譏於卒者, 亦不可造次無故驅逐, 必因其過卒絕之. 明君案見勞授賞, 則衆譽不能進無功; 案見惡行誅, 則衆讒不能退無罪." 此『春秋』譏世卿之義.

역문 「은공」 3년에 하휴가 말하길, "예에 공(公)과 경과 대부와 사는 모두 현명한 자를 가려서 등용해야 하고 대대로 시켜서는 안 되니, 정권을 잡은 지가 오래되면 은덕이 광대해지고 소인이 자리를 차지하게 되어 반드시 군자의 위엄과 권력을 빼앗게 된다. 그러므로 윤씨(尹氏)[101]가 경을 세습하여 왕자 조(王子朝)를 왕으로 세웠고, 제나라의 최씨(崔氏)[102]는 경

---

101 윤씨(尹氏): 주나라의 세경인 윤어(尹圉, ?~?)를 말한다. 윤문공(尹文公)이라고도 한다. 윤길보(尹吉甫)의 후손으로, 선왕(宣王) 때 윤길보가 대부가 된 후로 세습하여 경대부가 되었다. 노나라 소공 22년에 주나라 경왕(景王)이 죽자 왕자 조(朝)가 변란을 일으켰다. 유자(劉子)와 선자(單子)가 왕자 맹(猛)을 데리고 황(皇) 땅으로 파천하였다가 가을에 왕성으로 들어갔으나 왕자 맹이 곧 죽었다. 이듬해에 경왕(敬王)이 즉위하였다가 다시 적천(狄泉)으로 쫓겨났고 윤씨가 왕자 조를 주나라의 왕으로 세웠다. 그러나 소공 26년에 진(晉)나라 군대가 경왕을 왕실로 복귀시켰고 왕자 조와 윤씨 일족은 초나라로 도망갔다.

을 세습하여 그 군주인 광(光)을 시해했던 것이다. 군자는 그 말단을 미워하면 그 근본을 바루니, 윤씨의 죽음에 비난을 나타낸 것은 역시 갑작스럽게 아무런 까닭 없이 몰아서 내쫓을 수 없기 때문에 반드시 그의 과실에 따라 죽을 때 끊어 버린 것이다. 밝은 군주는 공로를 살펴보고서 상을 주니 대중이 칭찬하면 공이 없다고 몰아갈 수 없고, 악행을 살펴보고 죄를 물어 베어 죽이니, 대중이 참소를 하면 죄가 없다고 물리칠 수 없다."라고 했으니, 이것이 『춘추』에서 세경(世卿)을 비난하는 의리이다.

원문 蓋卿大夫世, 則擧直錯枉之法不行, 有國者宜以不知人爲患. 故子夏述舜擧皐陶, 湯擧伊尹, 皆不以世而以賢, 以明大法. 『漢書』王吉言, "堯・舜不用三公九卿之世, 而擧皐陶・伊尹, 不仁者遠; 今俗吏得任子弟, 率多驕驁, 不通古今, 至於積功治人, 無益於民, 此「伐檀」所爲作也. 宜明選求賢, 除任子之令." 卽『論語』之義.

역문 대체로 경과 대부를 세습하면 정직한 사람을 등용해서 왜곡된 사람의 위에 두는 법이 시행되지 않으니, 나라를 소유한 자는 마땅히 사람을 알지 못하는 것을 근심으로 삼아야 한다. 그러므로 자하가 순임금이 고요를 등용하고 탕왕이 이윤을 등용한 것을 이야기한 것은 모두 세습을 가지고 한 것이 아니라 어짊과 현명함을 가지고 큰 본보기로 삼은 것이다. 『한서』에서 왕길(王吉)[103]이 말하길 "요임금과 순임금은 삼공과 구경을

---

102 최씨(崔氏): 춘추시대 제나라 대부 최저(崔杼, ?~기원전 546)이다. 최무자(崔武子) 또는 최자(崔子)로도 불린다. 영공(靈公) 때 정나라와 진(秦)나라 등의 정벌에 공을 세웠다. 자신의 처와 사통한 장공(莊公)을 시해하고 경공(景公)을 세워 전권을 휘둘렀지만 집안의 불화를 틈탄 경봉(慶封)에 의해 멸문을 당했다.

103 왕길(王吉, ?~기원전 48): 전한 낭야(琅邪) 고우[皐虞, 산동성 제성(諸城)] 사람. 자는 자양(子陽)이다. 오경(五經)에 정통했다. 효렴(孝廉)으로 낭관(郞官)이 되어 창읍왕중위(昌邑王

세습해서 쓰지 않고 고요와 이윤을 등용하자 불인한 자가 멀리 떠나갔는데, 지금 세속의 벼슬아치[俗吏]들은 자제들에게 임자(任子)의 제도를 적용할 수 있게 되는 바람에 거의가 교만 방자하고 고금의 도리를 통하지 못해서, 공을 쌓고 사람을 다스려도 백성에게 유익함이 없는 지경에 이르게 되었으니, 이것이 『시경』「위풍 · 벌단」이 지어지게 된 까닭이다.[104] 현명한 인재를 분명하게 가리고 임자의 명령을 제거하는 것이 마땅하다."라고 했으니, 이것이 바로 『논어』의 의리이다.

원문 "富哉言乎", "富"者, 備也. 必如舜擧皐陶, 湯擧伊尹, 而後用人之法備.

역문 "부재언호(富哉言乎)"에서 "부(富)"는 갖추어졌다는 뜻이다. 반드시 순임금이 고요를 등용하고 탕왕이 이윤을 등용한 것처럼 한 뒤에야 사람을 등용하는 법이 갖추어지는 것이다.

- 「注」, "擧正"至"爲直".
- 正義曰: 『左』「襄」七年「傳」, "正直爲正, 正曲爲直." 「小明」詩「傳」, "能正人之曲曰直." 曲者, 枉也. 枉爲直者所正, 其必皆化爲直可知.

中尉)를 지냈다. 창읍왕이 음란한 행동으로 위기에 빠졌을 때 그가 간언하여 죽음에서 구했다. 선제(宣帝) 때 익주자사(益州刺使)와 박사(博士), 간대부(諫大夫)가 되었다. 글을 올려 시정의 득실을 논했지만 황제가 현실과는 어긋난다고 여겨 채택되지 않았다. 나중에 병으로 귀향했다. 원제(元帝)가 즉위하자 다시 간대부로 불렸는데, 경사(京師)에 닿기도 전에 죽었다. 춘추추씨학(春秋騶氏學)과 양씨역학(梁氏易學)에 능했고, 『시경(詩經)』과 『논어』를 가르쳤다. 그의 학문은 아들 왕준(王駿)이 계승했다.

104 『모시주소』「위풍(衛風) · 벌단(伐檀)」 모형의 「서(序)」에, "「벌단」은 탐욕스러움을 풍자한 시이다. 지위에 있는 자가 탐욕스럽고 비루하여 공이 없으면서 녹을 받아 군자가 나아가 벼슬하지 못하였다.[「伐檀」, 刺貪也. 在位貪鄙, 無功而受祿, 君子不得進仕爾].", 라고 했다.

○ 「주」의 "거정(擧正)"부터 "위직(爲直)"까지.

○ 정의에서 말한다.

『춘추좌씨전』「양공」7년의 「전」에 "나의 마음을 바르게 가지는 것이 정(正)이고, 남의 잘못을 바로잡는 것이 직(直)이다."라고 했고, 「소명」이라는 시의 「전(傳)」에 "능히 남의 왜곡됨을 바르게 하는 것을 직(直)이라 한다."라고 했는데, "왜곡[曲]"이란 굽었다[枉]는 뜻이다. 왜곡된 사람은 정직한 사람에 의해 바르게 되니 반드시 모두 교화되어 정직하게 됨을 알 수 있다.

● 「注」, "言舜"至"至矣".

● 正義曰: "選·擇", 常訓. "不仁者遠", 言不仁之人, 自知枉曲, 皆遠去也. 『左』「宣」十六年「傳」, "晉侯請于王, 以黻冕命士會將中軍, 且爲大傅, 於是晉國之盜逃奔於秦, 羊舌職曰: '吾聞之, "禹稱善人, 不善人遠." 此之謂也夫!" 杜「注」, "稱, 擧也."

○ 「주」의 "언순(言舜)"부터 "지의(至矣)"까지.

○ 정의에서 말한다.

"선(選)은 선택[擇]"이 일반적인 해석이다. "불인한 자가 멀리 떠나감[不仁者遠]"은 불인한 사람이 스스로 왜곡됨을 알고 모두 멀리 떠나간다는 말이다. 『춘추좌씨전』「선공」16년 「전」에 "진후(晉侯)가 주왕(周王)에게 사회(士會)[105]의 관직을 올려 줄 것을 요청하자 주왕이 불면(黻冕)을 내리어 사회에게 중군(中軍)을 거느리도록 명하고 태부(太傅)까지 겸임하게 하자, 이에 진(晉)나라의 도적이 모두 진(秦)나라로 도망가니, 양설직(羊舌職)[106]이 말하였다.

---

[105] 사회(士會, ?~?): 춘추시대 때 진(晉)나라의 대부. 자는 계(季)이고, 수(隨)와 범(范)을 봉지로 받아 범계 또는 수계라고도 한다. 문공(文公) 등 네 임금을 섬기면서 법제(法制)를 정비하는 등 큰 치적을 쌓았다.

[106] 양설직(羊舌職, ?~기원전 570): 춘추 시기 진(晉)나라의 대부로 양설(羊舌) 대부의 아들이다. 기원전 573년 진 도공(晉悼公)이 즉위한 후에 중군위(中軍尉)가 되었다. 아들 넷이 있는데, 장자는 양설적(羊舌赤)으로 자는 백화(伯華)이고, 동혁(銅鞮)의 대부를 지냈다. 둘째 아들은 양설월(羊舌月)으로 자는 숙향(叔向)이고, 양씨현(楊氏縣)을 영지로 받았다. 셋째 아들은 양설부(羊舌鮒)로 자는 숙어(叔魚)이고, 넷째 아들은 양설호(羊舌虎)로 자는 숙웅(叔熊)이

'내가 듣건대 "우왕(禹王)이 선(善)한 사람을 등용하자[稱] 불선(不善)한 사람들이 멀리 피해 갔다"라고 하니, 바로 이런 경우를 이른 것이다.'"라고 했는데, 두예의 「주」에 "칭(稱)은 등용함[擧]이다."라고 했다.

『漢書』「劉向傳」, "向上封事曰: '故賢人在上位, 則引其類而聚之於朝; 在下位, 則思與其類俱進. 故湯用伊尹, 不仁者遠, 而衆賢至, 類相致也.'" 卽此「注」"不仁者遠, 仁者至."之義. 其不仁旣知遠去, 必亦化而爲善, 故能使枉者直也.

『한서』「유향전」에 "유향(劉向)이 다음과 같이 봉사를 올렸다. '그러므로 현명한 인재가 높은 자리에 있으면 같은 부류를 데려다 조정에 모아놓고, 낮은 자리에 있으면 그 부류들과 함께 진작할 것을 생각합니다. 그러므로 탕왕이 이윤을 등용하자 불인한 자들이 멀리 떠나가고, 많은 현명한 자들이 이르렀으니, 같은 부류는 서로를 부르는 법입니다.'"라고 했는데, 바로 이 「주」의 "불인한 자들이 멀리 떠나고 인자가 이르렀다."라는 뜻이다. 그 불인한 자들이 이미 멀리 떠나갈 줄 알았다면 반드시 또한 교화되어 선하게 될 것이기 때문에 왜곡된 사람으로 하여금 정직하게 할 수 있는 것이다.

12-23

子貢問友, 子曰: "忠告而善道之, 不可則止, 毋自辱焉." 【注】包曰: "忠告以是非, 告之以善道, 導之不見從則止. 必言之, 或見辱."

자공이 벗에 대해서 묻자, 공자가 말했다. "진심으로 일러 주고 잘 이끌어 주되 불가능하면 그만두어서 스스로 욕되게 하지 말아야 한다." 【주】 포함이 말했다. "진실하게 옳고 그름을 알려 주고 선한 도리로써

다. 이 사형제는 모두 조정의 요직을 맡았고, 당시에 '양설사족(羊舌四族)'이라 일컬어졌다.

일러 주어 인도하되, 따르지 않거든 그만두어야 한다. 굳이 말해 주다 보면 더러 모욕을 당하기도 한다."

원문 正義曰: 責善, 朋友之道也. 然不可則宜止, 不復言, 所以全交, 亦所以養其羞惡之心, 使之自悟也. 皇本"而"下有"以"字, "道"作"導", "不可"作"否".

역문 정의에서 말한다.

선을 책하는 것은 붕우의 도리이다. 하지만 불가능하면 마땅히 그쳐야 하니, 다시 말하지 않는 것은 교우 관계를 온전히 하기 위함이며, 또한 수오지심(羞惡之心)을 길러 스스로 깨닫게 하기 위함이다. 황간본에는 "이(而)" 아래 "이(以)" 자가 있고, "도(道)"는 "도(導)"로 되어 있으며, "불가(不可)"는 "부(否)"로 되어 있다.

12-24

曾子曰: "君子以文會友, 【注】孔曰: "友以文德合." 以友輔仁."
【注】孔曰: "友相切磋之道, 所以輔成己之仁."

증자가 말했다. "군자는 글로써 벗을 모으고, 【주】 공안국이 말했다. "벗은 학문의 덕[文德]으로 모인다." 벗으로써 인을 돕는다." 【주】 공안국이 말했다. "벗이 서로 학문과 덕행을 갈고닦는 도리는 자기의 인을 도와서 이루기 위해서이다."

원문 正義曰: "文"謂『詩』·『書』·禮·樂也. "以文會友", 謂共處一學者也. 『爾雅』「釋詁」, "輔, 俌也." 引申之, 有佐訓. 『禮』「學記」云: "大學之敎也, 時敎必有正業, 退息必有居學. 故君子之於學也, 藏焉修焉, 息焉遊焉. 夫然, 故安其學而親其師, 樂其友而信其道, 是以雖離師輔, 而不反也."

역문 정의에서 말한다.

"글[文]"이란 『시경』과 『서경』, 예(禮)와 악(樂)을 말하는 것이다. "글로써 벗을 모은다[以文會友]"라는 것은 함께 거처하면서 같은 것을 배운다는 말이다. 『이아』「석고」에 "보(輔)는 돕는다[俌]는 뜻이다."라고 했는데, 의미가 확대되어 보좌한다[佐]는 뜻이 있게 되었다. 『예기』「학기」에 "대학의 가르침은 사시의 가르침이 반드시 정상적인 학업이 있으며, 물러 나와 쉴 적에는 반드시 연거(燕居)하는 학문이 있다. 그렇기 때문에 군자는 학문에 있어서 간직하고 닦으며, 휴식하고 노는 것이다. 그렇게 하기 때문에 배움을 편안히 여기고 스승을 친애하며, 벗들과 즐겁게 지내고 도를 믿으니, 이런 까닭에 비록 스승의 도움[師輔]에서 떨어져 있어도 그 가르침에 위배되지 않는 것이다."라고 했다.

원문 『說苑』「說業篇」, "賢師良友在其側, 『詩』·『書』·禮·樂陳于前, 棄而爲不善者鮮矣."

역문 『설원』「설업」에 "현명한 스승과 어진 벗이 그의 곁에 있고, 『시경』과 『서경』, 예와 악이 눈앞에 진열되어 있으면, 이것을 버리고 불선을 행하는 자는 드물다."라고 했다.

- ● 「注」, "友以文德合."
- ● 正義曰: "文德"者, 言所學文皆在德也. 『爾雅』「釋詁」, "會, 合也." 此常訓.

○「주」의 "벗은 학문의 덕[文德]으로 모인다."

○ 정의에서 말한다.

"문덕(文德)"이란 글을 배우는 것이 모두 덕(德)에 달려 있다는 말이다. 『이아』「석고」에 "회 (會)는 모인대合]는 뜻이다."라고 했는데, 이것이 일반적인 해석이다.

색 인

색 인　363

저자　유보남(劉寶楠)

1791년 강소성 보응현에서 아버지 이순(履恂)과 어머니 교씨(喬氏) 사이에서 태어났으며, 다섯 살에 아버지를 여의고, 어머니의 가르침 속에 성장하였다. 종부 태공(台拱)의 학문이 깊고 정밀하였으므로 그에게 전수받기를 청하여 학행으로 향리에서 명성이 자자하였다. 제생(諸生)이 되었을 때 의징(儀徵)의 유문기(劉文淇)와 명성을 나란히 하여 사람들이 "양주이유(揚州二劉)"라고 칭송하였다. 도광 20년(1840) 진사가 되어 직례성 문안현의 지현(知縣)을 제수받았다. 문안현은 지형이 웅덩이에 비해 낮았는데도 둑이나 제방이 닦이지 않아 장마가 내리거나 가을 홍수가 나면 번번이 백성들의 해가 되곤 하였다. 이에 유보남은 제방을 두루 걸어 다니면서 병폐와 고통을 묻고 옛 서적들을 검토하여 일군의 주둔병과 백성이 함께 정비하도록 독촉하였다. 함풍 원년(1851) 삼하(三河)를 수비하고 있었는데, 동성(東省)의 군대가 국경을 지나는 것을 맞닥뜨리고는 병거를 모두 마을 아래로 출동시켰다. 병사가 많아 들쭉날쭉하니 백성들이 감당할 바가 아니라 생각해 수레 품삯을 백성들의 값으로 지급하자 백성들이 동요하지 않을 수 있었다. 16년 동안 관직에 있었는데, 항상 의관이 소박하여 마치 제생 때와 같았다. 송사를 처리함에 삼갔고, 문안에서 관직 생활을 하는 동안 쌓인 현안 1,400여 건을 자세하게 살펴 결론을 내렸으며, 새벽닭이 처음 울 때면 당청에 앉아, 원고와 피고가 모두 법정에 나오고 증거가 구비되면 때에 맞춰 상세히 국문하였다. 큰 사건이건 작은 사건이건 할 것 없이 균등하게 자기의 뜻대로 안건을 판결했고, 패도한 자는 법의 판례에 비추어 죄를 다스렸다. 무릇 소송에 연루된 친척이나 오랜 친족은 내외척 간의 친목[睦媥]으로 깨우쳐, 대체로 화해하고 풀도록 하였다. 송사와 옥사가 한가해지고 나면 아전들은 자리를 떠나 돌아가 농사를 짓게 하였으니, 멀고 가까이에 있는 자들이 화합하여 순량(循良)이라는 칭호를 붙여 주었다. 『논어정의』는 그가 38세에 뜻을 두고 착수하여 평생을 바친 저작으로, 청대 『논어』 연구의 결정판으로 널리 알려져 있다. 24권까지 지었으나 완성하지 못하고 아들 공면에게 이를 이을 것을 맡긴 후 함풍 5년(1855)에 죽으니, 향년 65세이다.

저자 유공면(劉恭冕)

광서 5년(1879)에 거인(擧人)이 되었다. 가학을 지켜 경훈(經訓)에 통달했고, 경학을 공부해 거처하는 당의 이름을 광경당(廣經堂)이라 했다. 안휘성의 학정(學政) 주란(朱蘭)의 막에 들어가 이이덕(李貽德)의 『춘추가복주집술(春秋賈服注輯述)』을 교정하여 백수십 가지의 일을 옮겨서 보충하였다. 후에 호북성의 경심서원(經心書院)에서 주강(主講)이 되었는데, 돈독한 품행과 신중한 행실로 질박한 학문을 숭상하였다. 어려서 『모시(毛詩)』를 익혔고, 만년에는 『공양춘추(公羊春秋)』를 연구해서, "신주(新周)"의 뜻을 발명하여, 하휴(何休)의 오류를 물리치니, 같은 시대의 모든 선비가 그것을 아름답게 여겼다. 역대 제가의 이설(異說)을 참고하고 비교하여 아버지가 완성하지 못한 『논어정의』를 완성했다. 『면양주지(沔陽州志)』와 『황주부지(黃州府志)』, 『한양부지(漢陽府志)』, 『황강현지(黃岡縣志)』를 편찬했다. 향년 60세이다.

역주자 함현찬(咸賢贊)

1963년 강원도 영월에서 태어나 고등학교까지 마쳤다. 1987년 성균관대학교 동양철학과를 졸업하고, 같은 대학교 대학원 유학과에서 석사와 박사과정을 마쳤으며, 2000년 중국 송대 철학 전공으로 박사학위를 받았다. 성균관 한림원에서 한문을 공부하였으며, 현재 성균관대학교 유학·동양학과 및 대학원 초빙교수로 재직하고 있고, 아울러 성균관 한림원 교수로 재직하고 있다. 저서로는 『장재: 송대 기철학의 완성자』(2003), 『주돈이: 성리학의 비조』(2007), 『(교수용 지도서) 사자소학』(1999), 『(교수용 지도서) 추구·계몽편』(1999), 『(교수용 지도서) 격몽요결』(2010) 등이 있고, 함께 번역한 책으로는 『논어징』 전 3권(2010), 『성리논변』(2006), 『증보 동유학안』 전 6권(2008), 『주자대전』 전 13권(2010), 『주자대전차의집보』 전 4권(2010), 『역주 예기집설대전 2』(2021), 『왕부지 중용을 논하다』(2014) 등이 있다. 이 외에 연구논문으로는 「《논어징》에 나타난 오규 소라이의 성인관」(2015), 「《논어징》에 나타난 오규 소라이의 도 인식」(2011), 「성리학의 태동과 정체성에 대한 일고찰」(2011) 등이 있다.

Lun Yu Zheng Yi
—The Corrected Meaning of the
LUN YU—